《中国经济地理》丛书

孙久文　总主编

东北经济地理

金凤君　张平宇　等◎著

DONGBEI

经济管理出版社
ECONOMY & MANAGEMENT PUBLISHING HOUSE

图书在版编目（CIP）数据

东北经济地理/金凤君，张平宇等著. —北京：经济管理出版社，2021.3
ISBN 978-7-5096-6082-9

Ⅰ. ①东… Ⅱ. ①金… ②张… Ⅲ. ①区域经济地理—东北地区 Ⅳ. ①F129.93

中国版本图书馆 CIP 数据核字（2018）第 238397 号

审图号：GS（2021）682 号

组稿编辑：申桂萍
责任编辑：赵亚荣
责任印制：司东翔
责任校对：陈　颖

出版发行：经济管理出版社
　　　　　（北京市海淀区北蜂窝 8 号中雅大厦 A 座 11 层　　100038）
网　　　址：www. E-mp. com. cn
电　　　话：（010）51915602
印　　　刷：唐山昊达印刷有限公司
经　　　销：新华书店
开　　　本：720mm×1000mm/16
印　　　张：24.5
字　　　数：412 千字
版　　　次：2021 年 3 月第 1 版　　2021 年 3 月第 1 次印刷
书　　　号：ISBN 978-7-5096-6082-9
定　　　价：88.00 元

《中国经济地理》丛书

总　序

今天，我们正处在一个继往开来的伟大时代。受现代科技飞速发展的影响，人们的时空观念已经发生了巨大的变化：从深邃的远古到缥缈的未来，从极地的冰寒到赤道的骄阳，从地心游记到外太空的探索，人类正疾步从必然王国向自由王国迈进。

世界在变，人类在变，但我们脚下的土地没有变，土地是留在心里不变的根。我们是这块土地的子孙，我们祖祖辈辈生活在这里。我们的国土面积有960万平方千米之大，有种类繁多的地貌类型，地上和地下蕴藏了丰富多样的自然资源，14亿中国人民有五千年延绵不绝的文明历史，经过近40年的改革开放，中国经济实现了腾飞，中国社会发展日新月异。

早在抗日战争时期，毛泽东主席就明确指出："中国革命斗争的胜利，要靠中国同志了解中国的国情。"又说，"认清中国的国情，乃是认清一切革命问题的基本根据。"习近平总书记在给地理测绘队员的信中指出："测绘队员不畏困苦、不怕牺牲，用汗水乃至生命默默丈量着祖国的壮美山河，为祖国发展、人民幸福作出了突出贡献。"李克强总理更具体地提出："地理国情是重要的基本国情，要围绕服务国计民生，推出更好的地理信息产品和服务。"

我们认识中国基本国情，离不开认识中国的经济地理。中国经济地理的基本条件，为国家发展开辟了广阔的前景，是经济腾飞的本底要素。当前，中国经济地理大势的变化呈现出区别于以往的新特点。第一，中国东部地区面向太平洋和西部地区深入欧亚大陆内陆深处的陆海分布的自然地理空间格局，迎合东亚区域发展和国际产业大尺度空间转移的趋势，使我们面向沿海、融入国际的改革开放战略得以顺利实施。第二，我国各区域自然资源丰裕程度和区域经济发达程度的相向分布，使经济地理主要标识的区内同一性和区际差异性异常突出，为发挥区域优势、实施开发战略、促进协调发展奠定了客观基础。第三，以经济地理格局为依据调整生产力布局，以改革开放促进区域经济发展，以经济发达程度和市场发育程度为导向制定区域经济政策和区域规划，使区域经济发展战略上升为国家重大战略。

因此，中国经济地理在我国人民的生产和生活中具有坚实的存在感，日益发挥出重要的基石性作用。正因为这样，编撰一套真实反映当前中国经济地理现实情况的丛书，就比以往任何时候都更加迫切。

在西方，自从亚历山大·洪堡和李特尔之后，编撰经济地理书籍的努力就一直没有停止过。在中国，《淮南子》可能是最早的经济地理书籍。近代以来，西方思潮激荡下的地理学，成为中国人"睁开眼睛看世界"所看到的最初的东西。然而，对中国经济地理的研究却鲜有鸿篇巨制。中华人民共和国成立后特别是改革开放之后，中国经济地理的书籍进入大爆发时期，各种力作如雨后春笋。1982 年，在中国现代经济地理学的奠基人孙敬之教授和著名区域经济学家刘再兴教授的带领和推动下，全国经济地理研究会启动编撰《中国经济地理》丛书。然而，人事有代谢，往来成古今。自两位教授谢世之后，编撰工作也就停了下来。

《中国经济地理》丛书再次启动编撰工作是在 2013 年。全国经济地理研究会经过常务理事会的讨论，决定成立《中国经济地理》丛书编委会，重新开始编撰新时期的《中国经济地理》丛书。在全体同人的努力和经济管理出版社的大力协助下，一套全新的《中国经济地理》丛书计划在 2018 年全部完成。

《中国经济地理》丛书是一套大型系列丛书。该丛书共计 40 册：概论 1 册，思想史 1 册，"四大板块"共 4 册，34 个省（市、自治区）及特别行政区共 34 册。我们编撰这套丛书的目的，是为读者全面呈现中国分省区的经济地理和产业布局的状况。当前，中国经济发展伴随着人口资源环境的一系列重大问题，复杂而严峻。资源开发问题、国土整治问题、城镇化问题、产业转移问题等，无一不是与中国经济地理密切相连的；京津冀协同发展、长江经济带战略和"一带一路"倡议，都是以中国经济地理为基础依据而展开的。我们相信，《中国经济地理》丛书可以为一般读者了解中国各地区的情况提供手札，为从事经济工作和规划工作的读者提供参考资料。

我们深感丛书的编撰困难巨大，任重道远。正如宋朝张载所言"为往圣继绝学，为万世开太平"，我想这代表了全体编撰者的心声。

我们组织编撰这套丛书，提出一句口号：让读者认识中国，了解中国，从中国经济地理开始。

让我们共同努力奋斗。

孙久文

全国经济地理研究会会长

中国人民大学教授

2016 年 12 月 1 日于北京

序 言

　　"东北地区"作为一个地理名词和经济社会用语，始于20世纪初，之后其地理范围也被逐步固定和明确下来。目前，共识性的东北地区包括辽宁、吉林、黑龙江三省和内蒙古东部地区的赤峰市、通辽市、呼伦贝尔市、兴安盟所管辖的行政区划面积。本书描述的东北地区即是此地理范围，其国土、人口和经济占全国的13%、8%和8%，是我国相对完整的经济区域之一。

　　按照《中国经济地理》丛书编写的基本要求，本卷分四篇共十章对东北地区的经济地理格局和演化进行了介绍。第一章和第二章为第一篇，简要介绍了东北地区的自然地理、自然资源、区位环境、行政区划等概况，总结了自清末到目前为止的区域开发历程、特点和经济地理格局的演化。第三章到第五章为第二篇，从工业发展与布局、农业发展与布局、服务业发展与布局三方面介绍了东北地区的经济发展历程与布局特点。受自然、社会等因素的影响，东北地区的区域产业体系、结构特征、地域组织有其明显的区域特色。作为工业化的先行地区，东北地区在推进我国工业化进程和建立完整的工业体系方面做出了历史性贡献，粮食安全保障的角色也不断强化，因此长期发挥了重工业基地和粮食生产基地的重要作用。第六章到第九章为第三篇，分别从城镇化过程与城市发展、交通运输发展及其体系演化、能源开发与能源网络演化、生态环境保护与生态经济区建设四方面介绍了东北地区城镇、交通、能源和生态经济区的特点与格局，核心思想是简略勾画东北地区发展载体、支撑能力和绿色发展空间约束的基础。第十章作为第四篇，以生态文明建设和可持续发展为前提、开放与创新发展为动力、新型城镇化为引领，粗略勾画了东北地区未来的经济地理格局，包括开放发展与新增长空间构建、创新发展与新动能营造、新型城镇化与发展载体优化，希冀东北地区形成健康成熟的经济地理格局，如经济"航母"一样游弋或定锚于世界经济的海洋中。

金凤君

2018 年 6 月于北京

目　录

第一篇

第一章　区位特征与地理概况

"东北地区"作为一个地理名词和经济社会用语，始于20世纪初，之后其地理范围也被逐步固定和明确。这一区域的自然地理、自然资源、区位环境展现出一系列明显的特点。目前的东北地区包括辽宁、吉林、黑龙江三省和内蒙古东部地区的赤峰市、通辽市、呼伦贝尔市、兴安盟所管辖的国土面积，国土、人口和经济占全国的13%、8%和8%。作为我国相对完整的经济区域之一，其经济地理区域与发展环境也随我国经济的发展和全球化的进程不断变化。

第一节　经济地理范围的形成与演化

一、东北地区地理范围的形成与演化

1. 中华人民共和国成立前的东北地区

"东北地区"作为专用地理名词概指我国东北部分的国土，是近代的事。远在春秋战国时期，北方的燕国以辽河为界，设置辽东、辽西两郡。直到清代，东北仍被称为辽东，清朝初期，改沈阳为盛京，东北统称为盛京省。光绪三十三年（公元1907年），清政府将东北划为奉天（辽宁）、吉林、黑龙江三省，东北地区开始称为"东三省"。1921年，当时的北洋军阀张作霖"督办东北屯垦边防事宜"，他的奉军便改称为"东北军"。1923年4月，东北大学在沈阳成立。从此，报刊上对"东北"名称的使用逐渐增多，并成为人们的习惯称呼。

1945年8月，抗战胜利，国民政府将东北地区的行政区划合并成9个省级

行政区——辽宁、安东、辽北、吉林、松江、合江、黑龙江、嫩江和兴安省，同时还在该区设立了三个直辖市——大连、沈阳和哈尔滨，直属于国民政府行政院。1947年5月，中国共产党领导的内蒙古自治区在乌兰浩特市成立，其辖区包括原东北九省中以蒙古族为主的盟旗地区，即今内蒙古东部地区。1949年初，中共决定将原来的东北九省调整为黑龙江、吉林、松江、辽宁和辽西五省。1949年4月，中共领导的东北人民政府全面接管东北地区后，公布了东北6省4直辖市1行署区的新行政区划，即辽东、辽西、吉林、松江、黑龙江、热河6省，沈阳、抚顺、本溪、鞍山4直辖市，旅大行署区。1954年，经国务院批准，东北地区重新划定为辽宁、吉林和黑龙江三省，而吉林省疆域始终未变，辽宁和黑龙江两省也仅做了部分调整。

2. 计划经济时期东北经济区的形成

东北地区作为一个地理文化大区和经济大区形成于20世纪50~80年代，地理范围也被基本明确下来。1958年国家成立了七大经济协作区，各协作区都成立了协作区委员会及经济计划办公厅，1961年将七大经济协作区调整为华北、东北、华东、中南、西南和西北六大经济协作区，其中东北三省是作为一个完整的区域存在的，经济区的雏形开始形成。1969~1978年，内蒙古东部的昭乌达盟（现在的赤峰市）、哲理木盟（现在的通辽市和兴安盟）和呼伦贝尔盟（现在的呼伦贝尔市）分别划归辽宁、吉林和黑龙江三省管辖，形成了目前意义上的东北地区，地理范围也被固定下来，成为指代明确的专用地理名词。虽然1979年起国务院又恢复了内蒙古对上述三盟的管辖，但东北地区的地理范围还是被沿用下来。

1978年五届全国人大一次会议通过的《一九七六年至一九八五年发展国民经济十年规划纲要（草案）》中，提出了在全国建立独立的、比较完整的工业体系和国民经济体系的基础上，基本建成西南、西北、中南、华东、华北和东北六个大区的经济体系，要求每个经济协作区应建立"不同水平、各有特点、各自为政、大力协作，农轻重比较协调发展的经济体系"。1983年国务院成立东北能源规划办公室，1985年改为东北经济区规划办公室，职责是负责制订东北地区的经济、科技和社会发展规划，协调东三省与内蒙古东部地区的经济发展步伐，推进经济区的整体建设。至此，东北经济区成为国家发展的一个重要板块，一直延续到20世纪90年代，也成为后来老工业基地战略制定涵盖的范围。

东北地区作为指代范围明确的地理名词，除了上述国家区域管理与区域经济规划的因素外,地理文化的一致性也起了非常重要的作用。

3.市场经济转型时期的东北地区

20世纪90年代初开始,中国确立了社会主义市场经济的道路,计划经济时期的六大经济区开始逐渐被淡化,但东北地区作为一个完整的地理区域一直被沿用。20世纪90年代当时国家计委主持的七大区经济规划,其中环渤海地区包含了辽宁省,但东北地区规划仍然沿用了东北地区的范围。

2003年国家实施东北地区等老工业基地振兴战略,初期涵盖的范围仅包括辽宁、吉林和黑龙江三省,但后来的东北地区振兴与发展规划不但包括了赤峰市、通辽市、兴安盟和呼伦贝尔市,还涵盖了锡林郭勒盟,地理范围有所扩大。

进入21世纪以来,由于行政区划的原因,东北地区也被指代辽宁、吉林和黑龙江三省,有时将东三省与东北地区混淆,同时计划经济时期的东北经济区特色也在不断减退,以省为地理单元规划发展的倾向越来越突出。但学术界比较严谨的东北地区仍指代东北三省和赤峰市、通辽市、兴安盟及呼伦贝尔市。

二、东北地区辖区概况

1.行政区域

从现有行政区划来看,东北地区共包括39个地级行政区划单位、151个市辖区、62个县级市、80个县、12个自治县和22个旗。其中,黑龙江省辖12个地级市、1个地区(合计13个地级行政区划单位),65个市辖区、19个县级市、43个县、1个自治县(合计128个县级行政区划单位;大兴安岭地区4个地区辖区不计入);吉林省辖8个地级市、1个自治州(合计9个地级行政区划单位),21个市辖区、20个县级市、16个县、3个自治县(合计60个县级行政区划单位);辽宁省辖14个地级市,59个市辖区、16个县级市、17个县、8个自治县(合计100个县级行政区划单位)。东北地区的重要城市主要沿交通线分布,形成了以哈尔滨、长春、沈阳、大连等特大城市为核心,沿哈大线呈"串珠状"分布的空间形态(见图1-1、表1-1)。

图1-1　东北地区行政区划

资料来源：根据国家基础地理信息中心《中华人民共和国地图》绘制。

表1-1　东北地区行政区划

省份	地级行政区	县级行政区
吉林省	长春市	南关区、宽城区、朝阳区、二道区、绿园区、双阳区、九台区、农安县、榆树市、德惠市
	吉林市	昌邑区、龙潭区、船营区、丰满区、永吉县、蛟河市、桦甸市、舒兰市、磐石市
	四平市	铁西区、铁东区、梨树县、伊通县、公主岭市、双辽市
	辽源市	龙山区、西安区、东丰县、东辽县
	通化市	东昌区、二道江区、通化县、辉南县、柳河县、梅河口市、集安市
	白山市	浑江区、江源区、抚松县、靖宇县、长白县、临江市
	松原市	宁江区、前郭县、长岭县、乾安县、扶余市
	白城市	洮北区、镇赉县、通榆县、洮南市、大安市
	延边朝鲜族自治州	延吉市、图们市、敦化市、珲春市、龙井市、和龙市、汪清县、安图县

续表

省份	地级行政区	县级行政区
辽宁省	沈阳市	和平区、沈河区、大东区、皇姑区、铁西区、苏家屯区、浑南区、沈北新区、于洪区、辽中区、康平县、法库县、新民市
	大连市	中山区、西岗区、沙河口区、甘井子区、旅顺口区、金州区、普兰店区、长海县、瓦房店市、庄河市
	鞍山市	铁东区、铁西区、立山区、千山区、台安县、岫岩县、海城市
	抚顺市	新抚区、东洲区、望花区、顺城区、抚顺县、新宾县、清原县
	本溪市	平山区、溪湖区、明山区、南芬区、本溪县、桓仁县
	丹东市	元宝区、振兴区、振安区、宽甸县、东港市、凤城市
	锦州市	古塔区、凌河区、太和区、黑山县、义县、凌海市、北镇市
	营口市	站前区、西市区、鲅鱼圈区、老边区、盖州市、大石桥市
	阜新市	海州区、新邱区、太平区、清河门区、细河区、阜新县、彰武县
	辽阳市	白塔区、文圣区、宏伟区、弓长岭区、太子河区、辽阳县、灯塔市
	盘锦市	双台子区、兴隆台区、大洼区、盘山县
	铁岭市	银州区、清河区、铁岭县、西丰县、昌图县、调兵山市、开原市
	朝阳市	双塔区、龙城区、朝阳县、建平县、喀左县、北票市、凌源市
	葫芦岛市	连山区、龙港区、南票区、绥中县、建昌县、兴城市
黑龙江省	哈尔滨市	道里区、南岗区、道外区、平房区、松北区、香坊区、呼兰区、阿城区、双城区、依兰县、方正县、宾县、巴彦县、木兰县、通河县、延寿县、尚志市、五常市
	齐齐哈尔市	龙沙区、建华区、铁锋区、昂昂溪区、富拉尔基区、碾子山区、梅里斯区、龙江县、依安县、泰来县、甘南县、富裕县、克山县、克东县、拜泉县、讷河市
	鸡西市	鸡冠区、恒山区、滴道区、梨树区、城子河区、麻山区、鸡东县、虎林市、密山市
	鹤岗市	向阳区、工农区、南山区、兴安区、东山区、兴山区、萝北县、绥滨县
	双鸭山市	尖山区、岭东区、四方台区、宝山区、集贤县、友谊县、宝清县、饶河县
	大庆市	萨尔图区、龙凤区、让胡路区、红岗区、大同区、肇州县、肇源县、林甸县、杜尔伯特县
	伊春市	伊春区、南岔区、友好区、西林区、翠峦区、新青区、美溪区、金山屯区、五营区、乌马河区、汤旺河区、带岭区、乌伊岭区、红星区、上甘岭区、嘉荫县、铁力市
	佳木斯市	向阳区、前进区、东风区、郊区、桦南县、桦川县、汤原县、同江市、富锦市、抚远市

省份	地级行政区	县级行政区
黑龙江省	七台河市	新兴区、桃山区、茄子河区、勃利县
	牡丹江市	东安区、阳明区、爱民区、西安区、林口县、绥芬河市、海林市、宁安市、穆棱市、东宁市
	黑河市	爱辉区、嫩江县、逊克县、孙吴县、北安市、五大连池市
	绥化市	北林区、望奎县、兰西县、青冈县、庆安县、明水县、绥棱县、安达市、肇东市、海伦市
	大兴安岭地区	呼玛县、塔河县、漠河县
内蒙古自治区	赤峰市	红山区、元宝山区、松山区、阿鲁科尔沁旗、巴林左旗、巴林右旗、林西县、克什克腾旗、翁牛特旗、喀喇沁旗、宁城县、敖汉旗
	通辽市	科尔沁区、科左中旗、科左后旗、开鲁县、库伦旗、奈曼旗、扎鲁特旗、霍林郭勒市
	呼伦贝尔市	海拉尔区、扎赉诺尔区、阿荣旗、莫力达瓦旗、鄂伦春旗、鄂温克旗、陈巴尔虎旗、新左旗、新右旗、满洲里市、牙克石市、扎兰屯市、额尔古纳市、根河市
	兴安盟	乌兰浩特市、阿尔山市、科右前旗、科右中旗、扎赉特旗、突泉县

资料来源：中华人民共和国民政部. 中华人民共和国行政区划简册 2015［M］. 北京：中国地图出版社，2015.

2. 基本概况

2015 年东北地区的总人口为 1.22 亿人，GDP 为 6.39 万亿元，土地面积为 125.18 万平方千米。其中，黑龙江省 2015 年人口为 3812 万人，占东北地区的 31.37%，GDP 为 1.51 万亿元，占东北地区的比重为 23.59%，土地面积为 45.48 万平方千米，占东北地区的比重为 36.33%；吉林省 2015 年人口、GDP 和土地面积分别为 2753 万人、1.43 万亿元和 18.74 万平方千米，占东北地区的比重分别为 22.65%、22.32% 和 14.97%；辽宁省 2015 年的人口、GDP 和土地面积分别为 4382 万人、2.87 万亿元和 14.73 万平方千米，分别占东北地区的 36.06%、44.95% 和 11.76%。此外，2015 年内蒙古赤峰、通辽、兴安盟和呼伦贝尔市的总人口、GDP 和土地面积分别为 1206 万人、0.58 万亿元和 46.23 万平方千米，占东北地区的比重为 9.92%、9.13% 和 36.93%。从地市层面来看，哈尔滨市、长春市、沈阳市、大连市和绥化市五市人口超 500 万人，赤峰市、吉林市、鞍山市、朝阳市、四平市、通辽市、锦州市、铁岭市八市人口超 300 万人，葫芦岛市、松原市、大庆市、牡丹江市、呼伦贝尔市、丹东市、佳木斯市、营口市、通化市、抚顺市和延边自治州市区人口超 200 万人，人口低于 200 万人的城市则包括白城市、阜新市和鸡西市等 16 个地市。在经济发展方面，2015 年大连市、沈阳市、哈尔滨市、长春市、大庆市、吉林市、鞍山市、通辽市、赤峰市和松原市依次为东北地区经济发展排名前十的地市，其 GDP 均超 1500 亿元；而黑河市、双鸭山市、鹤岗市、伊春市和七台河市排名倒五位，其 2015 年的 GDP 均不足 500 亿元（见表 1-2）。

表 1-2　2015 年东北地区概况

省份	市	总人口数（万人）	GDP（亿元）	土地面积（平方千米）
黑龙江省	哈尔滨市	961	5751.2	53100
	齐齐哈尔市	136.59	1270.33	42469
	鸡西市	181.2	514.69	22531
	鹤岗市	105.61	265.57	14679
	双鸭山市	147.43	433.33	22619
	大庆市	277.48	2983.46	21219
	伊春市	121.19	248.2	32800
	佳木斯市	237.55	810.17	32704
	七台河市	83.11	212.65	6221
	牡丹江市	262.04	1310.7	38827
	黑河市	167.94	447.83	68340
	绥化市	548.51	1272.21	34873
	大兴安岭地区	47.24	—	—
吉林省	长春市	754	5530.03	20594
	吉林市	426.24	2394.19	27711
	四平市	326.41	1233.25	14382
	辽源市	120.8	726.64	5140
	通化市	221.1	1001.21	15612
	白山市	125.37	668.55	17505
	松原市	278.07	1637.3	21089
	白城市	196.67	699.68	25759
	延边朝鲜族自治州	213.58	858.84	42700
辽宁省	沈阳市	730.4	7272.31	12860
	大连市	593.6	7731.64	12574
	鞍山市	346	2337	9255

续表

省份	市	总人口数（万人）	GDP（亿元）	土地面积（平方千米）
辽宁省	抚顺市	215.8	1216.48	11272
	本溪市	151.2	1164.69	8411
	丹东市	238.1	984.9	15290
	锦州市	302.6	1327.33	10047
	营口市	232.6	1513.75	5242
	阜新市	189.5	525.54	10355
	辽阳市	179	1028.58	4788
	盘锦市	129.5	1256.54	4065
	铁岭市	300.4	740.9	12985
	朝阳市	340.9	854.73	19698
	葫芦岛市	280.1	720.17	10414
内蒙古自治区	赤峰市	462.63	1861.27	90000
	通辽市	319.37	1877.44	59500
	兴安盟	164.56	502.31	59800
	呼伦贝尔市	259.3	1596.01	253000

资料来源：《黑龙江统计年鉴（2016）》《吉林统计年鉴（2016）》《辽宁统计年鉴（2016）》《内蒙古统计年鉴（2016）》。

第二节　自然地理概况

一、自然地理环境

自然地理环境是社会生产布局的必要条件和场所，为社会生产提供必需的各种自然资源。东北地区是我国一个比较完整而相对独立的自然地理区域，名山大川、水文气候自成体系，地理位置大致在东经115°25′~135°10′和北纬38°43′~53°35′，南北纵跨近15°，分布着寒温带、中温带和暖温带三个温度带，东西横跨近20°，分为湿润、半湿润和半干旱三个干湿地区，是我国纬度最高、年均气温最低的地区。气温、水分、地貌三大自然要素经过不同地质年代的交互作用，使东北内部形成了不同的生态地理系统，各自发挥着相应功能和作用。

1. 山环水绕、沃野千里的丰富地形地貌

东北地区的地形地貌特点可概括为山环水绕，沃野千里，类型丰富多变。自东向西排列着山地丘陵、平原、高原山地三种主要地貌类型，从地势平坦的滨海平原到起伏较大的山地，海拔由 0 米上升至 2500 米左右。山地有西侧的大兴安岭、东侧的长白山地和北部的小兴安岭。上述山系环抱着沃野千里、一望无际的东北平原——位居我国三大平原之首，包括三江平原、松嫩平原和辽河平原。西部有科尔沁大草原、呼伦贝尔大草原和锡林郭勒大草原。南部有蜿蜒曲折的海岸线、宽广的大陆架浅海以及众多的天然港湾。濒临的黄海和渤海，大小岛屿星罗棋布。总体来说，多变的地形地貌组成了东北地区比较完整且相对独立的自然地理格局。

2. 河网密布的河流水文

东北地区水网密布，著名的江河湖泊有黑龙江、松花江、乌苏里江、图们江、鸭绿江、辽河以及大小兴凯湖、松花湖、镜泊湖、呼伦湖、天池、五大连池等，构成纵横交错的水系网络。在我国 15 条重要的国际河流中，有 10 条界河和 3 个界湖分布在东北地区，境内水域国境线长 5000 千米以上。其中，黑龙江是东北地区最大的水系，在我国境内长达 3420 千米，流域面积达 184.3 万平方千米，占全流域的 48%，居世界第 10 位。鸭绿江源于长白山天池，为中朝界河，在丹东注入黄海。图们江源于白头山东侧，也为中朝界河，注入日本海。松花江是黑龙江的最大支流，松花江吉林省段发源于长白山天池，流向西北，流域广阔，支流众多，主要支流有辉发河、拉法河、饮马河等 10 余条。黑龙江省有大小河流 1900 多条，多自西向东流，形成黑龙江和绥芬河两大水系，境内河网密布，水量充足，水产丰富。吉林省境内主要河流共 200 余条，分属松花江、辽河、图们江、鸭绿江、绥芬河五大水系，淡水水面 64 万公顷，河流分布以东部长白山地最多，河网密集，水量丰富，落差较大。东北地区多条河流中孕育有丰富的鱼类资源。黑龙江是世界上渔业资源最丰富、鱼种最多的河流之一。乌苏里江是东北地区重要的淡水鱼产地之一，嫩江、松花江水草茂密，浮游生物极为丰富，是我国淡水鱼类重要产地之一。

3. 肥沃的土壤

东北地区的土壤类型复杂多样，但具有一个共同特点，即各种土壤的表层颜色较暗，有机质或腐殖质含量丰富，即使在针叶林下的漂灰土区，也有薄厚不等的腐殖质层。草甸土、黑土和黑钙土是东北地区的主要土壤类型，表土颜色呈深暗以至黑色，有机质或腐殖质含量更为丰富。因而，东北地区以土壤肥沃著称，是世界著名的三大黑土地分布区域之一。东北地区的黑土主要分布在黑龙江、吉林两省中部的松嫩平原及山前台地上，此外，在三江平原、大兴安岭西麓、黑龙江中游的黑河等地也有分布。境内黑土总面积在1000万公顷以上，适合广泛培植玉米、豆类、高粱、棉花、水稻、甜菜等粮食和经济作物。然而，东北地区的黑土地也面临严重的水土流失、肥力锐减等问题。

4. 丰富的森林草原景观

东北地区森林和草地资源丰富，名山大川及其数千支脉孕育了绵延数百里的东北林海，植被类型主要以针阔叶混交林和针叶林为主，还分布有大面积的草甸草原，是我国最大的天然林区。大兴安岭东坡自然条件较好，阔叶树种繁茂，西坡受呼伦贝尔草原干燥气候和大兴安岭森林气候的交叉影响，形成一条窄带状的森林草原。东部山地为小兴安岭和长白山地红松阔叶混交地区，该地区气候温湿，自然条件较好，因此植物种类较为丰富，植被类型也相对复杂。辽东半岛沿海受海洋的调节，分布有零散的赤松林。此外，辽河三角洲一带还有大面积芦苇分布。小兴安岭为低山丘陵区，森林资源更为丰富，尤其是红松遍野，素有"红松故乡"之称。东北地区的高森林覆盖率，可拉长冰雪消融时间，且森林贮雪有助于农业及林业发展。

5. 冬严寒、夏湿热的季风气候

东北最突出的气候特征是长冬严寒，由于气温低，蒸发量较少，形成了冷而湿的自然环境，全区冬季温度皆在冰点以下，为全国最冷的区域。东北地区大部分地区属温带与暖温带范围，仅大兴安岭北部山地属寒温带，大陆性季风气候特征极为明显，雨热同期，夏季高温多雨，冬季严寒干燥。东北地区特殊的地理位置及复杂的地表结构形成了内部各地不同的气候特点，最明显的是热量的南北变异和水分的自东南向西北递减。就积温而言，南部可达3600℃，北部则仅有1000℃。年均降水量在300~1000毫米，从湿润区、半湿润区过渡到半干旱区，东多西少，水分平衡零值线恰好从大小兴安岭和东部山地的西缘通过。此线以东为湿润区，植被以森林与沼泽为主，农业多水田。此线以西为半湿润区，植被以草原或森林草原为主，农牧水源稍感不足。不同的水热组合条件也造就了作物生长的地带性选择：冬小麦、棉花、暖温带水果在辽南各地可正常生长，中部一般生长春小麦、大豆、玉米、高粱、谷子、水稻、甜菜、向日葵和亚麻等春播作物，而北部则以春小麦、马铃薯和大豆为主，有的地方仅能生长马铃薯和春小麦。

二、自然地理地带性格局

自然地理地带性是指地表的自然地理要素、物理化学过程和自然现象在空间分布上根据各自所具有的自然地理特点呈现规律的带状排列，可从水平地带性（主要受太阳辐射影响）和垂直地带性（主要受海陆区位及地形影响）两个视角考察。从全国尺度看，虽然东北地区是一个完整且相对独立的自然地理区域，但因面积广阔，区域内部各地区受到的太阳辐射以及海陆区位条件和地形等因素具有差异性，导致了区域内部巨大的自然地理分异，从而形成了自然地理地带性和非地带性格局。宏观地看，东北地区地表结构大致呈半环状的三带：外围是黑龙江、乌苏里江、图们江、鸭绿江等流域的低地，地势较低；中间是山地和丘陵，地势相对较高；内部则是广阔的平原，地势相对较低且平坦。气候受海洋及地形影响，全区等降雨线略成南北走向，一般东部多于西部，山地多于平原。如东南部的丹东年均降水量达 1000 毫米以上，中部平原地区的沈阳在 500 毫米左右，而西部的通辽则减少为 400 毫米左右。森林类型随纬度和地势均有显著变化，反映出明显的纬度地带性和垂直地带性规律。全区从东南向西北，由于气候逐渐趋冷，森林密度和高度均匀减少，林型则由复杂的针阔叶混交林转变成为较纯的针叶林。

东北地区的植被分布不仅表现出明显的纬度地带性特征，即自南向北由草甸草原过渡到森林草甸草原再到森林，还受季风气候影响，呈现出自东向西沿经度依次为森林、森林草甸草原、草甸草原和草原的宏观格局。本区植被分布的第二特点是受山地气候影响，垂直分布较为明显。以长白山为代表，植被垂直带较为完整，由山顶到山麓，可划分为四个植被垂直带：地苔原带（海拔 2100 米以上）、亚高山稀矮林带（海拔 1800~2100 米）、亚高山针叶混交林带（海拔 1100~1800 米）、低山针阔混交林带（海拔 700~1100 米）。全区土壤随植被类型不同也呈现明显的纬度和经度地带性规律。自东向西，依次分布着暗棕壤土、白浆土、黑土、黑钙土、草甸黑钙土、栗钙土等类型；自南向北，分别有棕壤、黑钙土、黑土、暗棕壤、漂灰土等不同类型。

依据气候、地形地貌、水文和土壤等自然要素的组合特征，东北地区的农业生产也明显呈现出三种主要类型区：一是农业种植区，主要分布在松嫩平原、三江平原和辽河平原，以种植粮食作物为主，包括玉米、大豆、春小麦、水稻等；二是林业区，主要分布在大小兴安岭和长白山区；三是畜牧业区，主要分布在西部高原地带。

三、自然区划

自然区划是将自然地理环境按其地带性规律划分成不同的区域。按照反映自然地理环境相似性和差异性特征的原则，有多种划分方法及等级单位与名称系统，目前被广泛接受的名称系统是"区域（亚区域）—地区（亚地区）—省区（亚省区）—区（亚区、小区）"。中国综合自然地理区划将全国划分成三大自然区域（东部季风区、西北干旱区、青藏高寒区），并进一步依据温度和降水条件，结合土壤植被等因素，划分出七个自然地区，其中，中国东部区域隶属东北针叶林—草原地区。根据东北地区内部自然地理差异，又可将其划分为东、中、西三个亚地区和十个自然省区（冯绳武等，1989）。

1. 东北地区东部亚区域

本区位于嫩江及辽河谷地地区，大部分地形为山岭和丘陵、河谷及山间低平原，面积约 33.8 万平方千米。气候上属于温带及暖温带北部湿润地区，但冬季依然严寒且漫长，冰封期长达 6 个月左右，因靠近海域，年降水量为 500~1000 毫米，且降水多集中在夏季。区内水系发达，径流丰富，便于灌溉，植物土壤属长白山区系针阔叶混交林。按照景观差异，亚区又可分成三江平原、小兴安岭、长白山地和辽东半岛四个区。三江平原又称三江低地，是黑龙江及其支流松花江、乌苏里江冲积而成的大片低地平原，全区面积 6.4 万平方千米，约占东北东部亚地区的 1/5，是全国最大的沼泽平原之一。小兴安岭区包含松嫩平原东北部及冲积三角洲的低山丘陵地带，面积约 6.2 万平方千米，因位于背风区而出现森林草原景观，植被以温带山地针阔叶混交林为主，集中组成大片林地。长白山地区西起松辽平原，东至国境，北起完达山及松花江谷地，南迄丹东—沈阳铁路，是一个复杂的山地区，面积约 18 万平方千米，地形复杂，地势较高，是全东北最湿润区，适宜森林生长，区内有茂密的森林及多种珍稀动植物，在山间盆地及河谷间还广泛分布有煤、铁和多种有色金属，有利于工农牧林业综合发展，素有

"宝山"之称。辽东半岛区东、南、西三面濒临黄、渤二海，东北部毗连长白山地，以沈阳铁路为界，面积约3.3万平方千米，是东北最小的自然省区，属低山丘陵区，是东北最暖且具有海洋性季风气候的省区，植被类型以阔叶落叶林为主，人口密度和耕地比例均大于东北东部各省区，具有较悠久的工农业发展历史，因土地贫瘠、平地狭小，农业发展受到限制，而作为主要港口所在地。

2. 东北地区中部亚区域

东北中部平原，又称东北平原或松辽平原，地势低平，海拔120~250米，东西介于长白山地和大兴安岭之间，北起小兴安岭，南止辽东湾，属于台地、丘陵向中等山地过渡地带，总面积36.8万平方千米，占东北地区的1/3。由南向北气温随纬度增加而降低，从东向西由半湿润到半干旱，植被由森林草原向草原过渡。年均降水量400~700毫米，蒸发旺盛，有春旱现象，冬季寒冷干燥多风，夏季温暖多雨，河流泛滥。大部分区内平原已被开垦成主要产粮区，区内有我国最大的防护林区。植被多为草甸草原或森林草原，有肥沃的黑钙土和黑土。按照本亚区内部自然差异，又可分为松嫩平原、西辽河平原及辽河下游平原三个区。松嫩平原是松花江中游及其最大支流嫩江流域的平原区，在西、北两面分别以大、小兴安岭为界，面积22.2万平方千米，占东北中部平原的2/3，是东北地区面积最大的一个自然区，属于森林草原黑土带，是东北地区最为重要的农业区。西辽河平原区，位于东北平原西南部，北与松嫩平原为邻，西接大兴安岭南段东麓，南连辽西山丘，东与辽河平原省区相邻，面积7.7万平方千米，植被以杂类草型的草甸草原为主，是半农半牧区，耕地很少。辽河下游平原区，位于松辽平原最南部，北接松嫩平原及西辽河平原二省区，西接辽西山丘，东以辽东半岛为界，略成东北—西南方向的四边形低地，面积6.9万平方千米，为东北中部平原最小的一个自然区，区内气候条件优于松辽平原其他各地，开垦较久，已无天然植被，之前以栎林、松林为主。辽河下游平原区是我国重要的农业区之一，也是东北的谷仓之一。

3. 东北地区西部亚区域

该区域包括松辽平原以西的大兴安岭及辽西山丘全部中山、低山及丘陵区，为东北平原与内蒙古高原间的界山，也是东部湿润森林区和西部干旱草原区的自然地理线。气候上属东亚湿润季风向中亚干旱内陆气候的过渡带，自南向北，由暖温带森林草原至寒温带针叶林景观。全区面积37.4万平方千米，占东北地区总面积的 34.6%，是东北最大的一个亚地区。依其纬度不同和景观差异，全区自北向南，又可分为大兴安岭北部、中南部和辽西山丘三个区。大兴安岭北部区，是我国东西两大区域间最明显的界山，也是东北平原和内蒙古高原的显著分界线，植被类型是以兴安落叶松为主的针叶林，是我国最重要的原始林区组成部分，区内分布有多种珍稀动植物。大兴安岭中南部区，介于松辽平原和内蒙古高原间北东走向的狭长山岭，面积 18.2 万平方千米，为内流水系和外流水系的天然分水岭，植被属大兴安岭南部山地森林草原和草原区，土壤以山地黑土和山地灰色森林土为主。辽西山丘区西、南两面分别抵达红山子、七老图山至山海关一线，东、北两面分别与辽河平原、西辽河平原及大兴安岭中南部三区毗邻，面积 7.5 万平方千米，区内有丰富多样的矿产资源，地形上自西北向东南倾斜，属温和半湿润季风气候区，土壤垂直地带性规律明显，区内原始森林多遭破坏，河谷草原也被垦种，被称为"经过改变的森林草原景观"。

第三节　自然资源概况

一、自然资源的总体特点

1. 总量丰富、种类齐全

东北地区资源总量丰富、种类齐全、配置合理，各类资源在质与量两方面均居于各大经济区前列，其中有 40 多种资源居全国前三位，资源总量和开发规模也是全国其他地区无法比拟的。优越的资源禀赋条件不仅构成了东北区域经济发展的重要支柱，也为东北地区在全国资源格局中占据重要地位奠定了基础，而且也将成为东北区域经济振兴的重要依托。尽管近年来某些资源出现枯竭迹象，但东北地区一些重要资源在全国的优势地位依然存在。仅从几种战略性资源来看，东北地区石油资源储量占全国的 1/2，铁矿石储量占全国的 1/4，森林蓄积量占全国的 1/3，潜在能源资源油页岩储量占全国的近 70%，人均耕地是全国平均水平的 2 倍（农业普查数据），大兴安岭还潜藏有大量的有色金属。东北地区战略性资源的丰富储量不仅是区域经济发展的基础，也是国家资源安全的重要保障。

2016 年我国的石油和铁矿石资源已经对国际市场形成了较高的依存度，80% 的铁矿石资源和 60% 的原油都依赖于进口，已成为世界上主要的石油和铁矿石进口大国。在我国经济发展对境外资源依存度不断提高的背景下，东北地区的资源基础对于保障我国能源工业、钢铁工业、石化工业及其下游关联产业的产业链安全，具有极为重要的战略意义。

2. 资源开发仍具有较大潜力

东北地区的水土资源、矿产资源和生物资源等仍远远高出全国平均水平，具有较大的开发潜力。松嫩平原、三江平原和辽河平原约占全国平原总面积的 1/3，自然条件优越，集中连片，是我国发展集约高效农业、生态农业和精品畜牧业最具潜力的地区，也是建立我国食物安全保障的重要区域。大兴安岭中南段的有色金属资源具有巨大开发潜力。近几年的勘探与研究表明，在大兴安岭中南段可划分出三个各具特色、北东向延展数百千米的有色金属成矿亚带，即大兴安岭西坡富银—富铅锌成矿带、大兴安岭主峰锡—富铅锌—富铜成矿带、大兴安岭东坡以铜为主的多金属成矿带。同时，大兴安岭北段在原有十几个大中型矿床的基础上，又有新发现，尤其是铜、钼矿床展示出良好的开发前景。同时，东北地区丰富的森林资源、草地资源等仍然具有较强的开发潜力。

3. 战略性资源的地域组合优越

从国家安全角度看，东北地区资源的重要性还在于其优越的地域组合，能够支撑相对完善的、具有战略意义的经济体系建设与正常运转。水土资源、能源与矿产资源、可再生资源和不可再生资源空间组合均明显优于全国其他区域。东北地区铁矿及石油资源与华东地区、西北地区、中南地区、西南地区相比，优势更加突出。另外，与我国目前发展态势最为活跃的长江三角洲、珠江三角洲、京津冀地区相比，东北地区在土地、主要矿产资源方面更具有显著优势，前者经济活跃区在经历了改革开放以来的高速增长之后，人地矛盾越来越突出，水土资源等方面不断强化的约束也加大了未来发展成本。相对而言，东北地区虽然有些资源已有枯竭之虞，但其良好的组合条件并没有遭到根本性破坏，仍然是我国资源组合条件最好的地区。

二、主要优势资源概况

1. 土地资源

东北三省土地总面积约占全国的 8.3%，全区耕地面积 33.15×10^4 平方千米（据全国第二次土地调查数据），耕地资源质量也好于全国其他地区，一至三质量等级耕地占全国同质量等级耕地的 29%。土地资源是目前东北地区的主要优势资源。由于大规模开发较晚，东北地区土地资源仍有一定开发潜力。从 21 世纪初耕地资源变化动态来看，我国耕地资源总量不断萎缩，在此背景下，东北地区作为我国最重要的商品粮基地，其丰富的土地资源对于保障国家粮食安全意义更为重大，东北地区现代农业发展在我国经济发展总体格局中的地位和作用也将更加突出。

2. 森林资源

东北林区位居三大林区之首，大小兴安岭和长白山是我国最大的天然林区，森林树种在 300 种以上，其中经济价值较高的有 50 多种，中华人民共和国成立以来一直是我国主要的木材生产基地，商品木材产量约占全国的 2/3，主要分布在黑龙江省、吉林省东部、辽宁省北部和内蒙古自治区境内的大兴安岭林区。林区内还分布有丰富的动植物资源，据不完全统计，林区内分布有 2400 多种野生植物资源，其中药用植物 800 多种，可食用植物 1000 多种；林区内天然草原野生植物也较为丰富，已查明的野生经济植物就有 800 余种，野生植物的潜在价值在数百亿元以上，堪称我国的"生物资源宝库"。虽然东北地区的森林资源在全国仍占据重要地位，但超采、乱砍滥伐现象严重，还伴随着不可预知的森林火灾，使森林资源和森林生态受到严重破坏。外加工程建设征占林地及林区人口增多等因素，20 世纪 70 年代至 20 世纪末期，林业用地面积以 70 万公顷的年均速度不断减少。目前，东北地区林地面积和活立木蓄积量占全国的比重分别下降至 13% 和 21%，如果对曾经被过度采伐的森林资源进行有效保护，区域森林工业的资源基础能够得到适当恢复。

3. 能源矿产资源

东北地区矿产资源分布广泛，种类繁多，现已探明储量的矿种有 84 种，占全国已探明矿种的 64%，其中有近 60 种为大中型矿床。累计探明储量占全国首位的有石油、铁、金、镍、锰、钼、菱镁、滑石、金刚石、火山渣、浮石、硅藻土、膨润土、硅灰石、石墨等。东北地区的矿产分布存在显著的地域差异。少数重要矿产分布相对集中,多数矿产分散分布,区域内部不同省份仍面临各自的能源矿产问题。如辽宁省拥有铁矿、菱镁矿、硼等优势矿产,但铬、镍、铜、铅、锌等矿产是省内短缺矿种,仍需进口部分富铁矿,磷矿全部依赖进口;吉林省非金属和水气矿产优势矿种较多,但国民经济发展所需的大宗能源矿产和大部分金属矿产、化工矿产明显不足,需要外进;黑龙江省能源矿产地位显著,石油储量大、煤炭种类全,石油、天然气全部集中在松辽盆地的大庆油田,煤炭有90%集中于东部的四大煤城(鹤岗、鸡西、双鸭山、七台河),铜资源的94.7%集中在嫩江县多宝山。从矿点看,东北地区矿产资源中小型矿多,大矿少;贫矿多,富矿少;共伴生矿多,单一矿少。金属矿产矿石共生、伴生组分多,贫矿多。矿石共生、伴生组分多的问题既给选冶造成困难,也为提高选冶技术、综合回收、综合利用矿产资源提出了难题。

4. 草地资源

草地是中国东北绿色生态屏障的重要组成部分,主要包括科尔沁草原、呼伦贝尔草原和松嫩平原。草地类型包括温性草甸草原、温性干草原、山地草甸、低地草甸和沼泽。根据全国第二次土地调查数据和内蒙古自治区2012年草原监测报告,东北三省草地面积约 3.86×10^4 平方千米,内蒙古东四盟草地面积 20.33×10^4 平方千米。东北地区的草地对维护我国生态系统平衡和提供畜牧产品有重要的作用。东北地区的草地资源面临严峻的退化(草地沙化、草地退化和草地盐渍化的统称)问题,东北三省及内蒙古东部地区退化草地占该区草地总面积的33.58%,占全国退化草地总面积的7.57%,内蒙古赤峰地区、吉林西部地区草地退化更严重,面积已达80%以上,呼伦贝尔四个主要牧场旗县草地退化面积也达53.6%。大面积的草地退化不仅会限制畜牧业发展,也将带来重大的生态环境问题,威胁区域经济社会的可持续发展。表1-3所示为东北地区主要草地分布及降水特点。

表 1–3　东北地区主要草地分布及降水特点

地区	地点	年均降水量（mm）	4~9月降水量（mm）
呼伦贝尔	海拉尔	348	—
	陈巴尔虎	347	315
	鄂温克族自治旗	335	—
	新巴尔虎左旗	276	253
	新巴尔虎右旗	254	239
兴安盟	阿尔山	448	389
	扎赉特旗	404	376
	科右前旗	410	381
	突泉县	388	362
	科右中旗	372	343
通辽市	扎鲁特旗	369	321
	科左中旗	414	356
	开鲁县	335	285
	通辽市	390	333
	科左后旗	459	395
	奈曼旗	382	324
	库伦旗	440	378
赤峰市	阿鲁科尔沁旗	326	296
	巴林左旗	381	253
	巴林右旗	353	326
	林西县	383	356
	翁牛特旗	369	339
	敖汉旗	408	370
	克什克腾旗	389	352
黑龙江省	大庆市	427	380
	齐齐哈尔市	520	—
	安达市	433	381
吉林省	双辽县	467	406
	白城地区	458	403
辽宁省	昌图县	647	478
	法库县	611	398
	阜新蒙古族自治县	502	421

第四节 经济地理区位与发展环境

一、全球地缘背景下的区位

从全球层面看，和平、发展和合作已成为当今时代主流，经济全球化势头迅猛，科技进步日新月异，生产要素流动和产业转移加快。在欧盟、美加自由贸易区、亚太地区这三大经济区中，亚太地区被认为是最具有发展前途的经济区域。21世纪以来，东北亚地区又被认为是亚太地区未来的经济和贸易中心，成为世界经济中受到普遍关注的热点地区，在世界经济中的地位和影响也扶摇直上，成为世界经济政治体系不可缺少的部分，是世界21世纪发展的新空间，是亚太21世纪发展的重要一极。其中，东北地区是东北亚地区的核心区，资源开发、基础产业和基础设施已形成了一定的规模和水平，这为东北地区的发展和产业结构升级奠定了良好的基础。

1. 全球化经济格局

世界经济格局在动荡中加速变化，但是从量变发展到质变将是一个长期的复杂过程。尽管由发达经济体主导的全球经济金融格局还将在相当长的时期内持续，但长期累积的全球经济失衡和利益分配不公受经济金融危机的持续作用和影响在加速推动全球经济增长格局和发展路径出现新的变革，世界经济格局正在发生深刻变化。1997年爆发的亚洲金融危机对世界经济格局产生了重大影响，它改变了亚洲传统的"雁行模式"区域分工格局，并逐步在区域内形成了一群处于不同发展阶段的新兴工业化经济体，也加速了东盟经济一体化进程，亚太经济格局发生了根本变化。2008年美国金融危机引发的全球经济危机，也加速了世界经济格局的变化。金融危机爆发后迅速从美国向世界各地扩散和蔓延，从虚拟经济向实体经济扩散和蔓延，从经济领域向社会领域扩散和蔓延，危机带来"国际同步震荡"。直至今日，所有发达国家都未能幸免于难，美国面临着经济衰退的风险，昔日引领全球经济的三大经济体自顾不暇；然而，在美国金融危机和世界经济衰退双重压力下，发展中国家的发展进程并未发生逆转，而是率先走出复苏并成为世界经济增长的主要动力。美国等发达经济体普遍面临金融危机和经济停滞，新兴经济体群体性崛起，世界正在再次经历着一场实力转换和权力再分配的激烈变化，新兴经济体在国际事务中的影响力也不断加强，这必然会加速以美国为主导的世界经济政治旧格局的变革。

当前，随着经济全球化背景下新兴经济体在全球经济中所占比重的不断提高，其对全球经济增长的贡献不断增加，并表现为不可逆转的长期发展趋势。以"金砖五国"为代表的新兴经济体更是不可小觑，成为不可忽视的新兴国际经济力量。亚太地区的重要性也日益升高，尤其是金融危机后，亚太地区在全球经济中的引领和推动作用更加明显，在此背景下我国东北地区地处东北亚的地理中心，是世界上区域间发展优势互补、工业升级潜力明显的地区，与日本、韩国等东亚经济强国具有密切的经济联系。伴随着中国整体经济实力的增强，东北地区在再工业化的过程中具有融入全球经济格局甚至重塑东亚经济格局的潜力。

2. 全球化市场

随着全球化的加速发展，经济全球化促进了世界市场的全球化进程，也使加入世界贸易组织（WTO）的成员以统一的国际准则来规范自己的行为。全球化的市场逐步表现为生产的国际化、资本的国际化和科技的国际化。以互联网为标志的科技革命，从时间和空间上缩小了各国之间的距离，促使世界贸易结构发生巨大变化，促使生产要素跨国流动，它不仅对生产超越国界提出了内在要求，也为全球化生产准备了条件，是推动经济全球化的根本动力。世界性的金融机构网络，使大量的金融业务可以跨国界进行，跨国贷款、跨国证券发行和跨国并购体系已经形成。世界各主要金融市场在时间上相互接续、价格上相互联动，尤其是外汇市场已经成为世界上最具流动性和全天候的市场。科技全球化使各国科技资源在全球范围内的优化配置、先进技术和研发能力的大规模跨国界转移、跨国界联合研发广泛存在。以信息技术产业为典型代表，各国的技术标准越来越趋向一致，跨国公司巨头通过垄断技术标准的使用，控制了行业的发展，获取了大量的超额利润。经济全球化的四个主要载体都与跨国公司密切相关，或者说跨国公司就是经济全球化及其载体的推动者与担当者。"小而平"的世界市场正在形成。东北地区在工业产品和农副产品等方面具有丰富的资源，具有融入全球价值链和全球创新链的物质基础和广阔的市场潜力，或将对各类生产要素流动形成"磁吸"效应，但同时也面临着比较严峻的挑战。

3. 全球贸易格局演变

2016 年发布的《全球贸易新常态与经济治理新框架》研究报告指出，以 2012 年为分界，全球国际贸易已从"高速增长、美国核心、中国驱动"的旧常态向"增速放缓、三足鼎立、区块结构"的新常态演变。2015 年全球三大贸易国依次为中国、美国、德国，在全球贸易中占比分别为 11.9%、11.5%、7.2%。贸易核心国位次的新变化推动全球贸易区域结构特征呈现出北美价值链、欧洲价值链和亚洲价值链"三足鼎立"的新特征。从贸易结构上来看，当今世界贸易已经打破了西方发达国家处于生产结构同质性和多样化的"中心"、广大发展中国家处在生产结构异质性和专业化"外围"的传统贸易结构，中国等发展中国家在电子信息制造等诸多高科技产品领域已经逐步成为世界贸易的核心，"世界工厂"已经从中国向非洲和东南亚等国家转移。但是从东北地区来看，产业结构和经济所有制结构决定了对外贸易的商品结构，尤其是出口的商品结构。东北三省作为我国的老工业基地，形成了以能源、原材料和装备制造为主的重工业产业结构，钢铁、机械、汽车、石油化工等是东北的支柱产业。因此，机械、交通设备、纺织和矿产品等依然是其对外贸易的主要商品类型。同时，由于传统计划经济的影响，其国有经济比重偏高，经济活力和创新活力相对低下，也造成了东北外贸商品附加值低、高技术产品比重小的特点，处于不利的竞争地位与区位。但这种特征正在逐步弱化，在新的全球价值链下，东北地区商品贸易结构正在逐步优化，出口国家逐步从日本、韩国和东南亚等亚太国家向美国、德国等欧洲国家转移。东北地区新的全球贸易网络伴随着"一带一路"倡议和中欧班列等正在形成。

4. 东北亚区域合作前景

但是从东北亚国际地缘政治环境来看，东北亚地区各国之间的经贸合作在曲折中发展。俄罗斯联邦政府于 2013 年批准并对外公布了《俄罗斯远东和贝加尔地区社会经济发展国家规划》，远东各州和边疆地区都把对华经贸合作列为优先发展方向，为中俄毗邻地区经济合作提供了千载难逢的机遇。同时，习近平主席和李克强总理在 2014 年密集出访了蒙古、韩国等东北亚国家，逐步务实区域经济一体化发展，这些都表明我国在积极参与全球化、继续坚持沿海开放战略的同时，越发关注广大欧亚内陆腹地尤其是东北亚区域的国际合作和经济开发。中韩自由贸易区自 2015 年 12 月起正式生效，中日韩自由贸易区也在积极推进当中，一旦建成将对东北地区进出口贸易起到决定性作用。各国、各层面的政策因素也在为东北地区积极融入东北亚发展营造良好的外部环境。

2015年3月28日，中国政府正式发布了《推动共建丝绸之路经济带和21世纪海上丝绸之路的愿景与行动》（简称《愿景与行动》），这预示着贯穿亚欧非大陆的宏大构想"一带一路"倡议有了切实的行动指南。从内容上看，虽然东北亚地区由于地区矛盾等因素尚未被全部纳入"一带一路"框架，但无论从"一带一路"倡议的目标来看，还是从东北亚的实际情况来看，都存在将东北亚地区纳入"一带一路"重点合作区域的必要性和可行性。"一带一路"倡议覆盖了全球63%的人口和29%的经济总量，其核心是包容性全球化，促进沿线各国的共同繁荣与各领域区域合作深入发展。沿线国家多为新兴经济体和发展中国家，普遍处于经济上升期，开展互利合作前景广阔。从全球视野看，东北地区凭借其独特的区位特点、产业特征，无疑将被视为中国向北开放合作的门户。实际上，东北地区不仅仅是国内向北开放的窗口，其经过多年的工业积淀和改革开放前期的特殊政策扶持，累积的雄厚工业基础也是其他区域无法比拟的。凭靠"一带一路"倡议提供的时机，东北地区在提升完善原有工业结构和技艺的基础上，还具有向南、向西发展合作贸易的巨大潜力。但是，同时需要注意在东北亚地区，各国利益冲突与相互角力较多，再加上美国意在东亚地区实施遏制中国的"亚太再平衡战略"，东北亚地区各国之间的领土领海争端、朝核问题、韩国部署萨德以及历史遗留等问题，都是东北地区发展必须重视的外部力量。

二、全国经济格局下的区位

从全国的层次来看，东北地区是我国的东北边陲，也是我国通往俄罗斯远东地区、朝鲜、韩国、蒙古东部的必经陆路通道，在全国具有重要的政治、经济、交通、文化意义。东北地区是我国具有相对完备的自然地域单元、优越的资源禀赋条件、较好的生态环境基础、多民族深度融合、开发历史近似、经济联系密切、产业基础雄厚的大经济地域（吴传钧，1998）。虽然在改革开放之后，经历了所谓的"东北现象"，但无论是在计划经济时期，还是市场经济时期，东北地区在全国经济格局中一直占据着无可替代的重要地位。

1. 中国经济格局的变化

中华人民共和国成立后，我国区域经济发展格局经历了改革开放前高度计划经济体制下的条块经济阶段、改革开放后体制转轨前中期的行政区经济阶段和改革开放后体制转轨后期的经济区经济阶段三个历史阶段。21 世纪以来，在国家区域协调发展战略的总体部署下，我国区域经济呈现出"东部率先发展、西部大开发、振兴东北老工业基地、中部崛起"的四大区域经济协调发展的新格局，区域经济增长的重心有"北上西进"的趋势，城市群或大城市圈在区域发展中的主导力量不断增强，区域经济一体化不断加快，跨区域经济交流与合作进一步加强，区域合作已从各地方政府主导转变为市场主导，全方位对外开放格局基本形成。东部地区率先提高自主创新能力，实现了经济结构的优化升级和增长方式的转变，特别是浦东新区、滨海新区、深圳特区等，带动珠三角和长三角成为我国经济最活跃的两极。西部地区、中部地区在国家大力扶持下，全力推行新型城镇化，承接东部和境外产业转移，区域经济得到了良好的发展。但是东北地区由于产业结构转型与升级不足、开放发展相对滞后、创新发展较弱和营商环境较差等原因，呈现出明显的经济下滑趋势。从区域经济增长的重心来看，东部地区一直是我国区域经济发展的重心，但随着长三角、珠三角土地、能源等生产要素紧缺，劳动力成本上升和环境压力提高等，经济重心呈现出北上西进的强劲趋势。同时，跨区域经济交流与合作进一步增强，各地区开始突破传统的制度性障碍，推进区域一体化和区域经济整合，基本形成了珠江经济带、长江经济带、环渤海经济区、东北经济区、陇海—兰新经济区、成渝经济区等贯穿南北的区域合作的新格局。从全方位的对外开放来看，由 20 世纪 80 年代的沿海逐步扩大到 90 年代的沿江、沿边和广大内陆城市，目前，已基本形成了全方位、多层次、宽领域、积极参与国际经济循环的对外开放格局，形成了东北亚次区域经济区、东南亚次区域经济区、南亚区域经济区、中亚次区域经济区等跨国合作的合作区。从中国经济格局的演变不难看出，东北地区将成为中国未来发展的重要转型区域，在重塑中国经济地理格局中扮演着重要的角色。

2. 东北地区在我国经济格局中的作用

东北地区是中国重要的工业原料基地。作为老工业基地，东北地区有着巨大的存量资产、良好的产业基础、较为完备的基础设施条件，是极具发展优势的地区，也是国家以最低成本建设新兴工业基地的最佳区位选择。东北地区作为中华人民共和国成立初期国家建设的重点区域，装备制造业基础雄厚，素有"共和国总装备部"之称，是中国第一个重工业基地，以资源开发和重化工业发展为特色的产业基地建设在全国具有突出地位，特别是 20 世纪 50~70 年代，东北地区以大量的重型机械设备、能源、化工等产品以及大量的工业技术人才支撑了全国的工业化发展。虽然到2014年，东北地区的部分重工业产品占全国的比例有所下降，但从整体来看，东北地区的重化工业仍然保持着区域竞争力，许多传统工业优势也并未完全丧失，而且正在形成一批新的优势产品和产业，如装备制造业、钢铁、医药、农产品深加工和高新技术产业等，已形成一批规模较大、在国际国内市场均具有较强竞争力的企业，具备产业集聚和集群效应，发展潜力巨大。

就区域整体而言，东北地区作为四大板块之一，在衡量区域发展政策效果和维持全国经济格局相对稳定方面发挥着重要作用。为破解"东北现象"，中央政府在2003年开始实施东北老工业基地振兴战略及一系列政策措施，十多年来，东北地区的经济、社会进入了良性发展轨道，经济实力和社会发展水平以及区域创新水平都有了明显提升。然而，伴随着中国经济进入新常态，东北地区出现了比全国其他地区更为明显的困难，除了经济增速持续回落，东北地区的财政收支和就业稳定也面临重大挑战。2013年以来，中国东北经济增速持续下行，引发各方关注。2016年东北三省GDP增速落后于其他省份，辽宁更是出现了罕见的GDP负增长。2016年4月，《中共中央 国务院关于全面振兴东北地区等老工业基地的若干意见》正式发布，全面开启了新一轮东北振兴的阀门。这也意味着东北振兴将和"一带一路"建设、京津冀协同发展和长江经济带发展一起，成为中国向全面建成小康社会冲刺的重要一环。此外，东北地区巨大的市场需求潜力对确保宏观经济平稳运行也具有重要的支撑作用。

3. 我国市场环境

营商环境是供给侧的重要因素，营造良好营商环境是推动经济领域改革的"重头戏"。良好的营商环境可以增强经济发展的内生动力，关乎企业的生存和再发展。通过营商环境建设，进一步理顺政府和市场关系，增进市场，强化服务。得益于全球化与服务经济的发展，我国东南沿海地区在营商环境建设方面，一直走在前列，已经建立起公平公正的法制环境、生机勃发的体制环境、宽松有序的市场环境、高效透明的服务环境、诚实守信的信用环境与安全和谐的社会环境。作为营商环境建设的主导者，政府主动转变职能，强化服务，加快实施创新驱动发展战略，拓展企业发展空间，提高了政府这只"看得见的手"服务于市场主体的快速响应能力和水平。但是相比之下，东北地区的营商环境建设一直是区域发展的硬伤。

中华人民共和国成立后东北地区之所以能够在很短的时间内发展成为重要的工业基地,最主要得益于传统的计划经济体制。然而,随着我国经济体制改革的不断深入,东北地区的经济增长日益失去制度性优势,并需要承受比其他地区更多的改革与体制转换成本。东北地方政府主导经济发展的特征明显,市场化程度不高,竞争不充分,严重影响创新型企业发展和新兴业态涌现。东北地区大中型国有企业较多,很多国有企业不仅各种社会包袱与历史负担沉重,并且企业技术落后,内部组织结构、经营管理方式都无法有效地适应市场经济的要求。由于没有大量外部资金投入,国有企业职工转岗分流的出口狭窄,在保持社会稳定的大前提下国有企业改革进程被迫放慢,企业竞争力明显下降,就业压力加大。东北地区知识产权保护体系建设进展较慢,专利评估等中介机构缺乏,专利执法、商标执法在全国处于中下游水平。东北地区适应新兴产业和新兴业态的投融资体系尚未形成,多层次资本市场尚不完善,金融环境仍待优化,企业融资成本较高,不仅创业投资总量不大、规模偏小,而且天使投资缺失、融资性担保机构不甚发达,制约了东北中小创新型企业的发展。

4. 东北地区的国家政策指向

中华人民共和国成立初期,国家经济建设以恢复为主,建设重点放在工业基础较好的东北地区,1950~1952年全国工业基建投资总额的一半多投到东北地区,建设了一批煤炭、电力、钢铁、铝冶炼、机械等重点项目。"156项"建设时期,全国106个民用工业企业,有56个布局在东北地区,东北工业基地在全国的工业体系中占有举足轻重的地位。自改革开放到20世纪末期,中国区域发展战略主要受不平衡发展思潮的影响,国家投资布局和区域政策强调效率目标,向条件较好的沿海地区倾斜。中共十一届三中全会确定了中国实行对外开放、对内搞活经济的重大战略方针。1979年7月,中共中央、国务院正式批准广东、福建两省,在对外经济活动中,实行特殊政策、灵活措施。1980年后,国家又相继设立了经济特区、沿海港口城市和沿海经济开放区等,形成了一条从南到北沿海岸线延伸的沿海对外开放地带。在这个时期,东北地区除辽宁沿海之外,并没有得到国家政策的高度重视,直到2003年提出振兴东北地区等老工业基地战略,2006年提出促进中部地区崛起的战略,并分别制定了相关政策文件,至此,与鼓励东部地区率先发展的战略一道,形成了中央关于促进区域协调发展的总体安排,一般称为"四大板块"战略。

21 世纪以来，国家强调着力促进区域协调发展，推动形成沿海沿江沿线经济带为主的纵向横向经济轴带；在深入实施区域发展总体战略的同时，高瞻远瞩地提出并推动实施"一带一路"建设、京津冀协同发展、长江经济带发展；针对经济新常态下东北地区经济社会发展中存在的突出矛盾和问题，结合该区域在全国中的定位，将结构升级、体制转轨、就业增长和区域经济一体化等作为东北全面振兴的战略目标，持续用力，抓好新一轮东北地区等老工业基地振兴战略的实施。东北地区的发展再次上升到国家战略的高度，国家设计、制定和实施了一系列旨在促进各区域经济发展的政策措施，包括《国务院关于进一步实施东北地区等老工业基地振兴战略的若干意见》《国务院关于近期支持东北振兴若干重大政策举措的意见》《中共中央　国务院关于全面振兴东北地区等老工业基地的若干意见》等重要的文件，同时国家发改委等各部委也相继出台了《关于支持老工业城市和资源型城市产业转型升级的实施意见》《国家开发银行关于进一步支持东北地区等老工业基地全面振兴的意见》等政策。从政策的尺度来看，既包含有关东北地区全局发展的宏观政策、行业和部门政策，同时也包含对城市群、城市和开发区等特定区域的政策，基本形成了"全局—行业—区域"的政策体系。

参考文献

［1］樊杰，刘汉初，王亚飞，赵艳楠，陈东. 东北现象再解析和东北振兴预判研究——对影响国土空间开发保护格局变化稳定因素的初探［J］. 地理科学，2016，36（10）：1445–1456.

［2］冯绳武. 中国自然地理［M］. 北京：高等教育出版社，1989.

［3］姜晓秋，梁启东，王爱丽等. 中国东北地区发展报告（2016）［M］. 北京：社会科学文献出版社，2017.

［4］金凤君，陈明星."东北振兴"以来东北地区区域政策评价研究［J］. 经济地理，2010，30（8）：1259–1265.

［5］金凤君，陆大道. 东北老工业基地振兴与资源型城市发展［J］. 科技导报，2004（10）：4–6.

［6］金凤君，王姣娥，杨宇，马丽，齐元静. 东北地区创新发展的突破路径与对策研究［J］. 地理科学，2016，36（9）：1285–1292.

［7］金凤君，张平宇，樊杰等. 东北地区振兴与可持续发展战略研究［M］. 北京：商务印书馆，2006.

［8］金凤君等. 东北地区发展的重大问题研究［M］. 北京：商务印书馆，2012.

［9］卢伟. 我国不同区域参与"一带一路"建设的进展、问题和策略［J］. 中国发展观察，2018（6）：24-27，19.

［10］任淑玉，贾中海. 经济全球化与市场化条件下东北老工业基地振兴路径的选择［J］. 社会科学战线，2004（1）：189-193.

［11］孙威，林晓娜，张平宇."四大板块"战略实施效果评估与"十三五"规划建议［J］. 中国科学院院刊，2016，31（1）：13-23.

［12］魏后凯. 东北振兴政策的效果评价及调整思路［J］. 社会科学辑刊，2008（1）：60-65.

［13］吴传钧. 中国经济地理［M］. 北京：科学出版社，1998.

［14］张国宝等. 东北地区振兴规划研究［M］. 北京：中国标准出版社，2008.

［15］张平宇，马延吉，刘文新，陈群元. 振兴东北老工业基地的新型城市化战略［J］. 地理学报，2004（S1）：109-115.

第二章 区域开发历程与经济地理格局

  东北地区现代意义的区域开发始于清末，起步于农业开发，到民国时期，在农业专业化、商品化得到大力发展的基础上，形成了以面粉、榨油、酿酒为主体的农产品加工工业体系，资源依赖型产业结构已见雏形，辽河流域、辽西地区、吉林与黑龙江局部地区是开发重点。日伪时期，煤、铁等矿产资源是日本殖民掠夺的重点，煤炭、钢铁、电力、化学等能源及原材料工业部门成为东北地区的主导产业，资源依赖型的产业特征已基本形成，沈（阳）大（连）开发轴线具备雏形。计划经济时期，东北地区的重工业部门得到迅速扩张，大庆油田的发现使东北地区石油加工业迅速发展壮大，区域产业结构资源依赖的特色更为明显，以哈（尔滨）大（连）为轴线的经济地理格局形成。进入 20 世纪 80 年代后，区域产业结构演变进入调整期，轻工业部门在 80 年代中期前有所起色，但中期以后则迅速衰落，以区域资源为依托的重工业比重则再度呈现出上升的趋势。由于传统重工业部门技术改造的大规模展开及市场需求形势的逐渐好转，东北地区的钢铁、石油加工、化学原料、机械等资源型重工业部门的比重继续上升。进入 21 世纪，东北地区进入转型发展时期，区域开发结构缓慢优化，产业体系与结构不断调整。

第一节 清代末期的东北开发

一、清代中期以前的"封禁"政策以及局部性农业开发

东北地区现代意义的区域开发起步相对较晚。清朝入关后，大量人口移居关内，东北地区大片垦区变为荒原，呈现出"荒城废堡，败瓦颓垣，沃野千里，有土无人"的荒凉景象。清顺治十年（公元 1653 年），曾在辽东颁布"招垦令"，鼓励关内农民出关开荒，对辽河流域及辽西地区进行开发，到顺治十八年开垦农田达 3399.7 公顷。康熙七年（公元 1668 年），清政府从"首崇满洲"，维护"龙兴之地"的统治利益出发，对东北地区实行"封禁"政策，禁止人民出关开垦土地。但清朝统治者的"封禁"政策也遭到了农民的抵制，广大农民不断冲破"封禁"，移入东北地区开垦土地，使辽河流域及辽西地区的农田明显增加。到乾隆四十五年（公元 1780 年），辽河流域及辽西地区的农田（包括旗地和民田）已达 118.5 万公顷，土地开发已有相当基础（邓伟，2004）。

清代中期，为防止沙俄侵扰，清政府相继在宁古塔（宁安）、吉林乌拉（吉林）、墨尔根（嫩江）、卜奎（齐齐哈尔）等建立城池，戍边屯田，对吉林和黑龙江进行了有限度的开发。

总体上看，在清代中叶以前，由于清政府长期奉行"封禁"政策，东北地区除辽河流域、辽西地区有初步的农业开发，以及吉林、黑龙江两地区的零星开垦外，其他绝大部分地区基本处于森林密布、野草茫茫的荒原状态，是当时中国经济比较落后的边陲地域。

二、清代末期大规模开发与经济区初步形成

1. 农业开发

鸦片战争后，清政府出于增加财政收入和防御沙俄入侵的需要，对东北地区的封禁政策逐渐松弛。从咸丰十年（公元 1860 年）开始局部开禁，到光绪二十一年（公元 1895 年）大量的牧场、围场、荒场被允许放垦，经历了近 40 年的时

间。从经济地理格局看，清代末期大规模的农业开发首先在东北地区南部的辽宁（奉天）展开，之后扩展到吉林和黑龙江，呈现出由南向北推进的地理演进特征。政策的松动以及大量牧场、围场的放垦，对关内山东、河北等地的农民产生了极大的吸引力，涌入东北地区的移民迅速增加。据统计，从 1850 年到 1910 年，东北地区人口由 289.8 万人增长到 2518 万人，60 年间净增人口 2228.2 万人。

清代后期移民的大规模涌入加速了东北地区农业开发进程，可耕地大幅度增加。据统计，至 1908 年，辽、吉、黑三省可耕地达到 761 万公顷，比清代中期（公元 1780 年）东北地区的耕地规模有了大幅度拓展，大约增加 4.2 倍。其中，奉天耕地达 242 万公顷，吉林耕地达 364 万公顷，黑龙江耕地达 146 万公顷。[①]

随着人口和耕地的增加，东北地区的农业生产迅速发展。据 1908 年的调查资料，东北地区主要粮产区年产量总和为 800 多万吨。1911 年，吉、黑两省粮食产量已达 101.5 亿斤，人均粮食达 1200 多斤，出现了很多粮食剩余的州县。至此，东北地区每年向市场提供大量的商品粮，商品率迅速提高。根据各种资料反映的综合情况看，清末东北地区的粮食商品率达 30%~40%。局部地区粮食商品率更高一些，如 1909 年东北地区北部新垦区小麦的输出率为 80%，大豆的输出率为 70%。随着东北地区粮食商品化程度的提高和"豆禁"等政策的开放，粮食的国际与国内贸易不断发展，如大豆不仅运销中国东南沿海地区，而且开始向日本、中国香港、南洋等地输出，东北的粮豆市场进一步扩大，输出量也日益增加，东北地区"商品粮"基地的特征逐步显现（衣保中，1997）。

粮食商品率的提高也促进了生产的专业化和区域化。在市场机制的作用下，一些主要粮食作物，如大豆、小麦等，在地域分布上呈现出集中的趋势。到清代末期，辽河流域的大豆和松花江中下游地区的小麦各占其农作物播种面积的 30%左右，成为当地占优势地位的作物，农业生产"南豆北麦"的地域格局已见雏形。

2. 工业的兴起

这一时期东北地区的工业以发展农产品加工、采掘业和部分机器制造业为主。①19 世纪后半叶的开禁促进了商业资本进入东北地区，同时关内某些手工业生产技术也传入东北地区，造酒、制粉、制油、制丝业随之逐步发展起来。鸦片战争以后，由于大规模垦荒的陆续展开，东北地区粮食产量及商品率均有大幅

① 邓伟，张平宇，张柏. 东北区域发展报告 [M]. 北京：科学出版社，2004：8.

度提高，带动了农产品加工业的发展，营口、沈阳（奉天）、大连、长春、哈尔滨等逐渐成为农产品加工中心。②随着以兴办近代工业为内容的洋务运动的展开，清代末期东北地区的采矿业有了较大进展。19世纪末清廷在东北地区实行招商开矿政策，在金州、海城、宽甸、盖平等地出现商办矿业数十处，金矿、银矿和煤矿是本区清末以前矿业开采重点。此外，俄国、日本等国也在东北地区投资建立了一批矿业公司，在本溪、抚顺、扎赉诺尔等重要矿区掠采矿产。③1881年吉林机器局的设立是东北地区近代资本主义机器工业的开端。甲午战争后，日俄相继在哈尔滨、大连、沈阳发展了一些机械、电力、化学工业，东北地区的近代工业有了新发展。

3. 商贸、金融业的发展

农业及农产品加工业的不断发展，催生了以粮豆及其加工品为主要对象的商业贸易活动，而粮栈业在东北地区商贸活动中发挥着中枢作用。1910年，东北地区29个城镇就开设有大小粮栈449处，而分散在各地的杂货店、大车店、火磨、油房、烧锅等也往往兼营粮食贸易。可见，粮豆及其加工品贸易是清代末期东北地区商业贸易活动的核心内容。随着商业贸易的活跃，东北地区各地形成了具有不同辐射范围的商贸中心城镇。辽宁省城沈阳（奉天）不仅是清代东北地区的政治中心，也是东北南部地区一个传统的商业中心。东北北部的哈尔滨地处中东铁路与松花江航运的交会处，发挥着水陆交通枢纽的作用，成为东北北部的商品集散地和贸易中心。

随着商品生产和商品交换的发展，对货币的需求量越来越大。由于中央通货供应难以满足需求，造成通货奇缺，于是清廷允许各省设立纸币发行机构，东北三省纷纷建立了各自的官方金融机构。东三省官银号、吉林永衡官银钱号、黑龙江广信公司三大地方金融机构的设置和运作，形成了东北地区的区域金融体系。与此同时，银炉、钱庄、当铺等民间金融机构也日益繁荣。金融业的发展，对东北地区工农业及其贸易的发展起到了促进和推动作用。其显著标志是东北地区金融资本都通过所控制的粮栈在一定范围内直接参与粮食贸易，呈现出以粮豆及其加工品的贸易为纽带，商业资本、产业资本的贸易—资本—产业三位一体的特征。

4. 经济区雏形开始形成

如前所述，经过清朝末期的开发，东北地区初步形成了以中心城市为核心，以农业为基础，工业不断涌现，以交通运输和商品流通为脉络的生产综合体，加之自然地理条件特点，逐步形成了经济区的框架。1903 年，中东铁路全线建成通车，形成了东北地区"丁"字形主干铁路运输大动脉，通车里程为 2425.3 千米，区域交通面貌发生了巨大变化，沿线地区奠定了经济区的骨架。铁路框架的形成一方面为帝国主义掠夺东北地区丰富的资源提供了条件，另一方面也为区域内外经济联系提供了便利，促进了区域商贸市场发育。日俄战争以后，日本帝国主义控制了中东铁路自长春到大连的南满支线，日本开始全力经营大连港，而沙俄则加强了海参崴港口建设，这两个港口作为新兴的外贸基地迅速崛起。1906 年以后，东北地区除了营口和大连外，又新开辟了大量商埠。到 1910 年，东北地区新辟商埠已达 24 处。至此，就给外国贸易商敞开了大门，大量外商深入到东北地区腹地各个角落，把东北地区城乡经济连为一体，逐渐形成了统一的区域市场（方秉铸，1990）。

另外，在近代工业发展和铁路运输的刺激下，城市增长迅速。据《满洲地方志》的调查统计，清代末期东北地区万人以上的城市共计 50 座。其中，20 万人以上的城市 1 座，5 万~20 万人的城市 4 座，3 万~5 万人的城市 9 座，1 万~2 万人的城市 36 座。这些城市，初步发挥了区域经济中心和资源开发基地的作用（孙敬之，1959）。

第二节　民国时期的东北地区开发

民国时期，东北地区的区域开发与产业发展背景，包括国内的社会基础以及国际政治经济环境，均发生了较大的变化。伴随着又一次移民浪潮的兴起，东北地区的农业开发规模继续扩张，成为具有世界意义的农产品生产基地；工业则进入了民族资本与外国资本竞相发展的时期，一些新的工业部门相继生成并发展壮大，产业体系得到一定程度的延伸；经济地理格局初现。

一、区域开发进程加快与国外经济势力渗透日益强化

1. 农业开发规模扩大与区域化生产格局

民国时期，受农产品及其加工品市场需求扩大、移民大举涌入等因素的推

动，东北地区的农业开发规模迅速扩大。20世纪20年代东北地区再次出现了移民浪潮，1923年进入东北地区的移民有30余万人，以后逐年递增，1927年以后每年移民已增至100余万人。到1930年，东北地区的人口总量已达到2957万人。移民潮水般的涌入，加速了东北地区的土地开发，1930年东北地区的耕地达2.7亿亩，比1909年增加了1.7亿亩。[①]

粮食生产能力及商品率也达到了前所未有的水平，成为具有世界意义的商品粮生产基地。1930年，东北地区农产品生产总量达1900万吨，占当时中国农产品总量的20%。其中，大豆产量达500多万吨，占全世界大豆产量的60%[②]。各类粮豆平均商品率为53%左右，其中大豆的商品率为80%~83%，小麦为79%。20世纪20~30年代东北地区粮食商品生产规模之大，粮食加工业之发达，粮食运销业之畅旺，粮食出口贸易之繁盛，粮食商品率之高，都达到了中华人民共和国成立前历史最高水平。

农业专业化生产格局发生了一些变化，清代末期"南豆北麦"的生产地域格局为"南粱北豆"所代替。粮食生产重心北移、东北地区南部农作物种类转换是这一时期农业生产地域格局变化的一个突出现象。20世纪20年代，随着新垦区的开发，大豆生产重心迅速北移，中东铁路的西部和东部及松花江下游地区成为东北地区大豆生产最主要的集中区；小麦则向松花江下游、嫩江及牡丹江流域集中，形成小麦主产区。南部地区以大豆为主的生产格局已不复存在，高粱成为当地的主要粮食作物。同时，柞蚕、水果、棉花等经济作物发展迅速，并形成了区域化生产格局。其中，辽宁省20世纪20年代柞蚕产量占全国柞蚕产量的70%，是当时世界上最大的柞蚕生产基地；30年代，辽宁的棉花种植面积达到50多万亩，辽东半岛一带的苹果等水果生产也开始进入兴盛时期。

2. 民族工业快速发展与空间布局

（1）规模扩张。民国时期，控制东北地区的奉系军阀积极倡导实业，实施了鼓励发展民族工商业的一系列政策，再加上第一次世界大战国际市场需求的拉动，东北地区民族工业的外部环境有了较大改善。在这种相对有利的背景下，东北地区的民族企业奋发图强，采用先进生产技术设备取代落后的装备，并积极完善经营管理，使东北地区民族工业出现了前所未有的繁荣局面。

---

①② 资料来源：国闻周报. 第9卷第37期。

民国时期，东北地区民族工业数量上扩张趋势比较明显，1917年7人以上工厂为1600多家（不包括热河，即现在属于东北地区的赤峰市及通辽部分地区、辽宁的朝阳市、阜新市和葫芦岛市建昌县），比1903年增加1000多家（见图2-1）。以制油为例，从历史增长情况看，1904~1908年增加11家，1909~1913年增加51家，1914~1918年增加54家，之后发展更快，1919~1924年增加115家，1924~1928年增加131家。[①] 东北地区民族工业规模虽然整体上呈现出快速扩张的趋势，但区域内部的发展差距，特别是辽宁（奉天）省与吉林、黑龙江两省之间发展差距扩大的现象已经比较突出（见图2-2）。

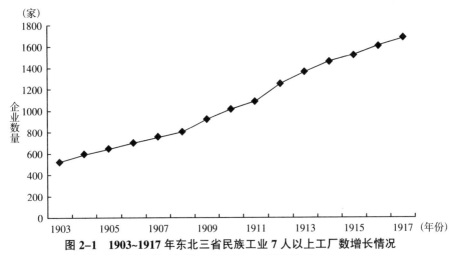

图2-1 1903~1917年东北三省民族工业7人以上工厂数增长情况

资料来源：根据孔经纬《东北经济史》第84页和第165页数据整理。

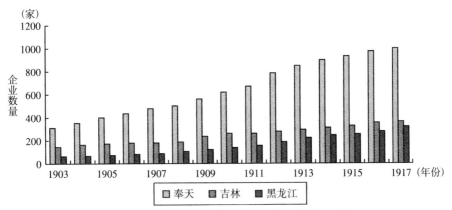

图2-2 1903~1917年东北三省民族工业发展对比

资料来源：根据孔经纬《东北经济史》第84页和第165页数据整理。

① 资料来源："满铁"经济调查会《满洲油坊现势》，第1页。

从民族工业主要部门的发展情况看，东北地区的制粉、制油业显示出良好的成长性。根据"满铁"的调查资料，民国期间东北地区的制油业是发展最为迅速的部门之一，20世纪20年代以后，发展势头尤为迅猛。到1926年，东北地区的大制油厂已达450多家。作为东北地区制油业中心的大连，1928年已有84个大制油厂，其中40个设立于第一次世界大战时期。大连制油业生产能力的扩张程度，可以通过其豆饼产量指数的变化情况得到反映。如果以1908年豆饼产量作为100，那么1930年大连豆饼产量指数高达1695，规模扩大了近16倍。

（2）区域布局。民国时期东北地区民族工业的空间扩展同样非常显著。在这方面，制油业的布局变化最为典型。在清末时期，东北地区制油业的空间布局主要集中在南部地区，大连、营口、安东（丹东）为东北制油业的三大中心，其中大连的地位尤为突出。在民国时期，特别是20世纪20年代以后，随着大豆生产重心的北移，哈尔滨、长春等地区的制油业迅速发展起来。1912年，长春的制油业工厂数达到25家以上，其中益发合油厂1921年日产豆油达2万斤；哈尔滨的制油业从1913年开始起步，到1921年，油厂达到35家。到1927年，北部地区共有147家油坊，其中1/4分布在哈尔滨。以哈尔滨、长春为主的东北北部地区制油业的发展，使东北地区制油业分布的地域格局发生了很大的变化，由以前的三大制油中心统领的偏重于南部的布局模式，转变为由五大制油中心为支撑的相对均衡的布局模式（张平宇，2004）。

3. 日本经济势力持续扩张与殖民经济

日俄战争前，日本对东北地区的经济渗透已有一定的规模。日俄战争后，日本获得了俄国在东北地区的矿权，并于1906年设立南满洲铁道株式会社，急剧扩张其在东北地区的经济势力。1914年，由于"一战"爆发，西方列强忙于欧洲战场，无暇顾及对中国东北地区的渗透与扩张，日本趁机极力排斥其他列强在东北地区的势力，成为东北地区的主要控制者。在投资方面，日本高居各列强之首，"九一八"事变前占各国对东北地区投资总数的72.4%，在交通、矿业、工业、商业、金融等领域，基本上处于垄断地位（见表2-1）。

交通方面，日本通过借款、垫款、承建等方式争夺东北地区的铁路权益，并于1913年和1931年后分别获得铁路达到1229千米和2360.8千米，占当时的28.3%和37.9%（孔经纬，1986），其势力控制范围遍布东北三省和蒙东地区，基本上完成了对东北地区进行全面经济掠夺的准备工作。工业方面，日本以"满

表 2-1　九一八事变前主要国家在中国东北地区的投资及其部门结构

	投资		投资的部门结构（%）					
	总额（万元）	比重（%）	交通	农林	矿业	工业	商业	金融
日本	175663.6	72.4	55	—	67	91	74	90
苏联	59000	24.3	42	100	33	3	12	3
英国	3000	1.2	1			1.5	7	3
美国	2640	1.1	—	—	—	1.5	7	4
法国	2108.6	1.0	2			3		

资料来源：根据孔经纬《东北经济史》整理。

铁"在中国榨取的高额利润投资于工矿业，重点发展对日本国防有重要意义的钢铁、毛织、制麻等工业部门，以及化学工业部门，同时全面插手并最终控制了东北地区的金融及商贸领域，实现了全面控制东北地区经济的目标。20世纪20年代，日本经济侵略势力已成为东北地区开发的支配性因素，东北地区从此走上了区域利益不断流失、区域发展由外部性因素所主导的殖民地经济路径。

二、产业体系延伸及演变动态

民国时期，东北地区产业发展除清代末期原有的主导产业在规模上得到了进一步扩张之外，一些原先相对弱小、处于萌生状态的产业部门相继发展壮大，并出现了一些新的部门，产业体系实现了一定程度的延伸。

1. 农业部门扩展

棉花、甜菜、水果等经济作物部门的发展壮大是民国时期农业发展的新现象，也是区域农业部门延伸的重要标志。严格地讲，这些经济作物部门在东北地区早已出现，但真正意义的区域化生产格局的形成，则主要发生在民国时期。棉花生产布局主要集中在辽南的辽阳、盖州、海城等地区，到民国末期已形成50多万亩的生产规模；甜菜则以阿什糖厂为依托，迅速向阿城、双城、滨江等地集中，形成甜菜主产区；水果则在辽东熊岳、金州以及辽西的锦州一带形成集中分布的格局。棉花、甜菜、水果等经济作物的发展壮大改变了区域农业以粮豆作物为绝对主导的状况，标志着区域农业多部门综合发展局面的初步形成。

民国时期，东北地区粮豆作物生产布局的地域转换同样具有推进农业部门延伸的意义。在清末时期，高粱虽然是东北地区分布较为普遍的农作物，但其区域化集中程度远不及小麦和大豆。20世纪20年代以后，随着大豆生产重心的北移，东北南部地区主导作物逐渐为高粱所取代，成为东北高粱的主产区，从而使东北地区农作物的品种结构及地域组合结构发生了明显变化。

2. 轻纺工业部门扩展

纺织、制糖、造纸是东北地区民国时期逐步成长起来的轻纺工业部门。这些部门的成长壮大，使东北地区轻工业的部门结构发生了较大变化，改变了原来以制粉、制油、制酒占绝对优势的状况，促进了产业体系的发育延伸。

（1）纺织业。纺织业是民国时期东北地区发展较快的部门。在民国初期，东北地区的纺织业规模很小。营口的纺织业从1913年开始起步，当时仅有5家资本在千元以下小厂；长春在1912年以前，纺织业基本上处于空白状态。第一次世界大战爆发后，由于布价较贵，东北各地纷纷筹办纺织类企业，东北地区的纺织业规模迅速扩张。到1925年，营口已有120家织布厂，织机2000多架（孔经纬，1986）；长春1924年拥有织布厂253家，织机1052台。沈阳的纺织业发展也比较快，到1921年，规模较大的纺织厂达32家（依保中，1997）。其中，创办于1919~1923年的奉天纺纱厂，是东北地区比较有影响的纺织企业。该厂创办初期有500多名工人，到1930年拥有员工2000多人，成为名副其实的大厂。此外，哈尔滨、吉林地区的纺织业也都十分发达。

（2）制糖业。1909年，俄国人率先在东北建立阿什糖厂，并在东北地区进行垄断经营，近代制糖业开始出现。在1915年前后，日本和中国东北当局分别投资制糖业，东北地区制糖业的生产经营由俄国人一手垄断的局面被打破，客观上也大大促进了东北地区制糖业的规模扩张。日本和中国东北当局发展制糖业虽然较晚，但其规模扩张迅速，产量很快就超过了俄国人设立的阿什糖厂。如1922年，俄国人经营的阿什糖厂产量为12813担，而同期日本人在铁岭和沈阳设立的两家糖厂产量合计达90084担，中国东北当局官办的呼兰糖厂产量达83220担。在此之后，东北制糖业发展时有波动，但日资糖厂一家独大的格局基本上没有变化（见表2-2）。

（3）造纸业。1917年中日合办吉林富宁造纸公司的设立，是东北地区近代造纸业产生与发展的重要标志。在此之前，东北地区仅有为数不多的传统小型造纸作坊。到1929年，东北地区吉林省和黑龙江省的民族造纸业也不过30家，生产方式仍停留在家庭作坊阶段。继吉林富宁造纸公司设立之后，日本人先后在东北

表 2-2 1915~1923 年东北三大制糖厂产量对比

单位：担

年份 制糖厂	1915	1916	1917	1918	1922	1923
阿什糖厂（俄）	24024	25573	15015	16107	12813	43683
沈阳、铁岭糖厂（日）	—	—	10073	13801	90084	75746
呼兰糖厂（中）	294	2085	1902	—	83220	40982

资料来源：根据孔经纬《东北经济史》第 162、273、213、324、340 页数据整理。

地区设立若干家规模较大的造纸厂，即 1918 年在大连创设"松浦造纸厂"，1919年在丹东创设"鸭绿江制纸株式会社"，1921 年创设"营口造纸厂"，1931 年创设"抚顺造纸厂"。这些企业的设立，对东北地区近代造纸业的发展起到了一定的推动作用。当时东北地区当局也曾有过一些发展近代造纸业的计划，但大多没有实现。从总量上看，民国时期东北地区造纸业的规模远不如同期其他农副产品加工部门。但是，上述几家日资造纸厂的设立，表明东北地区近代造纸产业发展的萌芽已经形成。

3. 近代工矿业部门扩展

民国时期，近代工矿业越来越成为日本经济掠夺的重点。民族资本为了抵制日本经济势力的扩张，也大力投资矿业，从而一方面促进了原有行业规模的扩张，另一方面也促进了新行业的生成。

煤矿开采是清末时期东北地区矿业部门的标志产业，也是民国时期东北地区规模扩张最为明显的部门之一，九一八事变前抚顺、阜新、鹤岗、北票四大著名煤矿产量合计已达 800 多万吨。其中，日本霸占的抚顺煤矿是当时东北地区最大的煤矿，1930 年产量达 700 多万吨。

铁矿的发现与开采，对于东北地区产业体系的延伸具有划时代的意义。民国时期，东北地区最先发现并开采的铁矿是庙儿沟铁矿，该矿于 1911 年开始开采，隶属于中日"合资"本溪湖煤铁公司；1915 年，中日"合办"鞍山铁矿，并于 1919 年正式开采。在本溪湖煤铁公司、鞍山铁矿开采基础上，东北地区的钢铁工业开始起步。本溪湖煤铁公司 1915 年建起了第一座高炉，1917 年在鞍山设制铁所，东北地区的钢铁工业开始萌发。

在民族资本与日本经济侵略势力竞相发展的促动下，东北地区的机械、电力、化学等工业部门也取得了很大的进展。

第三节　日伪时期东北地区的开发

九一八事变以后，日本实现了全方位控制中国东北的目标，至 1945 年 8 月日本宣布无条件投降，14 年间东北地区变成了日本的殖民地。为了满足扩军备战的需要，日伪对东北地区丰富的资源进行了疯狂的掠夺。日本倾其全力在中国东北地区发展重工业，而东北地区原来以农产品加工业为主要支柱的产业体系受到排挤而迅速衰落，以大量利用和消耗区域自然资源为特点的重工业部门畸形膨胀，区域产业发展进入重型化的发展路径。

一、日本投资与工业的急剧扩张

1. 日本投资规模逐渐扩大

自 19 世纪中后期以来，日本就开始实施图谋中国东北地区的一系列举措，经过多年的调查积累，基本上摸清了东北地区各类自然资源的底数，并于九一八事变以后，开始对东北地区增加投资。在九一八事变以前，日本对中国东北地区的投资就已居各国之首，总数近 18 亿元。九一八事变后，日本对中国东北地区投资进程明显加快。根据有关文献，1932~1936 年短短的五年间，日本对东北地区的新增投资就达到 11.4 亿元；1937 年以后，日本已完全控制了东北地区的局势，并进一步扩大投资规模；至 1944 年，日本在中国东北地区的投资额累计达90.34 亿元，其中 78.9 亿元集中发生在 1937~1944 年，年均投资额几乎与 1932~1936 年累计投资额相当，增长势头极为迅猛[1]。图 2-3 是 1932~1939 年日本对中国东北地区投资的年际变化情况。

2. 资源型重工业急速发展

日本对中国东北地区投资的快速增长促进了区域工业规模的迅速扩张，1934~1943 年，东北地区的工业生产额从 2.7 亿元增加至 39.36 亿元，九年间翻了近四番，工业规模扩张速度明显快于伪满前期的增长幅度，而 1937 年则是东

---

① 孔经纬. 东北经济史 [M]. 成都：四川人民出版社，1986：371.

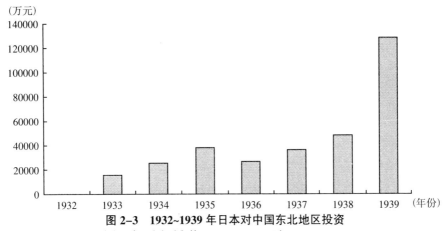

图 2-3　1932~1939 年日本对中国东北地区投资

资料来源：伪满政府《满洲建国十年史》第 560、515、602 页。

北地区工业规模扩张动态过程的一个转折点，除与投资额的急剧扩张直接相关外，还与经济统制政策及"五年开发计划"的实施有很大关系。特别是重工业部门规模扩展非常迅速，一些重要的重化工部门已经显示出超常规发展的势头。根据统计结果，1934~1936 年，金属工业生产额增长幅度高达 264.02%，机械工业增长的速度也高达 72.07%，金属、机械、化学三个部门的生产额占工业总生产额的 46%，民国时期十分活跃的食品及纺织部门虽然也显示出较大的增长幅度，但生产额仅占区域工业生产额的 34.5%，区域产业体系主导部门由轻型化向重型化转换的趋势已经十分明显（见表 2-3）。

表 2-3　1934~1936 年东北地区主要工业部门生产额及工厂数的变化情况

部门	1934 年		1936 年		1936 年与 1934 年比较	
	工厂数（家）	生产额（千元）	工厂数（家）	生产额（千元）	工厂数增长（%）	生产额增长（%）
纺织工业	1243	66158	1165	110997	-6.28	67.78
金属工业	832	41740	986	151940	18.51	264.02
机械工业	462	29303	628	50422	35.93	72.07
窑业	562	20919	583	28421	3.74	35.86
化学工业	787	121313	957	167238	21.60	37.86
食品工业	1040	82480	1214	165211	16.73	100.30
电气瓦斯工业	15	8963	9	18990	-40.00	111.87
印刷及装订业	361	9085	436	15016	20.78	65.28
制材及木制品工业	620	20379	659	24902	6.29	22.19
杂工业	1963	30575	1541	72318	-21.50	136.53

资料来源：伪满政府《满洲经济十年史》第 348 页及孔经纬《东北经济史》第 374 页。

3. 产业结构畸形发展

（1）农业地位迅速下降。在伪满以前，尽管东北地区以农副产业加工为支柱的工业体系已比较发达，但农业生产长期以来在区域经济中一直处于主导地位。伪满时期工业的急剧扩张使东北地区农业与工业的对比关系发生了逆转，区域产业结构中农业的主导地位为工业所代替，呈现出以工业为主、农业为辅的结构特征。1931 年，东北地区工农业生产总值为 8.33 亿元，而工业总产值仅为 2.24 亿元，占工农业总产值的比例不足 1/3。1937 年可以看作东北地区工业与农业对比关系的转折点，自此以后，农业在区域经济中的地位不断被边缘化。从 1931 年到 1943 年的 13 年间，东北地区工业总产值占工农业总产值的比重由 26.9% 大幅提高到 59.3%，提高 32.4 个百分点；农业总产值占工农业总产值的比重则由 73.1% 下降到 40.7%，地位大幅度下降（李振泉，1986）。

（2）轻工业急剧衰退。在伪满时期的产业体系中，纺织业和食品工业是轻工业部门的主体，它们的发展态势基本可以代表轻工业部门的发展动态。1934 年，东北地区纺织业和食品工业占工业总产值的比重分别为 23.8% 和 24.5%，尚可以称为区域产业体系的主导部门。但到了 1940 年，纺织业和食品工业的地位均出现较大幅度的下滑，占工业总产值的比重分别为 16.1% 和 11.2%，分别下降了 7.7 个和 13.3 个百分点。也就是说，1934~1940 年，轻工业部门中仅纺织业和食品工业两部门的产值比重就下降了 21 个百分点，据此足以推断出整个轻工业地位下降的程度（东北物资调节委员会，1947）。1940 年，重工业部门的资本额所占比重已高达 75.4%，1942 年进一步上升到 79.2%[①]。相比之下，轻工业部门资本额所占比重则呈现出持续下降的趋势，产业体系由轻工业主导向重工业主导快速转换（见表 2-4）。

表 2-4　1940~1942 年东北地区轻、重工业部门资本额占比变化动态

单位：%

部门		1940 年	1941 年	1942 年
重工业	矿业	29.8	31.9	34.0
	金属工业	23.0	18.1	18.2
	机械工业	9.4	13.3	11.9

① 国民党东北物资调节委员会研究组. 东北经济小丛书·资源及产业（下）[M]. 东北物资调节委员会，1947：9.

续表

部门		1940 年	1941 年	1942 年
	化学工业	11.1	12.8	12.8
	窑业	2.1	2.4	2.3
	合计	75.4	78.5	79.2
轻工业	纺织业	4.1	3.9	3.9
	食品工业	3.4	3.2	3.7
	其他	17.1	14.4	13.2
	合计	24.6	21.5	20.8

资料来源:《东北经济小丛书·资源及产业(下)》,第 9 页。

(3)重工业在区域产业体系中占据支配地位。伪满后期工业生产的急剧膨胀在重化工部门表现尤为突出,在重工业中,掠夺矿产资源的产业又是重中之重,钢铁工业、煤炭工业、石油工业、有色金属工业、基本化学原料工业和森林工业等为重要生产部门,机械工业很不发达,具有典型的资源型工业特征。伪满后期,由于"五年开发计划"的推动,重化工业扩展态势十分迅猛。与 1936 年相比,1941 年东北地区铝产量增长 1666%,铅产量增长 1233%,铜产量增长517%,锌产量增长 398%。东北地区钢铁工业在 1936 年以前已经具有了较好的产业基础,初步形成了涵盖采矿、炼铁、炼钢及钢材加工等行业的相对完整的产业体系。与 1936 年相比,1941 年东北地区铸铁产量增长 219%,钢块产量增长 154%,钢材产量增长 264%。另外,煤炭、化学、电力等相关的重化工部门都比伪满前期有较大幅度的增长。到伪满后期,东北地区已经成为一个重工业基地,许多产品的份额在全国占有绝对优势。据统计,1943 年东北地区煤产量占全国的 49.4%,生铁产量占 87.7%,钢材产量占 93%,发电量占 93.3%,硫酸产量占 69%,苏打灰产量占 60%,水泥产量占 66%,机械工业产量占 95%(衣保中,2001)。

钢铁工业作为日伪倾力发展的重点部门,其内部结构也呈现出明显的不平衡性,即炼铁能力大于炼钢能力,炼钢能力大于轧钢能力。利用东北地区煤铁资源生产的生铁、钢锭、钢坯,被大量掠运到日本,在日本国内轧成钢材和进行成品加工,再返销到中国。因此,这种不平衡性从一个侧面反映出东北地区殖民地经济的从属性特征。

二、主要工业部门的生成与扩展

伪满时期以前，轻工业部门的生成与扩展是东北地区产业体系演变动态的主旋律，伪满时期东北地区多数轻工业部门规模非常小，食品工业、纺织工业是区域轻工业的代表性部门，其部门结构基本延续了伪满以前的态势，产业体系扩展与延伸方面基本上没什么进展。伪满时期以来，重工业在很短时间内迅速发展起来，产业结构重型化成为区域产业体系演变动态的主导趋势。这种趋势有两个表象：一是新的重化工部门不断生成；二是原有重化工部门持续扩展。上述两种张力的共同作用，推动区域产业结构在短时间内实现了重型化。

1. 生成新的重化工业部门

根据有关历史文献记载，伪满时期东北地区新生成的重化工部门大致分为五个类别：

（1）钢的冶炼与加工。钢的冶炼与加工是伪满时期东北地区产业结构演变过程中最具有标志性意义的部门。东北地区炼钢业的大规模发展始于"昭和制钢所"的设立。1929年，日本当局决定将原设立于朝鲜新义州的制钢厂迁移到中国东北地区的鞍山，并遵循"铁钢一贯作业"的原则，与当时的"鞍山制铁所"合并，成立"昭和制钢所"。在满洲重工业开发株式会社（满业）接管之后，先后制订实施了六期增产计划，使其产能迅速扩张。

（2）有色金属矿产资源开发与有色金属工业。伪满时期东北地区的有色金属工业开始生成，出现了铝、镁、铜、铅、锌等部门。在这些新生成的有色金属行业中，铝、镁最受伪满及日本当局所关注，是伪满时期东北地区有色金属工业的代表行业。日伪于伪满初期开始开发，并于1932年在抚顺设立制铝试验场。1936年，随着技术与设备条件的成熟，正式成立"满洲轻金属制造株式会社"，其制铝企业主要设于抚顺和丹东两地。从设立时间和规模来看，抚顺铝厂的设立不仅标志着东北地区有色金属工业开始生成，而且在一定程度上，对于中国铝工业发展也具有源头意义。东北地区制镁原料储量极为丰富，主要分布在营口大石桥地区。为开发利用东北地区菱镁矿，伪满政府于1938年在营口设立"满洲镁株式会社"，标志着东北地区制镁工业开始起步。

（3）液体燃料、化肥、制药、碳酸钠工业的生成与发展。液体燃料包括石油工业、煤液化工业和页岩油工业三个部门。日本人根据在东北地区十多年的调查结果，相继于大连甘井子依托大连港输入石油炼制挥发油、重油及润滑油，在大连、抚顺、鞍山及靠近东北地区的新义州设立生产化肥的企业，在抚顺、吉林和锦州成立煤液化企业，在抚顺发展页岩油工业，在沈阳、长春和营口等地创立制药工业，在大连、开原、沈阳设立碳酸钠工业新厂等。

（4）机械工业主要行业的生成与发展。伪满初期，东北地区的机械工业比较薄弱，仅有满铁经营的铁路修理厂、抚顺炭矿附属的机械厂、大连机械制作所、大连船厂四个略具规模的企业。针对这种状况，日本关东军当局引导日本的工业家向伪满输入资本和技术，东北地区的机械工业有了较快速的发展。总体上看，伪满时期东北地区的机械工业主要集中在南部地区，并以服务于殖民掠夺的矿山机械及运输设备为主，北部地区基本上没有现代意义的机械工业。

（5）水电开发。伪满初期，日伪当局虽对发展水电有所关注，但东北电力工业的发展格局仍遵循"火主水从"的原则。随着化学工业的不断发展，对成本更为低廉的水电需求日益迫切，日伪当局开始逐步调整电力工业的发展策略，改"火主水从"为"水主火从"，并于1937年着手建设第二松花江丰满、镜泊湖、鸭绿江水丰三个水力发电所。到1941年，鸭绿江水丰发电所一号机开始发电，其规模据称为当时世界第一；1943年鸭绿江水丰发电所全部建成，正式投入运营，镜泊湖发电所也完成一部分。水丰发电所的一号和二号发电机组为伪满供电，三号机组则为朝鲜提供电力。由此可见，当时东北地区的水电规模不仅可以满足本区的需求，还有向区外输出的余力。

2. 拓展的主要部门

（1）煤炭。九一八事变之后，日伪当局先后通过没收、强行收买等手段，进一步控制了复州、八道壕、孙家湾、辽源、鹤岗、北票等煤矿，东北地区重要的煤矿基本上落入日本人的控制之中，形成了规模庞大的煤炭生产系统。这个系统由九大公司构成，其中"满炭"和"满铁"两个集团的势力最为强大，其产量的增长情况基本可以反映出伪满时期东北地区煤炭工业的扩张态势。

（2）铁矿及炼铁业。随着炼钢工业的生成与扩展，东北地区的铁矿开采及炼铁业的规模不断扩张。就铁矿开发而论，伪满时期东北地区的铁矿生产由四个系统构成，如图2-4所示。在伪满的铁矿生产系统中，鞍山铁矿和本溪湖铁矿是主体，其中又以鞍山铁矿最为重要。适应于"钢铁连续作业"的需要，伪满时期东北地区炼铁工业基本上与炼钢工业保持同步扩张的发展趋势。1933年，东北地区铁的产量为 43.3 万吨,1943 年产量扩大到 170 万吨,10 年时间翻了近两番,年均增长 14.6%。

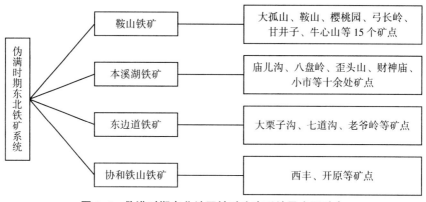

图 2-4 伪满时期东北地区铁矿生产系统及主要矿点

第四节　计划经济时期东北地区的经济建设

中华人民共和国成立后的 20 世纪 50 年代初到 1992 年中共十四大召开,我国实施的是计划经济体制。这一体制深刻地影响了东北地区的经济建设和经济地理格局的形成。在这一时期,国家对东北地区进行了大规模的资源开发和以重工业为主的工业化建设,建成了以重工业为主体的全国工业基地和国家重要的农业商品粮基地,经济地理格局上形成了以哈尔滨—大连为轴线、内部协作比较紧密、结构特色明显且具有一定整体性的经济区。

一、区域开发进程与建设重点

1. 区域资源开发

东北地区经济门类的出现与演进、经济地理格局的形成与地域差异、区域经济特色与优势的确立,都与自然资源的开发有非常密切的关系。这一时期是东北地区大规模开发资源的时期,尤其是 20 世纪 50~80 年代的资源开发,对区域工业化进程和工业体系的形成有举足轻重的影响,同时也是 21 世纪东北老工业基地问题产生的历史原因之一。表 2-5 是这一时期主要资源型产品的增长情况。从资源开发的种类和强度分析，煤炭资源、金属矿产、农业资源、森林资源和石油资源的开发是塑造区域经济特色和经济地理格局的主要动力。

表 2-5 计划经济时期东北三省主要资源型产品的增长情况

项目	1952 年	1965 年	1975 年	1985 年	1990 年
粮食（万吨）	1960	2078.8	24339	3631	5853.7
肉类（万吨）	—	—	—	118.4	168.1
木材（万立方米）	—	—	—	2380.4	2198.8
天然气（亿立方米）	—	—	—	40.7	43.87
钢（万吨）	94	545	753	1140	1386
原油（万吨）	23	891.4	5011	6662.2	7287.6
原煤（万吨）	2210.4	5351	8641.8	13149.3	16000

资料来源：根据中国历年统计年鉴整理。

（1）煤炭资源开发。东北地区煤炭资源丰富，开发历史比较早。20 世纪 50~70 年代，在中华人民共和国成立前已经形成的煤炭资源开发基础上，对辽宁中部、黑龙江东部、辽宁西部的资源进行了重点开发，20 多年煤炭开采能力增长了 3 倍多，形成了抚顺、阜新、北票、鸡西、鹤岗、双鸭山、七台河、舒兰、赤峰（平庄）、辽源、通化等煤炭城市。20 世纪 70~90 年代，又对辽宁中部的沈北和内蒙古东部的煤炭资源进行了开发，形成了调兵山、元宝山、霍林河、伊敏河等开发基地。到 20 世纪 90 年代初，东北地区形成了黑龙江东部炼焦煤生产基地（1985 年统配矿达 4000 多万吨）、辽宁中部炼焦煤—动力煤生产基地、辽西动力煤生产基地、内蒙古东部（赤峰、霍林河、伊敏河）动力煤生产基地，奠定了东北地区煤炭资源的开发格局与电力等相关工业部门的布局基础。尤其是黑龙江 20 世纪 50~70 年代煤炭开发迅速，1985 年达到 6246 万吨，居全国第四位（东北经济编辑委员会，1989）。

（2）金属矿产资源的开发。其主要是铁矿和镁、铜、铅、锌、钼等有色资源的开发。这一时期，围绕鞍山钢铁基地的建设，重点对鞍山的东鞍山、眼前山、齐大山、大孤山、弓长岭等进行了开发，保障了鞍山钢铁工业的发展；这一时期也对本溪的南芬和歪头山铁矿进行了开发。到 1985 年，鞍山矿山公司的铁矿石开采量达到 2400 万吨，本溪铁矿石的开采能力达 1000 万吨。除此之外，还对辽西等地的铁矿进行了开发。在有色金属资源开发方面，辽宁镁矿（营口）、吉林与辽宁的铅锌矿、辽宁的钼矿（朝阳杨家杖子）等是开发重点，形成了一批重点矿区。

（3）石油资源开发。东北地区的石油资源开发是这一时期具有里程碑意义的经济事件。20世纪50年代国家开始对松辽盆地进行勘探，先后发现了大庆油田、扶余油田和辽河油田，迅速成为中国最重要的石油工业基地。1960年大庆油田投产，1966年原油产量1000万吨，实现了我国石油的自给，1972年达3000万吨，1976年达5000万吨，之后这一产量一直持续到21世纪初。20世纪60年代扶余油田投产，到20世纪80年代末产量达200多万吨。辽河油田1971年投产，1980年产量突破500万吨，1990年达1300多万吨。1965年东北地区原油产量占全国的78.8%，1985年占全国的53.3%，1990年原油和天然气产量分别占全国的52.7%和28.7%。由于石油资源的开发，形成了大庆、盘锦、松原等石油城市，也直接影响了东北地区乃至全国的炼油工业和石化产业布局。

（4）森林资源开发。大小兴安岭和长白山是东北地区森林资源的主要分布区域，也是重点开发区域。这一时期，东北地区的森林资源遭到了大规模采伐，森林生态破坏比较严重。长白山林区20世纪初就开始开发，小兴安岭林区20世纪40年代开始开发，大兴安岭林区20世纪60年代开始开发。到20世纪80年代中期，东北地区的木材产量达2700万立方米，占全国的43.5%，形成了伊春、阿尔山、白山、敦化、珲春、桦甸、蛟河、松原、舒兰、临江、和龙、五大连池、铁力、尚志、海林、穆棱、宁安、虎林等近20个森林工业城市（县）。相应地，制材工业也是计划经济时期发展的主要产业，形成了佳木斯、牡丹江、哈尔滨、伊春、吉林、图们、临江、通化等木材加工中心。

（5）农业资源开发。东北地区的黑土区面积达102万平方千米，是发展种植业的理想区域。20世纪50年代起对黑龙江省三江平原、松嫩平原的规模大开荒，逐步改变了东北地区的农业生产格局；西部农牧交错带种植业发展，也改变了这一地区的大农业结构；辽宁与吉林农业的建设，巩固了农业发展的地位。到20世纪90年代，除部分草原外，东北地区的农业形成了遍地开发的发展格局，逐步建成了三江平原国家商品粮生产基地、松辽平原商品粮生产基地，这不仅保证了本区的粮食供应，也为国家上交了大量商品粮，对确保国家粮食供应和粮食安全做出了历史性的重大贡献（邓伟等，2004）。1990年，东北三省耕地面积达2.4亿亩，粮食产量达5850多万吨，分别占全国的16.7%和13.1%，全区有全国粮食基地县 110 多个。

2. 重工业发展与布局

重工业的发展与不断壮大决定了东北地区经济发展的特色和地理格局的形成。这一时期，国家持续在东北地区布局和建设了一批重化工项目，逐步形成了以重化工为特色的产业体系，和一批以基础原材料、机械工业为主的工业城市。奠定中华人民共和国工业发展基础的 156 项重点项目，就有 56 个布局在东北地区。

（1）钢铁工业。第一个五年计划时期，国家集中主要力量，在辽宁进行了以鞍钢为中心，以中国第一座自动化无缝钢管厂、大型轧钢厂和 8 号高炉"三大工程"为标志的全国第一个钢铁基地的建设。到 1957 年，辽宁省铁、钢、钢材产量占全国比重分别为 58%、70% 和 55%，形成了以鞍山、本溪为中心，以鞍钢、本钢、抚钢、大钢为重点的全国第一个钢铁工业基地，在全国占据举足轻重的地位。从 1958 年到改革开放，东北地区的钢铁工业在曲折中发展，增长缓慢。改革开放后，东北地区的钢铁生产能力有较大增长，铁、钢、钢材产量的增长速度有所回升，规模有所扩大。1985 年东北三省的钢产量 1139 万吨，占全国的24.4%（辽宁 1024 万吨，占全国的 22%）。鞍山钢产量占全国的 1/5，是当时最大的钢铁工业基地。本钢的铁、钢、钢材产量分别为 305 万吨、148 万吨和 89万吨，是全国十大钢铁联合企业之一。除此之外，齐齐哈尔、通化、凌源的钢铁工业也有一定的发展。1990 年东北地区的钢产量达 1386 万吨，占全国 21%。

（2）装备制造业。20 世纪 50 年代是东北地区装备制造业大发展时期，也是奠定装备工业基础与格局的时期。国家 156 项重点工程中，机械工业项目占 18项。1956 年第一汽车厂的建成投产，1960 年第一重机厂的建成投产，1959 年长春客车厂的建成投产，1955 年沈阳机床厂的改建投产，1955 年大连造船厂由我国独立经营，20 世纪 50 年代哈尔滨三大动力（汽轮机、发电机、锅炉）的建成投产，20 世纪 50 年代沈阳输变电设备厂的建设，等等，在中华人民共和国装备制造业发展进程中都是里程碑式的工程。经过这一时期的重点投资和建设，东北地区建立了比较完备的装备制造业体系，形成了全国生产门类齐全、技术基础雄厚的机械工业基地。其切削机械工业、电站设备、矿山设备、通用机械、交通运输设备、大型锻压设备，在全国占有极为重要的地位。建成了沈阳、大连、长春、哈尔滨、齐齐哈尔、四平、佳木斯、瓦房店等比较重要的装备制造业中心。

中华人民共和国成立到 20 世纪 80 年代中期，东北地区为国家提供的重型矿山设备占全国机械工业部系统企业产量的 30%；第一重机厂为国家提供大型装备 340 余台（件），其中 120 多项填补了我国重型机械的空白；1985 年辽宁的机床产量占全国的 10%（东北经济编辑委员会，1989）。

（3）石油工业。20 世纪 60 年代石油资源的开采促进了东北地区石油工业的快速扩张。到 1965 年，东北地区石油工业的位次已由 1952 年的第 11 位上升到第 3 位，成为这一阶段推动东北地区产业结构转换的主要力量。以石油资源为依托，20 世纪 60 年代国家相继在东北地区改扩建了抚顺石油一厂和三厂、大连石油七厂、锦州石油六厂，并新建了大庆炼油厂、抚顺石油二厂、锦西石油五厂，石油加工业开始勃发。以这些炼油厂为依托，形成了辽中南和黑龙江西部两大炼油基地。20 世纪 70 年代又建立了鞍山、林源、哈尔滨、辽阳、前郭、松原等炼油厂。这些炼油厂的设立，不仅强化了辽宁中南部、黑龙江西部两大炼油基地，而且促进了吉林中部炼油基地的形成，也促进了石油化工的发展。

（4）化学工业。计划经济时期东北地区的化学工业不仅在总量规模上不断扩张，新的部门也相继生成，形成了包括基本化工、化肥、有机化工、合成材料、精细化工等部门在内的相对完整的化学工业体系。①中华人民共和国成立初期，基本化学工业是东北地区最先得到恢复和发展的化学工业部门。20 世纪 50 年代，基本化学工业的不断成长壮大是东北地区化学工业规模扩张的主要内容，其中扩大"三酸两碱"的产能水平是区域化学工业发展的主要目标。之后，通过在大连、沈阳、营口等地区不断设立新的化工企业，促进了无机盐行业的迅速形成与规模扩张。②化肥工业的发展。20 世纪 50 年代中期，国家对大连化工厂进行了大规模的技术改造，随着新的制碱工艺的发明和运用，氯化铵新化肥品种开始出现。60 年代，东北地区建立了一大批小合成铵厂，碳酸氢铵的产量大幅增加。70 年代，国家引进国外先进技术与设备，建设了辽河化肥厂大型尿素装置，并先后建立了盘化、本化两个中型尿素厂，并大力发展磷肥，使东北地区化肥工业的行业部门和产品品种得到更替与延伸。进入 20 世纪 80 年代，盘化引进了 1 万吨的硫酸钾装置，东北地区钾肥开始出现。③有机原料工业。有机原料工业属于 20 世纪 50 年代以后逐步成长起来的化学工业部门。在中华人民共和国成立初期，东北地区的有机原料工业基本上是空白，只有鞍钢、本钢利用炼焦副产品煤焦油制取少量粗苯、粗酚、粗萘等。20 世纪 50 年代，有机原料工业有所加强，但仍以煤化工为主体。20世纪60年代以后，开始探索利用炼厂副产品发展石油化工。到20世纪70年代末，东北地区来自石油化工的有机原料占有机原料总量的40%左右。进入20世纪80年代，国家先后在辽阳、盘锦、抚顺、大庆等地建设了大型乙烯装置，石化工业开始成为主体。④合成材料。20世纪60年代，东北地区的合成材料主要以聚氯乙烯、有机玻璃环氧树脂等品种为主；70年代，在发展"三大合成材料"热潮的推动下，东北地区合成纤维单体和顺丁橡胶的技术攻关取得突破，实现了工业化生产；20世纪80年代中期以后，国家在盘锦、抚顺建立了以生产塑料树脂和合成纤维为主的5套引进装置，各大炼厂也纷纷利用本企业的炼厂资源和催化装置优势，建立了聚丙烯生产线，从而使东北地区的合成材料进入了大发展时期。1985年，塑料生产26万吨，占全国的12.2%；合成纤维单体生产15万吨，占全国的22%；合成橡胶4.2万吨，占全国的21%。辽河化肥厂是全国引进的13套大型装置之一，可年产30万吨合成氨和48万吨尿素。

3. 基础设施建设

中华人民共和国成立前，东北地区的交通基础设施和能源基础设施已经具有一定基础，是我国基础设施条件最好的区域，为区域产业布局和经济地理格局形成提供了有力支持。

（1）交通基础设施。东北地区的交通基础设施建设比较早，到中华人民共和国成立初期，已经基本形成了以哈尔滨—大连、绥芬河—哈尔滨—满洲里、珲春—长春—白城、丹东—沈阳—山海关等铁路为主的交通网骨架。经过计划经济时期的建设，东北地区由四纵四横铁路骨架网、四纵五横公路国道骨架和十多个交通枢纽构成的交通基础设施体系已经基本形成，是此时期全国基础设施最好的区域。①铁路。1949年全区有铁路8740千米，是全国铁路营业里程规模最大的区域（占全国通车里程40%）。20世纪50~80年代，东北地区先后修建了通（辽）让（湖路）、沟（帮子）—海（城）、京（北京）通（辽）等铁路新线，并对既有的哈大、滨绥—滨洲等铁路干线进行了一系列升级改造，到20世纪80年代中期（1986年）铁路里程达12084千米，占全国的23%。铁路网的干线骨架的四纵干线分别是哈尔滨—大连、平齐—大郑、京通—通让、沈吉—拉滨铁路；四横干线是沈山—沈丹、四梅—梅集、滨洲—滨绥和黑龙江东部铁路。②公路。这一时期国道建设是主体，形成了四横（国道102、国道201、国道202和国道

203）和五纵（国道301、国道302、国道303、国道304和国道305）为主体的公路网。尤其是20世纪80年代，作为我国第一条高速公路的沈大高速公路于1990年建成通车，开启了东北地区高速公路的建设历程。③港口。大连港是东北地区对外联系的主要门户，到中华人民共和国成立前已经成为远东地区最大的自由贸易港。20世纪50年代经过改造，吞吐能力达1000万吨；20世纪60年代为服务原油出口的需要，开始建设原油码头，于1976年建成了我国第一座现代化原油码头；到1990年形成了5000万吨吞吐能力，成为东北地区的重要窗口。20世纪80年代，为适应东北地区经济发展需要，开始建设营口鲅鱼圈港。除此之外，还建设了沈阳桃仙机场和哈尔滨机场（陈航，1993）。

（2）能源基础设施。计划经济时期影响东北地区产业布局与发展的能源基础设施主要是输油管道的建设和电力基础设施的建设。20世纪60年代，随着大庆、扶余和辽河油田的开发及其产量的不断增长，开始建设输油管线，到20世纪70年代先后建设了大庆—铁岭、铁岭—秦皇岛、铁岭—大连、铁岭—抚顺、盘锦—葫芦岛输油管线，一方面促进了辽宁炼油工业的发展，另一方面也保障了东北资源的出口和向关内的输送。电力基础设施方面，1949年东北地区的装机容量占全国的37%，中华人民共和国成立后，依据煤炭资源的分布和电力消费负荷中心的分布，东北地区在主要沿线主要城市以及蒙古东部煤炭产地、黑龙江东北煤炭产地建设了一批电源点，1990年装机容量达4000多万千瓦。电网方面，经过这一时期的建设，形成了北起呼伦贝尔的伊敏厂，南至大连的南关岭变电站，西自赤峰的元宝山厂，东达黑龙江的佳木斯、七台河厂的输电网络，覆盖了东北地区绝大部分的电源基地和负荷中心。尤其是1981年建成的赤峰元宝山—锦州—海城500千伏输电线路是我国最早的超高压输电线路。

4. 城市建设

20世纪50~90年代是东北地区城镇化发展较快的时期，城镇化率从中华人民共和国成立初的20%左右增长到1990年的47.1%，比全国高20个百分点。这一时期城镇化的动力主要来自资源开发的驱动和大型项目的带动。如中华人民共和国成立初的156项工程在东北的布局建设促进了沈阳、大连、长春、吉林、哈尔滨、齐齐哈尔等工业城市的发展，石油资源的开发形成了大庆、盘锦等城市，森林资源的开发形成了伊春、牙克石等城市，煤炭资源的开发形成了阜新、七台河、霍林河、调兵山等城市，等等。至1985年人口超过百万人口的城市有6个，

50 万~100 万人的大城市 8 个，20 万~50 万人的中等城市近 20 个。按城区非农业人口规模统计，沈阳是全国第四大城市，哈尔滨是全国第七大城市。全区城市人口 3542.1 万人，占全区总人口（1985 年）10317.8 万人的 34.3%。全国平均 3.6 万平方千米有一座城市，而东北地区平均 2.4 万平方千米就有一座城市。城市规模情况如表 2-6 所示。

表 2-6　1985 年东北地区的城市体系

人口规模	数量（个）	城市名称（1985 年市区非农业人口，万人）
≥200 万人	2	沈阳（325）、哈尔滨（225）
100 万~200 万人	4	大连（137）、鞍山（110）、抚顺（110）、长春（147）
50 万~100 万人	8	锦州（61）、本溪（70）、阜新（57）、吉林（90）、齐齐哈尔（97）、鸡西（63）、大庆（54）、伊春（76）
20 万~50 万人	21	营口（37）、丹东（47）、辽阳（44）、铁岭（32）、盘锦（25）、海城（21）、锦西（22）、瓦房店（25）、辽源（31）、浑江（44）、四平（28）、通化（29）、敦化（22）、牡丹江（50）、佳木斯（43）、鹤岗（48）、双鸭山（36）、绥化（20）、北安（56）、牙克石（35）、赤峰（30）
<20 万人	19	朝阳（18）、北票（18）、公主岭（18）、白城（20）、延吉（17）、图们（8）、梅河口（18）、七台河（17）、绥芬河（1）、北安（20）、安达（13）、黑河（8）、五大连池（1）、通辽（20）、扎兰屯（11）、乌兰浩特（13）、海拉尔（15）、满洲里（11）、霍林郭勒（3）

资料来源：根据《中国城市统计年鉴》整理。

二、经济增长与结构特点

1. 经济发展规模

这一时期，国内生产总值持续上升，但有一定的阶段性特色。20 世纪 50 年代，东北地区作为国家建设的重点地区，其 GDP 的增长也是比较迅速的，到 1960 年，东三省的 GDP 总量达 280 亿元，占当时全国经济总量的 19.3%。20 世纪 60 年代到 70 年代初期，由于石油资源的开发和主要工业行业规模的扩大，东三省的 GDP 总量增长比较快，1975 年达 415 亿元，占全国总量的 13.8%；20 世纪 70 年代与 80 年代，东北地区经济规模持续扩大，1990 年达 2200 亿元；但由于改革开放政策的重点区域在东南沿海省份，东北地区经济发展的增速开始落后于东南沿海地区，导致 GDP 占比下降，1990 年为 11.8%（见表 2-7）。从总体上看，这一时期东北地区是我国最重要的经济板块之一，GDP 占比高于人口占比（这一时期，东北地区的人口占全国的比重在 8.5%~9.0%）。

表 2-7　计划经济时期东北三省的经济规模

年份	GDP（亿元）				占全国比重（%）			
	东三省合计	辽宁	吉林	黑龙江	东三省	辽宁	吉林	黑龙江
1952	83.93	41.38	16.55	26	12.4	6.1	2.5	3.8
1965	224.97	103.15	42.92	78.9	13.1	6.0	2.5	4.6
1975	415.32	198.51	72.31	144.5	13.8	6.6	2.4	4.8
1980	600.59	281.0	98.59	221	13.3	6.2	2.2	4.9
1985	1074.03	518.59	200.44	355	11.9	5.8	2.2	3.9
1990	2203.03	1062.74	425.28	715	11.8	5.7	2.3	3.8

资料来源：根据《新中国五十年统计资料汇编》整理。

2. 经济结构变化与特点

1952 年，东北三省三产的比重分别为 39.4%、38.6%、22%，其中第一产业的比重低于全国水平（50.5%），第二产业的比重显著高于全国水平（20.9%），并且在第二产业中，工业的比重占 90.4%。在中华人民共和国成立初期，全国经济比较落后，主要以农业为主，但是东北三省的产业结构体现了农业和工业并重的特点。并且东北地区工业经过 30 多年的飞速发展，得到了长足的进步，至 1978 年，东北地区第二产业比重达到 62.75%（见表 2-8）。进入 20 世纪 80 年代，区域产业结构演变进入调整期，第二产业比重下降，由 61.04% 下降到 1990 年的 48.15%；第三产业比重有所上升，由 1980 年的 16.39% 上升到 1990 年的 29.81%，第三产业有了一定程度的发展。从轻重工业结构看，重工业在工业产值中的比重在 64%~70%。

表 2-8　计划经济时期东北三省产业结构变化

单位：%

年份	国内生产总值构成			工业总产值构成	
	第一产业	第二产业	第三产业	轻工业	重工业
1952	39.40	38.60	22.00		
1978	21.49	62.75	15.76	30.07	69.93
1980	22.59	61.04	16.39	33.62	66.38
1985	20.77	57.15	22.09	34.35	65.65
1990	22.04	48.15	29.81	35.36	64.64

资料来源：丁四保. 跨世纪的东北经济 [M]. 长春：东北师范大学出版社，2002.

3. 工业结构特点

工业结构重型化是这一时期经济建设的明显结果。国家 156 项重点工程在东北地区建设的 56 项中,除一项属轻工业外,其余都是重工业。"二五"时期及以后的几个计划期,国家继续对东北地区实行优先发展重工业的政策,1949~1985年,国家对东北三省重工业的累计投资额占其对东北工业投资总额的 92%(张平宇等,2004)。形成了以冶金、石油及煤炭开采、石油加工、机械制造等资金、资源密集型产业为主体的重工业体系(见表 2-9),建成了我国最大的重工业基地。1985 年东北地区冶金工业产值 126.11 亿元,占全国的 19%,石油工业产值 155.17 亿元,占全国的 41.6%。同时,由于重化工业倾斜发展,工业内部轻重工业比例不协调。

表 2-9　1985 年东北三省主要工业行业占全国的比重

	全国产值 (亿元)	东北三省产值 (亿元)	东北三省 占全国比重(%)	占东北三省 工业比重(%)
冶金工业	664.04	126.11	19.00	10.0
石油工业	372.64	155.17	41.60	12.3
化学工业	926.74	137.14	14.80	10.7
机械工业	2235.14	324.92	14.50	25.5
建材工业	350.61	50.75	14.50	4.1
电力工业	272.73	44.49	16.30	3.6
煤炭工业	208.45	38.56	18.50	3.1
森林工业	133.11	48.01	36.00	3.8
造纸工业	107.68	21.17	19.70	1.8

资料来源:邓伟,张平宇,张柏. 东北区域发展报告 [M]. 北京:科学出版社,2004.

4. 经济组织模式

指令性计划的经济生产模式是这一时期东北地区经济发展的主要特点,企业的自主权较小,在统一计划下生产。总体来看,用当下的发展标准审视,计划经济时期东北地区的产业链短,产业集群发展不充分。但毋庸置疑的是,这一时期东北地区的开发与工业体系建设,为我国工业化的初始积累做出了历史性贡献,是后来我国工业化快速发展和取得巨大成就的柱石。这与计划经济体制的优势是密切相关的。

三、经济格局与区域经济联系

1. 经济区形成

经过这一时期的发展，按照地域生产综合体的理论，从产业体系与规模、城市体系、基础设施网络、分工与联系等方面衡量，东北地区已经形成比较成熟的经济区。①形成了以沈阳、大连、长春、哈尔滨为中心的覆盖全区、辐射带动力强、分工独特明显、等级结构明显的区域城市体系。②农业基础地位坚实，规模大，各具特色的农业生产格局形成。在松嫩平原、三江平原形成了全国性的商品粮基地；大兴安岭两侧，草原广阔，形成了全国性的牧业基地；大小兴安岭和长白山地区是全国最大的林业基地。③形成了比较完备的重化工业体系，规模大、门类齐，技术基础比较强，尤其是基础原材料和装备制造业在全国具有举足轻重的地位。④基础设施网络较为发达。无论是交通基础设施网络，还是能源基础设施网络，将整个地区连接在统一的网络中，保证了区域内部的经济联系。⑤省区间、城市间联系广泛，区域分工在一定程度上遵循了经济发展的基本原则，城市与企业间的合作较为密切。到20世纪80年代，可以认为东北经济区的形成和发展反映了我国当时的生产力发展水平、劳动地域分工的特点和规模。

2. 区域经济格局

以哈大沿线为主体区域的经济发展格局形成。虽然这一时期东北地区得到了较为全面而广泛的开发建设，但总体上看，计划期的布局调整基本上仍然以哈大沿线为主体，形成了产业分工更加明确的格局：鞍山、本溪作为钢铁工业中心的地位、抚顺作为煤炭工业中心的地位、大连作为化学工业中心的地位以及沈阳、哈尔滨、长春作为机械工业中心的地位均更加突出，哈大沿线成为我国工业化程度最高、经济实力最为强大的区域。依托重化工业，哈大地区的产业结构不断深化和发展，逐步形成了以冶金、机械、动力工业为主体，包括化工、木材、水泥、纺织、食品、造纸在内的较为完整的轻重工业体系。东北地区计划经济时期进行大规模经济建设，迅速建成了一批核心的重型工业城市和重要的配套工业城市，比如煤炭工业城市——阜新、本溪等，钢铁工业城市——鞍山，有色金属工业城市——抚顺、吉林、哈尔滨，化工工业城市——吉林，机械工业城市——沈阳、长春、哈尔滨、齐齐哈尔（富拉尔基）（何一民，2007）。这些城市又进一步集聚形成工业城市群和工业走廊。据统计，20世纪90年代初哈大沿线的哈尔滨、大庆、长春、四平、铁岭、沈阳、辽阳、鞍山、抚顺、本溪、营口、大连12 个地级市（3 个省会城市），面积 14.98 万平方千米，人口 4300 万人，GDP 4000 多亿元，占东北三省 GDP 总值的 2/3（张文尝，2001）。

从城市群的视角看，计划经济时期辽中地区已经形成以沈阳为中心，包含鞍山、本溪、抚顺和辽阳等城市的城市群。国土面积 1 万平方千米，占辽宁省的 7%，1985 年人口 1313 万人，城市人口 813 万人，7000 多个企业，占全省的 60%，形成了冶金、机械、石化、建材等为主的典型的工业基地（邓伟，2008）。

3. 区域经济联系

在计划经济体制下，东北地区形成了内外联系均较密切的格局。区域内部人员和货物交流均比较密切，以货物交流为例，1985 年辽宁与黑龙江的交流量达 5600 万吨，辽宁与吉林的交流量达 1950 万吨，吉林与黑龙江的交流量达 1900 万吨，辽宁与内蒙古东部的交流量达 1000 万吨，分别占全国省级货物交流量的 5.8%、2%、1.9%和 1%（金凤君，1991；张文尝，1992），表明经济区内部地区间的相互依存非常强，资源组合的互补性较好和经济分工明确是主要因素，能源、粮食、木材、钢铁和制造业产品是交流的主要货物。除此之外，区域内部人员交流、文化交流和科学技术交流也是非常密切的，达到了较高的一体化水平。从与区外的联系看，东北地区作为一个整体，是全国重要的基础原材料和装备制造产品的输出区域，其粮食、煤炭、轻工业产品也需要从关内各地输入。

第五节 市场经济体制转型与东北地区发展

1992 年中共十四大确立了我国社会主义市场经济体制的发展道路，在全面总结改革开放 14 年实践和基本经验基础上，开启了向市场经济体制转型的进程。随着国家一系列体制机制的完善，我国经济发展进入了社会主义市场经济快速发展的繁荣时期，并取得了举世瞩目的成就。这一时期，东北地区始终背负着"历史包袱"蹒跚前进，以"问题区域"板块参与国内外经济竞争，内外条件均没能支撑区域经济赶上国家快速发展的步伐。进入 21 世纪，东北地区从增长乏力区（部分区域是"畸形增长区"）退化为近几年的"增长动力缺失区"；但经济发展仍取得了显著进展。

一、政策环境与区域发展拐点

1. 政策环境变化

20世纪90年代以来，影响东北地区发展的政策可以分为三个阶段。第一阶段是1992~2003年，由于国家经济体制的转型，东北地区的经济发展模式已经不适应发展的形势，加之计划经济时期发展积累的一系列问题开始显现，东北地区的发展已经面临较大问题。这一时期以国有企业改革为核心的政策，并没有有效解决东北地区向市场经济转型的问题，也没有营造出强劲的区域发展动力，更没有探索出好的转型模式。另外，国家向东南沿海地区倾斜的改革开放政策也是迟滞东北地区转型与发展的重要因素。上述两方面导致东北地区经济发展急速下滑，成为经济发展的问题区域。最为可惜的是高质量产业工人队伍的萎缩，工业化基础被动摇，甚至丧失。计划经济时期建设的工业城市或中心陷入发展危机之中。

第二阶段始于2003年国家提出的东北地区振兴战略，持续10年左右。这一阶段以解决历史遗留问题为出发点，出台了一系列社会保障政策；以改造升级传统产业为着眼点，布置了一批振兴项目；以区域改造转型为抓手，实施了一批老工业区搬迁改造与资源型城市转型发展工程。上述三方面的政策，较好地解决了历史遗留和体制转型导致的社会问题，一定程度上稳定了传统产业的发展态势并使其竞争力有所提升，逐步增强了部分城市的功能和活力。但是，国家在此阶段始终没有出台系统性或突破性的破解东北地区体制机制问题的政策，导致区域发展的体制机制成为发展的最大制约"瓶颈"。此外，国家在培育新增长动力方面的政策也缺乏力度，没有针对东北的特殊区情营造出有竞争力的产业或动力。2008年国家应对全球金融危机的振兴产业政策使东北地区问题得到延缓，但忽视了发展的隐患，发展模式在高投入、高物耗、低效益、弱竞争的状态下持续，有些地区靠无效投入换取畸形增长。2001年末我国正式加入世界贸易组织（WTO），开启了加速融入全球经济的进程，使我国进入了全球化和市场经济时代。而恰在此时，东北地区由于各种历史问题的累积作用，经济发展进入了最艰难的时期，发展机制和模式已经不能适应国内外发展的要求，直接导致了经济竞争力的快速丧失。总之，这一时期转型发展的施策力度不够，机制体制改革滞后。

中共十八大后，我国经济开始进入新常态，经济增长动力开始转换，国家的政策环境也在发生变化。《中共中央　国务院关于全面振兴东北地区等老工业基地的若干意见》发布实施，是国家对东北地区政策进入第三阶段的重要标志，明确了完善体制机制、调整产业结构、鼓励创新创业、保障和改善民生等方面的政策措施。总体来看，国家对东北地区全面振兴的政策方向明确，中共十九大提出的深化改革、推动东北全面振兴的指导思想符合目前东北区域改造的客观需求，但还需要在具体措施和力度上深化，效果也还有待观察。

20多年来，为破解东北地区的困境，地方也做了大量探索，出台了一系列政策，如在开发区政策、产业扶持、城市改造、资源型城市转型等方面出台了许多政策，不少改革措施还走在了全国的前列。但由于种种原因，这一时期地方政策的主要精力是解决历史遗留问题，而对促进地方快速发展方面的政策总是显得力不从心。在已经形成的全国性市场竞争中，东北地区的体制制约变成了市场中的劣势，而地方鲜有探索性的政策，在利用国家各类政策方面，也总是处于弱势。

2. 东北地区发展的拐点

20世纪90年代以来，东北地区经济在规模、发展质量和水平方面取得了重大发展，但在全国的地位逐步下降，到2015年，GDP总量仅占全国的8%，比1990年下降了近4个百分点。综合分析，东北地区的发展存在几个明显的拐点。尤其是进入21世纪以来，全球化是我国经济发展的新动力，而恰恰全球化对东北地区经济发展的冲击是非常严重的，有些领域受到的冲击可以说是致命的。例如，原来东北地区的家电等消费类产业，到目前为止有些已经基本退出了市场。

1992年是第一个拐点，东北地区发展受到市场经济体制转变的影响。之后东北的经济和社会发展问题集中显现，问题越来越突出，到2000年前后最为尖锐。与国家的整体发展态势及先进地区相比，这一时段的东北地区可以认为是"体制红利减弱和政策红利式微"期，表现出与国内外发展环境与趋势的明显不适应。

2003年是东北地区发展的第二个拐点，当年国家出台了振兴东北地区等老工业基地的若干意见，之后一系列振兴政策和措施的出台一定程度上延缓了东北地区的衰退，传统产业的发展取得了明显成效，但新动能始终没有形成，面临的竞争环境更加严峻。与全国相比，这一时段可以认为是"增长动能式微和新动力匮乏"期。

2013 年,我国经济进入新常态后,东北地区又进入艰难的发展状态中,经济连续低速增长甚至是负增长。目前的东北可以认为是"转型动能缺乏期"。虽然历史遗留的社会问题一定程度上得到了解决,传统产业的调整升级也已经进入新的阶段,但体制机制、老工业基地衰退、全球化冲击、社会环境等问题交织在一起,东北地区已经演化为"复杂的问题区域",已经从一个在全国具有举足轻重地位的经济板块演变为"经济体量"不大的板块(见表 2-10)。

表 2-10 市场经济转型时期东北三省的经济规模及占全国的比重

| 年份 | 国内生产总值 | | | | | | | | 进出口额占比(%) | 固定资产投资占比(%) |
| | 绝对量(亿元) | | | | 占全国比重(%) | | | | | |
	东三省	辽宁	吉林	黑龙江	东三省	辽宁	吉林	黑龙江		
1995	5937	2793	1129	2014	10.3	4.8	2.0	3.5	6.5	8.5
2000	9743	4669	1821	3253	10.0	4.8	1.9	3.3	5.7	8.2
2005	17141	8009	3620	5512	8.7	4.1	1.8	2.8	4.0	8.8
2010	37493	18457	8668	10369	8.6	4.2	2.0	2.4	4.1	11.3
2015	57816	28669	14063	15084	8.0	4.0	1.9	2.1	3.4	7.3

资料来源:根据各年中国统计资料整理。

二、区域发展重点与举措

1. 产业结构调整与发展

结构性矛盾和体制性矛盾是这一时期东北地区经济发展的突出问题,产业调整升级无疑是经济发展的主线,并体现出如下特点:①持续对计划经济时期的产业结构进行调整,确立了提升基础原材料和装备制造业等优势产业、培育新兴产业的发展路径。如辽宁在 20 世纪 90 年代实施了"重点发展石油化工、冶金、电子信息和机械制造四大支柱产业,巩固石化、钢铁、装备制造三个优势产业"的政策;吉林省实施了"以汽车、石化为支柱,食品、医药、电子为优势,高新技术产业为先导"的政策;黑龙江实施了"振兴装备工业,发展石化工业和食品工业,壮大医药工业"的策略。21 世纪东北振兴战略中明确提出了"建设具有国际竞争力的装备制造业基地、国家新型原材料和能源保障基地"的策略。此外,也对新型产业如战略性产业、现代服务业、旅游业等提出了发展愿景。这些产业结构调整政策，有效提升了传统产业的优势和竞争力，一定程度上缓解了东北地区产业发展的压力。②挖掘资源型产业的优势。如对粮食资源、牧业资源、医药资源、旅游资源、海洋资源、森林资源潜力的不断挖掘，促进了粮食加工、乳业、医药、旅游业、海洋养殖、林业养殖业的发展，成为地方发展的支柱产业。③高新技术产业的发展。根据东北地区的基础，高新技术产业一直是产业结构调整和发展的重点，虽然成效没有先进地区明显，但对东北地区的产业升级还是发挥了一定作用。④轻工业的发展。20世纪90年代，纺织、家电、电子信息等消费类产业也是发展的重点，但进入21世纪后上述产业在东北地区已经微乎其微。

2. 城市发展与建设

20世纪90年代以来，我国进入了快速城市化时期，城市建设如火如荼，但作为先行城市化的区域，东北地区的城市化面临城市改造和发展两大任务，在创造区域增长动力方面经历了负重前行的艰难历程。①跟随全国的城市化热潮，土地城镇化、城市扩张、房地产开发等方面也是东北地区城镇化的突出景象，促进了大连、沈阳、长春和哈尔滨等中心城市规模的快速扩张，以及部分城镇的规模增长。②城市改造。城市功能调整、布局优化和效率提升始终是这一时期城市建设的重点，也是东北地区有别于其他地区的独特性问题。包括老旧城区改造、工业区改造与搬迁、棚户区改造、城市基础设施改造等，东北地区在上述领域投入了大量的财力和物力，在提升城市发展质量方面取得了显著成效。③资源型城市转型升级。这也是东北地区的突出问题和改造重点。围绕这一主题，国家专门设立了资源型城市"财力转移支付"科目，扶持东北地区等资源型城市发展，成效是显著的。此外，由于东北地区城市化发展的阶段性和特殊性，城市发展活力不足是突出问题。经过这一时期的发展，虽然发展质量有了明显提升，但与全国先进地区相比，东北地区的城市竞争力普遍下降。

3. 基础设施建设

这一时期的基础设施建设主要体现在高速公路、高速铁路、水利、能源和城市公共基础设施等方面。①高速公路建设。20世纪90年代以来，东北地区的高速公路建设进入了快车道，形成了区域性网络。1990年、2000年、2010年和2015年东北三省高速公路里程分别为375千米、1707千米、6263千米和11171千米，目前路网密度已经达1.6千米/百平方千米。②高速铁路建设。这一时期建设了秦皇岛—沈阳客运专线、哈尔滨—大连高速铁路、长吉图和哈大齐城际高铁，加强了核心城市间的联系，规划的京沈等高铁也在建设之中。③水利基础设施建设。围绕农业发展建设改造了一批水库工程，围绕城市发展建设了一批防洪工程和调水工程，提高了水资源的保障能力和城市的防洪能力。④能源。加强了电源点和区域输电网络的建设，供应能力和服务水平进一步提升。除此之外，港口建设、机场建设和城市公共服务设施建设也取得了明显进展（陈航，2007）。

4. 区域开发

这一时期影响东北地区经济地理格局的区域开发政策主要集中在以各类功能区为载体的点状开发、沿海经济带建设、沿边开放三方面。20世纪80年代开始，国家陆续实施了经济技术开发区、经济特区、高新技术开发区、沿边经济合作区、国家级新区等政策，作为产业发展的载体，赋予一定的政策，推动经济快速发展。到目前为止，东北地区有23个国家级经济技术开发区、22个高新技术开发区和3个国家级新区。除此之外，地方还设立了大量产业园区。这些功能区的建设，一定程度上促进了东北地区产业规模的壮大、新兴产业的成长和城市的发展，成为城市经济发展的引擎和增长极。20世纪90年代，为了促进边境地区的发展，国家设立了边境经济合作区，在东北地区设立了满洲里、绥芬河、黑河、珲春、丹东、和龙6个合作区。经过20多年的发展建设，这些合作区已经成为边境地区的增长极和重要口岸。此外，20世纪90年代末开始的图们江区域开发合作对吉林省的区域开发结构也产生了比较重要的影响。

2007年国务院批准发布的《东北地区振兴规划》，将辽宁沿海地区作为带动东北地区振兴的重点开发区域，2009年国务院批准了《辽宁沿海经济带发展规划》，将辽宁沿海经济带开发建设正式纳入国家战略。战略定位是：立足辽宁，依托东北，服务全国，面向东北亚，发展成为特色突出、竞争力强、国内一流的临港产业集聚带；建设成为改革创新的先行区、对外开放的先导区、投资兴业的首选区、和谐宜居的新城区，形成沿海与腹地互为支撑、协调发展的新格局。经过10多年的开发建设，取得了一定的成效（金凤君，2012）。

5. 农业发展

20世纪90年代，国家实施的商品粮基地政策以及21世纪初实施的《全国新增千亿斤粮食生产能力规划》对东北地区的农业发展起到了重要引导作用。前者推动东北地区建成了110个商品粮基地县，奠定了东北地区农业的发展格局；后者推进了黑龙江、吉林等农业大省的发展。总体来看，经过这一时期的发展，东北地区的粮食生产能力大幅度提升，已经成为全国举足轻重的粮食安全稳压器。区域农业的发展格局已经形成。

三、经济增长与格局

1. 经济发展规模

20世纪90年代以来，虽然东北地区发展经历了比较艰难的过程，但仍保持了较快的增长，2015年东北三省的GDP总量达5.7万亿元，是1990年的近10倍。其中，辽宁在2008年和2011年分别跨上了1万亿元和2万亿元的台阶，黑龙江和吉林在2010年和2011年分别跨上了1万亿元的台阶。东北地区经济发展进入了新阶段，但由于增长速度仍慢于全国平均水平，近20年来占全国的份额不断下降，2015年仅占全国GDP的8%。

从主要产品产量看，大部分传统产品除石油、煤炭等少数类别外，20世纪90年代以来均有大幅度增长。如粮食从1990年的5800万吨增加到2015年的近12000万吨，增长了1倍；肉类产量从不到200万吨增加到900多万吨，增长了近4倍；奶类产量从130万吨增加到770万吨，增加了近5倍。大农业基地的地位进一步提升。主要工业产品方面，也有大幅度增长，但一些新兴行业发展缓慢，有的甚至收缩。如20世纪80~90年代的白色家电发展浪潮、21世纪的电子信息产业发展浪潮，东北地区都没有形成大规模的产业集群。代表产品如表2-11所示。

表2-11 市场经济转型时期东北三省主要产品的增长情况

项目	1995年	2000年	2005年	2010年	2015年
粮食（万吨）	5968	5323	7419	9621	11974
肉类（万吨）	493	594	782	843	919
奶类（万吨）	196	193	553	730	770
天然气（亿立方米）	48.9	39.8	41.5	51.7	62.7
钢（万吨）	1545	1802	3769	7033	7557
原油（万吨）	7497	7056	6328	5657	5541
原煤（万吨）	16100	11100	18600	22500	15200
发电量（亿千瓦时）	1213	1386	1934	2677	3270
汽车产量（万辆）	26	53	97	260	325
啤酒（万吨）	289	375	—	578	588

续表

项目	1995 年	2000 年	2005 年	2010 年	2015 年
乙烯（万吨）	—	—	—	229	311
化学纤维（万吨）	40	67	65.9	54.9	66
机床产量（万台）	1.7	1.7	12	14.0	9.9
家用电冰箱（万台）	21	34	132	88	147
房间空调器（万台）	—	32	270	190	92
家用洗衣机（万台）	22	17	0	0	0
移动手机（万台）	—	—	102	183	1614
微型计算机（万台）	—	88.3	30.6	3.6	1.9
集成电路（万块）	—	240	313	10200	28000
彩色电视机（万台）	60	480	603	587	287

资料来源：根据中国历年统计年鉴整理。

2. 经济结构变化与特点

20 世纪 90 年代以来，三次产业结构的变化比较明显，主要体现在第一产业比重明显下降，第三产业比重明显上升，第二产业呈波动下降的态势。2014 年三次产业的比例为 11∶47∶42，与全国平均水平（9∶40.5∶50.5）有显著差异。工业结构重型化仍是这一时期的特点，2014 年重工业占比 74%（见表 2-12）。工业结构的演化如图 2-5 所示。

表 2-12　市场经济转型时期东北三省产业结构变化

单位：%

年份	国内生产总值构成			工业总产值构成	
	第一产业	第二产业	第三产业	重工业	轻工业
1995	15	49	36	74	26
2000	13	51	34	81	19
2005	13	50	37	82	18
2010	11	53	36	78	22
2014	11	47	42	74	26

资料来源：根据中国历年统计年鉴整理。

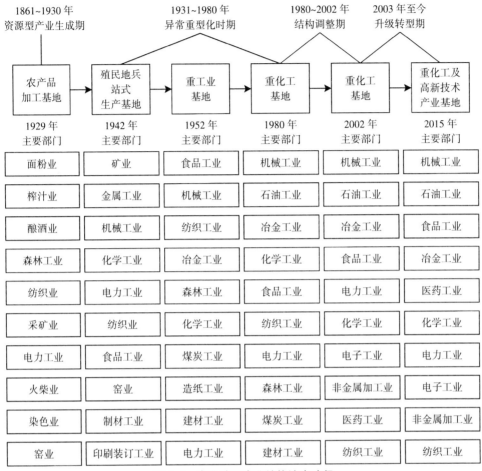

图 2-5　东北地区产业结构演变路径

3. 区域经济格局

以哈大沿线为主体，区域经济发展格局进一步强化。2014 年哈大沿线的 12 个地级市人口 5660 万人，国内生产总值 4 万亿元，占东北三省总量的 70%。21 世纪以来，辽宁沿海经济带成为东北地区发展的主要轴线，2015 年包括丹东、大连、营口、盘锦、锦州和葫芦岛六市的沿海地区人口 1780 万人，国内生产总值 1.3 万亿元，比 2000 年增长近 5 倍，占东北地区的比重达 24%。

从城市群发展的视角看，以沈阳为中心的辽中城市群发展进一步壮大，地域范围除鞍山、本溪、抚顺和辽阳等城市外，又包括了铁岭、营口和盘锦三城市，面积 6.8 万平方千米，占辽宁省的 47%，2014 年人口 2300 万人，市辖区人口

1200 万人，国内生产总值达 1.7 万亿元，占全省近 60%，是我国的重要城市群和综合性产业基地。包括长春、吉林、四平和松原的吉中城市群也已经初步形成，面积 8.3 万平方千米，占吉林省的 44%，2014 年人口 1790 万人，市辖区人口 660 万人，国内生产总值 1 万亿元，占全省的 77%。包括哈尔滨、大庆和齐齐哈尔的哈大齐地区，是黑龙江的核心区域，面积 12 万平方千米，占黑龙江省的 25%，2014 年人口 1800 万人，市辖区人口 750 万人，国内生产总值 1 万亿元，占全省的 2/3。

沿边地区发展也是 20 世纪 90 年代以来东北地区发展的亮点，经过近 30 年的建设，形成了满洲里、绥芬河、黑河、珲春等沿边城市，加强了与俄罗斯、朝鲜等国家的贸易联系，以及与东北亚的区域合作。图们江区域经济合作也取得了明显进展，增长极作用在逐步形成。

随着京津冀城市群的发展及其影响力的加强，东北地区与其联系进一步加强，尤其是与其临近的赤峰、朝阳、葫芦岛等城市，在旅游、产业承接等方面发展迅速，正在成为京津冀的紧密联系区域。

第六节　经济地理格局形成与演化

一、区域开发结构形成与演变

1. 中华人民共和国成立前的局部开发与哈尔滨—大连轴线形成

清朝时期的区域开发以辽河流域为主体，主要依托水运，以辽河为轴线。铁路出现之前，受自然条件及运输水平的限制，东北地区以自然经济及小规模的资源开发为主要特征，地区间的客货交流主要通过辽河水运和马车实现，经济活动主要集聚在以营口港为起点、以辽河水运为依托的沿辽河轴线。

清末至民国时期的区域开发沿哈大铁路拓展。随着中东铁路全线建成通车，东北地区区域内的经济联系更加便利，尤其是铁路沿线区域，农业、矿产等资源开发及商贸市场得到快速发展。随着滨洲、滨绥、京奉（沈山）、安奉（沈丹）、四洮、吉长等相应支线的延伸，铁路运输网络的快速发展，铁路沿线区域的空间联系得到强化，辽河水运迅速衰落，经济开发重心从先前的辽河流域逐步转向哈大铁路沿线，东北区域进入了铁路沿线开发时代。

日伪时期哈大铁路沿线开发规模急剧扩展。在"工业日本，原料满洲"掠夺方针的指导下，日本加大了对东北地区的铁路、港口（以大连港为主）、公路等交通基础设施的建设力度，并主要依托铁路线路对东北的资源进行掠夺。至1945 年，东北地区已形成以纵贯南北的哈大线为纵轴、以滨洲—滨绥线为横轴的"T"形铁路骨架，成为东北地区开发的主轴线。

2. 计划经济时期区域开发结构形成

计划经济时期生产力布局以优化调整为主，但总体而言仍然以哈大沿线为主体。"一五"到"三五"三个计划期的调整与发展，使东北地区形成了相对均衡的重化工业布局，也促进了相关城市的发展，重塑了东北区域发展的经济地理格局。总体上看，三个计划期的布局调整基本上仍然以哈大沿线为主体，形成了产业分工更加明确的格局：鞍山、本溪作为钢铁工业中心的地位、抚顺作为煤炭工业中心的地位、大连作为化学工业中心的地位以及沈阳、哈尔滨、长春作为机械工业中心的地位均更加突出，哈大沿线成为我国工业化程度最高、经济实力最为强大的区域。依托重化工业，哈大地区的产业结构不断深化和发展，逐步形成了以冶金、机械、动力工业为主体，包括化工、木材、水泥、纺织、食品、造纸在内的较为完整的轻重工业体系。

区域开发结构在进一步强化以哈大线为纵轴和以滨洲—滨绥线为横轴的同时，一批次级发展轴线已经形成，包括齐齐哈尔—通辽—锦州线、大庆—通辽—赤峰线、哈尔滨—吉林—沈阳线、长春—吉林—延吉线、图们—牡丹江—佳木斯线、通辽—四平—通化线、沈阳—丹东线等。通过这些轴线串联起东北地区的工业城市和资源基地，构建了联系紧密的经济区。

3. 改革开放以来区域开发结构优化

改革开放后，初步形成了以哈大经济带、沿海经济带、沿边经济带为主体框架的网络状开发格局。市场经济时期，东北地区开启了综合交通网络建设进程，逐步形成了以铁路干线、高速公路为主体的综合交通运输体系。特别是东北振兴战略实施以来，先后启动了同江至大连、东北东部通道、黑河至北京、绥芬河至满洲里、珲春至阿尔山、丹东至锡林浩特六条通道建设，东北地区铁路网络、公路网络、对外通道建设进一步加强，初步形成了网络状开发的态势。哈大经济带、沿海经济带、沿边经济带共同构成了东北地区网络状开发的主体框架。其中，哈大经济带一直是东北地区经济发展主轴线，涵盖了东北地区主要城镇，工业化、城镇化水平总体较高，高速公路、高速铁路等基础设施较为完备，更是东北地区具有国际竞争力、能够引领周边地区发展的主导轴带，21世纪前的演化模式如图2-6所示。沿海经济带包括大连、营口、锦州、丹东、盘锦、葫芦岛等沿海城市，地处环渤海地区重要位置和东北亚经济圈关键地带，资源禀赋优良，工业实力较强，交通体系发达，目前正处于加快集聚之中，未来将打造成为具有国际竞争力的沿海产业带。沿边经济带依托区域中心城市、边境口岸和开放通道，初步形成了丹东、珲春、绥芬河等一批边境经济合作区，是未来我国向东北亚开放的重要支撑带。随着网络状开发主体框架的形成，东北地区次一级开发轴线集聚效应也逐步开始显现，绥芬河—满洲里、珲春—阿尔山、丹东—霍林河等沿线已基本成为区域性重要的经济发展带（王士君，2006）。

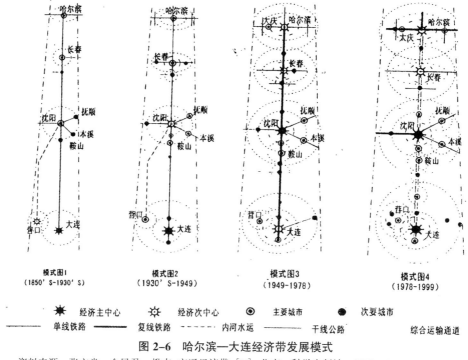

图2-6 哈尔滨—大连经济带发展模式

资料来源：张文尝，金凤君，樊杰. 交通经济带［M］.北京：科学出版社，2002：241.

二、城镇体系演变

1. 城镇体系的初期发展

东北地区现代意义的城市化历史始于清代末期，以 1860 年清廷实施开禁政策为标志，东北地区发生了大规模由南到北的移民和垦殖开发。与土地开发相伴的是府、厅、州、县等管理垦殖人民的各级行政管理机构的设立及作为建制驻地的城镇的建立，特别是随着牛庄（营口）及大连的相继开港、中东铁路的建成通车，以及沿铁路沿线及矿产资源地区的开发，农业、近代工业及对外贸易迅速发展，人口急剧增加。东北地区城镇体系在空间上呈现出由南向北、由中部向东西两侧扩张的阶段性特征，城镇密度较高区域沿今沈阳—吉林、长春—哈尔滨一线不断向北延伸、向东西两侧递减。大连城市雏形形成并逐渐取代营口成为东北地区最重要的港口城市和对外联系的窗口，哈尔滨、新京（长春）、沈阳的区域性中心城市地位确立并得到加强，牡丹江、绥芬河、满洲里等铁路沿线城市得以快速发展（方修琦，2005）。

日伪时期，辽中南城市群开始成形，东北中北部铁路沿线城市快速发展并初步构成了城市体系框架。日本侵略者为了军事和经济掠夺的目的，在东北大肆增筑铁路，其线路多选在重点城市和资源富集地区，至 20 世纪 40 年代中期，已经初步形成纵横交错的铁路网。同时，日本军国主义为了加强对东北的统治和进一步向苏联东部地区和蒙古扩张的需要，把东三省和内蒙古东部地区共划分为 18 个省，重点加强了伪首都新京（长春）的城市建设和边境省份首府的城市建设，如黑河、北安、佳木斯、牡丹江、延吉、通化、安东（丹东）、承德、海拉尔、王爷庙（乌兰浩特）等。不断强化的地域经济联系在促进辽中南城市群形成的同时，也推动了以长春、哈尔滨为核心的中北部地区的近代工业发展和城市规模扩张。据 1941 年统计，东北地区 16 个较大的城市，沈阳 102 万人，哈尔滨 64 万人，长春 53 万人，属于大城市；吉林、抚顺、鞍山、丹东等人口在 20 万以上，属中等城市；锦州、营口、阜新、辽阳、本溪、齐齐哈尔、佳木斯、牡丹江等为 20 万以下人口的小城市（方秉铸，1990）。依托铁路，结合煤、铁等矿产资源及森林资源的开发和加工，东北地区的大中小并存、内部联系紧密、职能类型多样的城镇体系初现端倪，绝大多数城镇发展成为资源型城市并沿铁路线分布，初步形成了东北地区的城市体系框架。但总体而言，该阶段东北地区的城镇体系结构不尽合理,表现为:大中城市数量少,中心城市的集聚和辐射功能较弱;小城镇数量多、规模小、布局散、水平低,县域首位镇和中心镇地位不突出,城镇分布比较普遍(王士君,2004)。

2. 计划经济时期重化工业和资源主导的城镇体系

东北地区城市体系的完善和城市化的加快发展是在中华人民共和国成立后开始的。中华人民共和国成立后,东北地区对旧城镇进行了社会主义建设和改造,彻底改变了过去的殖民地型和消费型城镇性质。大规模的工业化建设有力地推动了东北地区城市化进程,哈尔滨、沈阳、长春、大连、齐齐哈尔等城市进一步扩大,大庆、抚顺、鸡西、双鸭山等一批矿业城镇崛起,伊春、加格达奇、塔河、漠河等林业城市得以发展,同时一批农垦小城镇从无到有、从小到大。以沈阳、大连、长春、哈尔滨等特大城市为核心的城市群开始形成,中部城市轴带已经初见雏形,东北地区的现代城市地理格局逐步成形。

3. 改革开放后城镇体系优化与调整

改革开放后特别是东北振兴战略实施以来,东北地区城镇体系更加完善,逐步形成了"丰"字形的城市体系格局。改革开放以后,东北地区城市的现代化水平不断提高,人口规模迅速增加,城市范围不断扩展。随着对外开放进程的加快,沿边地区一批口岸城镇迅速成长,商贸经济十分活跃,如绥芬河、满洲里、黑河、珲春等城市近年来得到迅速发展。具有风景名胜旅游资源的地区,建设起一批以疗养、观光为主要职能的旅游城市,丰富了区域城市类型,如五大连池、阿尔山、兴城等。截至 2015 年底,东北地区已有城市 99 个,其中非农业人口超过 100 万人的特大城市有 8 个,城市化水平达到 61%,仍居全国前列。东北振兴战略实施以后,城市职能结构开始由单一向新型转变,沈阳、大连、长春、哈尔滨等特大城市的非生产性职能日益增强,"大哈尔滨""大长春""沈阳经济区"和"大大连"四个大都市区正在形成和扩大。伊春、抚顺、辽源等矿产资源型城市的主导经济部门开始转向加工业。一批边贸型、商贸型、交通型、农产品加工型、来料加工型等新型小城镇,如西柳、五大连池、同江、抚远等专门性职能小城镇发展迅速。从空间形态和布局看,东北地区城市规模分布具有明显的轴线特征,主要节点城市均分布在干线铁路及干线公路的沿线区域。目前,东北地区基本形成了以哈大线为主轴的"丰"字形城市体系布局,以哈大铁路、102 国道、202 国道、沈大(高速)公路、哈大(高速)公路、国家光缆干线为主动脉的

"基础设施通道"，联系着沈阳、大连、长春、哈尔滨、四平、铁岭、鞍山、瓦房店等一批主要城市，促进了哈大城镇聚合轴的形成与功能强化。同时，由绥芬河—牡丹江—哈尔滨—大庆—齐齐哈尔—满洲里构成的北轴、珲春—吉林—长春—松原—白城—乌兰浩特—阿尔山构成的中轴、丹东—本溪—沈阳—盘锦—锦州构成的南轴三条横轴正在建设中。

三、产业布局演变

1. 中华人民共和国成立前的产业布局

清代末期初步形成了南北分异的产业分异格局特征。清代中期以前，受"封禁"政策的影响，东北地区长时期处于渔猎经济与游牧经济阶段，仅有辽河流域及辽西地区等地有局部性的农业开发，严格说来还没有形成产业结构和产业布局。1860年清廷实施开禁政策后，东北地区发生了大规模由南到北的移民和垦殖开发，农业开发规模得到进一步扩张，特别是鸦片战争后，农业、近代工业及对外贸易加速发展。至清朝末期，东北地区逐渐形成了独具特色的产业布局：农业"南豆北麦"的地域布局初见雏形，加工业布局呈现南北分异的格局，并形成了沿哈大铁路的狭长工矿业地带。

2. 计划经济时期相对均衡的重化工业布局

由于东北地区率先解放且具有一定的重化工基础，加之大庆油田的发现，东北地区成为我国产业布局的重点地区，"一五""二五"计划时期，国家将156项重点工程的1/3放在东北，开始了我国重工业基地建设，东北地区的产业布局发生了深刻变化，初步改变了重化工业过度集中于辽宁中南部的布局状态，以哈尔滨、长春为核心的黑龙江中部和吉林中部工业集聚区开始形成。这一时期，东北地区生产力布局的优化调整以钢铁工业、化学工业和装备制造业最为典型。①钢铁工业布局向北部地区延伸。"一五"期间，辽宁的钢铁工业是国家强化的重点，钢铁工业的重点建设项目基本上围绕鞍山、本溪布局。与此同时，国家在齐齐哈尔的富拉尔基投资建设了北满钢厂，东北地区的钢铁工业开始向北部地区延伸。"二五"时期建立了通化钢厂和鸡西钢厂，东北钢铁工业布局进一步向北扩张。"三五"时期虽然有"文革"冲击，但东北地区钢铁工业空间布局的拓展仍有所进展。这一期间，相继于1966年建立了辽宁的凌源钢厂和黑龙江的西林钢厂，于1970年建立了辽宁的北台钢厂和黑龙江的绥化钢厂。到目前为止，虽然东北地区的钢铁工业企业在企业组织结构方面进行了合并重组，但形成于计划经济时期的钢铁工业的空间布局框架并没有发生变化（见图2-7）。②化学工业布局全面展开。中华人民共和国成立后国家一方面强化南部辽宁地区的化学工业建设，另一方面相继在吉林和黑龙江地区设立了一批化工企业，东北地区的化学工业布局全面展开，形成了若干化学工业集聚区。"一五"时期，国家将156个重点建设项目中的染料、化肥、电石三大化工厂放在吉林，此后相继建成了四平联合化工厂、吉林市石井沟联合化工厂、吉林省长山化肥厂等一批大中型化工企业。1950年，生产汽车轮胎的桦林橡胶厂由沈阳迁至牡丹江，黑龙江省大型化学工业开始起步。经过50多年的发展，黑龙江省的化学工业形成了东部煤化工、西部石油化工两大集聚区。③装备制造业不断向中部、北部扩张。中华人民共和国成立后国家将一批重点项目摆放到东北地区，东北地区装备制造业不仅在数量上急剧扩张，空间布局也迅速向中部、北部推进，在很短时间内实现了机械工业布局的相对均衡。"一五"时期，国家在东北地区共安排机械工业重点项目18项，其中辽宁7项，吉林1项，黑龙江10项。经过"一五"时期的重点建设，东北地区机械工业的空间布局及地域分工的框架已基本形成。在此后几个计划期，国家不断

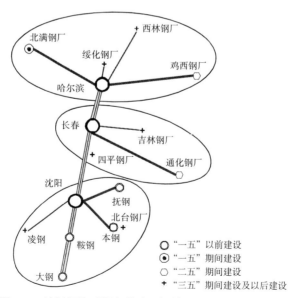

图2-7 计划经济时期东北地区钢铁工业空间扩展示意图

资料来源：刘洋.东北地区产业结构演变的路径、模式与机理研究［D］.中国科学院地理科学与资源研究所博士学位论文，2006.

强化、发展东北地区的机械工业，逐步形成了分别以沈—大、长—吉、哈—齐为核心的南部、中部、北部三大装备制造集聚区（见图2-8）。

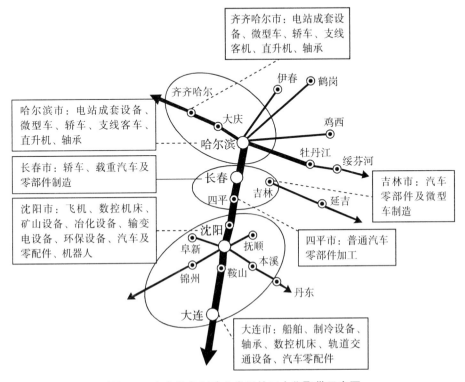

图2-8 东北装备制造业发展的三大集聚带示意图

资料来源：千庆兰.我国地区制造业竞争力的类型及其培育途径［D］.中国科学院地理科学与资源研究所博士学位论文，2005.

3. 改革开放后中、东、西三个产业地带的产业空间结构框架

改革开放以后，东北地区区域产业结构演变进入调整期，并初步形成了中部以制造业与农业为主、东部以林矿业为主、西部以农牧业与矿业为主的产业地带。中部地带包括辽东半岛中部及松辽平原，是东北地区经济最为发达的地域，以重工业为主的制造业、主要原材料工业（钢铁）与石化工业和粮食基地分布于这一地带内，特大城市与城市群及主要港口也分布在这一地带内；东部地带包括东部山区、半山区和东北北部小兴安岭地区，主要产业是林矿业，以及有色金属与非金属矿开采业，分布有众多的森工局和以采煤为主的矿务局；西部地带主要指西部半干旱草原与大兴安岭南部地区，是东北的农牧业基地与重要的能源基

地，内蒙古的几大褐煤煤田与吉林油田是未来东北地区能源的重要补充。

参考文献

[1] 曹树基. 中国人口史·第五卷（清时期）[M]. 上海：复旦大学出版社，2001.

[2] 陈才，杨晓慧. 东北地区的产业空间结构与综合布局 [J]. 东北师大学报（哲学社会科学版），2004（3）：5-13.

[3] 陈航. 中国交通运输地理 [M]. 北京：科学出版社，1993.

[4] 陈航. 中国交通地理 [M]. 北京：科学出版社，2007.

[5] 邓伟，张平宇，张柏. 东北区域发展报告 [M]. 北京：科学出版社，2004.

[6] 丁四保. 跨世纪的东北经济 [M]. 长春：东北师范大学出版社，2002.

[7] 东北文化社编印处. 民国二十年东北年鉴 [M]. 长春：东北文化社，1931.

[8] 东北经济编委会. 中国东北经济 [M]. 北京：中国统计出版社，1989.

[9] 方秉铸. 东北经济区经济发展研究 [M]. 长春：东北财经大学出版社，1990.

[10] 方修琦，叶瑜等. 从城镇体系的演变看清代东北地区的土地开发 [J]. 地理科学，2005，25（2）：129-134.

[11] 何一民，周明长. 156项工程与新中国工业城市发展（1949~1957年）[J]. 当代中国史研究，2007，14（2）：70-77.

[12] 侯杨方. 中国人口史·六卷：1910~1953 [M]. 上海：复旦大学出版社，2001.

[13] 国民党东北物资调节委员会. 东北经济小丛书·资源及产业（下）[M]. 长春：东北文化社年鉴编印处，1947.

[14] 金凤君等. 东北地区振兴与可持续发展战略研究 [M]. 北京：商务印书馆，2006.

[15] 金凤君等. 东北地区发展的重大问题研究 [M]. 北京：商务印书馆，2012.

[16] 金凤君. 我国空间运输联系的实证研究 [J]. 地理学报，1991，46（1）：16-25.

[17] 金敏. 东北要览 [M]. 沈阳：国立东北大学出版社，1904.

[18] 孔经纬. 东北经济史 [M]. 成都：四川人民出版社，1986.

[19] 李文彦. 中国工业地理 [M]. 北京：科学出版社，1990.

[20] 李振泉，石庆武. 东北经济区经济地理总论 [M]. 长春：东北师范大学出版社，1988.

[21] 刘江. 中国地区经济发展战略 [M]. 北京：中国农业出版社，2003.

[22] 刘洋. 东北地区产业结构演变的路径、模式与机理研究 [D]. 中国科学院地理科学与资源研究所博士学位论文，2006.

[23] 陆大道. 1997 中国区域发展报告 [M]. 北京：商务印书馆，1997.

[24] 陆大道. 1999 中国区域发展报告 [M]. 北京：商务印书馆，1999.

[25] 千庆兰. 我国地区制造业竞争力的类型及其培育途径 [D]. 中国科学院地理科学与资

源研究所博士学位论文，2005.

[26] 宋家泰. 东北九省 [M]. 北京：中华书局，1948.

[27] 孙敬之. 东北经济地理总论 [M]. 北京：科学出版社，1959：172–177.

[28] 吴传钧. 中国经济地理 [M]. 北京：科学出版社，1998.

[29] 王荣成，卢艳丽. 100 年来东北地区经济地域格局的演变 [J]. 人文地理，2009（5）：81–86.

[30] 王士君，宋飔. 中国东北地区城市地理基本框架 [J]. 地理学报，2006，61（6）：574–584.

[31] 姚水超. 东北近代经济地理 [M]. 上海：华东师范大学出版社，2005.

[32] 衣保中. 论民国时期东北民族资本的三种形态 [J]. 吉林大学社会科学学报，1997（5）：60–66.

[33] 衣保中，林莎. 论近代东北地区的工业化进程 [J]. 东北亚论坛，2001（4）：54–56，64.

[34] 张国宝. 东北地区振兴规划研究 [M]. 北京：标准出版社，2008.

[35] 张文尝. 交通经济带 [M]. 北京：科学出版社，2001.

[36] 张文尝. 空间运输联系 [M]. 北京：中国铁道出版社，1992.

[37] 张平宇. 新型工业化与东北老工业基地改造对策 [J]. 经济地理，2004，24（6）：784–787.

[38] 中国铁路建设编辑办公室. 中国铁路建设 [M]. 北京：中国铁道出版社，1990.

第二篇

第三章　工业发展与布局

东北地区作为中国工业化的先行地区，在推进工业化进程和建立完整的国民工业体系方面做出了历史性贡献，计划经济时期是我国工业体系结构完整、门类最为齐全的地区之一。本章在简要回顾东北工业体系形成过程与特点的基础上，分析了东北工业体系结构的变化，识别出东北优势产业并判断其竞争力；在此基础上，分析了东北工业空间格局及主要工业基地的演化特征与路径；结合全国及东北地区经济发展形势与产业发展战略，指出了东北工业发展趋势、路径与方向。

第一节　工业发展历史与现状特征

一、工业发展的历史变化与作用

1. 清末工业兴起阶段（1860~1911 年）

（1）农产品加工业。随着东北地区农业开发和封禁政策的变化，关内的商业资本开始向东北地区渗透。起初，东北地区商业资本的势力以杂货商的形式出现，对于推动东北地区内部及东北地区与关内之间的贸易联系起到了重要的促进作用。同时，关内某些手工业生产技术也传入东北地区，造酒、制粉、制油、制丝业随之逐步发展起来。在烧锅、油坊等生产部门中，私人普通大作坊开始出现。在鸦片战争前，沈阳（奉天）、营口、新民等地的油坊、烧锅及柞蚕业中，资本主义生产方式的萌芽已经出现。

鸦片战争以后,东北地区的工业进入了快速发展时期。由于大规模垦荒的陆续展开,东北地区粮食生产及商品率均有大幅度提高,带动了农产品加工业的发展,在清代末期形成了为数众多的手工作坊。在制油业方面,营口为当时东北地区重要的制油中心,至光绪二十二年(公元 1896 年),其土法制油业已有 30 余家①;在制粉业方面,光绪二十六年(公元 1900 年)沈阳(奉天)有手工磨坊350 家,铁岭有 160 家,长春有 250 家。

中日甲午战争后,以《马关条约》的签订为标志,清政府被迫在产业方面逐渐实行弛禁政策,帝国主义在中国获得了筑路、建厂的合法保障。外国资本竞相进入东北地区设厂开矿、兴办实业,近代科学技术、生产设备和经营手段也随着外国资本的流入而传入东北地区。随着外资在东北地区兴办企业规模的不断扩大、发展速度的不断加快,对东北地区传统手工业带来的压力与挑战也与日俱增,东北地区的民族工业受到了严重冲击。为适应新的历史潮流,东北地区传统手工业逐渐采用新工艺和新设备,机器生产的榨油业与制粉业初步发展,产业发展进入了近代化阶段。

随着机械的普遍采用,东北地区制粉业迅速发展,地理布局呈现出向北集中的趋向。据统计,光绪三十一年(公元 1905 年),东北地区有 7 家机械制粉厂,其中哈尔滨有 4 家,还有 2 家分布在黑龙江、吉林其他地区,在东北南部(辽宁)只有 1 家;至宣统二年(公元 1910 年),东北地区机械制粉厂发展到 15 家,其中哈尔滨有 6 家,吉林、黑龙江其他地区有 7 家,辽宁有 2 家。至此,哈尔滨已经显示出作为东北地区现代制粉业中心的潜力和前景。

东北地区的制酒业是与制油、制粉同步发展起来的重要产业,其产生发展与区域内居民饮食习惯密切相关。1895 年直隶总督王文韶建议清政府大力"招商试办酿酒公司,以收利权"之后,东北地区的制酒业规模开始壮大,到清末时,东北地区共新增大型酒厂 79 家,成为东北地区的传统优势产业。

(2)采矿业。随着以兴办近代工业为内容的洋务运动的展开,清末东北地区的采矿业有了较大进展。1896 年,清廷在东北地区实行招商开矿政策,在金州、海城、宽甸、盖平等地出现商办矿业数十处。从开采的矿种来看,金矿、银矿和煤矿是本区清末以前矿业开采重点。据统计,1905 年辽宁省已有金矿 188 处,

---

①《东北年鉴》,民国二十年,第 1058 页。

有各种煤矿 148 处；1908 年吉林省全境有金矿 45 处，煤矿 54 处。此外，俄国、日本等国也在东北地区投资建立了一批矿业公司，在本溪、抚顺、扎赉诺尔等重要矿区掠采矿产。

（3）机械工业及电力工业。1881 年吉林机器局的设立是东北地区近代资本主义机器工业的开端。当时，由于吉林属于边防紧要地区，防务所需弹药需就近供应，因此清政府于 1881 年 6 月在吉林设立机械局，发展军火制造业。吉林机械局的建设历时一年半左右，所需设备均系从美国、德国等国进口，并于 1883 年 10 月 2 日开始投产运营。但是，设立之初的吉林机械局生产规模较小，仅能生产子弹、铅丸等为数不多的产品，就近供应驻防军队使用。1885 年后，吉林机械局的生产能力逐步得到扩展，增设了火药厂，并能够从事各种枪炮的修理。吉林机械局除生产设备为国外引进外，生产及经营管理均为国人操作，其规模、设备及经营管理手段，当时不仅在东北，而且在全国也处于领先水平。甲午战争后，日俄相继在哈尔滨、大连、沈阳发展了一些机械、电力、化学工业，东北地区的近代工业有了新发展。

2. 民国时期民族工业快速发展阶段（1912~1930 年）

（1）农产品加工行业规模扩张。民国时期，控制东北地区的奉系军阀积极倡导实业，实施了鼓励发展民族工商业等一系列政策，再加上第一次世界大战国际市场需求的拉动，东北民族工业的外部环境有了较大改善。在这种相对有利的背景下，东北地区的民族工业家奋发图强，采用先进生产技术设备取代落后的装备，并积极完善经营管理，使东北地区民族工业出现了前所未有的繁荣局面。从民族工业主要的部门发展情况看，东北地区的制粉、制油业显示出良好的成长性。根据"满铁"的调查资料，民国期间东北地区的制油业是发展最为迅速的部门之一，20 世纪 20 年代以后，发展势头尤为迅猛。到 1926 年，东北地区的制油厂已达 450 多家。

（2）轻纺工业部门扩展。纺织、制糖、造纸是东北地区民国时期逐步成长起来的轻纺工业部门。这些部门的成长壮大，使东北地区轻工业的部门结构发生了较大变化，改变了原来以制粉、制油、制酒占绝对优势的状况，促进了产业体系的发育延伸。

（3）近代工矿业部门扩展。煤矿开采是清末东北地区矿业部门的标志产业，也是民国时期东北地区规模扩张最为明显的部门之一，九一八事变前四大著名煤矿企业产量合计已达 800 多万吨。其中,日本霸占的抚顺煤矿是当时东北地区最大的煤矿,1930 年产量达 700 多万吨。铁矿的发现与开采,对于东北地区产业体系的延伸具有划时代意义。总体而言,在民族资本与日本经济侵略势力竞相发展的促动下,东北地区的机械、电力、化学等工业部门也取得了很大的进展。

3. 殖民掠夺与产业结构重型化发展(1931~1945 年)

九一八事变以后,日本实现了全方位控制我国东北的目标。为了满足扩军备战的需要,日本倾其全力在中国东北地区发展重工业,而东北地区原来以农产品加工业为主要支柱的产业体系受到排挤而迅速衰落,以大量利用和消耗区域自然资源为特点的重工业部门畸形膨胀,区域产业发展步入重型化的发展阶段,东北产业结构发生转变。具体表现为:

(1)农业与工业地位发生逆转。区域产业结构中农业的主导地位为工业所代替,呈现出以工业为主、农业为辅的结构特征。1931~1943 年,东北地区工业总产值占工农业总产值的比重由 26.9% 大幅提高到 59.3%,提高 32.4 个百分点;农业总产值占工农业总产值的比重则由 73.1% 下降到 40.7%,地位大幅度下降。

(2)重工业与轻工业之间的转换。伪满时期东北地区的产业体系由轻工业主导向重工业主导进行快速转换,具体表现为重工业部门的快速扩张与轻工业部门的急剧下降,最终导致重工业在产业体系中占据着主导地位,而轻工业部门则处于从属地位。1940 年,东北重工业部门的资本额所占比重已高达 75.4%,1942 年进一步上升到 79.2%。相比之下,轻工业部门资本额所占比重则呈现出持续下降的趋势。在重工业中,钢铁工业、有色金属工业、化学工业成为东北地区产业体系的核心。钢铁工业包括炼铁、炼钢、轧钢三个行业,虽然内部行业结构很不合理,但已具有部门分工的初级形态;有色冶金工业主要包括铝、镁、铜三个行业,其中制铝业是重点扩张的部门;化学工业主要包括液体燃料、碳酸钠、氮肥、火药、制药五个部门,其中液体燃料是伪满"开发计划"的重点行业。

4. 重型化路径的强化与延伸(1949~2002 年)

中华人民共和国成立后,国家需求和国家政策成为决定东北地区产业结构演变的主要因素。在这种背景下,东北地区的产业结构演变承继了殖民地时期重型化的发展路径,重工业部门不仅在规模上得到强化与延伸,而且空间布局也实现了由南向北的逐步推进。在该阶段,东北工业重型化又具体可以分为:①重型化路径的稳定延伸阶段。中华人民共和国成立以后,国家在"一五"期间对东北地区投入了大量的人力、物力和财力，积极扩张东北地区以重工业为主要内容的工业规模，使东北地区的煤炭、钢铁、机械、电力等在中华人民共和国成立前已有相当基础的重工业部门得到进一步的延伸，从而导致东北地区在中华人民共和国成立前已经确立的重型化发展路径上越走越远。②重型化路径的波动强化阶段。20世纪60年代，东北地区重型化发展路径并没有延续50年代持续增长的惯性，而是进入了波动阶段。在整个60年代，东北地区重工业发展几经起伏，绝对波动系数为27.82（年度增长率的变化幅度），相对波动系数达7.39（年度增长率变化幅度与平均增长率之比），大大高于50年代和70年代的同类指标，是波动最为剧烈的时期。③重型化路径的"矫正"阶段。东北地区的重工业在经历了20世纪50年代的大发展、60年代的波动强化后，在70年代至80年代中期进入路径"矫正"阶段，其表现是重工业比重的小幅下降。这一时段的路径"矫正"使东北地区重工业的比重下降近8个百分点，取得了一定的成效。但是，区域重工业的比重仍保持在65%左右的水平，轻工业过轻、重工业过重的矛盾只是得到暂时性的缓解，并未得到根本扭转。④"路径依赖"的显现阶段。20世纪80年代中期以后，东北地区轻、重工业对比关系的演变动态并没有延续前一阶段的"矫正"路径，而是再度趋于失衡。1985~1994年，重工业的比重上升近5个百分点；1999~2003年，重工业比重上升了3个百分点。如果不考虑1995年和1998年统计口径调整的影响，那么从1985~2003年重工业比重上升了近15个百分点。然而，轻工业的加速发展是20世纪80年代中期以来我国产业结构调整的主流趋势。在这种背景下，东北地区重工业比重的持续增加就成为一种特殊现象。换言之，由于不同历史时期对重工业的侧重与强化，东北地区在产业与发展模式选择上已形成了对重型化"偏爱"的倾向。

5. 产业结构转型与升级（2003年至今）

2003年实施东北等老工业基地振兴战略以来，东北地区大力推进产业结构调整，从工业内部结构、国有经济比重和大中小型企业比重来看，东北产业结构均得到了一定程度的改善。从轻重工业比重分析，2003年以来东北三省的重工业比重有了一定程度的下降，从82%下降到2014年的74.4%。从企业组织结构分析，东北地区民营经济得到了一定程度的发展，且大型企业和国有经济不断下降。其中，辽宁省和吉林省非公有经济发育较快，2014年其民营经济占地区生产总值的比重分别达到68%和51.1%，较2003年分别提高了23个和21.4个百分点；但黑龙江的民营经济发展仍相对缓慢。2003~2014年，东北三省国有经济比重从37.8%下降到32.1%，大中型企业工业增加值占规模以上企业比重从80.3%下降为54.3%。

振兴战略实施以来，东北地区的能源基础原材料、装备制造业产值规模虽然不断扩大，但随着资源的枯竭，能源基础原材料主营业务收入占全国比重不断下降，从2003年的56%下降到2014年的42%；装备制造业占全国比重略有上升，从2003年的6.99%增长到2014年的7.2%，食品工业产值占全国比重由不足1/5迅速提高至约1/3。此外，高技术产业也得到了长足的发展。从质量效益上看，鞍钢、一汽、哈电、一重、沈鼓等代表性企业重新焕发活力。沈阳机床连续多年销售收入世界第一。百万千瓦核电机组、百万吨级乙烯装置、大型盾构机、350千米高速列车等产品实现自主化生产，展示出东北装备在全国不可替代的重要地位。

二、工业发展阶段

目前，学术界判断经济发展所处阶段的通用方法是借鉴当代发展经济学的成果，从经济发展水平和经济结构变化来研究，即采用人均总量指标和结构指标作为阶段划分的依据，并进行经济发展的国际比较。由于近现代经济的发展主要是以工业化为标志，因此，经济发展阶段的划分与工业化的发展过程紧密相连。对于发展中国家来说，工业化是经济发展过程的一个重要阶段，也是产业结构迅速转变的一个重要时期。根据发展经济学尤其是实证研究的多国模式所揭示的理论线索，反映工业化阶段演进的内容有三个方面：一是人均收入水平（人均GDP或GNP）的变动；二是三次产业产值结构和就业结构的变动；三是工业内部结构的变动。

1. 基于人均GDP衡量，东北地区处于工业化中级向高级过渡阶段

利用辽宁省、吉林省、黑龙江省、蒙东地区及全国1978年以来国内生产总值及国内生产总值指数和总人口数据，按1990年不变价格计算出东北地区及全国2015年的人均GDP，按1990年的汇率（1:4.7838）换算折合成美元，再按以1964年为1，美国1990年价格指数为3.939折算为1964年的美元数据。计算结果如表3-1所示。由此可知，按照1964年的美元标准，2015年东北地区人均GDP为770.4美元，和全国平均水平基本持平，处于钱纳里等学者按人均收入水

平划分的工业化中级阶段。其中，辽宁省和蒙东地区人均 GDP 分别为 1000.3 美元和 830.7 美元，处于工业化高级阶段，而黑龙江省和吉林省人均 GDP 分别为 603.2 美元和 781 美元，均处于工业化中级阶段。由于最近几年来东北经济增速明显放缓或出现负增长，按照 1964 年和 1990 年的美元标准，2014 年东北地区人均 GDP 分别为 818.4 美元和 3223.8 美元，处于工业化高级阶段。因此，由于近几年经济发展形势不稳，东北整体上仍处于工业化中级向高级过渡的阶段。

表 3-1　2015 年东北三省人均 GDP 换算

	东北地区	东北三省	辽宁	吉林	黑龙江	蒙东地区	全国
人均 GDP （1964 年美元）	770.4	806.9	1000.3	781.0	603.2	830.7	768.3
人均 GDP （1990 年美元）	3034.7	3178.3	3940.2	3076.5	2376.1	3272.1	3026.4

注：表中蒙东地区包括呼伦贝尔市、兴安盟、通辽市和赤峰市。下同。

2. 基于三次产业结构衡量，东北地区处于工业化中期

利用辽宁省、吉林省、黑龙江省和蒙东地区及全国 2015 年三产数据，计算出东北地区三次产业的产出结构和就业结构[①]。结果表明（见表 3-2），与全国三次产业的产出结构相比，东北地区的第一产业比重为 9.15%，第二产业比重为 41.24%，第三产业比重为 49.62%，整体上处于工业化中期阶段。与 2014 年相比（11.6∶47.8∶40.5），第三产业高于第二产业，但这主要是因为 2015 年全球原材

表 3-2　东北地区三次产业结构及其就业结构

	2015 年三次产业结构（%）			2010 年三次产业就业结构（%）		
	第一产业	第二产业	第三产业	第一产业	第二产业	第三产业
东北地区	9.15	41.24	49.62	38.2	22.8	39
辽宁	8.32	45.49	46.19	31.3	26.2	42.5
吉林	11.35	49.82	38.83	42	21.3	36.6
黑龙江	17.51	31.90	50.88	44.4	19.4	36.2
蒙东地区	15.22	49.05	35.73	—	—	—
全国	8.83	40.93	50.24	36.7	28.7	34.6

注：表中就业结构为东北三省数据。

① 由于各省就业结构的数据在 2011 年以后不再公布，因此可获得的最新数据为 2010 年。

料价格下跌导致的东北地区工业产值的下降，而并非第三产业发展水平的提高。具体分析，吉林省和蒙东地区第二产业比重接近50%，高于一般模式中工业化完成阶段的第二产业比重，处于从工业化中期向后期发展的过渡阶段，辽宁省则是由于价格和统计方面的影响导致其第二产业比重低于50%，2014年辽宁省第二产业比重为50.2%，因此总体上辽宁省也处于从工业化中期向后期发展的过渡阶段。黑龙江省则是第二产业低于第三产业比重，整体上仍处于工业化中期阶段。

但是，由于我国是在市场化落后的条件下迅速推进工业化的，因此工业化推进过程中市场化没有得到相应的发展，出现产业结构尤其是工业比重偏高而第三产业比重偏低的结构性偏差，这种特征在东北地区尤为突出，所以仅从第二产业的比重去对应钱纳里等研究的工业化阶段模式，容易造成工业化阶段偏高的误判，除结合第一产业的比重和第三产业的比重分析以外，从产业就业结构可以进一步矫正由于我国产业结构性偏差带来的工业化发展阶段的判别误差。从就业结构分析，东北三省三次产业就业结构为38.2∶22.8∶39.0，根据经济发展水平和对应的产业结构，由于第一产业就业比重较大，东北三省经济发展仍处于工业化中期阶段，而不是工业化的中后期阶段。

3. 基于工业内部结构衡量，东北地区处于工业化中期

从当前东北地区轻重工业产值的比例分析，重工业仍然占据非常重要的地位。2014年东北三省轻重工业比例为25.6∶74.4，而2004年为18∶82，20世纪80年代为30∶70。由此可见，近10年来重工业地位逐步下降，但与20世纪80年代相比仍偏重型化。同时，重工业中的钢铁、机械、能源、化工等资源型重工业占据举足轻重的地位，这与中华人民共和国成立以来东北三省一直强调发展重工业有关。另外，东北三省的高新技术产业发展缓慢，技术密集型加工业比重较低，这种工业结构反映东北三省处于工业化的中期阶段。

从各省份看，2014年辽宁省轻重工业比例为20.5∶79.5，重工业比重比2004年下降了5个百分点。辽宁省的主导产业主要集中在钢铁、石油加工、通用设备、化学原料和化学制品、农副食品加工业等方面，以资源依赖、资本投入和劳动密集型产业并重。2014年全省规模以上工业企业实现高技术产业主营业务收入2351.7亿元，占地区生产总值的8.2%，并主要集中在航空航天设备、海洋—船舶、生物医药等方面。可见，辽宁省经济发展已经具有工业化中后期的发展趋势。吉林省轻重工业比例为30.6∶69.4，重工业比重较辽宁省有所下降。其中，吉林省以

汽车制造业、农副食品加工业、化学原料制造业及医药制造业为主，2014年高技术产业主营业务收入为1667.9亿元，占全省GDP比重为12.1%。高技术产业比重较高，且主导产业以资本投入和劳动密集型特征为主，因此吉林省经济发展也具有工业化中后期的发展趋势。黑龙江省的轻重工业比重为35.6∶64.4，工业产业发展以石油开采、石油加工、农副食品加工、电力和热力的生产与供应为主导，资源依赖和劳动密集型产业特征突出。黑龙江省2014年高新技术产业主营业务收入为632.4亿元，占全省GDP的4.2%。可见，黑龙江仍处于工业化的中期阶段。

综上所述，东北地区经济发展处于工业化中期向中后期过渡阶段，辽宁省处于工业化中后期，吉林省处于工业化中期向后期迈进阶段，黑龙江省则处于工业化中期，而蒙东地区处于工业化初期，处于大规模开发阶段。美国哈佛大学教授迈克尔·波特曾提出，经济增长方式与经济发展阶段之间存在着密切的对应关系。他把经济发展过程分为四个阶段，即要素推动的发展阶段、投资推动的发展阶段、创新推动的发展阶段和财富推动的发展阶段，分别对应于工业化的前期、中期、后期和后工业化社会。东北三省正处于工业化的中级阶段，根据波特的理论，这一阶段产业发展的核心驱动力是投资和技术创新。

三、工业规模与产品产量

1. 工业规模与增速变化

东北地区作为我国最早重点建设的老工业基地，已经建成了较为完整的现代工业体系，处于全国工业化前列。自2003年东北振兴政策实施以来，东北地区的工业实现了持续增长。从规模以上工业企业数量分析，东北三省2013年规模以上工业企业占全国的比重由2003年的5.96%增加到7.66%，增加了15319个；2014年，东北三省规模以上工业企业数量下降为25323个，降低了6.3%，这是由于2011年统计口径发生变化，导致规模以上工业企业数量下降。规模以上工业企业资产总计70928.4亿元，与2003年相比增加了4倍；主营业务收入93067亿元，较2003年增加7倍多；规模以上工业企业的利润为4560亿元，较2003年增加5倍。

从增速分析，自2003年东北振兴政策实施以来，东北三省的工业呈现了快速增长趋势。相较于全国增速而言，2007年之前东北工业主营业务收入增速仍低于全国平均水平。2008年经济危机使全国和东北地区工业增速均出现了一定幅度的下调，但由于国家为应对金融危机提出了包括加大基础设施建设在内的4

万亿元投资计划，从而导致国内对钢铁、石化、有色冶金等能源基础原材料产品需求旺盛，东北工业增速下调幅度较小。2009 年全国工业主营业务收入增速从 2008 年的 25.09% 降低到 8.5%，降低了 16.6 个百分点，而东北地区则从 25.93% 下降到 18.34%，仅降低了 7.6 个百分点。随着"四万亿"经济刺激计划出台，以能源原材料产品和设备供应生产为主体的东北地区成为新一轮投资的主要地区，2010 年东北地区工业主营业务收入增速迅速回升到 29.38%，是过去十年来的最高水平，但随后东北地区的工业增速开始持续下滑。随着 4 万亿元投资计划的结束，2012 年东北和全国工业增速同步下滑，而且东北下滑速度更快。2013 年，东北工业增速已经低于全国平均水平，但从历史比较分析，2012~2013 年东北工业主营业务收入的增速依然高于 2003~2009 年的年度平均水平。到 2014 年，东北三省的第二产业平均增速已经全部低于全国平均水平，其中黑龙江下滑最为显著，低于全国 4.5 个百分点，辽宁低于全国 2.1 个百分点，吉林低于全国 0.7 个百分点。实际上，自 2012 年初，东北三省的工业增加值月均增速就由 15% 左右下降到 10%，其中吉林省下降幅度最为明显，从 2012 年 2 月的 28.4% 下降到 4 月的 10.1%，辽宁和黑龙江工业增速均降到了个位数。虽然三省的工业增速在 2012 年底有小幅度上升，曾回到两位数，但是自 2013 年 3 月后，工业增速持续下滑，到 2013 年 7 月，三省的工业增速几乎全部低于全国平均水平。黑龙江最初下降幅度较大，月均工业增速低于 5%；辽宁省自 2014 年 7 月开始，工业增速大幅度下降，到 9 月开始负增长（见图 3-1）。

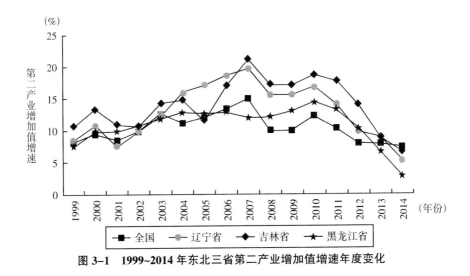

图 3-1 1999~2014 年东北三省第二产业增加值增速年度变化

2. 产品产量增长

东北地区的重工业产品主要包括原煤、原油制品、发电、乙烯、塑料、钢材、汽车、水泥、金属切削机床等。从产品产量分析（见表 3-3），2005~2015 年东北三省大部分工业产品的产量均呈现出上升趋势。如乙烯产量增加了 157 万吨，初级形态的塑料制品增加了 297 万吨，发电量增加了 1336 亿千瓦时，钢材增加了 3926 万吨，水泥增加了 5391 万吨。仅煤炭、原油和金属切削机床的产量有所降低。虽然近 10 年来东北地区主要工业产品的产量持续增长，但从占全国比重分析，除水泥外，各工业产品产量在全国的地位均呈不同程度下降。其中，金属切削机床在全国的占比下降了 10.1 个百分点，排在第一位；原油占比下降了 8 个百分点，排在第二位；初级形态的塑料制品下降了 4.1 个百分点，排在第三位。从各省分析，辽宁省的金属切削机床减少了 1000 台，在全国的占比下降了 8.8 个百分点。另外，辽宁的乙烯产量增长了 108 万吨，占全国比重上升了 2.9 个百分点，但其初级形态塑料制品产量虽然增加了 179 万吨，但占全国比重却下降了 1 个百分点，这表明辽宁省及东北地区在化工产业链的产品方面仍然集中在初级产品，产业链下游开发不足。就吉林省而言，其主要工业产品为汽车，2005~2014 年其汽车产量由 58.2 万辆增加至 255 万辆，占全国比重由 10.2% 上升

表 3-3 东北三省主要工业产品产量变化

产品	2005 年		2015 年		2005~2015 年	
	产量	占全国比重（%）	产量	占全国比重（%）	产量变化	比重变化（个百分点）
煤炭（万吨）	18613	5.54	15200	3.91	-3413	-1.63
焦炭（万吨）	1967	7.74	3392.58	7.57	1425.58	-0.17
原油（万吨）	6327.5	34.9	5541.15	25.83	-786.35	-9.07
乙烯（万吨）	153.8	20.4	311.2	18.15	157.4	-2.25
初级形态塑料产量（万吨）	282.35	12.2	579.03	7.42	296.68	-4.78
发电量（亿千瓦时）	1933.7	7.7	3270.02	5.62	1336.32	-2.08
钢材（万吨）	3952	10.5	7877.9	7.01	3925.9	-3.49
水泥（万吨）	5613.77	5.3	11004.62	4.66	5390.85	-0.64
汽车（万辆）	96.74	17	325.13	13.27	228.39	-3.73
金属切削机床（万台）	12	23.5	10	13.25	-2.00	-10.25

注：表中煤炭数据为 2014 年，其他产品均为 2015 年数据。

至 10.7%，增长了 0.5 个百分点。就黑龙江省而言，随着其产油量不断下降，其原油产量由 2005 年的 4516 万吨下降为 2014 年的 4000 万吨，其产量仍呈不断下降的趋势，占全国比重由 24.9% 下降为 18.9%，下降了 6 个百分点。此外，黑龙江的乙烯、初级形态塑料制品、水泥、汽车、金属切削机床等产品在全国的占比均处于不断下降的趋势。

从轻工业及新兴工业产品分析（见表 3-4），如空调、彩色电视、集成电路和计算机等，东北三省的产品产量和全国占比均呈现出下降趋势。如空调产量从 2005 年的 269.66 万台下降为 2015 年的 92 万台，净减少了 177.66 万台，占全国比重也由 4% 下降为 0.65%。同时，彩电产量也从 603 万台下降到 288 万台，减少了 315 万台，占全国比重也由 7.3% 下降到 1.99%。就全国比较而言，2005 年东北三省生产的集成电路和微型计算机设备产量偏低，分别为 313 万块和 30.63 万台，分别仅占全国总产量的 0.01% 和 0.4%。之后十年，全国的集成电路和微型计算机设备产量大幅度增长，2015 年产量增至 2005 年的 3 倍左右，在此期间，东北三省的产量略有增加，2015 年集成电路和微型计算机的产量分别为 28000 万块和 1.9 万台，占全国 0.26% 和 0.01%。总体而言，东北三省的轻工业产品近年来在全国的产量占比迅速下滑，新兴工业产品发展表现亦不足。

表 3-4　东北三省轻工业及新型工业产品产量变化

产品	2005 年		2015 年		2005~2015 年	
	产量	占全国比重（%）	产量	占全国比重（%）	产量变化	比重变化（个百分点）
房间空调器（万台）	269.66	4	92	0.65	−177.66	−3.35
彩色电视机产量（万台）	603.01	7.3	287.9	1.99	−315.11	−5.31
集成电路产量（万块）	313	0.01	28000	0.26	27687	0.25
微型计算机设备产量（万台）	30.63	0.4	1.9	0.01	−28.73	−0.39

四、工业结构与组织

1. 产业结构变化

东北地区整体产业结构偏重，第二产业占主导地位（见表 3-5）。2015 年东北地区的产业结构为 11：43：46，整体上为"三二一"的产业结构，与 2014 年（11：47：42）截然不同，主要表现为第二产业比重的下降和第三产业比重的上升，这主要是由于外部环境的变化导致第二产业产值的下降而并非第三产业发展水平的大幅度提升。在全国层面，三次产业结构自 2013 年以来（10：44：46），服务业已经超过工业，成为三次产业结构中比重最高的行业，2015 年全国第三产业比重继续增加到 50.2%，第一产业和第二产业进一步下降至 9% 和 41%。从三次产业结构、就业结构和工业内部结构（轻重工业）分析，东北三省均处于工业化中期。根据波特理论，该阶段产业发展的核心推动力为投资与技术创新。近两年来，在全国固定资产投资增长速度下滑的趋势下，东北地区投资增长缓慢甚至低于全国平均水平；与此同时，其知识产权和技术创新等方面也慢于全国平均水平，这也是导致东北地区增长率下滑的重要原因。

表 3-5　东北三省三次产业结构变化及与全国比较

年份	全国	东北三省	东部地区	中部地区	西部地区
2003	13：46：41	13：48：40	9：51：39	17：47：36	19：43：38
2004	13：46：40	13：47：39	9：53：38	18：48：34	19：44：36
2005	12：47：41	13：50：38	8：52：41	17：47：37	18：43：40
2006	11：48：41	12：51：37	7：52：41	15：48：36	16：45：39
2007	11：47：42	12：51：36	7：51：42	15：49：36	16：46：38
2008	11：47：42	12：53：35	7：52：42	15：51：34	16：48：36
2009	10：46：43	11：50：39	7：49：44	14：50：36	14：47：39
2010	10：47：43	11：53：37	6：49：44	13：52：35	13：50：37
2011	10：47：43	11：53：36	6：49：45	12：54：34	13：51：36
2012	10：45：45	11：51：38	6：48：46	12：53：35	13：50：37
2013	10：44：46	12：50：39	6：47：47	12：52：36	12：49：38
2014	9：43：48	11：47：42	6：45：49	11：50：39	12：47：41
2015	9：41：50	11：43：46	6：44：51	11：47：42	12：45：43

2. 工业地位变化

东北地区作为我国老工业基地，在全国工业中占据重要地位，但是工业存量地位呈现下降趋势。2011 年规模以上工业企业统计起点标准由主营业务收入 500 万元提高到 2000 万元。从规模以上工业企业数量分析，东北地区 2013 年规模以上工业企业占全国的比重由 2003 年的 5.96% 增加到 7.66%，增加了 15319 个。2014 年，东北地区规模以上工业企业数量下降为 25323 个，降低了 6.3%，这是由于 2011 年统计口径发生变化，导致的规模以上工业企业数量下降。但从工业企业资产、主营业务收入和利润三个指标看，东北地区近十年来在全国的地位呈现下降趋势。其中，工业企业资产比重由 2003 年占全国的 10.28% 下降到 2014 年的 7.41%，主营业务收入占比由 2003 年的 8.33% 下降到 2014 年的 7.73%，利润占比由 11.65% 下降到 6.8%（2013 年）（见图 3-2）。

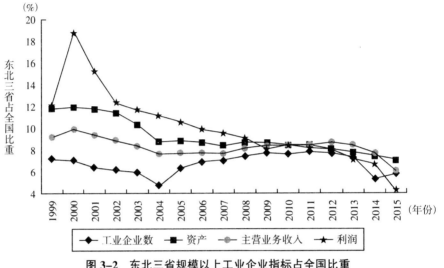

图 3-2　东北三省规模以上工业企业指标占全国比重

3. 企业组织结构

东北地区工业企业组织结构以国有大中型企业为主，中小企业不发育。2003 年以来，东北地区大型企业和国有经济不断下降，但仍高于全国平均水平。2014 年东北地区国有经济比重为 32.1%，较 2003 年下降了 37.8 个百分点；大中型企业比重为 54.3%，比 2003 年下降了 26 个百分点，但仍高于东部地区和中部地区。黑龙江省国有企业产值比重最高，且基本保持不变；吉林省和辽宁省非公有经济发育较快，2014 年辽宁省和吉林省民营经济占地区生产总值的比重分别达到 68% 和 51.1%，较 2003 年分别提高了 23 个和 21.4 个百分点。2014 年，东北三省规模以上国有企业的主营业务收入和利润占规模以上企业的 32.1% 和 33.4%，分别高于全国平均水平 7 个和 9.2 个百分点。从轻重工业比重分析，东北三省的重工业虽然有一定程度的下降，但仍高于全国平均水平。2014 年，东北三省的重工业比重达到 74.4%，其中辽宁省的重工业比重最高（79.5%），吉林省其次（65.3%），黑龙江省比重最低（64.4%）。

第二节　工业发展优势与竞争力

一、优势产业判别方法

偏离—份额分析法是由美国经济学家丹尼尔·B.克雷默于 1942 年首先提出，后来经由 E. S. 邓恩和埃德加·胡佛等发展完善，现已成为国际学术界用于评价区域产业结构优劣和竞争能力强弱、判断区域是否具有相对竞争优势的产业部门、确定未来产业发展主导方向的一种有效方法。该方法以上级区域为参照系，测算一定时期内研究区域某一工业行业按上级区域工业总产值年均增长可能形成的假定份额，进而将这一假定份额同该行业的实际增长额进行比较，分析该行业总产值增长相对于上级区域平均水平的偏离状况。这种偏离可以从行业结构因素和竞争力因素（区位因素）两个方面解释。如果该行业总产值增长速度大于上级区域的平均水平，说明该行业的结构优于上级区域的平均水平；反之，则落后于上级区域的平均水平。如果该行业结构与上级区域行业的结构相同，则该行业与上级区域增长率的差异则由区域竞争力因素所引起。

依据偏离—份额分析法的基本思路，设考察期 $[1, n]$ 区间内第 t 年（t = 2，3，…，n）i 地区 j 产业部门的经济规模为 $e_{ij}^{(t)}$，参考区域（全国）第 t 年 j 产业部门的经济规模为 $E_j^{(t)}$，总体经济规模为 $E^{(t)}$；$e_{ij}^{(1)}$、$e_{ij}^{(t)}$ 为基年和目标年 i 区 j 产业部门的经济规模，相应地，$E_j^{(1)}$、$E_j^{(t)}$ 为参考区域基年和目标年 j 产业部门的经济规模，$E^{(1)}$、$E^{(t)}$ 为参考区域基年和目标年总体经济规模；同时以 $r_j^{(t)}$ 表示某地区 $[1, t]$ 时期内 j 产业的经济规模变化率，以 $R_j^{(t)}$、$R^{(t)}$ 表示参考区域 $[1, t]$ 时期内 j 产业和总体经济变化率，则有：

$$r_j^{(t)} = \frac{e_{ij}^{(t)} - e_{ij}^{(1)}}{e_{ij}^{(1)}}, \quad R_j^{(t)} = \frac{E_j^{(t)} - E_j^{(1)}}{E_j^{(1)}}, \quad R^{(t)} = \frac{E^{(t)} - E^{(1)}}{E^{(1)}}$$

区域份额分量 N_{ij} 和年度区域份额分量 $N_{ij}^{(t)}$：

$$N_{ij} = \sum_i^n E_{ij}^{(t)}, \quad E_{ij}^{(t)} = e_{ij}^{(1)} (R^{(t)} - R^{(t)-1})$$

产业结构偏离分量 P_{ij} 和年度区域产业结构偏离分量 $P_{ij}^{(t)}$：

$$P_{ij} = \sum_i^n P_{ij}^{(t)}, \quad P_{ij}^{(t)} = e_{ij}^{(t)} \left[(R_j^{(t)} - R_j^{(t)-1}) - (R^{(t)} - R^{(t)-1}) \right]$$

竞争分量 D_{ij} 和年度区域竞争分量 $D_{ij}^{(t)}$：

$$D_{ij} = \sum_j^n D_{ij}^{(t)}, \quad D_{ij}^{(t)} = e_{ij}^{(t)} \left[(r_j^{(t)} - r_j^{(t)-1}) - (R_j^{(t)} - R_j^{(t)-1}) \right]$$

总偏离量 $(PD)_{ij}$ 和年度偏离量 $(PD)_{ij}^{(t)}$：

$$(PD)_{ij} = P_{ij} + D_{ij}, \quad (PD)_{ij}^{(t)} = P_{ij}^{(t)} + D_{ij}^{(t)}$$

因此，区域经济总增长量 G_{ij} 和年度区域经济增长量 $G_{ij}^{(t)}$：

$$G_{ij} = N_{ij} + P_{ij} + D_{ij} = e_{ij}^{(n)} - e_{ij}^{(1)}, \quad G_{ij}^{(t)} = N_{ij}^{(t)} + P_{ij}^{(t)} + D_{ij}^{(t)} = e_{ij}^{(t)} - e_{ij}^{(t-1)}$$

在该方法中，将每个年度区域的经济增量分解为份额增量、结构增量与竞争增量。其中，份额增量反映的是全国工业宏观增速对东北工业各部门增长的贡献；结构增量反映了全国工业各部门的经济增速相对于工业宏观增速对各部门增量的贡献；竞争增量则反映了东北各部门的经济增速相对于全国该行业增速对各部门增量的贡献。

二、主要工业部门竞争力评价

2013 年是东北老工业基地振兴实施的第十个年头，随着之后受全球原材料价格的影响及中国经济发展进入新常态，对东北地区产业结构产生了较大的影响。因此，2013 年东北地区产业结构具有一定的代表性，本书特以 2009~2013 年为考察期，以全国为上级区域（参考区域），选择东北三省（辽宁、吉林、黑龙江）和全国 37 个主要工业大类行业的主营业务收入进行偏离—份额分析，以研究其优势竞争产业部门。

偏离—份额分析结果显示，东北三省工业主营业务收入总偏离—份额 PD 与结构偏离—份额 P 均为正值，表明其工业结构总体相对全国处于优势地位（见表 3-6）；工业结构的竞争力份额 D 为 564 亿元，与 2004~2008 年相比，2009~2013 年东北三省工业竞争能力由处于劣势转向优势地位。其中，总偏离—份额为正值的由 14 个上升为 20 个行业，其中大于 500 亿元的有 8 个行业，分别为农副食品加工业，非金属矿物制品业，黑色金属矿采选业，交通运输设备制造业，医药制造业，化学原料及化学制品制造业，橡胶和塑料制品业，木材加工及木、竹、藤、棕、草制品业行业，在全国有较为明显的优势。总偏离—份额为负值的有 17 个行业，其中小于 -500 亿元的行业有 6 个，分别为煤炭开采和洗选业，石油加工、炼焦和核燃料加工业，通用设备制造业，电力、热力生产和供应业，石油和天然气开采业，黑色金属冶炼和压延加工业等行业，在全国工业发展中处于明显劣势地位。

表3-6 东北三省主要工业部门偏离—份额分析

编号	工业大类行业	主营业务收入（亿元）	增长总量（G_i）	增长份额（N_i）	结构份额（P_i）	竞争力份额（D_i）	总偏离—份额（PD_i）
01	交通运输设备制造业	11097.23	5617.27	4915.37	−115.01	816.91	701.90
02	农副食品加工业	10509.43	6464.95	3627.78	1038.60	1798.57	2837.17
03	黑色金属加工业	6366.60	2065.63	3857.85	−682.87	−1109.35	−1792.22
04	石油加工、炼焦和核燃料加工业	5913.98	2303.95	3238.10	63.53	−997.68	−934.16
05	非金属矿物制品业	5632.05	3282.43	2107.54	546.69	628.20	1174.89
06	化学原料及化学制品业	5310.98	2841.10	2215.41	508.53	117.17	625.70
07	通用设备制造业	5097.44	1855.70	2907.74	−941.92	−110.12	−1052.04
08	电力、热力生产供应业	3741.57	1102.24	2367.40	−724.36	−540.80	−1265.16
09	专用设备制造业	3229.04	1549.68	1506.34	81.02	−37.68	43.34
10	电气机械及器材制造业	2746.94	1199.28	1388.21	−19.98	−168.95	−188.93
11	石油和天然气开采业	2675.20	470.24	1977.79	−923.38	−584.17	−1507.55
12	橡胶和塑料制品业	2445.51	1450.05	892.90	−104.96	662.11	557.16
13	医药制造业	2429.55	1479.07	852.55	350.94	275.58	626.52
14	金属制品业	2425.38	1365.09	951.05	235.42	178.61	414.04
15	黑色金属矿采选业	2170.80	1400.84	690.64	636.59	73.61	710.20
16	木材加工制品业	2004.97	1216.56	707.18	191.23	318.14	509.37
17	食品制造业	1638.92	790.08	761.38	129.10	−100.41	28.69
18	有色金属加工业	1598.97	668.53	834.58	296.82	−462.88	−166.05
19	煤炭开采和洗选业	1263.58	274.36	887.30	−32.13	−580.81	−612.94
20	酒饮料精制茶制造业	1259.09	602.53	588.92	90.10	−76.49	13.61
21	电子设备制造业	1020.39	315.81	631.99	−105.97	−210.21	−316.18
22	纺织服装、服饰业	955.88	446.50	456.90	0.73	−11.14	−10.40
23	纺织业	690.06	309.69	341.18	−109.44	77.95	−31.49
24	非金属矿采选业	659.49	429.70	206.11	60.11	163.47	223.58
25	造纸及纸制品业	626.52	322.43	272.76	−64.90	114.57	49.67
26	家具制造业	573.20	265.75	275.77	9.33	−19.35	−10.02
27	有色金属矿采选业	505.99	264.42	216.68	62.13	−14.39	47.74

续表

编编号	工业大类行业	主营业务收入（亿元）	增长总量（G$_i$）	增长份额（N$_i$）	结构份额（P$_i$）	竞争力份额（D$_i$）	总偏离—份额（PD$_i$）
28	皮革、毛皮、羽毛及其制品和制鞋业	342.66	268.76	66.29	7.74	194.74	202.47
29	烟草制品业	313.28	131.98	162.62	−35.26	4.62	−30.64
30	仪器仪表制造业	306.00	115.23	171.11	−65.20	9.32	−55.88
31	文教用品制造业	285.14	247.38	33.87	105.21	108.30	213.51
32	燃气生产和供应业	250.18	200.48	44.58	14.60	141.30	155.90
33	印刷和记录媒介复制业	246.76	129.40	105.27	−6.49	30.63	24.14
34	水的生产和供应业	119.21	48.18	63.71	−28.05	12.52	−15.53
35	其他制造业	115.90	−15.91	118.24	−181.07	46.92	−134.15
36	废弃资源综合利用业	114.74	63.31	46.13	20.66	−3.48	17.17
37	化学纤维制造业	105.26	−44.28	134.13	2.95	−181.35	−178.41
	合计	86787.86	41498.40	40623.37	311.04	564.00	875.04

从结构份额分析，P 为正值的工业行业有 21 个，其中农副食品加工业、黑色金属矿采选业、非金属矿物制品业、化学原料及化学制品制造业结构份额大于500 亿元，结构优势相对明显；而结构份额为负值的有 16 个行业，黑色金属冶炼和压延加工业，电力、热力生产和供应业，石油和天然气开采业，通用设备制造业结构份额小于−500 亿元，处于显著劣势。竞争力份额为正值的有 20 个行业，农副食品加工业增长值为 1798.57 亿元，具有显著优势；交通运输设备制造业、橡胶和塑料制品业、非金属矿物制品业增长值大于 500 亿元；竞争力份额为负值有 17 个行业，其中，电力、热力生产和供应业，煤炭开采和洗选业，石油和天然气开采业，石油加工、炼焦和核燃料加工业，黑色金属冶炼和压延加工业等行业小于−500 亿元，为缺乏竞争力的行业。

2013 年，东北三省产业规模超过 10000 亿元的为交通运输设备制造业及农副食品加工业，其中农副食品加工业结构分量较高，奠定了其总体产业结构上的优势；而交通运输设备制造业结构分量为负值。产业规模前 10 位的行业有 6 个增长速度低于全国平均水平（电气机械及器材制造业，交通运输设备制造业，黑色金属冶炼及压延加工业，电力、热力生产和供应业，石油加工、炼焦及核燃料加工业，通用设备制造业），揭示出东北三省的产业结构发展存在问题。由竞争分量分析，农副食品加工业、交通运输设备制造业、非金属矿物制品业处于相对优势地位，其余行业竞争能力不高或处于劣势。农副食品加工业、非金属矿物制品业、化学原料及化学制品制造业结构份额和竞争力份额均为正值，为东北产业规模较大行业中的优势产业。

东北三省工业结构门类齐全，但近年工业发展的结构效益与竞争力均有一定程度下降的趋势，主要形成以农副食品加工业、非金属矿物制造业、化学原料及化学制品制造业等为主体的优势产业集群。同时，工业内部各行业呈现不同的发展态势，根据东北三省行业发展状况，可将各行业分为以下几类（见表3-7）：

第一类：增长优势明显，竞争力逐步增强，对工业发展贡献上升的行业，如农副食品加工业，非金属矿物制造业，化学原料及化学制品制造业，医药制造业，金属制品业，黑色金属矿采选业，木材加工及木、竹、藤、棕、草制品业，非金属矿采选业，皮革、毛皮、羽毛及其制品和制鞋业，文教、工美、体育和娱乐用品制造业，燃气生产和供应业。

第二类：增长优势相对明显，竞争力增强，但由于全国性衰退对工业发展贡献率降低的行业，如交通运输设备制造业、橡胶和塑料制品业、造纸及纸制品业、印刷和记录媒介复制业。

第三类：具有一定增长优势，对工业发展贡献上升，但竞争力逐步减弱的行业，如专用设备制造业，食品制造业，酒、饮料和精制茶制造业，有色金属矿采选业，废弃资源综合利用业。

第四类：竞争力减弱或对工业发展贡献下降导致增长处于劣势的行业，如石油加工、炼焦及核燃料加工业，有色金属冶炼及压延加工业，纺织服装、服饰业，纺织业，家具制造业，烟草制品业，仪器仪表制造业，水的生产和供应业，工艺品和其他制造业，化学纤维制造业。

第五类：工业增长处于劣势地位，竞争力减弱，对工业贡献下降的行业，如黑色金属冶炼及压延加工业，通用设备制造业，电力、热力的生产和供应业，电气机械及器材制造业，石油和天然气开采业，煤炭开采和洗选业，计算机、通信和其他电子设备制造业。

表 3-7　东北三省行业分类评价比较

类别	年份	产业
第一类	2004~2008	农副食品加工业，石油加工、炼焦及核燃料加工业，医药制造业，通用设备制造业，专用设备制造业，交通运输设备制造业
	2009~2013	**农副食品加工业，非金属矿物制造业，化学原料及化学制品制造业，**医药制造业，金属制品业，黑色金属矿采选业，木材加工及木、竹、藤、棕、草制品业，非金属矿采选业，皮革、毛皮、羽毛及其制品和制鞋业，文教、工美、体育和娱乐用品制造业，燃气生产和供应业
第二类	2004~2008	饮料制造业，化学原料及化学制品制造业，非金属矿物制造业
	2009~2013	**交通运输设备制造业，**橡胶和塑料制品业，造纸及纸制品业，印刷和记录媒介复制业
第三类	2004~2008	石油和天然气开采业，食品制造业，木材加工及木、竹、藤、棕、草制品业，黑色金属冶炼及压延加工业，电力、热力的生产和供应业
	2009~2013	专用设备制造业，食品制造业，酒、饮料和精制茶制造业，有色金属矿采选业，废弃资源综合利用业
第四类	2004~2008	煤炭开采和洗选业，有色金属矿采选业，家具制造业，印刷和记录媒介复制业，化学纤维制造业，有色金属冶炼及压延加工业，电气机械及器材制造业
	2009~2013	**石油加工、炼焦及核燃料加工业，**有色金属冶炼及压延加工业，纺织服装、服饰业，纺织业，家具制造业，烟草制品业，仪器仪表制造业，水的生产和供应业，工艺品和其他制造业，化学纤维制造业
第五类	2004~2008	烟草制品业，纺织业，纺织服装、服饰业，皮革、毛皮、羽毛及其制品和制鞋业，造纸及纸制品业，橡胶和塑料制品业，金属制品业，仪器仪表制造业，计算机通信和其他电子设备制造业
	2009~2013	**黑色金属冶炼及压延加工业，通用设备制造业，**电力、热力的生产和供应业，电气机械及器材制造业，石油和天然气开采业，煤炭开采和洗选业，计算机、通信和其他电子设备制造业

注：加粗为 2013 年主营业务收入大于 5% 的支柱产业。

三、优势产业类型与发展状态

从全国层面而言，东北地区除了是全国重要的粮食生产基地外，农副食品加工业、能源基础原材料产业和装备制造业也是东北地区的优势产业。但近十年来，东北地区传统优势产业的竞争力未得到充分发挥，在全国的竞争优势有所下降。

1. 农副食品加工业

振兴东北战略实施以来，农副食品加工业发展迅速，但近年来由于国际大环境的影响，其对产业发展的贡献程度有所下降。2014 年，东北地区农副食品加工业的主营业务收入下降为 10074 亿元，占全国比重下降近 2 个百分点，对工业发展的贡献率更是下降到-23%，成为 2014 年对工业发展贡献率最低的行业。自 2011 年以来，东北三省农副食品加工业已出现增速减缓的态势，玉米加工、大豆加工等多个主营行业呈现全面亏损状态，行业景气度持续低迷，企业成长能力减弱。主营业务收入增长率由 2010 年的 37.6%逐年降至 2013 年的 14.2%，2014 年竟然呈现出负增长（-4.1%），尤其是辽宁省，其增长率为-8.5%，黑龙江省为-2.8%。

在全国食品工业趋稳背景下，东北三省则出现效益全面下滑。2014 年中国食品工业主要经济指标增长率（销售产值增长率为 7.33%，主营业务收入增长率为 6.94%）虽继续回落但仍为正值，而东北三省对应指标增长率均为负值，表明全国食品工业回暖，东北地区食品工业并未出现同步上升趋势。2013 年是东北三省食品工业占全国比重降低的初始年份，而降势在 2014 年表现得更为明显。综合反映食品工业发展水平的工业销售产值、资产、主营业务收入、利润总额和从业人员数占全国比重均继续降低，在一定程度上已经表征东北地区食品工业出现全面下滑。

2. 能源基础原材料产业

自东北振兴战略实施以来，东北地区的能源基础原材料产业产值和产品规模逐步扩大，但在全国的比重却有所下降。其产值规模虽然从 2003 年的 6007 亿元增加到 2014 年的 35334 亿元，但占全国的比重却从 12.76%降到了 8.93%。同期，主营业务收入规模从 6510 亿元提高到 34351 亿元，但其占全国基础原材料主营业务收入的比重却从 12.3%下降到了 8.04%。与此同时，主要能源基础原材料产品在全国占比不断下降。其中，原油产量从 2003 年的 6649 万吨下降到 2014 年的 5686 万吨，在全国占比也由 39.2%下降到 26.9%；乙烯产能虽随着大连炼化产能的投产而从 156 万吨增加到 330.1 万吨，但其在全国占比却从 25.53%降低到 19.5%；化学纤维的产量从 66.3 万吨下降到 48.9 万吨，其占全国的比重从 5.61%下降到 1.11%。而在基础的化学产品方面，硫酸、烧碱、纯碱等产能基本保持不变，其在全国占比也较小，均在 2%~3%；原煤产量占比已从 10.99%降低到 3.91%；焦炭占比经历了中间上升后又下降的趋势，目前在全国占比基本没有大的变化（7%）；发电量的比重则从 8.74%下降到 5.84%。在其他产品方面，钢铁产能随着国内钢铁需求的增长也有所扩张，粗钢产量从 2775 万吨增加到 8249 万吨，在全国占比从 12.48%下降到 10.03%；平板玻璃由 1949 万重量箱增加到

4136 万重量箱，在全国比重由 7.03% 下降到 4.98%。

3. 装备制造业

装备制造业是东北地区重要的优势产业之一。近年来，东北三省装备制造业总量规模持续增长，在全国比重逐步提升。其中，产值规模从 2003 年的 3496 亿元增长到 2014 年的 26131 亿元，其对应占全国装备制造业产值的比重也从 6.99% 增长到 7.92%（2013 年），提高了近 1 个百分点。与此同时，东北地区装备制造业产值规模和占全国比重不断上升，但其资产和就业人数在全国的占比呈下降趋势。其中，资产规模占全国的比重从 2003 年的 9.89% 下降到 2014 年的 7.3%，且固定资产和流动资产的比重同步降低。就业人数总规模从 2003 年的 121.96 万人增加到 2011 年的 186.85 万人，但其全国占比从 7.71% 降到了 5.74%。

基础装备制造是东北装备制造业的主体。东北三省的装备制造业主要以交通运输设备制造、通用设备制造、专用设备制造为主，这三个部门在地区装备制造业主营业务收入中的比重均达到 75%，利润占比达到 82%（远高于全国平均水平的 46% 和 53%），而附加值相对较高，就业拉动能力较强的电子及通信设备制造、电气机械及器材制造和仪器仪表及文化设备制造等新兴装备制造部门的比重相对较低。

东北基础装备产品在全国占比较大，新兴装备占比较低。专用设备、通用设备和交通运输设备产品在全国占据较大比重，电子电器等高附加值产品比重较低。2003~2014 年，金属切削机床、发电设备和汽车产量在全国总量中的比重在 13% 以上，电冰箱、洗衣机、空调等白色家用电器占全国比重不足 1%，黑色家电不足 5%，集成电路、微型电子计算机等产品比重更是不足 0.5%。主导优势装备产品的比重呈现萎缩趋势。金属切削机床全国占比从 19.8% 降低到 13.4%；发电设备从 16.6% 降低到 15.5%。汽车从 21.8% 降到 15.2%，几乎降低了 50%。

第三节　工业空间布局与演化

一、工业空间布局演化与特征

1.整体空间布局

东北地区的工业主要分布在哈大交通走廊沿线核心城市及其周边地区，尤其是大庆、大连、长春和沈阳等城市，黑龙江省北部地区工业发展相对落后，一直处于较低的发展水平，辽宁沿海城市却有较高的水平，表明东北地区第二产业产值在南部沿海和北部沿边城市之间存在差异。

从地级行政单元分析（见图3-3），沈阳市拥有最大的工业规模，2013年其产值占东北地区的15.5%，其次为大连市和长春市，其占东北地区的比重均高于

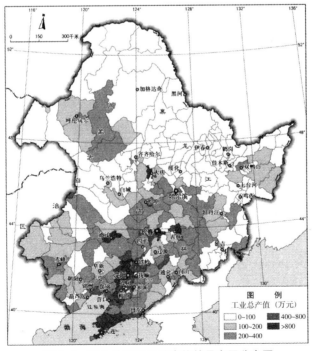

图3-3　东北地区工业总产值的县市区分布图

资料来源：作者自绘。

10%，第四位为大庆市，前四位城市工业总产值比重约为42.6%；哈尔滨的工业总产值位居东北第五，略低于同省份的大庆市。黑龙江省的大兴安岭地区、黑河、伊春、七台河、佳木斯、鸡西以及吉林省白城市工业总产值较低，其占东北地区的比重均低于0.8%。从县区尺度分析，长春绿园区、大连金州区、大庆让胡路区以及沈阳铁西区等具有较高的工业总产值，且占东北地区的比重均高于3%，同时，这些地区也是在东北地区经济发展中仍发挥重要作用的央企和国有企业主要的集聚区。其中，长春绿园区是东北地区汽车行业的主要集聚区，且其汽车行业对长春市GDP的贡献率在50%以上。整体上，工业总产值在沈阳、大连和长春周边形成主要集聚区，而哈尔滨周边的集聚特征不明显。

2. 装备制造业空间布局与演化

伪满时期，东北地区的机械工业主要分布在南部的辽宁地区，并以沈阳、大连最为集中。中部吉林、北部黑龙江机械工业发展水平低，只有一些以修理为主的机械工业企业，且规模比较弱小。中华人民共和国成立后，国家将一批重点项目放到东北地区，使东北地区装备制造业不仅在数量上急剧扩张，空间布局也迅速向中部、北部推进，在很短时间内实现了机械工业布局的相对均衡。"一五"时期，国家在东北地区共安排机械工业重点项目18项，其中辽宁7项，吉林1项，黑龙江10项。经过"一五"时期的重点建设，东北地区机械工业的空间布局及地域分工的框架已基本形成。在此后几个计划期，国家不断强化、发展东北地区的机械工业，逐步形成分别以沈—大、长—吉、哈—齐为核心的南部、中部、北部三大装备制造集聚区。

以沈—大为核心的南部装备制造业集聚区为综合性的装备制造业生产基地，集中分布了轿车及零配件、船舶、数控机床、客车、环保设备、起重设备、飞机制造及机器人等行业。其中，船舶、制冷设备、轴承、数控机床、轨道交通设备是大连装备制造业的主导部门，沈阳的装备制造业则以飞机、数控机床、矿山设备、冶化设备、输变电设备、环保设备、汽车及零配件、机器人等行业为主体。该区拥有沈阳机床股份有限公司、沈阳飞机工业集团、大连机车车辆厂、大连船舶重工、沈阳机车车辆有限责任公司等重点企业。

以长—吉为核心的中部装备制造业集聚区以生产、制造交通运输设备为主，这里集中分布了汽车及其零配件制造业、铁路客车制造业、机车配件制造业、微型车制造业等。其中，轿车、载重汽车制造业和零部件产业集中分布在长春，部分汽车零部件以及微型车制造业分布在吉林。该区拥有一汽、一汽大众、长春轨道客车股份有限公司等重点企业。其中，长春客车是国内重点的动车组生产企业，其高寒地区动车组生产技术为国际领先。

北部装备制造业集聚区以哈尔滨和齐齐哈尔为中心，是以动力设备、重型成套设备为主的综合性装备制造业生产基地。这里集中分布了火电、水电、核电成套设备、重型机械、重型数控机床、载重铁路货车及铁路起重设备、轴承、支线客机、直升机、轿车及发动机、微型车、数控量仪、精密复杂刀具等行业。其中，电站成套设备、微型车、轿车、支线客机、直升机、轴承等行业主要分布在哈尔滨；重型数控机床、重型成套设备、重载铁路货车和铁路起重机制造业则集中分布在齐齐哈尔。该区拥有哈飞、一重、齐齐哈尔轨道交通装备有限公司和中国华电集团等重点企业。

3. 钢铁工业空间布局与演化

中华人民共和国成立之初，东北的钢铁工业主要集中分布在辽宁的鞍山和本溪地区，抚顺和大连特钢也有一定的基础。"一五"期间，辽宁的钢铁工业是国家强化的重点，钢铁工业的重点建设项目基本上围绕鞍山、本溪布局。与此同时，国家在齐齐哈尔的富拉尔基投资建设了北满钢厂，东北地区的钢铁工业开始向北部地区延伸。"二五"时期，在"以钢为纲，全面跃进"方针的指导下，东北地区的钢铁工业布局急剧扩展。在短短的几个月中，仅辽宁省就建起小高炉332座、小转炉201座、小土炉1616座。在清理整顿时期，这些小型的钢铁企业大部分被淘汰。这一阶段，吉林省和黑龙江省钢铁工业布局也产生了一些新的变化。其中，1958年建立的通化钢厂和鸡西钢厂较同期其他钢厂更具有经济技术上的合理性，规模也较大，具有钢铁工业空间扩张的实质意义。"三五"时期虽然有"文革"冲击，但东北地区钢铁工业空间布局的拓展仍有所进展。这一期间，相继于1966年建立了辽宁凌源钢厂和黑龙江西林钢厂，于1970年建立了辽宁北台钢厂和黑龙江绥化钢厂。到目前为止，虽然东北地区的钢铁工业企业在企业组织结构方面进行了合并重组，但形成于计划经济时期的钢铁工业的空间布局框架并没有发生变化。目前，钢铁工业仍是东北地区第三大产业，2013年产值约达7000亿元，占地区工业产值总量的7.5%。在空间上，钢铁工业主要集中在辽宁省，其产值规模高达78.7%，分布了产值排名前8位的城市，拥有鞍钢、本钢、通钢、凌钢、新抚钢、西林钢、营口中板、四平现代、东北特钢等大型钢铁厂。其中，本溪市钢铁产值高达 1410 亿元，占地区总量的 20.1%；鞍山市次之，产值约为 944.3 亿元，占总量的 13.5%；大连市钢铁产值约为 651.8 亿元，占东北总量的 9.3%。

4. 石化工业空间布局与演化

（1）石油工业。伪满时期，日本虽对东北地区的石油工业有较大关注，但受资源条件的制约，石油工业并不发达，且以人造石油为主。中华人民共和国成立初期，东北地区石油资源的赋存情况尚未查清，石油工业发展也极为缓慢，抚顺的人造石油厂和页岩油油厂基本上是东北地区石油工业的全部家底，石油工业在区域产业体系中居于次要地位。在 1955 年克拉玛依油田被发现以后，我国石油地质勘探的重点转移到东部地区，并于 1959 年 9 月在黑龙江安达县找到了工业性油流，发现了大庆油田。此后，勘探工业向南延伸，发现了吉林西部的扶余油田。大庆油田的发现改变了我国石油制品长期依赖进口的局面，促进了东北石油工业的快速扩张。到 1965 年，东北地区石油工业的位次已由 1952 年的第 11 位上升到第 3 位，成为这一阶段推动东北地区产业结构转换的主要力量。以石油资源为依托，国家在东北地区布局了一批炼油厂，石油加工业开始勃发。20 世纪 60 年代，国家相继在东北改扩建了抚顺石油一厂和三厂、大连石油七厂、锦州石油六厂，并新建了大庆炼油厂、抚顺石油二厂、锦西石油五厂。以这些炼油厂为依托，形成了辽中南和黑龙江西部两大炼油基地；20 世纪 70 年代又建立了鞍山、林源、哈尔滨、辽阳、前郭、松原等炼油厂。这些炼油厂的设立，不仅强化了辽宁中南部、黑龙江西部两大炼油基地，而且促进了吉林中部炼油基地的形成。

（2）化学工业。中华人民共和国成立初期，东北地区的化学工业主要集中在南部的辽宁地区，大连、抚顺是化学工业中心；中部吉林化学工业仅有几个小化工厂和人造石油厂，北部的黑龙江省基本上无现代意义的化学工业。20 世纪 50 年代以来，国家一方面强化南部辽宁地区的化学工业建设，另一方面相继在吉林和黑龙江两省设立了一批化工企业，东北地区的化学工业布局全面展开，形成若干化学工业集聚区域。"一五"时期，国家将 156 个重点建设项目中的染料、化肥、电石三大化工厂放在吉林，吉林因此成为中华人民共和国成立后兴建的第一个大型化工基地。此后，相继建成了四平联合化工厂、吉林市石井沟联合化工厂、吉林省长山化肥厂等一批大中型化工企业。20 世纪 80 年代，吉化公司建成了 11.5 万吨乙烯等 11 套新装置；90 年代末，吉化 30 万吨乙烯建成投产，吉林从 20 世纪 70 年代以前的煤化工基地转变为以石油化工为主体的综合性大型化工基地。20 世纪 50 年代,黑龙江省大型化学工业开始起步;60 年代,以大庆石油资源为依托,先后建成龙凤炼油厂、林源炼油厂、哈尔滨炼油厂等石油加工企业;1988 年,大庆建成 30 万吨乙烯项目,此后又扩建至 60 万吨的生产规模。经过 50 多年的发展,黑龙江省的化学工业形成了东部煤化工、西部石油化工两大集聚区。

目前,东北地区原油生产有大庆油田(4000 万吨)、吉林油田(575 万吨)、辽河油田(1000 万吨),另通过管道从俄罗斯管道进口原油(1500 万吨)和大连海上进口原油(1647 万吨)。其石化工业主要分布在大连、大庆、吉林、抚顺、辽阳、锦州等地,拥有:大连石化,原油加工能力 2050 万吨;大连西太平洋石化,原油加工能力 1000 万吨;大庆石化和大庆炼化,原油加工能力共 1600 万吨;吉林石化、抚顺石化、辽阳石化等,原油加工能力也都超过 1000 万吨。

二、产业空间集聚带

从空间上分析,东北地区的产业在空间上形成了"一纵三横"四条产业带,具体包括哈大产业带、长吉图产业带、哈大齐牡产业带和辽宁沿海产业带。

(1)哈大产业带。该产业带从北向南依次经过哈尔滨、长春、沈阳和大连,是东北地区最为重要的经济发展和人口集聚轴线,对促进东北地区全面振兴、产业结构转型升级具有引领性作用。目前,该产业带以发展装备制造业,包括航空航天、轨道交通、汽车、电力装备、机器人、船舶和海工装备等,生物医药、信息技术及服务、石化工业和钢铁工业等为主。

(2)长吉图产业带。该产业带重点包括长春、吉林、通化、延边等城市,既是吉林省经济发展的重要组成部分,也是东北地区高技术产业创新较为集中的区域,对促进吉林省产业振兴及东北产业转型升级具有重要示范作用。目前,该产业带发展以轨道交通装备制造、汽车产业、生物医药产业、高性能纤维复合材料以及遥感卫星及应用产业集群为主。

(3)哈大齐牡产业带。该产业带自西向东依次为齐齐哈尔、大庆、哈尔滨、牡丹江产业带,是黑龙江省重要的经济发展轴线,对促进黑龙江省产业振兴具有重要意义。目前,该产业带发展将以航空航天装备制造、电力装备制造、机器人、清洁能源、石化产业、云计算、生物医药等产业为主。

（4）辽宁沿海产业带。该产业带从大连往西一直到葫芦岛，既是辽宁沿海经济带的核心组成部分，也是东北地区未来发展的重点区域，起着促进老工业基地振兴、产业布局调整、产业结构升级的重要作用，目前产业发展以石油、化工、造船、钢铁为主。大连以石化、电子、装备制造业为主，盘锦以石油天然气开采、石化、重型机械制造为主，营口、锦州、葫芦岛则以船舶制造、重型机械、石化、钢铁为主。

第四节　工业基地建设与空间布局

一、工业基地划分的原则与标准

工业基地的规模、水平对所在地区和国家的经济、工业发展产生影响。工业基地定义的差别主要体现在地域范围尺度和发展阶段两方面。从地域范围尺度来看，有学者将其定义为一个区域，如京津唐工业基地、辽中南工业基地等；也有学者将其定义为一个城市的尺度，如上海、武汉、天津、鞍山等工业基地（陈琳琳等，2016）。从发展阶段分析，不同的经济发展阶段，工业基地的内涵也不同。20世纪50年代至60年代初，国家发展的主要任务是以经济恢复为主；改革开放以后，工业布局对自然条件的依赖程度相对降低，工业生产更易集聚，工业部门之间的联系日益加强，从而促使工业生产在空间上向一些某方面具有优势条件的地区集中，工业基地也逐步从以单个工业布局为中心的布局模式向多个产业集群综合布局模式转变。进入21世纪以来，工业基地则呈现出规模化、专业化等不同的发展趋势，工业基地内部的产业分工、产业协作越来越紧密。综上认为，工业基地应当为工业规模大、水平高和对地区或者国家工业、经济有重要影响的城市。

对工业基地的识别，多数研究采用定性分析，少数学者采用定量与定性相结合的方法，但指标及标准存在争议。借鉴相关研究，根据数据可获得性和专家访谈意见，本节采用"指标+阈值"法对1985年、2001年和2010年东北地区的工业基地进行识别（陈琳琳等，2016）。首先，将两位数的行业合并为基础原材料工业、能源工业、装备制造业和轻工业四大类。其次，工业基地至少应具备两个显著特征：一是较大的工业产品规模，能够为区外提供足够的工业产品或工业服务，为此对工业行业的资产规模和从业人员规模进行叠加分析。二是专业化水平，相对于全国整体经济体系，工业基地应具备较高的专业化水平和较高的市场份额，本节借鉴区位熵和赫希曼—赫芬达尔指数来评判工业的专业化水平和市场份额。此外，对工业基地划分进行阈值控制以及识别与修正，并按规模将工业基地划分为大型、中型、小型三种规模类型（见表3-8），划分结果如表3-9所示。同时，根据产业结构特征，将工业基地划分为单行业主导型、双行业主导型、三行业主导型和均衡型四种类型，单行业主导型是指一类产业产值占工业总产值的比重达60%，双行业主导型是指两类行业产值比重之和占70%以上，三行业主导型是指三类产业组合、各类产业产值比重超过20%、总比重占90%以上，均衡型是指各类产业产值占比均超过10%。

表3-8　工业基地类型划分的标准

单位：亿元，%

划分标准 年份	大型基地		中型基地		小型基地	
	产值规模	比重	产值规模	比重	产值规模	比重
1985	>600	>1	170~600	0.3~1	<170	<0.3
2000	>2300	>1	650~2300	0.3~1	<650	<0.3
2010	>7000	>1	2000~7000	0.3~1	<2000	<0.3

表3-9　1985年、2001年、2010年东北地区工业基地分布

年份	规模	城市
1985	大型	沈阳、大连、大庆、鞍山
	中型	抚顺、哈尔滨、锦州、吉林、齐齐哈尔、长春、本溪、丹东、辽阳、牡丹江、佳木斯、营口
	小型	盘锦、铁岭、朝阳、阜新、通化、鸡西、辽源、伊春、鹤岗、白山、双鸭山、七台河、北安、图们
2001	大型	大连、长春
	中型	哈尔滨、沈阳、鞍山、大庆、吉林
	小型	牡丹江、齐齐哈尔、绥化、鸡西、伊春、双鸭山、七台河、通化、延吉、四平、白山、松原、抚顺、辽阳、营口、盘锦、本溪、葫芦岛、锦州、丹东、铁岭、朝阳、阜新、赤峰、呼伦贝尔

续表

年份	规模	城市
	大型	沈阳、大连
2010	中型	长春、哈尔滨、鞍山、大庆、铁岭、营口
	小型	锦州、吉林、盘锦、本溪、抚顺、辽阳、营口、松原、四平、朝阳、通化、丹东、齐齐哈尔、葫芦岛、白山、延吉、佳木斯、七台河、牡丹江、双鸭山、鸡西、伊春、鹤岗、赤峰、呼伦贝尔、通辽

二、工业基地发展地位

总体而言，东北地区工业基地在全国的地位大幅下降，21 世纪以来略有提升。中华人民共和国成立初期，国家经济建设以恢复为主，重点放在工业基础较好的东北地区，1950~1952 年全国工业基建投资总额的一半多投到东北地区，建设了一批煤炭、电力、钢铁、铝冶炼、机械等重点项目。"156 项"建设时期，全国 106 个民用工业企业，有 56 个布局在东北地区，东北工业基地在全国的工业体系中占有举足轻重的地位。改革开放以后，随着国家政策的出台和投资重点的转向，我国工业基地的空间分布逐步向东部沿海转移。东北工业基地在全国工业体系中的地位大幅下降，工业总产值占全国工业总产值的比重由 1985 年的 15.46%下降至 2001 年的 7.46%。其中，能源工业占全国的比重下降 15 个百分点，基础原材料工业下降 10 个百分点（见表 3-10）。工业基地的规模方面，鞍山、大庆、沈阳工业规模下降，由大型降至中型，本溪、丹东、抚顺、吉林、锦州、辽阳、牡丹江、齐齐哈尔、营口 9 个工业基地则由中型变为小型。

表 3-10　东北地区工业在全国的地位演变

单位：亿元，%

年份	基础原材料工业		装备制造业		能源工业		轻工业		工业总产值	比重
	产值	比重	产值	比重	产值	比重	产值	比重		
1985	316.02	19.31	183.42	13.15	151.92	29.94	226.28	10.58	877.84	15.46
2001	2318.39	9.13	2421.48	6.98	498.04	14.22	863	5.06	6101.1	7.56
2010	21453.99	8.99	18416.51	7.77	6306.95	8.69	9783.95	8.16	55961.61	8.38
2014	27962.84	8.96	261311	7.80	7635.54	7.41	22270.35	2.56	87055	7.86

进入 21 世纪，国家在全国范围内统筹区域发展和产业布局，区域发展开始进入以"东部率先、东北振兴、中部崛起、西部开发"四大区域板块为主，并赋之于部分城镇密集区的多元化区域战略，东北工业基地在全国的地位略有提升，工业总产值占全国的比重上升至 9.16%。其中，轻工业比重提升幅度最大，达 4.1%；同时，随着外商投资自南向北移动，外商强烈偏好资本技术密集型行业以及在国际市场上具有显著比较优势、盈利率高的产业，东北地区工业基地以通信设备、计算机及其他电子设备制造业为代表的装备制造业在全国的地位有所上升（0.79%）；而长时间的资源开采导致的资源日渐枯竭，使依靠自然资源发展的基础原材料工业和能源工业在全国的地位不断下降。

三、工业基地产业发展特征

（1）产业结构单一。东北地区的工业基地中，主要是基础原材料工业基地、轻工业基地和能源工业基地。2010 年 34 个工业基地城市中，属于资源型城市的有 19 个，超过一半的工业基地是依靠自然资源发展起来的。这些城市都具有以资源型产业为支柱的单一性工业结构特征，如鹤岗、鸡西、双鸭山、七台河等城市以能源工业为主，延边、伊春等以轻工业为主，本溪、葫芦岛等以基础原材料工业为主。

（2）新兴产业发展较弱。改革开放以来，东北地区工业基地以资源开采、机械制造和加工业等传统产业为主导的产业结构并未发生实质性改变，信息通信、医药制造等新兴产业发展缓慢，高新技术产业总体比重偏低、规模偏小，对经济增长的拉动作用较小。如通信设备、计算机及其他电子设备制造业产值占东北地区工业基地工业总产值的比重由 2001 年的 8.76% 下降至 2010 年的 1.72%，占全国的份额也由 2001 年的 4.19% 下降至 2010 年的 1.74%；医药制造业占东北地区工业基地工业总产值的比重由 2001 年的 4.84% 下降至 2010 年的 1.74%，占全国份额由 11.12% 下降至 9.66%。新兴产业发展速度较慢、规模相对较小，致使产业演进缓慢乃至停滞，延缓了东北地区经济的发展速度。

四、不同类型工业基地演化路径

东北工业基地数量众多，工业发展水平差异较大，面临的矛盾和问题不尽相同。遵循分类指导、特色发展的原则，根据产业结构与工业规模的差异，本节将东北工业基地划分为资源型、成熟型和衰退型三种类型，分类探讨工业基地的演化路径（见图 3-4）。其中，资源型工业基地主要表现为产业结构单一，具体又包括基础原材料工业、轻工业基地和能源工业基地。成熟型工业基地主要表现为产业综合发展，具有较大的优势，且城市发展转型相对较为成功。衰退型工业基地的产业发展是由多种产业组合发展向两种产业组合或单一产业主导的方向演变，并进一步导致其产业发展地位在全国的下降。

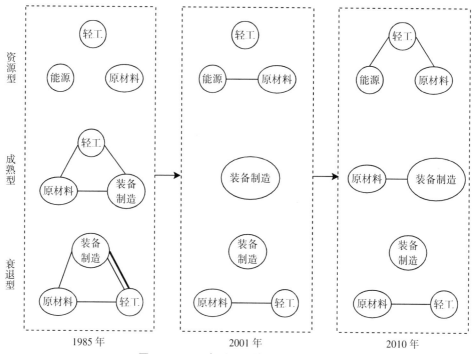

图 3-4　不同类型工业基地的演化路径

注：圆圈表示产业，圆圈大小表示产值规模大小，线条表示组合，线条粗细表示城市数量。

1. 资源型工业基地

东北地区资源型工业基地的工业产值规模较小，多为小型工业基地，具体包括鹤岗、七台河、鸡西、双鸭山、延边、鞍山、抚顺、本溪、辽阳、吉林、葫芦岛和通化（见表 3-11），这些城市自 1985 年开始一直保持单行业主导的发展模式。如鹤岗市能源工业在全市工业的比重一直保持在 60% 以上，本溪和辽阳的基础原材料工业占全市工业的比重一直在 70% 以上，2010 年甚至接近 90%。再从自身发展周期看，资源型工业的发展必然会经历一个由勘探到开采、高产稳产、衰

表3-11 部分资源型工业基地主导产业产值占比

单位：%

城市	主导产业	1985年	2001年	2010年
鹤岗	能源工业	69.54	69.85	63.69
七台河	能源工业	68.80	82.13	51.70
鸡西	能源工业	61.60	37.91	54.42
双鸭山	能源工业	61.16	46.71	57.00
延边	轻工业	83.09	54.70	46.50
鞍山	基础原材料工业	73.08	68.08	70.83
抚顺	基础原材料工业	64.89	67.38	66.88
本溪	基础原材料工业	69.82	82.90	89.58
辽阳	基础原材料工业	70.24	71.35	84.24
吉林	基础原材料工业	50.07	73.77	61.35
葫芦岛	基础原材料工业	—	70.12	65.21
通化	基础原材料工业	33.677	83.29	74.95

退直至枯竭的过程，单纯以资源型产业为支柱的工业基地也有相似的发展轨迹，如阜新随着煤炭资源的枯竭，工业不断衰落，2010年已经退出工业基地之列。

鞍山是我国典型的以资源为支撑发展起来的工业基地，凭借矿产资源丰富、品种较齐全、储量丰富、埋藏条件好、地理分布集中等优势，长期以来形成了以钢铁、机械、建材工业为主的重工业结构体系，并成为我国重要的钢铁基地。

个别资源型工业基地基本摆脱了资源依赖，经济社会开始步入良性发展轨道。如盘锦市在依托石油资源发展能源、化工产业的基础上，因地制宜地延伸产业链条，发展了石油化工设备制造等接续产业，实现了由原材料主导型向基础原材料工业与能源工业的组合发展，并进一步向基础原材料工业、能源工业和装备制造业组合发展的方向转变。

2. 成熟型工业基地

东北地区成熟型工业基地的典型代表是沈阳和大连。沈阳和大连两个城市既是大型工业基地，又是区域中心型城市，科研机构和科技人才较为充裕，工业基础较好，拥有一批经济效益好、在全国具有明显优势的工业企业，吸引外商投资的能力较强，2006年沈阳和大连占据辽宁省外商直接投资的50.7%和30.5%，具有较好的发展前景。

沈阳和大连的产业组合是由三行业组合（基础原材料工业、装备制造业与轻工业）向单行业主导（装备制造业）再向双行业组合（基础原材料工业和装备制造业）的轨迹演变的。1985 年沈阳和大连基础原材料工业、装备制造业、能源工业、轻工业的产值规模结构分别为 30.01：42.49：1.99：25.51 和 40.53：27.43：1.77：30.27，基础原材料工业、装备制造业与轻工业同步发展。2001 年沈阳和大连的装备制造业均大幅提升，占工业总产值比重分别为 62.43% 和 61.95%，产业结构演化为装备制造业主导型。2010 年沈阳和大连的这一结构进一步调整为 21.82：49.25：11.03：17.90 和 31.29：50.87：1.32：16.52，形成基础原材料工业与装备制造业组合发展的结构。

此类型工业基地的产业组合演化体现两个特征：第一，轻工业的比重显著下降，装备制造业的地位有所加强。沈阳和大连是计划经济时期国家重点建设的装备制造业基地，嵌入式的重化工业发展并未遵循工业化的一般规律，工业结构偏向重工业，轻工业占比低于全国水平。随着工业经济的发展，轻工业比重进一步降低，1985~2010 年轻工业比重分别下降了 8.61% 和 13.65%。与此同时，以产业园区为载体，并结合相应的产业政策扶持，沈阳和大连的装备制造业等得以快速发展，沈阳高新技术产业开发区内已初步形成了电子信息、先进制造、生物医药和新材料四大高新技术产业集群；以软件园为龙头的大连高新区，被誉为中国发展水平最高、最国际化的国家级软件园。第二，基础原材料工业和装备制造业组合发展的模式是这类工业基地产业组合演化的方向。从全国来看，将有限的资源整合，集中发展优势产业，是大型工业基地发展的一般规律，如上海、天津、南京、重庆等城市由 1985 年三行业组合（基础原材料工业、装备制造业与轻工业）演变为双行业组合（基础原材料工业和装备制造业），单一行业主导模式和"大而全"模式在大型工业基地的发展过程中被逐步淘汰。

3. 衰退型工业基地

东北地区衰退型工业基地的典型代表包括佳木斯、锦州、丹东、四平、营口、齐齐哈尔等，绝大部分都属于中型工业基地。1985 年衰退型工业基地的产业组合方式比较多样，最多的是装备制造业与轻工业的组合，2010 年多数基地由两种行业组合演变为单一产业主导型（基础原材料工业主导型或轻工业主导型）。

衰退型工业基地产业组合演化是优势产业做减法的过程，表现为装备制造业与轻工业的优势不断淡化、产业规模和在全国的地位不断下降，并逐步退出该产业的工业基地序列。计划经济时期，衰退型工业基地凭借原有的产业基础和政策优势，发展包含装备制造业在内的多种优势产业，使工业规模发育较大，1985年基本上属于中型工业基地。但在计划经济向市场经济转轨过程中，这类工业基地面对国际国内的竞争时，科技创新优势不突出、体制机制日渐僵化、资源优势逐渐丧失，工业特别是附加值高的装备制造业逐渐衰退，工业规模也相应地由中到小，如佳木斯、锦州、辽阳等，到2010年已经变为小型工业基地。

第五节　现代工业发展趋势

一、工业发展环境分析

东北地区的工业基地在我国现代化进程中做出过突出贡献，但由于工业基地发展周期影响和传统僵化的计划经济体制束缚，其经济出现不同程度的衰退。2003年实施东北地区等老工业基地振兴战略的重大决策以来，先后采取了一系列支持、帮助和推动振兴发展的专门措施，如《东北地区振兴规划》《全国老工业基地调整改造规划（2013~2022)》等。这些国家战略的实施对东北地区老工业基地的振兴发展起到了积极作用，十多年来东北地区的经济、社会、基础设施、生态环境等事业都取得了较快发展，但是东北地区的经济发展在全国的地位仍在下降，国有企业改革、资源型城市转型等问题依然突出。

东北地区工业地位下降，尽管21世纪以来有所上升，但整体发展仍然较为缓慢；工业深层次的结构性和竞争力问题没有得到解决，创新能力的培育还不够，在经济新常态的大背景下，东北地区工业振兴仍然面临比较严峻的挑战。产业结构调整和转型升级是必然选择。而产业结构能否顺利转型升级，在很大程度上取决于产业转型所需要的生产要素是否具备或是被合理利用。东北地区工业基地以传统产业为主的产业结构并未发生实质性改变，产业结构单一。

二、工业结构调整路径

根据东北老工业基地振兴以来东北地区产业结构的变化及其在全国地位的变化、存在的问题以及对经济增长贡献率下降的趋势，东北地区未来产业结构调整应注重以下几方面：

（1）推动传统优势产业升级改造，培育发展战略性新兴产业。一是大力培育新兴产业发展。结合东北装备制造业的优势和战略作用，着力推动整机企业与核心基础零部件、先进基础工艺、关键基础材料和产业技术企业协同发展，增加企业的研发和设计、系统解决方案的能力。支持东北有基础、有优势、有竞争力的产业，如智能机器人、燃气轮机、高端海洋工程装备、集成电路装备、高性能纤维及复合材料、石墨新材料、光电子、卫星及应用、生物医药等。二是提高能源基础原材料产业生产效益。依托现有存量，延伸上下游产业链，提高精深产品和下游产品加工比重；提升发展专用设备制造，利用国家政策优势，发展数控机床、工业机器人等高端装备。三是鼓励优势产能"走出去"，加强产业市场化和国际化。充分利用国家"一带一路"发展平台，以境外经贸合作区、跨境经济合作区等各类园区为载体，鼓励企业抱团"走出去"，推进国际产业合作。探索建设黑河—布拉戈维申斯克、绥芬河—波格拉尼奇内、满洲里—后贝加尔斯克跨境经贸合作区。支持企业扩大进口、增加出口。对"走出去"企业在国外生产加工的符合国内要求的产品进口，予以通关便利。鼓励企业参与境外投资，并实施以工程带动产业发展的策略，推动东北重型机械装备、农业机械等"走出去"。

（2）延长产业链条，打通高端产品、链产业与群集聚优势不彰的"瓶颈"。鼓励产业发展向产业链的两端延伸，增加企业的研发和设计、系统解决方案的能力。一方面，转变"单台设备，关键产品"的经营模式，提供完整的解决方案，提供成套装备，延伸服务和面向客户的业务发展不足，整合和利用其他业务。另一方面，鼓励装备制造业向民用领域延伸（橡胶、包装机械）。总体而言，东北地区不乏高端产品、尖端设备，也具有优势突出的产业门类，但有些产业对经济的贡献率差强人意。究其原因，受其产业结构限制，投资类产品多，而消费类产品少，产业链短，集群优势不突出。所以，东北应从端产品、链产业与群集聚三方面着力，精准、精细谋划发展的机制与模式，促进产业体系的完善和规模壮大，以提升效益或竞争力为核心延伸链条。一是打通产品经济与服务经济链接的

"瓶颈"，延长产业链，加强工业化与信息化的深度融合；二是推动产品向消费端延伸，以市场需求为指向改良既有的产业体系，积极打造新兴的产业门类；三是选择有条件的地区，建立就业导向、资源深加工、服务区域市场的产业集群。

（3）实施创新链支撑产业链提质增效行动，推动构建产业新体系。一是整合资源，搭建智能制造网络系统平台，打造有实力的装备制造企业研发团队，推动信息化和工业化深度融合。二是组织实施东北装备制造业智能化改造重大技术攻关。三是选择有条件的企业，推广卓越绩效、六西格玛精益生产、质量诊断、质量持续改进的先进生产管理模式和方法。四是推广先进成型和加工方法、在线检测方法、智能化生产与物流系统技术。五是推行装备制造业综合标准化，研究智能制造等重点领域的主要技术指标标准体系。六是以企业为主体构建学习型和创新型的企业文化。

（4）营造良好的创新创业发展环境，提倡企业创新主体地位。研究制定支持东北老工业基地创新创业发展的实施意见，努力破解政府直接参与创新资源配置偏重、市场需求对技术创新引领作用发挥不足、科研院所和国有企业创新管理体制滞后等问题，营造促进东北创新创业发展的良好环境，形成大众创业、万众创新的生动局面。在东北加快实施"互联网+"行动计划，利用互联网平台和信息通信技术改造东北传统产业，促进新产品、新行业、新业态和新商业模式不断涌现。转变科技创新资金投入方式，大力促进高校和科研院所成果转化。创新中央预算内引导东北创新链整合专项资金安排方式，支持企业牵头，以市场需求为导向，创新与科研院所合作模式，通过体制机制创新带动技术创新。围绕沈阳、大连、长春和哈尔滨，扶持制造业创新中心建设，重点开展行业基础和共性关键技术研发、成果产业化和人才培训等。健全知识产权保护机制，鼓励知识产权产业化和产权化。完善知识产权成果转化对科研人员的奖励机制。在东北符合条件的城市建立知识产权法院，加强对重点产业、关键核心技术、基础前沿领域和战略性新兴产业的知识产权保护力度。建议在沈阳建立专利审查协作中心。

（5）促进信息化和现代工业化的融合发展。鼓励发展工业4.0，积极参与网络信息与物理融合系统（以3D打印机为例）的生产模式，其特点是定制生产、众创设计、动态组织、协同制造生产模式。这种基于网络的个性化服务正成为企业竞争力和利润的新源泉。鼓励东北地区的企业对生产链条、管理进行信息化服务，鼓励基于信息网络的创业。

三、工业基地发展方向

我国工业基地的一般成长模式体现出主导产业不断更替的特点，而东北地区依靠资源型工业基地的主导产业在过去几十年基本没有发生转变。但是资源型工业基地的自然资源优势正在迅速弱化，在资源与结构调整的双重压力下，其转型的模式应当注重培育适合本地发展的接续替代产业，延伸产业链条，培育多元化产业体系，增强可持续发展的内生动力。具体而言，一是在资源开发的同时向资源深加工转变，发展高附加值的接续产业，成为新型原材料基地，如大庆可依托石油工业重点发展石油化学工业等下游产业，鞍山依托钢材原料优势，重点发展精特钢材深加工业，打造精品钢材基地，鸡西、鹤岗、双鸭山等煤炭基地可以建设能源、基础原材料的综合工业体；二是从基础原材料工业型向现代化装备制造业类型转变，依托现有原材料工业，提高装备制造业的比重，拓宽装备制造业的部门领域，建立以装备工业为主，资源精深加工多元发展的产业结构，比如本溪与汽车、装备制造等重点产业对接，发展汽车及零部件和机电一体系列装备制造业。

资源型工业基地普遍存在产业结构单一，体制束缚重，对人才、资金等要素的集聚能力弱，创新水平低的问题，产业转型支撑力严重不足，因此转型对策的重心是如何加强接续替代产业的支撑保障能力，可以从两方面着手：一是加大中央财政把持力度，特别是在当前的经济形势下应进一步延长资源型工业基地的财力性转移支付政策，激发各城市在转型中的积极性、主动性和创造性；二是继续深化国有企业改革，针对钢铁、石化等对于东北以至全国经济起到关键作用，并且一段时间内仍然是东北地区经济增长的主要产业部门，政府应促进此类工业企业的兼并重组，提高产业集中度，引进先进管理模式，提升产品竞争力，使传统产业在新时期以新模式继续发挥作用。

成熟型工业基地是带动东北区域经济发展壮大、增强东北区域整体竞争力的抓手，未来发展的重心应放在高门槛、高附加值的装备制造业。将资源更多地投入到装备制造业，引导装备制造业内部的产业结构升级，由制造业产业链的底端上升到顶端，创造核心竞争力，不断拓展国际市场，进而推动经济结构的转型。一方面继续以开发区为抓手，推动工业基地的发展，政府应因地制宜地制定发展政策，统筹配置各种要素促进先进装备制造业的发展；另一方面以新型城市化带动工业化，即发展现代服务业、改善城市环境、加强基础设施建设，促进由生产型制造向服务型制造转变，推动制造业与服务业的协同发展。

衰退型工业基地应调整产业结构，千方百计地发展装备制造业、重塑装备制造业优势。21 新世纪装备制造业发展所需要的生产要素如科技、信息等很难通过城市自身获得，这类基地的发展应当充分利用所在区域的一体化发展机遇，通过区域产业转移与分工协作等来获取更多的发展机会与资源。因此，对此类工业基地而言，其发展模式就是紧紧抓住所在次区域的发展方向，充分发挥自身的工业基础优势，积极参与区域产业分工，高效利用区域的有利条件，逐步推进自身的工业发展。如营口、锦州应充分依靠辽宁沿海经济带的一体化发展，发挥自身港口和产业优势，从区域产业分工的角度，优化石化、钢铁等基础原材料工业，发展船舶修造等配套产业；齐齐哈尔应着眼于哈大齐工业走廊的建设，依托专用设备制造和食品工业的基础，大力发展外向型优势主导产业经济等。

参考文献

［1］Chenery, H. B., H. Elkington and C. Sims. A Uniform Analysis of Development Pattern ［J］. Harvard University Center for International Affairs, Economic Development Report, 1970, 148 (Cambridge, Mass).

［2］Syrquin M., Chenery H. Three Decades of Industrialization ［J］. World Bank Economic Review, 1989, 3 (2): 145-181.

［3］陈琳琳，金凤君，洪辉. 东北地区工业基地演化路径研究［J］. 地理科学，2016，36 (9)：1378-1387.

［4］国家发改委. 关于促进东北老工业基地创新创业发展打造竞争新优势的实施意见（发改振兴〔2015〕1488 号）.

［5］李诚固，黄晓军，刘艳军. 东北地区产业结构演变与城市化相互作用过程［J］. 经济地理，2009，29 (2)：231-236.

［6］焦敬娟，王姣娥，刘志高. 东北地区创新资源与产业协同发展研究 ［J］. 地理科学，2016，36 (9)：1338-1348.

［7］金凤君. 东北地区振兴与可持续发展战略研究 ［M］. 北京：商务印书馆，2006.

［8］金凤君. 东北地区发展的重大问题研究 ［M］. 北京：商务印书馆，2012.

［9］马丽，王姣娥. 振兴以来东北工业增长的主要驱动部门和竞争力演化分析［J］. 经济发展，2016 (3)：16-29.

［10］M. 赛尔奎囚，S. 鲁宾逊，H. 钱纳里. 工业化和经济增长的比较研究当代经济学译库［M］. 上海：上海三联书店，1989.

［11］王持位. 宏观经济运行分析［M］. 北京：首都经济贸易大学出版社，2001.

［12］库兹涅茨·西蒙，常勋. 各国的经济增长［M］. 北京：商务印书馆，1985.

［13］张国宝. 东北地区振兴规划研究（重大问题研究卷）［M］. 北京：中国标准出版社，2008.

第四章 农业发展与布局

　　东北地区"山环水绕，沃野千里"，丰富多样的自然资源为该区农业经济发展提供了优越的条件。改革开放以来，东北地区农业和农村经济发展迅速，农、林、牧、渔业持续增长，农业产业结构和布局得到显著改善，农村居民收入水平明显提高。经过多年的发展，东北地区已经发展成为我国重要的商品粮基地和农牧业生产基地，也是我国粮食增产潜力最大的地区。随着全国粮食生产的重心"北进东移"，东北地区农业在全国的战略地位进一步凸显。东北地区以保障国家粮食安全为目标，以提高粮食综合生产能力和优化粮食生产结构为前提，兼顾农村经济的发展和农民收入的持续增长，进一步优化东北地区国家粮食安全基地布局，确定粮食生产重点区域、优势作物培育基地县以及规模化经营试验基地县，使优化后的商品粮基地县具备保障国家粮食安全的能力与潜力。在保障粮食综合生产能力提高的同时，大力发展优质、高效、绿色、生态、安全的现代农业，走绿色生态农业之路，走特色农业之路，走集约化、标准化和信息化之路。加快农业结构调整，加强农业基础设施建设，提高农业科技创新和推广水平，推进现代农业试验示范区建设，保护农业生态环境，实现现代农业的可持续发展。

第一节 农业发展的基础条件与优势

一、农业发展的历史变化与作用

1. 中华人民共和国成立以前的农业发展

东北地区是我国重要的农业发源地之一，早在六七千年以前，东北地区就已出现了原始农牧业的萌芽。距今三四千年前，东北地区原始农牧业就趋于成熟和普遍，辽西小河沿、夏家店、长吉一带和黑龙江东部的莺歌岭、亚布力、石灰场等地区的农耕已较为精细，作物以大豆、粟和黍等为主，并且原始农业与采集、渔猎经济紧密结合，形成了东部农渔猎型混合经济和西部牧农猎型复合经济。战国中期，中原农业生产技术，尤其是铁器的迅速传入，使东北地区的农业生产和农产加工技术有了较大的提高，农业发展由原始农业向传统农业转变。经过历史上的垦殖，在辽西的朝阳、锦州、建平，辽中的抚顺、辽阳、鞍山等地已开始种植黍、櫻麦、菽等粮食作物，南部盛产水果和枣、粟等，北部开始种麻，逐渐形成了以粟、麦、豆、稻为主的种植结构。清末民初，东北近代农业兴起。1860年第二次鸦片战争后，清政府逐步放松了对东北地区的封禁，关内大量流民涌入，先进的农业耕作器具和耕作方法被带入东北。同时，为了适应农业发展需求，清政府陆续设置农业行政、科研、教育和推广机构，大力开展农业技术引进、实验、推广和普及工作。传统优势农作物高粱、大豆、粟、小麦等发展迅速，初步形成"南豆北麦"的商品粮生产格局。伪满时期，东北地区沦为日本的殖民地，农业生产呈现典型的殖民地经济色彩，区域农业经济受到严重影响。

2. 中华人民共和国成立以来东北地区农业的发展

（1）改革开放以前（1949~1978年）。1949~1957年，经过土地改革、合作化和农业生产技术推广，东北地区农业生产得到迅速恢复和发展。1958年东北三省粮食产量已经达到2106.8万吨。辽宁省施肥面积已占耕地面积的74%，推广了新式农具和改良品种；吉林省1958年施肥面积占总面积的85%；黑龙江省1957年良种播种面积达374万公顷，施肥面积364万公顷，机耕面积占播种面积的 19.7%（农保中，1993）。农业水利事业发展迅速，中华人民共和国成立初期东北重点修复和兴建了东辽河、前郭旗、查哈阳、盘山四大罐区，根治了辽河，加强了对松花江、黑龙江等水系的水利开发，兴建了一系列大、中、小水利工程，水田和水浇地面积迅速扩大。此时，东北地区大豆、玉米、甜菜、苹果、柞蚕等农产品产量居全国第一位，其他重要农产品有稻谷、小麦、高粱、棉花、烤烟等。在粮食生产中，杂粮作物比重最大，以 1957 年为例，杂粮占粮食作物播种面积的 80%，稻谷和小麦占不到 20%。杂粮以高粱、玉米和粟为主，其中高粱播种面积最大、分布最广，以辽河、大凌河流域为主要中心，向北逐渐减少；粟主要分布在东部丘陵山地；玉米主要分布在黑龙江省，占东北三省玉米播种面积的 40% 以上。水稻发展较快，主要集中种植在东部和南部水利条件较好的地区；小麦主要分布在黑龙江省，播种面积占东北三省 80% 以上；大豆在东北三省分布较广，辽宁、吉林、黑龙江产量分别占 50%、26.8%、23.2%；花生主要集中分布在辽东半岛地区（孙敬之等，1959）。

在这个时期，主要任务是解决粮食问题，农业生产各个方面都有较快的发展，但农业产业结构变化不大，基本上是以农、林、牧、副、渔为主体的单纯的农业经济。在农业中又表现为以种植业（重点是粮食）为主，林、牧、副、渔为辅的结构特征。在农业内部，种植业产值所占比重，吉林省长期保持在 60%~75%，黑龙江省多年在 70%~80%（《中国农业全书·吉林卷》编辑委员会，1994；《中国农业全书·黑龙江卷》编辑委员会，1994）。1958~1977 年，受"大跃进"和"文化大革命"影响，各地在贯彻执行"以粮为纲，全面发展"的方针实践中，片面强调粮食生产，致使农、林、牧、副、渔业结构严重失衡。在这段时间内，农村的"大帮轰"使农民生产情绪低落，农业生产发展缓慢。但在"农业学大寨"运动中也建设了一定数量的高产稳产田，农田基本建设得到了加强。此间，玉米单交种培育成功，化学肥料大量使用，农业机械化水平不断提高，对该时期农业的发展，特别是粮食产量的增长，起到了巨大的作用。到 1978 年东北三省粮食产量达到了 3509.4 万吨，较 1958 年增长了 66.6%，农作物播种面积达到了16373.8 千公顷，农机总动力达到 1340.5 万千瓦，有效灌溉面积达到 2069.9 千公顷。

（2）改革开放以来（1979 年至今）。中共十一届三中全会以来，农村经济体制改革极大地调动了农民生产的积极性，有力地推动了农业和农村经济的快速发

展，东北地区农、林、牧、渔各业持续增长，农业产业结构和布局明显改善。在
农业产业结构方面，在不放松粮食生产的前提下，充分利用区域劳动力资源和自
然资源，广开生产门路，积极发展多种经营，促进农、林、牧、渔的全面发展。
20 世纪 80 年代以来，东北地区农业生产结构已经得到较大幅度的合理调整（见
图 4-1），农、林、牧、渔比重由 1979 年的 80.46：3.09：15.08：1.36 调整为
2015 年的 50.59：3.81：35.77：6.72。粮食作物播种面积由 1980 年的 14063.4 千
公顷增长到 2015 年的 22703.1 千公顷。粮食作物种植结构也发生了明显变化，
黑龙江省 1980 年以种植小麦、玉米、大豆、谷子为主（所占粮食作物播种面积
比重为 28.76%、25.74%、22.27%、10.51%），目前以种植水稻、玉米、大豆为主
（所占粮食作物播种面积比重为 26.82%、53.9%、16.44%）；辽宁省 1980 年以种
植水稻、玉米、高粱、大豆为主（所占粮食作物播种面积比重为 11.97%、
43.97%、17.33%、14.68%），目前以种植水稻、玉米为主（所占粮食作物播种面
积比重为 16.53%、73.29%）；吉林省 1980 年以种植玉米、谷子、大豆为主（所
占粮食作物播种面积为 47.72%、11.8%、15.79%），目前以种植水稻、玉米为主
（所占粮食作物播种面积为 15%、74.83%）。农村工业有一定发展，龙头企业发展
迅速，农业产业化体系逐步形成。全国五批次国家重点龙头企业中，东北三省累
计 152 家，依托地区资源优势，逐步形成玉米、大豆、畜牧业、药业、林特产、
绿色食品等稳定的农产品生产基地和产业化企业群。

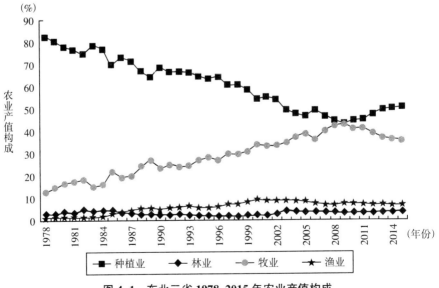

图 4-1　东北三省 1978~2015 年农业产值构成

改革开放以来，国家根据国民经济发展的需要，在"六五""七五""八五""九五"期间在东北地区建立了 110 个商品粮基地县（市），促进农业生产的产业化、专业化发展，东北地区农业生产布局取得较大成效，初步形成了以松花江、嫩江和辽河流域为重点的优质水稻生产基地，以黑土带为中心的优质玉米生产基地，以三江平原和松嫩平原为重点的高油大豆生产基地，以东西部山地森林资源为重点的食用菌、人参、林蛙等林特产品基地，以辽东半岛和辽西地区为重点的绿色水果生产基地，以西部草原草地为主体的西部肉牛、细毛生产基地以及以松嫩平原、三江平原为主的优质畜牧产品加工基地，辽宁沿海和内陆海淡水养殖基地，以及遍布全区的棚菜生产基地，同时形成了众多的专业户、专业村、专业乡，农业生产专业化、集约化、商品化的格局初步形成。

二、农业发展的基础条件评价

1. 农业发展的优越条件

（1）区域农业资源丰富。东北地区属于温带大陆性季风气候，跨暖温带、中温带和寒带，夏季温暖多雨，主要农业区温度≥10℃，积温 2200℃~3600℃，平均年降雨量 400~1000 毫米，光照资源丰富，适合多种农作物生产。耕地面积占全国的 18%，人均耕地面积是全国人均水平的 1.5 倍。耕地土壤肥力较高，黑土是我国肥力最高的土壤，黑土耕地面积 815.65 万公顷，占全区耕地面积的37.9%。土地后备资源丰富，农业开发潜力大，吉林中部地区有 46.7% 的低洼易涝地和宜农荒地，天然草场 2333 万公顷，黑龙江有 6333 万公顷荒地。西部松嫩平原和呼伦贝尔草原是我国温带草原生产力最好、改良条件最好和最适合饲养家畜的天然草地。森林资源丰富，现有林业用地面积 3763.48 万公顷，森林覆盖率达 40.59%。多样的生态系统类型，孕育了丰富的生物多样性资源。本区药用植物达 300 多种，山野菜达 100 多种，海洋水生生物资源 520 种。东北地区生物资源和作物资源人均水平均高于全国平均水平，生物资源是全国平均值的 3 倍，作物资源高出全国平均 49%。该区丰富的自然资源为区域农业发展提供了有力支撑，为建设国家粮食安全基地、绿色农产品基地和精品农牧业基地提供了保障。

（2）农业生态环境优越。东北地区农业开发较晚，大面积的耕地是中华人民共和国成立后才陆续开垦的，土壤肥沃，生态环境未遭破坏，水、土和大气都维持良好的自然水平，农业生产环境清洁，淡水生态质量属于全国优良地区。同时，东北地区又是全国污染程度较低的地区，多数县（市）远离工业区，一些山区基本未受污染。东北地区化肥、农药施用量相对较低，平均亩施用量 195 千克/公顷，低于全国平均水平，并且仍有不少地方，特别是山区很少或者完全不使用化肥、农药。加上东北地区气候寒冷，农田生态系统中的病虫害相对较轻，而且户均经营面积大，有利于实施轮作栽培，可以减少农药的用量。

（3）农业机械化水平较高。该区土地不仅肥沃，而且平坦，非常适合机械化耕作。2015 年底，东北三省农业机械总动力达到 11578.8 万千瓦，农用大中型拖拉机 174.06 万台，小型拖拉机 159.35 万台，联合收割机 20.55 万台，机动脱粒机 34.53 万台。黑龙江省农业机械化水平目前达到 91.67%，位居全国第一；辽宁省农作物耕种收综合机械化水平达到 75%；吉林省耕种综合机械化水平达到 77.9%。该区是我国机械化水平较高的地区之一。特别是东北地区的国营农场是我国现代农业发展的排头兵，对我国农业现代化发展具有重要引领和示范作用。

（4）农业科技实力雄厚。作为我国的老工业基地，东北地区曾经产业基础雄厚、各类人才云集，拥有一批高素质的产业工人。直至今日，东北地区的科技和人才资源仍在全国具有较大优势。该区具有初中以上文化程度的人口占该地区人口总数的 48%，比全国平均水平高出近 10 个百分点；东北三省有高等院校 142 所，占全国高等院校总数的 11.6%，共有自然科学研究机构 700 多个，每万人在校的高等院校学生比全国平均水平高 40%。东北三省农业科技成果引进比较多，为地区农业发展提供了强有力的支撑。东北三省主要作物玉米、粳稻和大豆的优质种子的培育、生产、推广和使用在全国均名列前茅，其中优质种子的使用率居全国之首。东北地区生物化肥技术的使用程度也高于全国平均水平。在东北农业耕作中，基本普遍使用一次性化肥和除草剂，大大简化了田间管理和劳动强度，提高了粮食产量。

2. 农业发展的制约因素

（1）农业基础设施建设滞后。东北地区农业靠天吃饭的落后状况仍未从根本上转变，农田水利设施和大型灌区建设滞后，东北地区有效灌溉面积占耕地面积的比重只有 35.63%，远低于全国 52.15% 的平均水平。根据中国统计年鉴数据分析，2003 年以来东北地区累计受灾面积达 7309.30 万公顷，其中辽宁 1441.52 万公顷，吉林 1742.82 万公顷，黑龙江 4124.96 万公顷，给农业经济带来了重大损失。2013 年东北地区农作物受灾面积 380.78 万公顷，占全国受灾面积的

12.15%，造成直接经济损失达 583.7 亿元。

（2）农产品精深加工能力弱。东北地区农产品加工业近年来发展迅速，但无论是在发展速度和企业规模上，还是数量、质量以及结构层次上，均与山东、江苏、浙江、广东等农产品发展和农业产业化先进省份存在较大的差距。受我国消费结构的影响，精深加工产品的市场开拓难、市场容量有限。加之东北大部分加工企业处于资本积累和自我发展壮大阶段，科技创新能力弱，企业自主科技创新体系不完善，农产品精深加工研发不足。大多数企业产业链条短、结构层次低。受加工技术的影响，东北地区农产品的知名品牌不多。在农产品加工产业方面，没有形成区域特色的品牌，产品定位不准确。

（3）农村合作组织发展落后。农户生产经营规模难以扩大，除少数种粮生产大户外，大多数农业的生产规模较小。东北地区户均经营耕地面积高于全国平均水平，但远低于欧美人均 76.5 公顷的规模。农村合作组织和专业化组织少，组织化程度低，对市场情况了解少，农户小规模经营和大市场间存在极大的矛盾，加之农产品交易市场不规范，农业服务和法律体系不完善，使过于分散的农户几乎承担着全部的市场风险，却无法分享加工、运销、增值产生的丰厚利润，难以公平地参与市场竞争、保护自身合法利益。

（4）粮食增产和农民增收矛盾突出。由于粮食生产成本呈刚性上升趋势，粮食价格受市场供求状况制约上升空间有限，种粮农民持续增收的难度较大，种粮比较效益明显偏低。农民外出务工就业仍面临诸多因素制约，持续增收的长效机制尚未建立。城乡居民收入差距逐年扩大。东北三省城镇居民家庭人均可支配收入与农村居民家庭人均纯收入差距由 2003 年的 4317 元扩大到 2015 年的 15251 元，辽宁省由 2003 年的 4306 元扩大到 2015 年的 19069 元，吉林省由 2003 年的 4474 元扩大到 2015 年的 13575 元，黑龙江省由 2003 年的 4170 元扩大到 2015 年的 13108 元。

三、主要农业部门的发展优势与潜力

1. 粮食生产具有的优势和潜力

东北地区是我国重要的商品粮基地和粮食安全的后备战略基地。2015 年东北地区粮食生产综合能力达 14236.05 万吨，粮食年均产量占全国比重达到 22.91%。特别是东北三省粮食产量占全国比重多年均在 13% 左右（见图 4-2）。

该区粮食的区际商品率和商品量、人均商品量均居全国首位。主要粮食作物水稻、玉米、豆类年均产量占全国比重分别为 16.1%、42.61%、38.12%。该区中低产田面积约 1374.8 万公顷，占耕地面积的 64.6%，多分布于中西部平原地区，辽宁、吉林、黑龙江三省中低产田面积占耕地面积比重分别为 63.8%、60.1% 和67%，多为渍薄、渍涝、盐渍和风沙型土地，中低产田改造后粮食增产潜力巨大（张国宝等，2008）。

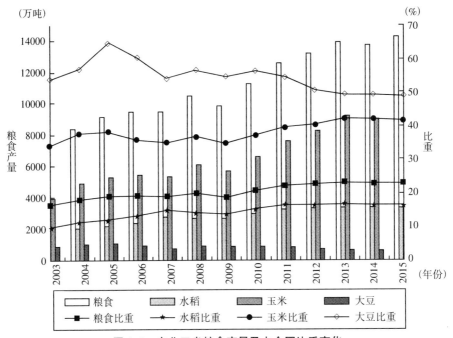

图 4-2 东北三省粮食产量及占全国比重变化

2. 畜牧业生产具有的优势和潜力

东北地区畜牧业在全国占有重要的位置（见图 4-3），畜牧业生产水平指标高于全国平均水平，牛羊肉、奶产品等优势产品在全国有较大的市场占有率。畜产品生产正朝着规模化、集约化、品牌化、区域化方向发展，畜牧业的增长方式正由传统牧业向现代牧业、由粗放经营向集约经营转变，形成了一批具有一定规模的畜牧业生产加工基地和畜产品品牌基地。其中，2015 年猪肉、牛肉、羊肉、奶产量分别达到 553 万吨、161 万吨、60.3 万吨、1025 万吨，占全国比重分别为10.1%、23%、13.7%、26.5%。东三省牧业产值 4511.1 亿元，牧业产值占农业总产值的比重达到 35.77%。有关研究表明，东北地区草地产草数量有限，能承载的牲畜数量并不大，但农田秸秆等副产品、林地可利用量具有巨大的挖掘潜力。以每个羊单位每年需要饲草 0.5 吨计算，东北地区自然的粗饲料可支撑 2.4 亿个羊单位，但草地仅可支撑 0.2 亿个羊单位，农田和林地可支撑 2 亿个羊单位，农田和林地具有巨大的生产能力，并有继续深入挖掘的潜力（周道玮等，2010；王学志，2013）。

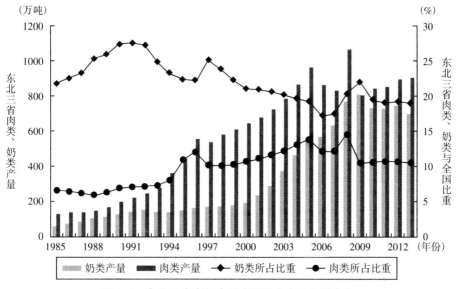

图 4-3　东北三省畜牧产品产量及占全国比重变化

3. 林业生产具有的优势和潜力

东北地区是我国面积最大、资源分布最集中的重点林区，森林工业是东北老工业基地的重要组成部分。根据林业部门的资料，东北大兴安岭林区有林地面积 1500 万公顷，森林覆盖率约 62%，森林总蓄积量为 14 亿立方米，是我国最大的林区；小兴安岭林区有林地面积 600 多万公顷，森林总蓄积为 6.8 亿立方米；东北东部山地林区有林地面积 1000 多万公顷，森林总蓄积量为 9.7 亿立方米。这 3 处林区的林地和蓄积量分别占全国林地总面积（11528 万公顷）和森林总蓄积量（102.6 亿立方米）的 27% 和 30%（张杰，2012）。东北地区各种野生动植物资源也非常丰富，并有东北虎等珍稀物种，为东北地区林业经济发展提供了有利的条件。2013 年东北三省林业总产值达 415.24 亿元，占全国的 10.64%。依托区内森林资源，经济林产业发展迅速，经济林产品达 867.95 万吨，占全国经济林产品的 6.09%，特别是森林食品 1159.67 吨，占全国总量的 28.26%。

第二节 农业生产与布局特点

一、农业生产的地域特点与差异

东北地区有辽阔富饶的土地资源，为农业发展提供了十分有利的条件，2015年末耕地面积达3367.31万公顷，约占土地总面积的26.91%，垦殖指数高于全国平均水平。本区气候虽有寒暖干湿的较大地区差异，生长季节较短，但基本特征是日照充足、光合作用潜力大、夏季高温多雨、一年一季作物的水热条件有保证，加之农业育种技术水平不断提高，北部的黑河、大兴安岭可以生长水稻，辽南和辽西温带水果可以越冬。低温冷害是本区农业生产上的主要限制条件，培养早熟高产作物品种，对发展农业有重要意义。

东北地区人口平均耕地数量是全国最高的。据2015年统计资料，全区人均耕地面积为0.278公顷，相当于全国的2.8倍，其中辽宁省为0.114公顷，吉林省为0.254公顷，黑龙江为0.416公顷，东四盟（市）为0.567公顷。按照阎百兴等（阎百兴等，2000）的评价标准，2013年全区中低产田面积占耕地面积的38.66%，容易改造，增产潜力大。

基于东北地区独特的农业资源、气候和经济社会条件的组合，以县级行政区为地理单元，可将东北地区划分为以下六种农业区域类型（见图4-4）（程叶青，2009）：

（1）农牧业为主区域。农业产值比例>50%，畜牧业产值比例>20%，林业和渔业产值比例均<10%。农牧业区域在东北地区分布最为广泛，主要分布在辽河平原中部、松嫩平原大部、辽东丘陵东南沿海、三江平原中南部和吉林东北部图们江沿岸地区，这类区域粮食综合生产能力强，商品率高，农业现代化水平相对较高。

（2）种植业为主区域。农业（种植业）产值比例>60%，畜牧业产值比例<20%，林业和渔业产值比例均<10%。种植业区域主要分布在松嫩平原北缘、小兴安岭东北沿河谷区和黑龙江东南部山地丘陵区，这类区域粮食商品率不高，化

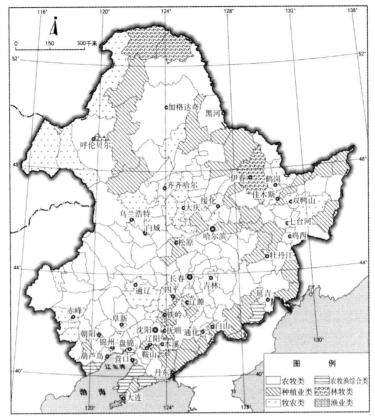

图4-4 东北地区农业地域结构类型的空间格局

资料来源：笔者自绘。

肥投入较少，土地生产率低。

（3）牧农业为主区域。畜牧业产值比例＞50%，农业产值比例＜50%，林业和渔业产值比例均＜5%。这类区域主要分布在呼伦贝尔草原、辽西山地丘陵以及松嫩平原中西部，总体上以畜牧业为主、种植业为辅，粮食综合生产能力高，粮食商品率较高，农机投入较低，化肥投入较高，土地生产效率高，农区畜牧业发达。

（4）农牧渔业综合区域。农业产值比例＞40%，畜牧业产值比例＜30%，渔业产值比例＞20%，林业产值比例＜5%。这类区域主要分布于辽宁沿海，总体上种植业、畜牧业和渔业发展相对比较均衡，粮食综合生产能力高，人均粮食占有量较低，化肥投入较高，农机投入较低，畜牧业和水产养殖业较为发达。

（5）林农业为主区域。林业产值比例＞30%，农业产值比例＜30%，畜牧业产值比例＜20%，渔业产值比例＜5%。这类区域主要分布于大兴安岭北麓的塔河、漠河地区和小兴安岭中南部的伊春、嘉荫地区，该区域土地利用以林地为主，林地面积大，耕地面积少，主要粮食作物为大豆，粮食综合生产能力低，人口稀少，人均粮食占有量低，农业投入小，土地生产率低。

（6）渔业为主区域。渔业产值比例＞50%，农业产值比例＜20%，畜牧业产值比例＜20%，林业产值比例＜5%。这类区域主要分布于辽宁沿海的大连、营口和长海地区，以渔业为主导产业，该区域人均耕地面积少，主要粮食作物为玉米，其次为水稻，粮食综合生产能力低，人口稠密，人均粮食占有量低，农业投入小，土地生产率较高。

农业地带的纵横交错，基本上可反映出东北地区农业地域分布的格局。为把东北地区建成现代化的农业基地，促进东北农村经济的全面发展，应从农业地带的分异特点出发，因地制宜地建立合理的农业生态结构，充分发挥农业资源潜力，生产出丰富多样的农业产品。

二、种植业的生产与布局特点

1. 粮食作物生产与布局

（1）粮食生产的基本特点。东北地区是大农业结构比较完整、农林牧渔业俱全的农业。2015 年，农业总产值中，农业占主导地位，占 51.35%，林业占 3.88%，牧业占 35.75%，渔业占 6.1%。在耕作业中，粮食生产占总播种面积的 90.5%左右，主要粮食作物为玉米、水稻、大豆等，粮食年均产量占全国比重达到 22.91%。

东北地区原来是以旱作杂粮为主的地区，但是由于社会生产条件的变化，作物比例结构已经发生重大变化。"满山遍野的大豆高粱"已经被玉米、水稻所取代，两者的播种面积占总播种面积的比重已由 75.5%上升到 81.33%左右。

2003 年东北地区粮食总播种面积为 1.76×10^3 万公顷，粮食总产量为 7.07×10^3 万吨，人均粮食占有量达 593.5 千克/人；其后十多年间粮食总播种面积、粮食总产量呈稳步增加态势。2015 年东北地区粮食总面积为 2.67×10^3 万公顷，比 2003 年增长 51.2%；粮食总产量达 1.42×10^4 万吨，是 2003 年的 2 倍多；粮食单产由 2003 年的 4008.1 千克/公顷提高到 2015 年的 5333.2 千克/公顷，增长 46.7%；人均粮食占有量达 1176.4 千克，是 2003 年的 1.98 倍。东北地区粮食总产、单产及人均粮食占有量的持续增加，使东北地区成为中国具有重要战略意义的"东北大粮仓"、"粮食市场稳压器"及"中国最大的商品粮战略后备基地"(张落成，2000)，在保障国家粮食安全中承担更重要的任务。

（2）主要粮食作物的生产与布局。东北各地积极推进新一轮优势农产品区域布局规划的实施，一批具有综合比较优势的农产品产业带基本形成。水稻、小麦、玉米、大豆良种补贴政策有力推动了粮食作物优势区域的发展，产业竞争力显著增强。2015 年，东北地区玉米、水稻、大豆、小麦产量分别占东北地区粮食总产量的 67.24%、23.56%、4.26%、1.12%，播种面积分别占东北地区粮食总播种面积的 61.75%、19.58%、11.73%、1.42%，形成了以玉米、水稻、大豆为主的生产能力格局。从各粮食作物品种的空间分布看：

2003 年水稻面积只占总播种面积的 13.26% 左右，此后由于水利建设的发展，播种面积逐步增长，截至 2015 年，水稻已占到粮食作物面积的 19.58% 左右，产量达 3353.5 万吨，占到东北地区粮食总产量的 23.56% 以上。水稻种植较多的地区是水利灌溉条件较好的地区，大体分布在三江平原以及松嫩平原的北部，但水稻分布仍有向北和向西推移的趋势。实践证明，只要水利条件可能，东北全区几乎都可以种植水稻，目前水稻种植已扩展到大兴安岭，这是我国水稻种植的最北界。

玉米是发展最快的作物，在 20 世纪初，玉米还是种植极少的啃青作物，在中华人民共和国成立之前只占粮食作物的 10% 左右，2015 年后，玉米播种面积迅速增加到 1.65×10^3 万公顷，占本区粮食播种面积的 60% 以上，分布非常普遍，不管东部与西部，山区或平原，湿润区、半湿润区或半干旱区，都占有很大比重，尤以中部松辽平原最为集中，已成为我国的"黄金玉米带"。

大豆生产在东北地区农业中占有特殊重要的地位，历史上东北地区曾是世界上最著名的商品大豆产地，大豆的商品率一般在 75%~80%，出口率达 50% 以上，在国际上久负盛名。但近年来受国际大豆市场竞争压力的影响，大豆的播种面积逐年减少，2015 年大豆的播种面积仅 313.2 万公顷，目前大豆生产主要集中在黑龙江中西部地区和呼伦贝尔盟（见图 4-5）。

2. 经济作物生产与布局

东北地区的经济作物以油料作物、甜菜、烟叶等为主。近年来，本区油料作物产量总体上呈上升趋势，2015 年油料产量达 211.1 万吨，与 2003 年相比，产量略有上升，上升约 10 万吨；播种面积 101.6 万公顷。不同品种油料作物呈现

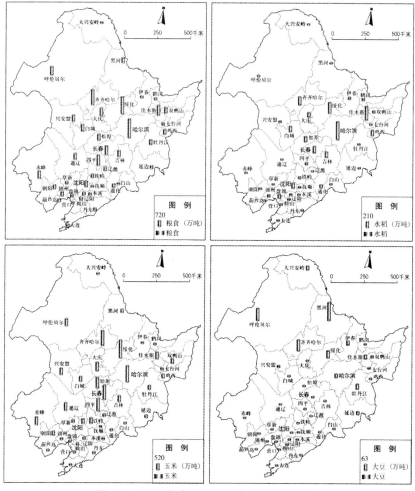

图 4-5 2015 年东北地区粮食产量空间分布

资料来源：作者自绘。

出不同特征。东北三省大宗油料作物花生生产能力自 2007 年以来稳步提高，花生产量由 2003 年的 86.3 万吨增长到 2015 年的 105.9 万吨；播种面积由 2003 年的 40.48 万公顷增长到 2013 年的 46.81 万公顷。"十一五"以来，辽宁省加大了花生的种植力度，积极发展油料产业，使花生产量大幅提高。另外，由于受气候变化影响，中国东北地区农牧交错带沙地面积扩大，原来可以种植玉米的区域现在更适宜种植花生，2003~2013 年辽宁和吉林花生的播种面积分别增加了 32.4% 和 28.05%。受价格因素影响，小宗油料作物芝麻和向日葵的产量和面积持续下降，2015 年向日葵的产量有 20.1 万吨，较 2003 年减少 51.2%。而花生属于劳动密集型农产品，国内价格低于国际市场价格，具有明显的竞争优势。从生产布局看，东北地区油料生产较高的区域主要集中在松嫩平原中南部以及呼伦贝尔盟（见图4-6），花生多分布在辽宁省南部，向日葵则多分布在吉林、黑龙江两省的西部以及内蒙古东部。

图 4-6　2015 年东北地区油料生产分布格局

资料来源：作者自绘。

甜菜是重要的食品工业原料作物，东北地区是全国主要的甜菜生产基地之一，2015 年本区甜菜产量达 112.67 万吨，约占全国的 14.03%，主要集中在黑龙江省和内蒙古东部，两地区甜菜总产量约占东北地区甜菜总产量的 94.2%，吉林省的产量最少，仅有 1.3 万吨。北部和西部地区地多人少，又是半湿润、半干旱的气候和微碱性的土壤，适宜甜菜生长，有建成更大规模的甜菜基地的条件。

东北地区是我国烟叶的产区之一，2015 年本区烟叶总产量达 15.03 万吨，占我国烟叶总产量的 5.3%。其中，烤烟也很有名，主要分布在东部山区，尤其是凤城和延边。

三、畜牧业的生产与布局特点

1. 畜禽生产的基本特点

东北地区是我国重要的畜牧业生产基地，近年来畜产品产量连年提升。2015年东北地区肉类总产量达1063.6万吨，占全国肉类总产量的12.33%。其中，猪肉总产量553万吨，占全国猪肉产量的10.08%；牛肉总产量161万吨，占全国牛肉产量的23%；羊肉总产量60.3万吨，占全国羊肉产量的13.68%。2015年东北地区奶类产量达1025万吨，占全国奶类产量的26.48%，其中牛奶占全国牛奶产量的27%。

2. 主要畜产品生产与布局

东北地区既有与耕作业紧密结合的以舍饲为主的畜牧业，也有以放牧为主的畜牧业。舍饲畜牧业以饲养猪、牛、马为主，也有骡、驴。放牧业则以牧放羊、牛、马为主。牛是东北地区最重要的牲畜，头数居全区第一位，2013年牛头数达1771.2万头，占全区大型牲畜总数的33.1%，内蒙古东部和吉林、黑龙江两省牛的比重较大，尤以内蒙古东部为最多。牛有役用、乳用、肉用之分，而现今随着机械化耕作时代的到来，役用牛越来越少，转而用于食用。其中，肉用牛多在农牧区，从区域分布看，牛肉生产主要集中在沈阳、长春、哈尔滨、绥化、呼伦贝尔盟一线，形成以白城为中心倒"C"形格局；乳用牛多分布在城郊，而牛奶生产基地主要集中在呼伦贝尔—哈尔滨一线（见图4-7）。驴头数占全区大型牲畜头数的第二位，集中分布在阜新市、朝阳市、赤峰市以及通辽市四个市，驴头数约占全区驴头总数的70%。马主要分布在内蒙古东部草原和吉林西部草原，尤以内蒙古东部为最，马头数约占全区马头总数的50%。骡主要分布在内蒙古东部和辽宁省，占全区总头数的3/4左右。小牲畜中，养猪业主要在农区，以中部为最多，现已形成齐齐哈尔—葫芦岛为轴线的中部养猪分布区。养羊业主要分布在西部牧区，尤以内蒙古东部表现最为突出，空间布局整体呈现"西高东低"的空间格局（见图4-7）。

黄牛遍布全区，北马南骡，东猪西羊，这是东北地区牧业分布的基本格局，并且多年来，东北地区凭借资源优势和特有气候条件，培育和引进了通榆草原红牛、西门塔尔、荷斯坦、夏福克、朗德鹅等享誉国内外的优良品种，打造了奶牛、肉羊、草原红牛、家禽等特色亮点产业，并已经建成重要的畜牧业基地。

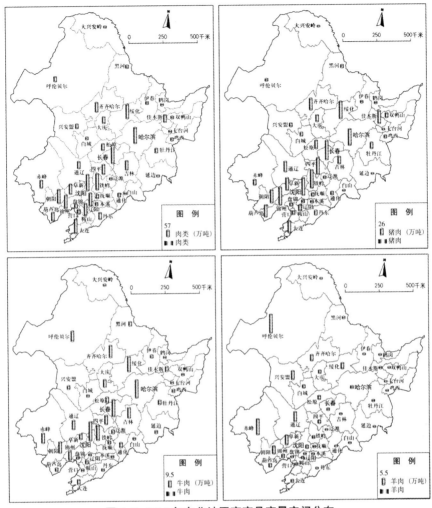

图 4-7 2015 年东北地区畜产品产量空间分布

资料来源：作者自绘。

四、林业及林下产业的布局与特点

1. 林业及林下产业的基本特点

林业及林副业是东北地区农业的重要组成部分。近年来为防风固沙、涵养水源、保护农牧业生产，全区已有林地面积约 3237 万公顷，其中东北西部地区大力营造防护林建设，现已有林地面积达 1100 万公顷，占东北地区林地总面积的34%，并和华北、西北地区的防护林带连接起来，成为我国"三北"防护林的重要组成部分。充分利用林地资源，全面发展林业经济，努力开展森林生态建设，是实现东北地区可持续发展的重要举措。2013 年木材产量为 817.2 万立方米，其中辽宁 178.3 万立方米，吉林 347.4 万立方米，黑龙江 291.5 万立方米。从木材产量占全国比重看，东北地区木材产量 2013 年占全国的 9.68%，较 2012 年下降 1.52 个百分点。随着国家天然林保护工程的全面实施，木材产量总体呈下降趋势。

本区依托区内森林资源优势，区内经济林产业发展迅速，2013 年东北地区各类经济林产品已达 867.95 万吨，占全国经济林产品的 6.09%。其中，干果产量 81.79 万吨，较 2012 年增长 15.26%；水果产量 135.6 万吨，较 2012 年增长 25.57%。从各省份的情况看，辽宁、吉林、黑龙江 2013 年水果产量分别为 589.53 万吨、52.04 万吨和 24.04 万吨，分别较 2012 年增长 27.33%、1.56% 和 52.05%；干果产量 2013 年产量分别为 75.18 万吨、4.89 万吨和 1.72 万吨，较 2012 年辽宁和黑龙江分别增长了 19.27%、83.2%，吉林降低了 29.97%。

本区丰富的森林资源不仅孕育着丰富的木材资源，而且在森林中还蕴藏着丰富的野生动植物资源。从事采集（野生植物主要有山参、木耳、蘑菇、山葡萄、橡子、榛子、蕨菜及多种药材等）、狩猎（野生动物主要有野猪、狍、熊、狐、貂、黄鼬、田鸡、野禽等）和养殖栽培（梅花鹿、貂、熊、柞蚕、人参等），是林区人民增加收入的重要途径，更是发展多种医药和滋补食品的重要基础。世界人参产量的 85% 在中国，中国人参产量的 70% 在吉林，可以说人参是吉林省的一张重要名片。辽东半岛和辽西丘陵的果园发展相当迅速，是我国温带水果苹果和梨的重要产地，驰名中外。柞蚕生产集中在辽宁省东部丘陵柞林地区，2013 年其产量占全国产量的 70% 左右，主要供应区内绢纺织工业，产品是重要出口物资。区内天然柞林面积相当大，发展柞蚕业的潜力很大。

2. 林业及林下产业的生产与布局

2003 年以来，东北地区累计生产木材 13537.45 万立方米，占全国累计生产木材量的 17.55%。其中，辽宁累计生产 1970.23 万立方米，吉林累计生产 4480.03 万立方米，黑龙江累计生产 7087.19 万立方米。但东北地区森林资源长期过伐，导致森林资源明显减少，森林资源结构和功能发生很大变化，成熟林面积减少，部分林区几乎无木可采。2000 年以来国家实施了东北、内蒙古等国有天然林资源保护一期、二期工程，进一步调减该区木材产量，恢复天然林资源。2011 年国家天保二期工程开始实施，方案要求大兴安岭集团公司木材产量由 214.4 万立方米调减到 56.5 万立方米，减少 157.9 万立方米，下调 73.6%。其中，

2011 年调减到 72 万立方米，2012 年调减到 64.3 万立方米，2013 年调减到 56.5 万立方米。因此，东北地区木材产量在 2011 年后呈现快速下降态势。从木材生产量占全国的比重可以看出，2003 年以来东北地区所占比重直线下降，由 2003 年的 25.5%减少到 2013 年的 9.7%，降低了 15.9 个百分点（见图 4-8）。与其他区域相比，我国木材生产已由过去的东北林区最多、南方集体林区、西南林区次之的三足鼎立变成了南方集体林区一枝独秀，南方集体林区占全国木材生产量的 66.34%，东北林区占 11.89%（含内蒙古），西南林区占 7.98%。从全国来看，我国原木进口量逐年增长，由 2003 年的 2545.5 万立方米增长到 2012 年的 3798.3 万立方米，其中从俄罗斯的进口量最大，2010 年达 1403.5 万立方米，占全国原木进口的 40.86%。

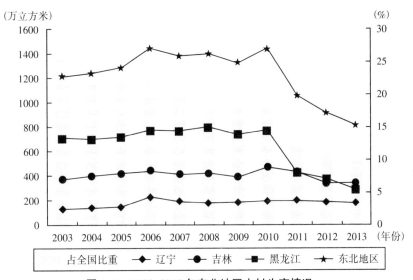

图 4-8　2003~2013 年东北地区木材生产情况

依托区内森林资源优势，东北三省经济林产业发展迅速。2015 年，东北地区各类经济林产品已达 892.5 万吨，占全国经济林产品的 5%。其中，2006~2015 年干果产量、水果产量和森林食品分别由 18.6 万吨、319.5 万吨和 32.4 万吨提高至 58.6 万吨、719.7 万吨和 85.1 万吨，同期占全国比重由 4.1%、3.6%和 5.6%提高至 5.4%、4.7%和 24%（见表 4-1）。

表 4-1 2006~2015 年东北三省主要经济林产品生产情况

单位：万吨，%

年份	干果	水果	森林食品	干果占全国比重	水果占全国比重	森林食品占全国比重
2006	18.6	319.5	32.4	4.1	3.6	5.6
2007	30.1	351.6	30.2	6.3	3.6	13.1
2008	34.0	419.6	44.5	6.4	4.3	15.8
2009	44.8	782.2	49.9	6.7	7.0	19.0
2010	56.8	461.6	78.9	7.6	4.2	30.8
2011	71.1	619.5	112.9	7.7	5.4	38.5
2012	71.0	530.1	111.9	7.2	4.3	36.3
2013	81.8	700.2	117.8	7.5	5.2	35.9
2015	58.6	719.7	85.1	5.4	4.7	24.0

从各省份的发展情况看，水果和干果生产主要集中在辽宁，该省干果产量2015 年达到 50.74 万吨，占东北三省总产量的 86.6%；水果产量 2015 年为 622.7万吨，是 2004 年的 7.55 倍，占东北地区产量的 86.5%。森林食品也主要集中在辽宁，但吉林和黑龙江两省也有较快的发展，所占地区比重分别较 2004 年增长了 4.6 个和 17.2 个百分点（见表 4-2）。与全国其他省区相比，东北地区森林食品产量位于全国前列，其中辽宁在全国 31 个省份中位列第 1，黑龙江位列第 3，吉林位列第 6。

表 4-2 东北地区主要经济林产品地区结构变动

单位：%

年份		2004	2005	2006	2007	2008	2009	2010	2011	2012	2015
干果	辽宁	—	—	99.4	94.2	85.4	90.0	91.5	81.6	88.8	86.6
	吉林	—	—	0.6	5.2	11.9	9.0	6.6	14.9	9.8	8.9
	黑龙江	—	—	0.0	0.6	2.7	0.9	1.9	3.5	1.3	4.5
水果	辽宁	82.5	91.8	85.3	85.6	86.4	90.7	86.5	85.7	87.4	86.5
	吉林	7.8	6.8	8.5	6.8	8.7	5.0	8.2	9.3	9.7	9.7
	黑龙江	9.6	1.4	6.2	7.6	5.0	4.3	5.3	5.0	3.0	3.7
森林食品	辽宁	75.8	73.7	61.0	53.4	35.9	47.4	61.6	65.2	54.0	29.4
	吉林	11.6	13.6	11.6	9.7	34.3	19.1	12.5	13.9	16.2	17.8
	黑龙江	12.6	12.7	27.4	36.8	29.8	33.5	25.9	20.9	29.8	52.9

第三节　国家粮食安全基地建设与空间布局

一、粮食生产与国家粮食安全

1. 我国粮食安全形势与粮食生产格局变化

（1）中国粮食产量阶段性变化特征显著，2004年后呈持续增长趋势。中华人民共和国成立以来，中国粮食生产能力从 1.13 亿吨跨越至 6 亿吨，基本实现了对国人粮食需求的总量保障。1990~2014 年是中国粮食产量从 4 亿吨提高到 6 亿吨过程中重要的 25 年，过程变化分为两个阶段（见图 4-9、图 4-10）：①1990~2003 年粮食产量变化呈波动的倒"U"形轨迹发展，1996~1999 年粮食产量阶段峰值约 5 亿吨，而后则甚至降至 20 世纪 90 年代初期水平，该阶段粮食播种面积减少 1405.6 万公顷是主要因素。②2004~2015 年，这一轮粮食增产是改革开放以来连年增产时间最长的时期，粮食播种面积和单位面积产量 12 年间分别增长 11.6% 和 18.7%，这一阶段粮食增产是一系列粮食政策、耕地保护政策以及农业生产经营主体和农业技术的整体变化和提升的结果。

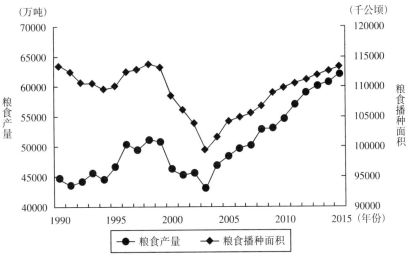

图 4-9　1990~2015 年中国粮食产量及播种面积的变化

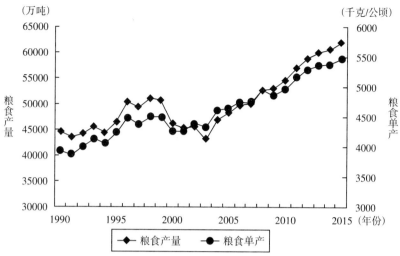

图4-10   1990~2015年中国粮食产量及单位面积产量的变化

（2）中国粮食生产区域格局已经发生变化，北方地区成为粮食生产中心。中国粮食生产区域格局变化经历了3个阶段：①20世纪90年代以前，南方地区是中国粮食生产中心，长期保持占全国粮食比重55%以上的份额。②20世纪90年代以后，中国粮食生产重心由南方向北方以及由东西部向中部推移，北方及中部地区成为粮食生产新的增长中心。③2005年以来，北方15个省份粮食生产能力占全国份额超过50%，标志着以北方粮食主产区为主导的中国粮食生产新区域格局的形成。而且在这十年间，南方地区有37.5%的省份粮食产量末期低于初期，北方地区15省份则实现100%产量提升，且黑龙江省和河南省占全国粮食总产量比重均接近10%。

（3）影响中国粮食安全问题的不利因素持续存在，资源环境约束趋紧。在农业资源环境问题约束下，粮食生产不稳定性以及地域变化明显，粮食安全形势不容乐观。一是耕地减少。随着工业化与城市化进程加快以及生态性退耕政策，耕地减少及农地非粮化现象存在。二是水资源缺乏。全国有52%的耕地没有任何灌溉条件，水土资源分布不均是制约粮食增产的重要因素。三是自然灾害严重。中国农业基础设施对于抵抗自然灾害能力有限，2003年农业受灾及成灾面积占粮食播种面积的比重分别为54.8%和32.7%，导致同年粮食产量是1990年来的最低水平。除此之外，农田污染与质量退化、农业科技创新与推广困难、国际粮食市场与价格扰动、农村剩余劳动力老弱化严重等均是影响中国粮食生产稳定性的客观不利因素。

2. 东北粮食生产在国家粮食安全中的地位和作用

（1）东北三省粮食总量持续增长，保障全国粮食安全能力提升。自中华人民共和国成立以来，东北三省粮食产量由 1441.8 万吨增至 2015 年的 11973.5 万吨，涨幅达 8.3 倍，而且跨越千万吨增产台阶的时间在逐步缩短，奠定了东北三省在国家粮食安全中的战略地位。东北三省粮食产量占全国份额的变化轨迹分 3 个阶段（见图 4-11）：①1949~1990 年，除首末年份占全国比重约 13%外，其余年份均低于该值且平均 2~3 年出现一次明显的升降变化（何秀丽等，2012）；②1991~2003 年，东北三省粮食产量占全国份额在 12.6%~14.6%范围内徘徊，属于波动性的稳定阶段；③2004~2015 年，2004 年东北三省粮食产量占全国份额达到 15.69%，在此后的十年间该值以逐年递增的趋势增长，并在 2013 年达到 19.52%，近十年东北三省粮食生产能力及其稳定性处于历史较好水平，为国家粮食安全提供了较高层次保障。

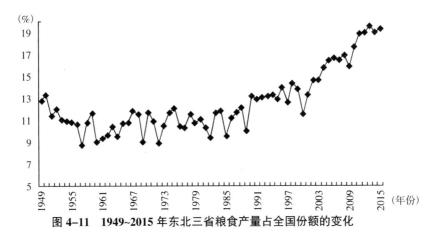

图 4-11　1949~2015 年东北三省粮食产量占全国份额的变化

（2）东北三省商品粮量稳定增长，增强了粮食主产区的商品粮供应功能。以人均 400 千克作为衡量粮食安全的国际标准，自 1986 年开始，东北三省逐步增强其作为商品粮基地的重要作用。1986 年，东北三省人均粮食占有量 465 千克，可供调出商品粮 615 万吨，1986~1996 十年中可调商品粮量达到 2000 万吨，此后则一度下滑，至 2004 年可调商品粮数量再次稳定在 3000 万吨，2014 年可调商品粮量的理论估计已经可达到 7000 万吨以上。此处采用最小人均耕地面积与耕地压力指数，其中最小人均耕地面积计算公式为 $S_{min} = \beta \dfrac{Gr}{P \times q \times k}$，式中 S_{min} 为最小人均耕地面积（公顷/人），Gr 为人均粮食需求量（千克/人），P 为粮食单产（千克/公顷）；q 为粮食播种面积与总播种面积之比（%），k 为复种指数（%）；耕地压力指数计算公式为 $k = S_{min}/S_a$，式中 S_a 为实际人均耕地面积（公顷/人）。结合东北三省这两项指标值来看（见表4-3），保障本区域人均 400 千克粮食产量的最小人均耕地面积在近 30 年逐步降低，至 2015 年该值为 0.073 公顷，而东北三省实际人均耕地数量是该数值的 3.5 倍，耕地压力指数已经降至 0.286，可见在粮食单产水平提高的背景下东北三省耕地资源具备了更强的提供商品粮保障的能力（何秀丽等，2012）。

表4-3　1985~2015 年东北三省最小人均耕地面积与耕地压力指数

年份	1985	1990	1995	2000	2005	2010	2015
Smin（hm²/人）	0.178	0.109	0.107	0.129	0.099	0.090	0.073
K	1.006	0.664	0.675	0.770	0.513	0.450	0.286

二、粮食生产的比较优势与潜力

1. 东北三省粮食生产的比较优势

目前，东北三省玉米、水稻和大豆三种主要作物的产量与面积分别占东北三省总量的 96.5% 和 95.6%，对大规模种植作物比较优势的测定是进行区域农业结构调整与布局的基本依据。选用显示性比较优势指数测算 1978 年以来东北三省水稻、玉米、大豆等主要作物的规模比较优势指数、效率比较优势指数以及依据几何平均数得出的综合优势指数（程叶青等，2005），结果显示（见表4-4）：①主要农作物中玉米和大豆的综合指数大于 1，相对于全国具有显著性比较优势，但这种比较优势均呈下降趋势；②水稻综合指数小于 1，不具备比较优势，但综合指数则有提高趋势，主要源于规模指数提高，而技术效率对综合比较优势的贡献较低；③玉米和大豆的三项指数以及水稻的效率指数均呈现出逐年降低趋势，表明增加东北三省粮食生产比较优势的关键在于单产水平的提高。

2. 东北三省粮食生产潜力分析

2015 年，东北三省耕地和粮食产量占全国比重分别为 20.62% 和 19.27%，促进粮食增产的决定因素是播种面积与单位面积产量，这两个因素存在的上升空间

表 4-4　1978~2015 年东北三省主要农作物的比较优势指数

年份	水稻			玉米			大豆		
	规模 指数	效率 指数	综合 指数	规模 指数	效率 指数	综合 指数	规模 指数	效率 指数	综合 指数
1978	0.23	1.17	0.52	2.29	1.26	1.7	3.44	1.19	2.03
1980	0.24	1.31	0.56	2.24	1.17	1.62	3.42	1.24	2.06
1990	0.4	0.98	0.62	2.39	1.21	1.7	3.14	1.03	1.8
2000	0.74	1.25	0.96	1.8	1.13	1.43	3.21	1.09	1.87
2005	0.69	1.12	0.88	1.77	1.11	1.40	2.58	1.06	1.65
2010	0.81	1.05	0.92	1.72	1.04	1.34	2.26	1.00	1.50
2015	0.83	0.99	0.90	1.78	1.01	1.34	1.75	0.92	1.27

即为粮食增产的潜力。第一，播种面积的上升空间。以农业综合开发形式对未利用耕地中宜农荒地进行合理开发，东北三省约有 200 万公顷后备土地待开发与整理（邓伟等，2004）。第二，单位面积产量的上升空间。其具体包括技术层面的良种、栽培技术、施肥模式与技术、生物防控等，农业基础设施层面的灌溉能力、农机化水平等，以及基于政策层面的农业综合开发对中低产田的改造、各项农业补贴对农户精细化种粮积极性的影响等。通过种植结构调整逐步降低低产作物种植比例，扩大高产作物在粮食作物播种面积中的份额，这是提高农业效益、挖掘粮食增产潜力的重要策略。除此之外，粮食价格、自然因素以及农业劳动力素质等均是影响单产的重要因素。

三、国家粮食安全基地建设与布局

1. 商品粮基地建设与布局

东北商品粮基地县（市）建设始于"六五"时期，从"六五"到"九五"时期共布局建设了 110 个商品粮基地县（市）（见表 4-5），在"十五"时期对现有商品粮基地布局进行了部分调整，以地级市为单元的成片布局建设方式替代以县为单位的布局模式，建立了一批商品粮基地市，如吉林省的长春、四平、松原和白城等。截至 2015 年数据显示，东北三省商品粮基地县年粮食产量占三省粮食总产量的 80% 以上，其粮食生产能力的变化对东北三省粮食总产量的大局影响显著。

表4-5　不同阶段东北三省商品粮基地县（市）分布

阶段	辽宁省	吉林省	黑龙江省
"六五"时期	新民、法库、昌图、黑山、灯塔、台安、绥中	榆树、农安、德惠、梨树、扶余、公主岭	巴彦、海伦、绥化、讷河、爱辉、逊克
"七五"时期	<u>新民</u>、大洼、苏家屯、庄河、海城、铁岭、开原、<u>辽中</u>、<u>昌图</u>	—	—
"八五"时期	于洪、普兰店、盘山、建平、沈北新区、康平、瓦房店、辽阳、东港、兴城、阜新、大石桥、东陵、金州、凌海、北票、西丰、彰武、<u>灯塔</u>、<u>黑山</u>、<u>台安</u>、<u>法库</u>、<u>海城</u>、开原、铁岭	九台、桦甸、蛟河、永吉、舒兰、磐石、伊通、双辽、东丰、东辽、梅河口、辉南、通化、洮南、大安、镇赉、长岭、前郭、敦化、长春	五常、宁安、呼兰、嫩江、拜泉、双城、富锦、宾县、依兰、桦南、勃利、宝清、延寿、依安、肇东、桦川、兰西、龙江
"九五"时期	岫岩、新宾、清原、北镇、义县、盖州、朝阳、喀左、绥中、建昌、<u>辽中</u>、<u>庄河</u>	柳河、龙井、安图、抚松、汪清、集安	肇源、青冈、密山、虎林、同江、穆棱、克山、北安、绥滨、望奎、五大连池、<u>五常</u>、双城、富锦

注：表中字下划线为各个时期巩固的商品粮基地县（市），如<u>新民</u>。表中有地名变更的已更为现用名，如辽宁省新城子、北宁已更名为沈北新区、北镇。

2.商品粮基地建设布局存在的主要问题

（1）县级单元粮食生产和供应优势发生变化，商品粮基地县布局亟须调整。分时期建设的商品粮基地县秉承不同的指导方针，但县域粮食生产能力、商品粮供给数量以及粮食生产潜力是保证商品粮基地县能够发挥功能的基本要求。目前，已建设的商品粮基地县中粮食总产量、人均粮食产量以及粮食单位面积产量等主要指标超过东北三省均值的县（市、区）数量占70%左右。这说明两点：其一，东北商品粮基地县中存在具有显著优势的粮食生产供给大县，对平均值起到了拉高作用；其二，部分商品粮基地县的粮食生产优势或以农为主的产业结构发生了变化。由此表明，有必要结合国家现行政策，对县域粮食生产和供给能力进行测度与考核，开展适应新时期粮食安全需求的基地布局。

（2）国家整体扶持力度不足，投资分散，缺乏完善的资金保障体系。东北商品粮基地建设经历了从重点布局到分散布局再到成片布局的过程，空间上呈由中部平原向东部山区和西部草原地区扩展态势，表现为均衡式布局形式，由于基地县数量较多，因此有限农业资金投资效益不显著。国家对东北商品粮基地县建设中，投资不足。在财政资金有效投入不足的背景下，东北商品粮基地县与区域内其他县（市）的农业发展模式基本趋同，农业基础设施建设和农田改造等进程不快，一定程度上限制了粮食增产速度。

（3）商品粮基地县未形成高效的粮食物流与仓储体系，粮食运输渠道不畅。与商品粮基地县相配套的交通干线、粮食仓储等硬件设施不全，是以县级行政区单元建设的商品粮基地县面临的普遍难题。从区域内部来看，黑龙江、吉林具有较强粮食生产能力，然而铁路、水路运输网不畅通，仍较难应对粮食仓储设施和散粮物流设施缺乏的严重考验。目前，粮食仓储设施与收储能力、接收发运能力、烘干能力基本是"十五"时期以前形成的，可利用仓房收储能力不足30%，近70%都需要露天储存，尤其是近几年东北粮食生产能力与全国同步实现连年增长，仓容紧张、运输不畅等问题凸显，成为制约东北三省商品粮调运的严重制约因素。

3. 东北地区国家粮食安全基地布局

基于优化农业生产布局、保障国家粮食及重要农产品供给安全的目标，国家先后启动商品粮基地建设、粮棉油糖生产大县建设、粮食主产区建设、优势农产品区域布局建设等一系列区域农业政策，为推动我国农业精准施策、促进农产品稳产增产、保障经济社会健康发展奠定了坚实的物质基础。

为了确保"谷物基本自给、口粮绝对安全"、棉油糖等重要农产品的供给安全，在借鉴国际经验并总结国内浙江等地实践的基础上，中央提出了建立粮食生产功能区和重要农产品生产保护区（以下简称"两区"）的战略部署。2017年4月，国务院出台《关于建立粮食生产功能区和重要农产品生产保护区的指导意见》，指出通过落实创新、协调、绿色、开放、共享的发展理念，实施藏粮于地、藏粮于技战略，以确保国家粮食安全和保障重要农产品有效供给为目标，以深入推进农业供给侧结构性改革为主线，以主体功能区规划和优势农产品布局规划为依托，以永久基本农田为基础，将"两区"细化落实到具体地块，优化区域布局和要素组合，促进农业结构调整，提升农产品质量效益和市场竞争力，为推进农业现代化建设、全面建成小康社会奠定坚实基础。

（1）东北地区"两区"建设目标。国务院《关于建立粮食生产功能区和重要农产品生产保护区的指导意见》中，提出综合考虑区域资源禀赋、发展潜力、产销平衡等情况，优化农业生产布局，聚焦主要品种和优势产区，确立以县为单元的粮食生产功能区和重要农产品生产保护区。其中，将东北平原（松嫩平原、三江平原、辽河平原）划定为全国性的水稻生产功能区和玉米生产功能区（含小麦和玉米复种区），将东北地区划定为全国重点的大豆生产保护区。据此，东北地区是落实国家粮食生产功能区和重要农产品生产保护区的重点地区，有必要在3~5年内完成"两区"地块划定，并将"两区"建设成为"布局合理、数量充足、设施完善、产能提升、管护到位、生产现代化"的粮食和重要农产品生产区，玉米、水稻生产能力得到稳固，大豆自给水平保持稳定，农业产业安全显著增强，进而成为支撑新时期国家粮食安全的主要区域。

（2）东北地区"两区"划定思路。整体规划粮食生产空间布局、农业基础设施建设和水土资源保护治理，从战略高度制订区域粮食生产发展的长远规划，划定东北地区粮食生产功能区和重要农产品生产保护区。依据国家提出的"两区"建设指导意见中指出的综合考虑资源禀赋、发展潜力、产销平衡，将产粮大县划定为粮食生产功能区的重点县，可按照粮食生产能力、潜力及商品粮可供给能力为参考进行考核，分批次建立以国家投资建设与管理为主体的国家级粮食安全保障基地和以地方政府投资建设与管理为主体的县级粮食生产基地。

第一，"粮食生产功能区"重点区域的确定。从粮食总产量、人均粮食产量、粮食单产等表征粮食生产能力和潜力的核心指标入手，整体考虑全国重点建设的"800个产粮大县"在东北地区的分布情况以及东北现有商品粮基地的发展状况，定量测算县级单元核心指标水平并筛选高于平均值的区域，划定粮食生产功能区。通过计算，可以将70个县（市、区）（含农垦农场）划为"粮食生产功能区"建设的重点区域，具体如表4-6所示。

表4-6　东北三省"两区"建设的空间布局

区域类型	所属省份	与现有商品粮基地县相同区域	新增区域
"两区"重点区域	黑龙江	富锦、桦川、龙江、依兰、望奎、肇源、肇东、延寿、宝清、双城、青冈、巴彦、五常、兰西、宁安、呼兰、讷河、海伦、桦南、嫩江、拜泉、密山、宾县、虎林	林甸、肇州、庆安、安达、甘南、尚志、黑龙江农垦总局友谊农场、七星农场、八五四农场、查哈阳农场
	吉林	前郭、公主岭、双辽、农安、长岭、梨树、扶余、榆树、伊通、东丰、大安、德惠、东辽、桦甸、九台、辉南、柳河、舒兰、磐石、永吉、镇赉、洮南	—
	辽宁	阜新、昌图、彰武、盘山、康平、法库、黑山、建平、新民、铁岭、台安、大洼、辽中、开原	—

续表

区域类型	所属省份	与现有商品粮基地县相同区域	新增区域
规模经营试验县	黑龙江	逊克、同江、爱辉、五大连池、绥滨、北安	抚远、呼玛、嘉荫、孙吴、饶河、杜蒙、泰来、富裕、通河、汤原、绥棱、克东、明水、集贤、木兰、林口、萝北、鸡东
	吉林	前郭、长岭、洮南、双辽、扶余、农安、敦化	—

注：表中字下划线的为与表中其他部分有重叠的县市，如前郭。

第二，"重要农产品生产保护区"重点区域的确定。东北三省种植结构为：以玉米和水稻为主，玉米、水稻的播种面积和产量比重分别达到80.4%和92.3%，大豆播种面积份额虽占15.2%，但产量比重已降至4.2%。作为国家拟建设的以大豆为主要品种的重要农产品生产保护区，东北地区需要加强松嫩平原和三江平原现有大豆优势产区的种植份额。通过计算，大豆优势产区所辖区域涵盖在"粮食生产功能区"重点区域之中。

（3）东北地区"两区"建设的空间布局。通过上述原则对"粮食生产功能区"重点区域、"重要农产品生产保护区"重点区域进行筛选，东北三省可列入的县（市）数量为70个（含4个黑龙江垦区农场），黑龙江省成为粮食安全基地建设的重点省份。此外，从粮食产量视角考虑推进规模经营的利弊仍然是学术界仍在探讨的重要问题，但是粮食规模经营的直接结果是将显著提高区域商品粮总量，基于"两区"承担全国粮食安全保障及粮食外调的战略需求，面向保障粮食和重要农产品供给的目标，有必要在"两区"建设过程中划定部分规模经营试验县，以人均粮食播种面积指标为主、区域粮食生产能力为辅作为规模经营试验县的划分标准，可划定25个规模经营试验县。

相比而言，按上述原则列入"两区"及规模经营试验县的县（市）总数比现有商品粮基地县少15个县，但是粮食产量占东北三省比重比之前提高约5个百分点（86.2%），具备了更强的保障国家粮食安全的能力与潜力。

第四节　未来农业发展的方向与途径

一、农业发展功能定位

东北地区是我国农业水土资源组合条件较好的地区之一，粮食年产量超过
1.3亿吨，商品粮调出量接近全国50%，是国家重要粮食生产基地和商品粮供给
基地，同时也是未来粮食增产和商品粮供给潜力最大的区域。依托资源优势和农
业基础地位，东北地区应主动适应新时期国家粮食安全战略和国内外市场需求，
加强农业供给侧结构性改革，提高农产品竞争能力和农业可持续发展能力，建设
国家永久粮食安全保障基地、绿色农牧产品生产加工基地和现代化大农业示范区。

1. 国家永久粮食安全保障基地

大力实施"藏粮于地、藏粮于技"战略，完善农业基础设施，全面提高粮食
综合生产能力，进一步提升国家商品粮生产核心区地位，建设国家永久粮食安全
保障基地。结合永久基本农田划定，建立粮食生产功能区，确保水稻等优质口粮
综合供给能力。提高中央财政对优势产区转移支付水平与奖励力度，完善口粮产
区利益补偿机制以保护生产积极性，形成稳定可持续的口粮生产能力。完善农业
补贴政策，提高水稻等口粮补贴额度，稳步提升种粮农户积极性。将水土资源配
置良好、兼具口粮生产规模与品质优势的黑龙江垦区建设成为全国可靠的口粮生
产示范基地，改造中低产田、建设高产稳产农田。

2. 绿色农牧产品生产加工基地

发挥东北地区农业资源优势，建设特色农业生产基地，推进标准化生产，制
定主要优势农产品和特色农产品质量安全生产规范和标准，建设"以企业为龙
头、基地为依托、标准为核心、品牌为引领、市场为导向"五位一体的农产品质
量安全管理模式，提高农产品核心竞争力。加快牧业小区建设，提高东北地区畜
禽养殖业规模化、专业化、标准化以及加工一体化水平，引导分散小规模饲养向
标准化规模养殖转变，形成具有规模优势的生产基地。采取投资补助或以奖代补
形式，支持标准化规模养殖基地建设，支持适应东北地区气候环境的良种驯养及

繁育基地建设。规范竞争，培植行业协会，建立"龙头加工企业＋合作社＋规模养殖场（小区）"产业发展模式，提高绿色畜牧产品的综合供给能力和竞争力。

3. 国家现代化大农业示范区

率先构建现代农业产业体系、生产体系、经营体系，提高农业生产规模化、集约化、专业化、标准化水平，重点推进黑龙江省"两大平原"现代农业综合配套改革试验和吉林省金融综合改革试验，完善农业全产业链条，促进一、二、三产业融合，调整农业产业结构，优化区域布局，提高农业质量效益和竞争力。发挥东北地区耕地资源优势，强化科技创新、经营体制创新，转变农业发展方式，强化国有农场示范，将东北地区建设成为农业土地产出率、资源利用率和劳动生产率达到发达国家水平的现代化大农业示范区。培育种粮大户、家庭农场、农民专业合作社等新型耕地规模经营主体，加大补贴倾斜和政策引导，提高农业组织化程度，探索多种形式的土地规模化经营。加快中低产田改造和高标准农田建设，增强基本农田防灾减灾、抗御风险的能力。推广科学施肥、节水技术，增强耕地蓄水保墒能力，减轻农业面源污染，保护和改善农村生态环境。

二、农业发展的主导方向

1. 加强生态环境保护，走绿色生态农业之路

生态农业是运用生态学原理和系统科学方法，把现代科学成果与传统农业技术的精华相结合而建立起来的具有生态合理性、功能良性循环的一种农业体系。它具有生产率高、稳定持续、综合性、有机性和效益性特点，并且在世界各地的试验已取得了成功，具有潜在的强大生命力和广阔的推广前景。东北地区生态环境较好，具有发展生态农业的基础。"绿色"是东北农业的特色，"打绿色品牌，走特色路"、发展生态农业是东北地区农产品提高市场竞争力和开拓能力的唯一途径。应以《吉林省生态省建设总体规划纲要》、《黑龙江省生态省建设总体规划纲要》、《辽宁省生态省建设总体规划纲要》中规划的生态经济区、生态产业为基础，优化经济结构和产业结构，保障资源的可持续利用，建立良性循环的生态环境体系、经济社会发展体系和生态文化体系，成为以绿色产业为主体的生态经济区。

2. 依托资源优势，走现代特色农业之路

特色农业是具有地方文化、工艺特色和高新技术的农业产业的总称，是以市

场为导向、以效益为中心、发展在一定区域内有鲜明的特点、能形成一定规模、对当地经济起巨大牵动作用和重大影响力的产业链。东北地区因其独特的气候条件和资源禀赋，不仅是中国重要的粮食主产区和粮食基地，而且食用菌、果蔬、大豆、玉米、人参、鹿茸、海参等特色农产品非常丰富，为其特色农业经济开发提供了丰富的农产品资源。对东北地区而言，发展特色农业是改造传统农业、调整农业结构、促进农业快速发展的一个有效途径。发展特色农业将促进现代农业的发展，为农民持续增收和农村长期稳定带来强劲动力，快速推进农业产业化进程，是加快社会主义新农村建设的有效途径之一。应转变观念，树立现代特色农业意识，突出重点，加强信息服务体系，搞活特色农业市场流通，通过以科技带动发展，建设基地，充分发挥各产业的比较优势，加强质量安全和标准化建设，走品牌战略，提升特色农业的竞争力。

3. 整合产品品牌，走集约化、标准化和信息化之路

提高东北地区农产品及加工产品的市场竞争力和开拓能力，促进农产品出口，必须要建立自主品牌。东北地区的国营农场，已经有如"北大荒"、"完达山"、"九三"等具有一定影响的品牌企业，但远不能满足东北农业走向世界、参与国际竞争的要求。为此，需要整合区内品牌，依托品牌占领市场。标准化、集约化、信息化是世界现代农业产业的发展趋势。农业标准化是农业市场化和农产品品牌化的重要基础，通过实施标准化，可以将先进的技术和良好的操作规范固定下来，有利于培育优质名牌的农产品，提高农产品质量和市场竞争能力，引导农民走向市场，增加收入。农业集约化发展是现代农业发展的重要方向，是加快转变农业发展方式的基本路径，是在工业化、城镇化深入发展中同步推进农业现代化的内在要求。而农业信息化是通过先进的农业信息技术在农村社会、经济和农业生产各个领域的全面推广应用，加速改造传统农业，大幅度提高农业生产效率和生产力水平，全面促进农业可持续发展，推进农业现代化进程的发展过程。但东北地区目前农业标准化、集约化、信息化与发达国家相比都存在较大的差距。今后需要进一步完善相关规章制度，按照国际通用标准，抓好农产品检验检测、安全监测和质量认证体系建设，加强动物防疫体系建设，走标准化生产之路。围绕东北地区重点农业产业，开发智能化专家信息系统，提高决策效率，加强信息网络基础设施的建设，建立农业信息平台，及时提供农情、气象、病虫害预测预报以及市场信息等服务。健全土地流转机制，完善合作组织形式，扩大农

业集约化规模，加强农业金融产品的创新和加大农业科技投入，提高农产集约化水平。

三、农业发展的途径与对策

1. 调整优化产业结构，提高现代农业综合生产能力

以市场为导向，以效益为中心，按照发展现代农业的目标和原则，对区域农业结构进行系统的规划和调整。①优化种植业结构。在保障国家粮食安全目标的前提下，由单一粮食生产转变为粮食—经济作物—饲料作物协调发展格局，加大优质、高效农产品的比重，发展绿色农业、特色农业，培育区域化、专业化绿色农产品基地。②优化农业内部结构。依托粮食资源组合优势，推进畜牧业跨越式发展，把畜牧业建设成为农区的支柱产业，培育新的增长点。积极发展名、优、特、新产品，实现产品结构的优化升级。③优化农村经济结构。推进农业产业化经营，做大做强现有龙头企业，外引内联名牌企业，推动农副产品初加工向精深加工转变。以粮食、畜产品、林产品、水产品、水果、蔬菜和特产品加工为重点，按照区域化布局、专业化生产、一体化经营、企业化管理的产业化经营模式，建设产销一体、农工贸一体相结合的企业或企业集团，形成扶龙头、建基地、带农户的产业化经营发展格局和多类型的农业产业化体系。

2. 提高农业科技创新能力和农业科技推广水平，提升现代农业的科技支撑

科学技术是第一生产力，是推动农业持续、快速、健康发展的根本动力，发展农业必须重视科技，突出科技创新。①大力推进农业科技创新。整合农业技术资源，加快推进农业技术集成化，重点在良种培育、丰产栽培、农业节水、动植物疫病防控、绿色储粮等方面实现新突破。统筹协调国家科技计划、现代农业产业技术体系建设工程，支持基础较好的科研机构、大学和企业充分整合利用现有科技资源，建立和完善东北玉米、水稻、大豆、马铃薯、生猪、奶牛和肉牛等国家级工程研究中心、产业技术研发中心和综合实验站。围绕东北地区农业结构调整，加强良种繁育基地建设，提高良种供给能力。②提高农业科技推广水平。实施科技推广示范工程，以推广主导品种和主推技术为载体，提高成果转化率和农民对科技的吸纳能力，促进农业知识、技术、信息、服务进村入户。积极推广重大增产增效技术模式以及机械深松等保护性耕种技术，提高农户对科技的应用能力。

3. 加强现代农业基础建设，增强农业防灾减灾能力

以防洪除涝、抗旱兴利、节水灌溉为重点，推进黑龙江、松花江、嫩江等主要干流、支流综合整治，提高防洪排涝能力。加快推进辽西北供水二期、吉林西部河湖连通骨干工程、松原灌区、三江平原灌区、尼尔基引嫩扩建配套灌区和松花江干流沿岸灌区等重点水利工程。注重水利骨干工程建设与田间渠道工程的整体衔接。大规模开展高标准农田建设，大规模改造中低产田，通过配套完善粮田基础设施，培肥基础地力，增强粮田防灾抗灾能力，达到旱涝保收、高产稳产的目的。继续推进吉林西部和黑龙江三江平原东部等地土地整治重大工程、黑龙江亿亩生态标准农田建设。加快构建监测预警、应变防灾、灾后恢复等防灾减灾体系。建设一批规模合理、标准适度的防洪和抗旱应急水源工程，提高防汛抗旱减灾能力。开展应对与适应气候变化、气候资源高效利用等重大技术研发应用，强化气象灾害监测预警预报和信息发布系统建设，提高应对自然灾害和重大突发事件的能力，保障粮食生产安全。

4. 创新现代农业经营体制机制，提升农业产业化和组织化水平

推进农业经营体制机制创新，是转变农业经营方式，深化农村改革的重要课题。①深化农村土地制度改革，推进土地适度规模经营。在稳定家庭联产承包责任制基础上，明晰产权，保证农民土地收益权；在规模、平等与效益的均衡点上建立起合理的土地使用权流转机制，最大限度地发挥资源优势，建设规模效益型农业，提高农业劳动力的平均农业产出和供养能力，形成农业现代化的经营基础。②支持农民专业合作社发展，提升农业组织化程度。逐步建立农业产业化组织与农户之间利益共享、风险共担的经营机制。完善农业合作组织法律和相关配套法规；根据不同地区和产业特点，制定规划，加强引导；开展农业合作组织调查研究，制定相应的政策措施，为农民建立合作组织提供服务。③培育壮大农业产业化龙头企业，推进农业产业化经营。整合加工资源，优化产业布局，着力培育一批市场开拓能力强、经营规模大、辐射面广的大型龙头企业，快速提升乳品、肉类、玉米、水稻、大豆、小麦、马铃薯等产业发展水平，延长产业链，提高产品附加值，促进加工龙头企业集群化发展。

5. 加强生态环境保护，促进现代农业可持续发展

加强农业生态建设和环境保护，继续实施天然林保护工程，按计划调减林木采伐量。加大水土流失综合治理力度，继续实施黑土地保护工程，加大对土壤有机质提升、养分平衡、耕地质量检测以及水土流失治理等的资金支持力度。推进三江平原、松辽平原等重点湿地保护，实施流域湿地生态补水工程，在有条件的区域开展退耕还湿和湿地生态移民试点。加快吉林、黑龙江西部地区等盐碱地治理，实施河湖连通工程，建设生态经济区。实施科尔沁沙地等专项治理工程，开展退化草原治理，通过禁牧、休牧、轮牧及生态移民等措施，增强草原的自我修复能力。引导农民科学使用化肥、农药、农膜，促进农业和农村节能减排，控制和防治农业面源污染。大力发展循环农业、精准农业、设施农业以及有机农业，加强农业废弃物的循环利用，加强农业环境保护，改善环境质量。

6. 加快现代农业试验示范区建设，发挥辐射带动作用

通过建设现代农业试验示范区，搭建农业试验示范的平台，探索农民参与式农业试验示范的新模式，探索科研机构与当地政府紧密合作的有效模式，探索农业试验示范—辐射推广—产业化的新路子，有效地推动全区现代农业实现跨越式发展，引领东北现代农业的发展方向。①加快推进松嫩平原、三江平原现代农业综合改革试验。围绕建立起传统农业向现代农业转变的新途径和以工促农、以城带乡的长效机制，重点在创新农业生产经营形式、建立现代农业产业体系、深化土地管理制度改革、创新农村金融服务、完善粮食主产区利益补偿机制等方面开展改革试验，在松嫩平原、三江平原地区形成技术装备先进、组织方式优化、产业体系完善、服务保障有力、城乡协调发展的新格局。②发挥农垦示范引带作用。将农垦先进农业生产技术、组织管理经验移植和扩展到农村，提升农村现代农业发展水平。③加快现代农业示范区建设。坚持因地制宜、发挥优势、突出特色的原则，大力推广"旱涝保收高产稳产田＋现代特色农业园"等发展模式，支持国家、省级示范区在农业生产管理、资金整合、规模经营、生产组织、社会化服务和金融服务等方面开展先行先试。

参考文献

[1] 衣保中. 中国东北农业史 [M]. 长春：吉林文史出版社，1993.

[2] 程叶青，房艳刚. 东北地区农业地域结构形态的历史演变及其动因分析 [J]. 经济地理，2010，30（8）：1349–1353.

[3] 孙敬之，吴传均，李振泉等. 东北地区经济地理 [M]. 北京：中国科学出版社，1959.

[4]《中国农业全书·吉林卷》编辑委员会. 中国农业区全书·吉林卷 [M]. 北京：中国农业出版社，1994.

[5]《中国农业全书·黑龙江卷》编辑委员会.中国农业全书·黑龙江卷［M］.北京：中国农业出版社，1999.

[6]宋维佳，刘凤芹.东北地区农业资源优化配置研究［J］.财经问题研究，2007，(282)：70-76.

[7]吴白聪.东北地区农业发展区位分析与农业现代化路径选择［J］.吉林省经济管理干部学院学报，2008，22(3)：2-29.

[8]刘清芝，王勇.东北三省发展现代农业的条件分析与政策取向［J］.农业化研究，2009，(9)：18-20.

[9]张国宝.东北地区振兴规划研究综合规划研究卷［M］.北京：中国标准出版社，2008.

[10]周道玮，王学志，孙海霞等.东北草食畜牧业发展途径研究［J］.家畜生态学报，2010，31(5)：76-82.

[11]王学志.东北土地资源及畜牧业发展研究［D］.东北师范大学博士学位论文，2013.

[12]张杰.试析我国东北地区林业资源现状及保护措施[J].黑龙江科技信息，2012，(12)：225.

[13]徐可佳.黑龙江省循环农业发展问题域对策研究［D］.东北农业大学硕士学位论文，2013.

[14]周灿芳，傅晨.我国特色农业研究进展［J］.广东农业科学，2008，(9)：157-161.

[15]黄婷婷.我国农业信息化的现状、问题与对策研究［D］.安徽农业大学硕士学位论文，2007.

[16]刘晓利.吉林省农业标准化问题研究［D］.吉林农业大学博士学位论文，2012.

[17]闫百兴，宋新山，闫敏华.东北地区粮食生产及其可持续性因子分析［J］.资源开发与市场，2000，16(6)：343-377.

[18]张落成.我国粮食生产布局变化特点及其成因分析[J].长江流域资源与环境，2000，9(2)：221-228.

[19]尤飞，汤松，李文娟.气候变化影响下东北花生业发展潜力与对策分析［J］.中国农业资源与区划，2011，(3)：71-74.

[20]尤飞，周振亚，罗其友.建立"两区"：构筑粮食及农业安全的核心防线［J］.种业导刊，2017，(3)：7-8.

[21]程叶青.东北地区农业地域结构类型划分研究［J］.农业系统科学与综合研究，2009，25(1)：54-58.

[22]星焱，胡小平.中国新一轮粮食增产的影响因素分析：2004-2011[J].中国农村经济，2013，(6)：14-26.

[23]金凤君，张平宇，樊杰等.东北地区振兴与可持续发展战略研究［M］.北京：商务印

书馆，2006.

　　［24］胡小平，星焱. 新形势下中国粮食安全的战略选择——"中国粮食安全形势与对策研讨会"综述［J］. 中国农村经济，2012，（1）：92-96.

　　［25］何秀丽，刘文新. 中国东北粮食安全评价及政策模拟［J］. 农业现代化研究，2012，33（6）：678-681.

　　［26］程叶青，何秀丽. 东北地区粮食生产的结构变动及比较优势分析［J］. 干旱地区农业研究，2005，23（3）：1-7.

　　［27］邓伟，张平宇，张柏. 东北区域发展报告［M］. 北京：科学出版社，2004.

　　［28］屈宝香，李文娟，钱静斐. 中国粮食增产潜力主要影响因素分析［J］. 中国农业资源与区划，2009，30（4）：34-39.

　　［29］李治平. 东北经济区粮食物流铁路资源整合问题研究［D］. 大连交通大学硕士学位论文，2012.

第五章　服务业发展与布局

　　服务业是国民经济的重要组成部分，其发展水平通常被看作衡量地区社会经济发达程度的重要标志。伴随着人民生活水平的不断提高和科学技术的持续进步，服务业正经历由传统服务业行业向现代服务体系转变的历史过程，并逐步发展成为引领和推动地区经济转型发展的关键动力。大力发展现代服务业是推动东北全面发展的必由之路。进入21世纪以来，地区服务业发展表现出总量持续增长、结构逐步优化、效益稳步提升、业态不断创新等向好发展趋势，但也存在相对发展水平不足、内部空间发展失衡、资源要素集聚不充分和对外开放水平不高等问题亟待解决。着眼未来，东北地区应紧紧把握"一带一路"契机和新一轮东北地区振兴发展重大机遇，通过深化改革不断优化地区发展环境，积极培育服务业发展新动能，催生服务业发展新产业、新技术、新动能、新模式，大力推动生产性和生活性服务业发展，持续优化服务业空间布局，将服务业打造成为推动地区经济转型升级发展和实现东北地区全面发展的重要力量。

第一节　服务业发展概述

一、服务业发展历程与阶段

1. 传统服务业的起源与发展

商贸服务业是传统服务行业最早兴起的部门，而城市作为商贸活动的空间和物质载体，在这一过程中扮演了极为重要的角色。纵览城市建设与发展历程，东北地区先后诞生了诸如辽东城、上京、会宁、珲春等一批具有较强地区影响力的城市，伴随着商品经济的发展和对外贸易往来日益频繁，传统商贸服务业开始在城市萌芽并得到快速发展，纺织品、铜铁冶炼制品、金银品、陶瓷等传统贸易服务呈现如火如荼的景象。进入19世纪，关内移民的持续增长和区域商品经济的发展，使服务业发展有了更为广阔的空间载体和市场需求，特别是1840年鸦片战争后，西方资本主义势力开始入侵东北地区，在营口开埠（1858年6月）、中东铁路修建（1898年8月）等一系列历史事件催生下，外国资本主义势力在地区城市内部开设了大量的远洋货运公司、洋行、商业贸易机构和工厂，城市交通运输、商贸、金融等传统服务业行业迅速发展。至20世纪初，奉天（今沈阳）、吉林、长春、齐齐哈尔、宁古塔（今宁安）等城市已初步完成由传统封建城市向近代工商业城市的转变，初步构建起东北地区近代服务业行业门类体系，并形成了以哈尔滨、长春、沈阳、大连等大中城市为主导的空间结构，进而带动了整个东北地区经济社会的快速发展（宋玉祥等，2005）。

2. 中华人民共和国成立后工业发展的反哺和带动

除上海、广州等极少数城市与地区外，中华人民共和国成立后的东北地区服务业发展整体水平在全国范围内具有明显的比较优势。从该时期全国发展的主基调来看，计划经济体制得以在全国范围内推行实施，东北地区作为"共和国长子"理所应当成为被优先考虑和重点支持的地区。据统计，自1953年开始实施的"一五"计划中，苏联援助的156个重点工业项目有50多项布局在东北地区（主要是辽宁和沈阳），使这一时期东北地区的国民经济总产值一度超过日本位居亚洲第一，并对地区服务业的快速发展起到了极为明显的反哺和带动作用。同时，该时期人口规模的迅速增加也是推动东北地区服务业实现快速发展的重要驱动因素，特别是1949~1957年的短短几年内，东北三省总人口从3853万人猛增至5122万人，增幅达到32.9%（陈玉梅等，2006），人口规模的快速增长为推动地区城镇化水平提升和服务业发展奠定了良好的基础，东北地区一举成为当时全国服务业发展水平最高、门类结构最为完整的地区之一。

3. 全国服务业发展态势的地域分化

中华人民共和国成立后，东北地区成为全国计划经济体制实施最为彻底、成效最为明显的地区，地区经济表现出产业结构以重化工为主和所有制结构以国有经济为主导的两大特征。改革开放后，我国经济建设的总体方针和宏观战略发生了重大转变，提出了从工业"一枝独秀"向第一、第二、第三产业"全面开花"转变的目标。这一时期，东北地区受制于前期计划经济色彩过浓、重工业比重过高、资源过度开采等因素，地区资源型工业经济发展陷入资源枯竭、财政困难等现实困境，维持原有大工业、重资源、高投资的经济发展方式和增长模式面临着巨大困难，地区服务业发展同样受到经济运行大环境的影响，发展速度开始逐步落后于东南沿海地区。到该阶段末期，2002 年东北三省服务业总产值仅为4345.8 亿元，低于广东一省的 4801.3 亿元，仅稍稍高出江苏省的 3961.7 亿元，尤其是吉林省全年服务业总产值仅有 821.6 亿元，在除西部地区外的 19 个省份中排名倒数第三，仅高于山西省的 735.9 亿元和海南省的 249.8 亿元[①]，东北地区在全国服务业发展序列中的角色从领跑者变为追赶者。

4. 东北振兴战略实施的阶段性成就

中共中央、国务院在 2003 年 10 月发布了《关于实施东北地区等老工业基地振兴战略的若干意见》，开始启动实施第一轮东北振兴计划，至 2013 年已取得了重大阶段性成就，东北三省地区生产总值由 2003 年的 1.3 万亿元增长至 2013 年的 5.4 万亿元，人均地区生产总值由 11852 元快速增长至 49600 元，经济发展态势良好。其中，服务业产值达到 21048.4 亿元，年均增速接近 40%。同时，地区服务业产业链条不断延伸，交通运输与仓储、批发与零售、金融、房地产等传统服务业发展进步明显，新兴服务业业态如计算机软件服务、商务贸易服务、科技研发、文化体育服务、现代物流服务等也得到快速发展，在不断壮大地区服务业经济总体规模的同时，也推动地区服务业行业结构实现了进一步优化升级。根据服务业发展的一般性规律与特征，服务业发展水平与服务业增加值占 GDP 的比重、人均 GDP 水平两者之间表现出显著的相关性，当服务业增加值比重快速提升至 60%~70%时，服务业将逐渐成为地区经济发展的主导行业，此时服务业将进入加速发展阶段（刘涛，2013）。2015 年东北三省服务业增加值占 GDP 比重为50.8%，人均 GDP 为 48038.5 元，两项指标均低于全国平均水平，表明东北地区服务业仍然处于低水平发展阶段。

---

① 《中国统计年鉴》及东北地区各省、区统计年鉴。以下正文、图表中数据来源如无特殊说明，均出自相关年份《中国统计年鉴》与东北地区各省、区统计年鉴。

二、积极向好的发展态势

1. 产业整体规模持续性增长

进入 21 世纪后中国经济开始快速发展，创造了世界经济发展的中国奇迹，也引领和带动了东北地区服务业经济总量规模的持续性增长。从经济规模分析，东北地区服务业总产值、增加值、占比等指标均实现了大幅度的提升。2016 年，东北三省服务业总产值达到 28334.7 亿元，相较 2000 年增加了 637.6%（见图 5-1）；服务业增加值同期增长 42637.8 亿元，增长 436.3%；服务业增加值占 GDP 的比重也在 16 年中提升了 12.5 个百分点。从区域内部省份来看，由于地区服务业发展基础更为雄厚、经济体量更大，辽宁省服务业增加值提升幅度要远高于吉林省、黑龙江省和蒙东地区，四个省区服务业增加值该时期内分别提升了 630.5%、603.9%、459.9% 和 243.2%，整体经济增长表现出较好的发展态势。

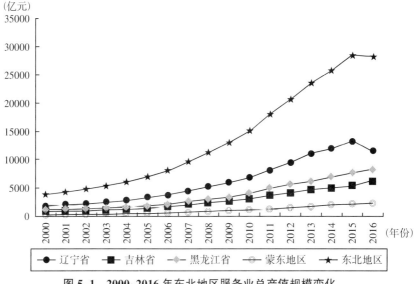

图 5-1　2000~2016 年东北地区服务业总产值规模变化

服务业企业（机构）数量也是表征地区经济发展状况的重要指标。随着传统服务业向新兴服务业的逐步转化和演进，传统服务业服务领域逐步延伸，业务内容逐步细化，服务业企业的数量快速增长，类型不断丰富。2015 年，东北三省服务业法人单位数量超过 67.9 万个，相较 2000 年的 25.6 万个增长了 165.2%。其中，2016 年现代物流、信息传输、软件和信息技术、金融、租赁和商务等新兴服务业法人单位数分别达到 26867 个、1963 个、20352 个、7817 和 74251 个，相比 2000 年得到了大幅度的增长。可以发现，虽然批发和零售、住宿和餐饮等传统服务业企业占比仍然处于绝对领先地位，但相较传统服务业，现代新兴服务业的发展态势更为良好，企业数量的增长幅度明显高于传统服务业[1]。

2. 产业结构在波动中实现优化

产业结构优化升级是经济发展的内在规律，具有多层次性、多结构性、多要素性和多重关联性等特征，是一个相对长期复杂的动态过程。东北地区受历史、政治、经济、体制、地域、文化等多种因素影响，产业结构的形成以及演进具有鲜明的历史痕迹和区域特色。国家实施东北老工业基地振兴战略以来，东北地区产业结构调整取得了显著的阶段性成果。东北三省服务业占地区生产总值的比重从 2000 年的 37.4% 提升至 2016 年的 49.4%，16 年间提升了 12 个百分点，服务业在地区经济发展中的比重与地位不断提升（见表 5-1）。

表 5-1 2000~2016 年东北三省服务业增加值占比变化情况

单位：%

年份	黑龙江省	吉林省	辽宁省	东北三省
2000	32.90	40.17	39.01	37.36
2004	35.20	39.19	41.99	38.79
2008	35.00	37.54	38.00	36.85
2012	40.50	34.76	37.95	37.74
2016	54.04	42.45	51.55	49.35

而从服务业内部行业结构来看，以批发和零售、餐饮和住宿、房地产等为代表的传统服务业产值规模和占比仍然高于以现代物流、现代金融等为代表的新兴服务业。2015 年，东北三省传统服务业行业增加值达到 9407.3 亿元，占比为 35.7%；新兴服务业实现行业增加值 4555.2 亿元，占比为 17.3%，两项指标均低于传统服务业[2]。但从行业发展态势来看，基于大数据、云计算、物联网等服务应用和日益活跃的创新活动，传统服务业固有发展理念、技术、模式等逐渐开始与新兴服务业实现融合发展，新兴行业、门类、业态不断涌现，伴随服务业发展

---

[1] 相关年份《中国第三产业统计资料汇编》。

[2] 《2016 年中国第三产业统计资料汇编》。

阶段的持续深化，新兴服务业有望在不久的将来取代传统服务业占据行业发展的主导地位。

3. 产业贡献率得到有效提升

随着国内"三期叠加"影响继续深化以及东北经济下行压力不断增大，地区赖以发展的工业出现了产能利用率低、债务费用高企、营运资金紧张等一系列问题，工业经济对于地区经济发展的拉动效应明显下滑，服务业的产业贡献率则相对提升。2001 年，东北三省服务业产业对地区经济发展的贡献率仅为 40.6%，到 2015 年这一数值上升至 76.1%，14 年间提升了 35.5 个百分点，可以明显看出服务业发展对于东北地区经济转型发展起到了重要的推动作用。其中，2008 年后，由于受到国际金融危机和全国整体经济形势的冲击，东北地区服务业产业经济贡献率出现了一定幅度下降，到 2010 年贡献率为 32.6%，仅相当于 2004 年的水平，甚至低于 2000 年的 40.6%。随着"四万亿"经济刺激计划政策红利逐步显现，2010 年后地区服务业贡献率开始稳步提升且趋于稳定，到 2015 年，东北地区服务业产业贡献率达到历史最高水平 76.1%，特别是辽宁省在该年度贡献率高达 101.4%，极大地发挥了服务业对于地区经济发展的促进作用（见图 5-2）。

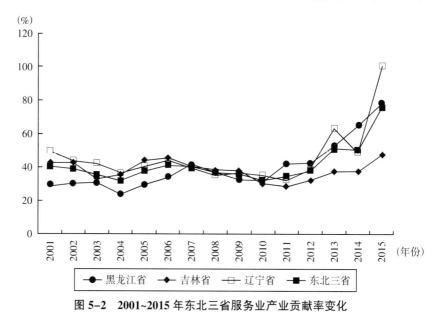

图 5-2 2001~2015 年东北三省服务业产业贡献率变化

4. 服务业新兴业态持续涌现

随着东北地区经济的不断发展，地区产业链条趋于完善，一大批新兴服务业行业，如现代金融、现代物流、旅游服务、电子商务、文化体育等持续涌现，行业经济规模不断扩大，带动新兴服务业在地区经济结构中所占的比重逐年提高，行业重要性日益突出。近年来，东北地区现代金融服务业新兴业态发展亮点突出，大连市作为其中的佼佼者，截至 2015 年底全市共集聚各类金融及融资类机构 741 家，其中金融机构 264 家，融资服务类机构 477 家[①]。到 2016 年，全市金融业总资产已达 2.4 万亿元，相较 2015 年增长 8.7%，金融业的现代服务业支柱产业地位得到巩固，大连作为区域性金融中心的辐射力和影响力也进一步提升[②]。吉林省的养老健康服务业则是东北地区服务业新业态的又一代表。随着医疗卫生、养生养老、体育健身等健康服务产业体系的逐步形成，以及亚泰医药产业园、博迅生物、普仁天下医疗城等一批健康养老项目开工建设，医养结合、"互联网+"养老等健康养老服务的新模式、新业态在吉林省迅速成长。到 2015 年，全省已有 218 个社区依托社会力量开展居家养老健康服务，提供居家养老健康服务的社会组织或企业达 173 家[③]。黑龙江省则将旅游业作为带动全省新兴服务业发展的"排头兵"。"十二五"期间，全省以高速公路、航空专线等基础设施建设为依托，充分发挥"冰雪胜地"等旅游特色品牌效应，打造一系列旅游精品路线，旅游产品供给水平大幅度提升。截至 2015 年，全省拥有 5A 级旅游景区 5 家，5S 级旅游滑雪场 27 家，旅游产业核心从业人员 30 万人，全年接待游客 1.3 亿人次，总收入超过 1337 亿元[④]。

三、亟待优化的突出问题

1. 全国横向对比水平差距明显

现阶段对比来看，东北地区整体服务业发展水平仍然落后于东部、中部发达地区，特别是服务业增加值总规模、占 GDP 比重以及人均和地均服务业增加值产出水平等指标对比差距较大，部分指标发展水平落后于全国平均水平。2016年，东北地区服务业增加值占地区 GDP 的比重为 49.7%，对比中部和西部板块有一定的领先优势，但仍较大幅度落后于东部地区的 52.4%，特别是吉林省仅有

---

① 东北新闻网（http://dalian.nen.com.cn/system/2016/02/25/018896021.shtml）。
② 人民网（http://ln.people.com.cn/n2/2017/0303/c378391-29798922.html）。
③ 新华网（http://www.xinhuanet.com/gongyi/yanglao/2015-08/18/c_128140664.htm）。
④ 黑龙江省旅游发展委员会：《黑龙江省旅游业"十三五"发展规划》。

42.5%，地区服务业发展的潜力未能得到充分挖掘。从人均服务业增加值产出来看，东北地区为 23882.3 元/人，稍高于中部和西部地区，但对比东部地区的40567.9 元/人同样存在较大的差距，反映出东北地区在服务业生产的产值规模提升、技术工艺更新、产业产出效率等方面有待进一步提升。东北地区 2016 年地均服务业增加值为 330.6 万元/平方千米的水平，不仅远远低于东部地区 2345.6 万元/平方千米的产出水平，同时也不到中部地区水平的 50%。可以看出，相较于中部地区近年来快速发展的武汉、郑州、长沙等中部城市，东北地区核心城市的带动作用不明显，特别是服务业集聚区（园区、经济区）建设的总体数量、产值规模和集约化水平已经落后于中部地区（见表 5-2）。

表 5-2　2016 年四大板块及东北三省服务业发展情况

四大板块	GDP （亿元）	服务业增加值 （亿元）	占比（%）	人均服务业增加值 （元/人）	地均服务业增加值 （万元/平方千米）
东北地区 （东北三省）	52409.79	26055.57	49.72	23882.28	330.61
辽宁省	22246.90	11467.30	51.55	26193.01	785.97
吉林省	14776.80	6273.33	42.45	22954.01	334.76
黑龙江省	15386.09	8314.94	54.04	21887.18	182.83
东部地区	410186.44	214810.86	52.37	40567.86	2345.61
中部地区	160645.57	70912.99	44.14	19317.60	690.02
西部地区	156828.17	70859.63	45.18	18939.34	103.01
全国	780069.97	382639.05	49.05	27730.68	398.15

从中国大陆 31 个省份横向对比可以发现，东北三省在服务业增加值占比、人均和地均服务业增加值等水平、质量发展指标方面排名靠后，整体发展水平差距对比明显。2016 年，黑龙江、辽宁、吉林三省服务业增加值占比分别为 54%、51.6% 和 42.5%，在中国大陆 31 个省份排名中分列第 6 位、第 25 位和第 9 位，吉林省在所有省份中的排名相对靠后。人均和地均服务业增加值产业水平反映的形势则更为严峻。东北三省 2016 年人均服务业增加值产出均低于全国人均水平（27730.7 元/人），地均服务业增加值排名除辽宁省全国排名相对靠前，吉林省和黑龙江省排名均处在 20 位之后，且均低于全国平均水平。

2. 地区内部协调发展水平不高

东北地区服务业发展的内部差异状态可以从省、市两个层面来剖析。首先，从三个省份来看，辽宁省的服务业增加值规模、人均服务业增加值产出、地均服务业增加值产出等指标均较大幅度领先于吉林和黑龙江两省，表明三个省份之间服务业发展的态势和水平存在明显差距。其中，辽宁省服务业增加值的规模分别高出吉林、黑龙江两省 82.8% 和 37.9%，人均服务业产出水平分别领先 14.1% 和 19.7%；地均服务业产出水平差距更大，分别是两省的 1.2 倍和 3.3 倍。东北地区省域内各地市间服务业发展水平差距也较为明显，相对而言，吉林省省域内部服务业发展的协调性要明显好于辽宁省和黑龙江省。其中，吉林省长春市和辽源市服务业增加值占全省的比重分别为 40.5% 和 4.1%，两者相差近 10 倍；辽宁和黑龙江两省在这一指标的差距分别达到 17.5 倍和 59 倍，各地市发展的差距相较于吉林省更为突出。

3. 服务业发展要素资源不充分

自 2014 年以来，东北三省经济增速出现大幅度下滑，地区财政收入增幅下降、固定资产投资规模逐步回落、科技研发投入不足、人口流失问题等矛盾进一步激化，服务业发展资源要素不充分的被动局面亟待扭转。地方公共预算收入是受地区经济下行压力影响最为直接和明显的指标，东北三省从 2013 年 5778.2 亿元的历史最高位下降至 2016 年的 4612.7 亿元，下降幅度超过 20%，辽宁省和黑龙江省均出现不同幅度的下降，吉林省则实现 9.2% 的逆势增长。同样是在 2013 年，东北三省全社会固定资产投资规模达到历史最高值，到 2016 年下降至 30792.1 亿元，下降幅度达到 33.8%，仍旧是辽宁省和黑龙江省不同幅度下降，吉林省强势增长 39.5%。科技研发既是现代服务业发展的重要行业，同时也对现代服务业其他行业的发展起到不可替代的促进作用。以 R&D 经费投入水平来分析东北三省科技研发整体环境，发现 2016 年东北三省共计投入 R&D 经费 664.9 亿元，但是投入强度均低于全国平均水平（2.1%），吉林省和黑龙江省都不足 1%，未及全国平均水平的一半[①]。近年来，东北地区人口流失的情况也越发引人关注。据统计，东北三省在 2011~2016 年人口净流出 138.8 万人，规模较大且流出速度有进一步加快的趋势。对比来看，同时期内吉林省流出人口规模最大达到

---

① 中华人民共和国国家统计局：《2016 年全国科技经费投入统计公报》。

81 万人，辽宁和黑龙江两省则分别流出 23 万人和 36 万人。

4. 对外开放发展有待深化拓展

相较于中西部地区部分内陆省份，东北地区在对外开放发展方面具有明显的地域区位优势。然而受限于东北亚错综复杂的地缘政治关系和地区周边经济发展的水平和阶段，东北地区对外开放发展的潜力仍然未能得到有效发挥。近年来，虽然国家制定、出台了一系列政策措施来提升东北地区对外开放的水平，但就效果而言，地区对外开放程度不高、对外贸易产品单一、实际利用外资规模小等问题仍然没有得到合理解决，对外贸易总额、对外贸易依存度、进出口总额等关键指标均出现较大幅度滑落，与东部沿海地区差距日渐扩大。2016 年，东北三省对外贸易总额 3175.8 亿元，仅相当于 2009 年的水平，相较于 2014 年下降幅度达到 62.3%；对外贸易依存度从 2003 年的 24.7% 下降到 2015 年的 14.6%，低于全国平均水平 21.8 个百分点；2014 年东北三省进出口贸易总额 5153.9 亿元，到2016 年已减少为 3175.8 亿元，两年减少 38.4%①。

第二节　重点服务业行业发展概况

一、生产性服务业

1. 科技服务业

科技服务业是在当今产业不断细化分工和产业不断融合生长的趋势下，以技术和知识服务手段向社会提供服务的新兴生产性服务业行业，主要包括科学研究、专业技术服务、技术推广、科技信息交流、科技培训、技术咨询、技术孵化、技术市场、知识产权服务、科技评估和科技鉴证等活动，是推动产业结构升级优化的关键产业。近年来东北地区依托大连高新技术产业园、沈阳国家大学科技城、吉林高新技术产业开发区、哈尔滨科技创新城等产业发展载体，R&D 经费规模、研发人员、机构部门数量、技术市场成交额等关键指标得到提升，地区

---

① 中国社会科学网（http://ex.cssn.cn/dzyx/dzyx_llsj/201608/t20160830_3180398.shtml）。

科技服务业发展呈现良好的态势。

整体来看，东北地区 R&D 经费投入呈现"规模增加、比重下降"的态势，总规模增长 36.6%，比重则下降 0.1 个百分点。对比来看，辽宁省投入规模增长幅度最大，比重最高，较好地带动了整个东北地区科技服务业发展大环境的改善，提升了科技服务对于地区其他新兴行业的科技支撑能力。除 R&D 投入指标外，其他反映科技研发水平的指标，如科技研发人员（35.4 万人）、科研机构部门（1720 家）、实现技术市场成交额（588.2 亿元）等均有不同幅度增长，表明东北地区整体科技服务业发展基础得到进一步夯实。

与此同时，东北地区科技服务业行业链条不断完善，但应用为主的特征较为明显，基础研发能力偏弱。科技服务业产业链条囊括科学技术的研发前端、转化中端，以及推广和应用末端。其中，以推广和应用为代表的科技培训、技术咨询、知识产权服务等行业在东北地区应用最广，行业增加值的规模最大。相比之下，东北地区原始研发能力及相关行业发展水平仍然落后于东部沿海发达地区。2016 年全国 R&D 投入强度平均水平为 2.1%，东北地区整体水平仅有 1.3%，东北三省各自也远远低于全国平均水平，有待进一步提升[1]。

2. 现代物流服务业

20 世纪 90 年代以来，在交通部"三主一支持"规划指导下，东北地区公路、水路交通得到快速发展，高速公路、高等级航道、专业化码头等基础设施建设成绩显著，已基本形成了由公路、铁路、水运、航空和管道等多种运输方式构成的综合交通体系，地区现代物流及相关行业发展取得长足进步，到 2016 年东北三省物流服务业增加值达到 2561.6 亿元，相较 2005 年增长 1527.9 亿元，年均增长 13.4 个百分点。

目前，东北地区已初步建设起"两横三纵"的区域物流大通道。其中，横向包括满洲里—哈尔滨—绥芬河和阿尔山—白城—长春—延吉（图们江、珲春）两条通道；纵向包括哈尔滨—长春—沈阳—大连（延伸沈阳ˉ北京）通道、鹤岗—佳木斯—牡丹江—图们—通化—丹东—大连东部通道以及蒙古—蒙东—东三省西部通道（伊敏—伊尔施—阿尔山—乌兰浩特—白城—通辽—锦州）。同时，依托重点区域性城市，地区三级物流节点城市网络已趋于完善。一级节点城市包括沈

---

① 中华人民共和国国家统计局：《2016 年全国科技经费投入统计公报》。

阳、大连、哈尔滨、长春等 6 个城市，二级节点城市包括锦州、丹东、鞍山、阜新等 17 个城市，三级城市则以地区中小城市为主，不同等级和地区的物流节点城市共同构建起区域物流网络，以支撑地区物流服务业实现快速发展①。

3. 软件与信息服务业

软件与信息技术服务业是指利用计算机、通信网络等技术对信息进行生产、收集、处理、加工、存储、运输、检索和利用，并提供信息服务的业务活动。近年来，东北地区稳抓"互联网+"重大发展机遇，积极发展信息产业，推动物联网、云计算、大数据等新一代信息技术与各行各业相结合，促进传统产业与信息服务行业融合改造，催生新的经济增长点。2014 年，东北地区实现软件业务收入 3583 亿元，同比增长 11.6%，占全国比重达到 9.6%②。

东北地区各省软件与信息服务业发展导向和态势各不相同。辽宁省初步建成大连软件和信息技术服务产业集群与沈阳浑南软件和电子信息产业集群，2014年分别实现收入 1256 亿元和 501 亿元，信息技术服务业实现主营业务收入 1161亿元。吉林省以长春软件园、吉林软件园和延边中韩软件园三大软件园为载体，大力发展企业管理、人口信息管理、汽车、教育、信息安全等领域应用软件，同步推进长春、吉林和延边 3 个软件外包产业基地建设，2014 年全省承接服务外包业务执行金额 21.5 亿元，其中，离岸服务外包业务执行金额 6680 万美元，同比增长 35.2%，市场覆盖 12 个国家和地区③。黑龙江则重点依托哈尔滨和大庆，围绕能源、工业控制、装备制造等环节进行软件开发，地区软件与信息服务产业形成明显的地域特色。

从行业结构发展态势来看，东北地区信息技术服务在行业收入中占比超过50%，软件开发、数据服务、运营管理等门类所占比重不断提高。同时，地区面向应用环节的应用工业软件、信息安全、电子商务等领域的服务业务实现快速增长，有力推动了信息、数据和电子商务服务行业的快速发展。此外，大数据、云计算、人工智能、区块链等新技术、新业态不断涌现，极大地提升了行业的科技含量和经济附加值。

---

① 国家发展和改革委员会：《东北地区物流业发展规划》。
② 中华人民共和国国务院新闻办公室：2014 年软件业经济运行情况（http://www.scio.gov.cn/xwfbh/xwbfbh/wqfbh/2015/20150127/xgzc32507/Document/1393327/1393327.htm）。
③ 华夏经纬网（http://www.huaxia.com/lnsy/jrln/xwsc/2015/06/4459898.html）。

4. 现代金融服务业

金融服务包括银行、证券、信托、保险等主要行业，是现代市场经济中的重要组成部分。目前，东北地区金融服务业正处于大变革的过程之中，地区金融服务业越来越多地与信息生产、传递和使用等服务功能相融合，信息技术正在重塑地区金融服务业的行业领域和服务模式。2016 年，东北三省金融服务业增加值达到 3389.6 亿元，相较 2005 年提升了 8.6 倍。在此期间，服务业增加值的年均增速始终保持在 20% 以上，表明地区金融服务积极向好的发展态势。其中，作为与人民群众联系最密切、最为关心的保险业在 2016 年实现保险费收入 2358.3 亿元，是 2005 年同期的 15.5 倍，不但反映出地区金融服务业良好的发展态势，还表明地区养老、医疗等公共服务和基本保障水平得到不断提升。

从地区内部比较来看，辽宁省金融服务业发展的整体态势要好于吉林省和黑龙江省。2000~2016 年，辽宁省金融服务业行业增加值增幅达到 1596.4 亿元，大幅度高于吉林和黑龙江两省，而接近 45% 的金融机构存款总额年均增长率也很好地印证了这一态势。从具体业态来分析，现阶段的东北地区金融服务机构以国有商业银行为主，股份制商业银行、城市商业银行竞争力较弱，外资银行主要分布于大连、沈阳、长春和哈尔滨，村镇银行、小贷公司等发展相对落后，非银行金融机构发育不足。

二、生活性服务业

1. 健康与养老服务业

人口老龄化是当前东北地区乃至全国经济社会发展的重要特征之一。东北三省老龄化颇为严重，2017 年地区 65 周岁及以上人口占比超过 12%，其中以辽宁省最为严重，65 周岁及以上人口 626.8 万人，占比达到 14.35%，高于吉林和黑龙江两省，两者分别为 12.38%、12%。如此庞大的老龄人口基数使东北地区人口发展形势趋于严峻，但同时也对地区健康与养老服务业的发展创造了现实条件。

康养服务业是一个包含医疗服务、养老服务、家庭服务等多种业态和类型的大行业，随着产业发展和行业门类的交叉融合，医养结合模式的养老服务正在东北地区快速兴起，并初步构建起以家庭服务为基础、社区养老为依托、医疗机构为支撑的康养服务体系。截至 2017 年，黑龙江省已有 182 家二级以上公立医院与养老机构签订了合作协议，565 家城市社区卫生服务中心与社区日间照料机构、居家养老机构实行签约服务，922家乡镇卫生院与乡镇敬老院、乡镇日间照料机构签约，全省2017年吸引省外旅居老年人数量达205万人，实现旅居综合消费收入达到143.5亿元[①]。家庭服务业是吉林省推动发展康养服务业的重要突破口，并逐渐发展成为地区经济的重要产业，2016年全省拥有家庭服务企业（机构）1.5万家，服务家庭累计253.4万户，家庭服务业从业人员年平均收入3.4万元，年度创造经济总值19.7亿元[②]。辽宁省民办养老服务业发达，截至2016年底全省共有各类养老机构2104个，平均每千名老人拥有养老床位数（含养老服务设施床位数）30.3张，民办养老机构数量占全省养老机构总量的56.8%，床位数量占全省养老机构床位总量的53.4%，表明民办养老机构正逐渐成为辽宁养老服务的主力军[③]。

2. 文化和体育服务业

东北地区拥有悠久的历史文化底蕴和特色的地区文化表现形式。近年来，东北地区通过文化体制改革，大力加快文化园区、文化基地等产业集聚区建设，构建起以演艺业、娱乐业、文化旅游业、动漫产业等为核心的文化服务产业体系，地区文化服务产值规模不断提升、类型不断丰富、品牌效应正加速形成。2016年，辽宁省文化服务总产值相较2015年同比增长20%以上[④]，吉林省文化产业总产值从2006年起就以20%左右的增速持续增长[⑤]，黑龙江通过布局"一核三点五区"的文化产业空间格局，带动了全省文化旅游、新闻传媒、出版发行、影视制作、演艺娱乐等文化产业的快速发展。

借助2022年举办冬奥会的契机，东北地区体育服务业发展将迎来重大机遇。东北地区一直是我国体育运动群众基础最好、获得国际体育竞赛奖牌最多的地区之一。为推动地区体育服务产业的发展，东北地区近年来依托大型体育场馆，积极拓展体育用品商展、赛事活动产业链，积极探索体育与文化、旅游、会展等相关产业共同发展的新路子，促进体育休闲旅游、体育会展等新业态发展，实现了体育产业的提质增效发展。其中，辽宁省2016年全省体育产业总产值达到844.4

---

① 黑龙江省卫生和计划生育委员会（http://www.hljhfpc.gov.cn/dtcon.php? vid=34&id=25373&clsid=4)。
② 中国劳动保障报（http://szb.clssn.com/shtml/zgldbzb/20161118/204392.shtml)。
③ 辽宁省发展和改革委员会（http://www.lndp.gov.cn/Article_Show.asp? ArticleID=6020)。
④ 中国商报（http://ln.qq.com/a/20171201/034125.htm)。
⑤ 中国新闻网（http://www.chinanews.com/cj/2011/10-19/3398432.shtml)。

亿元，增加值 240.7 亿元，占当年全省 GDP 的比重为 1.1%。其中，体育服务业总产出和增加值分别为 223.4 亿元和 109.8 亿元，占辽宁省体育产业总产出和增加值的比重分别为 26.5% 和 45.7%①。

3. 旅游服务业

东北地区地域辽阔，山林众多，适宜开发的旅游资源十分丰富。大力发展旅游业有利于增加就业岗位，优化资源配置和产业结构，推动东北地区经济快速发展。近年来，东北地区以满足游客需求为中心，将区域整体作为功能完整的旅游目的地加以建设，实现旅游全过程体验的优化提升，不断发挥旅游产业对区域经济社会发展的综合协调带动作用，积极促进旅游投资和旅游消费。2016 年，东北三省共计接待国内外游客 7.7 亿人，其中，国内游客 7.6 亿人，国外游客 531.4 万人；全年实现旅游收入 8725.7 亿元，其中，国内收入 8531 亿元，外汇收入 29.9 亿元。

东北地区旅游品牌优势突出，业态不断推陈出新。哈尔滨依托其"冰雪之冠"、"神州北极"等特色旅游品牌和地区优势旅游资源，建成 A 级旅游景区 432 家，S 级旅游滑雪场 27 家，中国优秀旅游城市 11 个，全省旅游业发展水平和竞争力不断提升②。辽宁省大力发展全域旅游，大连香洲田园城、沈阳碧尤泽温泉小镇、沈阳七星海洋世界、锦州东方华地城等一批重点旅游项目纷纷落地。到 2016 年，全省已有 20 个市（县）成为国家全域旅游示范区创建单位，五星级及以上酒店 24 家，5A 级旅游景区 5 个③，全年接待游客 45146.6 万人，旅游总收入增长了 15.6 倍，全省旅游服务呈蓬勃发展之势。吉林省依托 324 处旅游景区、3 家国家 5A 级旅游景区、7 座中国优秀旅游城市及 30 余座滑雪场，全省体育旅游、工业旅游、休闲旅游、民俗旅游、文化旅游等多种业态不断发展，旅游产业已经成为全省国民经济新的增长点和支柱产业（代海涛，2015）。2016 年吉林省全年接待游客 16578.8 万人，旅游总收入 2897.4 亿元。

4. 批发与零售服务业

批发和零售业是社会化大生产过程中的重要环节，既是决定经济运行速度、质量和效益的引导性力量，也是我国市场化程度最高、竞争最为激烈的行业之

① 《辽宁日报》（https://www.sohu.com/a/229593042_482792）。
② 黑龙江省旅游发展委员会：《黑龙江省旅游业"十三五"发展规划》。
③ 新华网（http://www.ln.xinhuanet.com/lh/lyyou/20161130/3556070_c.html）。

一。从宏观经济走势来看，地区居民收入水平整体上处于较快上升阶段，居民消费无论是从总量上，还是从结构上都有相当大的发展空间，为东北地区批发与零售行业的发展提供了良好的中长期宏观环境。2016 年，东北三省批发和零售行业增加值达到 5821.8 亿元，相较 2005 年增长 4252.8 亿元，年均增长 24.6 个百分点，行业发展具有良好的市场前景。其中，东北三省社会消费品零售总额在 2000~2016 年增长了 25474.5 亿元，同期批发和零售分别增长 7.5 倍和 7.2 倍。从各省发展态势来看，2005~2016 年，黑龙江省批发与零售行业增加值规模最大达到 344.8 亿元，高于吉林省和辽宁省，实现年均增速 31.3%，同样在三个省份中位居第一。

5. 住宿和餐饮服务业

近年来，东北地区住宿和餐饮服务业在经历行业结构变革的基础上，通过供给侧结构性改革和创新驱动发展，行业集中度不断增强，品牌企业在行业中的影响力不断增大，中档连锁、租赁式公寓、客栈民宿、快餐、团餐、特色餐饮、商场餐饮等新业态发展迅猛，并在旅游服务业迅猛发展的推动下成为传统生活性服务业中向现代服务业转型的先头兵。2016 年，东北三省住宿和餐饮行业增加值达到 1348.3 亿元，相较 2005 年增长 978.2 亿元，年均增长 24 个百分点，表现出良好的发展态势。分地区来看，黑龙江省住宿和餐饮行业增加值规模增长幅度最大达到 416.6 亿元，高于吉林省和辽宁省，黑龙江的年均增速（35.7%）同样在三个省份中排名第一。

6. 房地产服务业

伴随着整个中国经济发展的良好势头，房地产行业已成为发展最迅速、对地区经济影响最为重大的行业之一。东北三省作为传统的老工业基地，房地产业发展对于加快地区城镇化进程和推动城市转型发展起到了关键的作用。2016 年，东北三省房地产行业增加值达到 2130.8 亿元，同比 2005 年增长 1598.4 亿元，年均增长 27.3 个百分点，增长势头较为良好。从省份来看，辽宁省房地产行业增加值规模增长幅度最大达到 780.6 亿元，大幅度领先于黑龙江、吉林两省，但吉林省却以年均 29.5% 的房地产行业增加值增速位列三省第一。从行业发展关键指标来看，2000~2016 年，辽宁省房屋施工、竣工面积分别增长 764.7% 和 335.5%，均在三个省份中排名第一，可以看出辽宁省房地产行业的发展态势要相对好于吉林省和黑龙江省。

第三节　服务业发展空间格局

一、省域层面空间格局

1. 辽宁省：三大服务业产业集群协同推进

近年来，辽宁省遵循产业发展与区域功能融合发展基本规律，以推动服务业产业集聚发展为导向，初步构建起三大服务业产业集群，明确了各产业集群的发展定位，以更加充分发挥产业集群优势，引导全省服务业实现跨越式发展。一是沈阳经济区服务产业集群。该集群以沈阳现代服务业核心区、沈大沿线都市服务产业带、城际环线商贸流通产业带、通海大道临港服务产业带、沈抚生态文化旅游产业带、沈本科技服务产业带、沈铁工业走廊服务产业带和沈辽鞍服务产业隆起带（"一区七带"）为载体，定位重点发展知识技术密集型服务业、资本密集型服务业和新兴服务业。二是辽宁沿海服务产业集群。该集群以大连高端服务业先导区、航运中心临港服务产业带、锦州商贸服务业集聚区、百里海岸边境新区产业带、营口沿海物流产业带、辽河之滨服务产业带和葫芦岛绥中滨海经济带（"二区五带"）为载体，以大连东北亚国际航运中心建设为依托，定位发展以现代物流、现代商贸、金融保险、国际会展、信息技术、商务服务等为主的临港服务业。三是辽西北服务产业集群。该集群以阜新商贸流通服务产业带和朝阳物流旅游服务产业带为载体，定位发展现代物流、信息产业等具有资源优势的服务业和劳动密集型服务业，并承担着主动承接省内外传统服务业梯次转移的功能。

2. 吉林省：三级服务业城市梯次发展

"十二五"以来，吉林省依据城市不同级次稳步推动服务业空间布局优化，把城镇作为服务业发展的主要载体，推动不同区域服务业梯次发展、错位发展，在全省范围形成了大、中、小三级城市梯次发展的空间格局，城市对于全省服务业发展的重要支撑作用日益凸显。一级城市包括长春市和吉林市。作为重要的区域性中心城市，两市围绕建设国家重要的科技研发中心，文化创意中心，区域性商贸、物流、会展中心，金融中心以及国际一流旅游目的地和集散地战略目标，建成了一批层次高、业态新、功能全、领域广的现代高端服务业集聚示范区，平台建设不断强化，优惠政策加速落地，服务业发展的核心增长极地位不断提升。二级城市包括四平市、辽源市、延边州等地区中心城市。其以集聚发展为导向，立足特色资源、产业优势和城市支撑，大力培育起并建设好一批商贸物流、旅游休闲、文化教育、健康养生、金融商务、研发及广告创意等各类服务业集聚区、园区，并积极推动同类型、关联度高的服务业企业和资源要素逐步实现空间整合，服务业产业集聚化、集约化发展水平实现稳步提升。三级城市包括县级中心城市和较大的乡镇。结合全省明确提出的"特色化、差异化"发展道路，依托地区资源和区位优势，各县级中心城市和主要乡镇以特色商业街、特色园区、特色乡镇为载体，构建起一批与市级中心城市服务业发展产业配套、空间互动的特色服务业发展基地，地区服务供给能力和人民群众的生活水平不断提高。

3. 黑龙江省：城乡统筹服务业发展格局趋于完善

为积极响应国家提出的"推动实现区域协调发展"重大战略，黑龙江省依托区域比较优势和经济发展实际，逐步形成了统筹城乡、区域协调、产城融合、优势互补的城乡联动发展空间格局。一是城市服务业发展方面，全省以哈尔滨市为核心，大力发展金融保险、现代物流、信息服务、研发设计、教育科技等高端服务业，并积极打造以信息技术外包和业务流程外包为重点的服务外包基地，服务经济中心与战略高地建设步伐稳步推进；齐齐哈尔、牡丹江、佳木斯等中心城市以建设地区性中心城市为目标，积极引导科技、信息、研发、设计、商务服务等辐射效应较强的行业实现了快速发展，集物流、商流、信息流、资金流等于一体的地区行业体系不断完善；大庆市以现代物流、服务外包等为主要对象，加速与信息技术等新业态的融合发展，全市服务业升级换代步伐逐步加快；大、小兴安岭将生态旅游服务业作为驱动地区经济发展的主要动力；黑河、绥芬河、东宁、同江、抚远等口岸城市则充分发挥区位优势，大力建设口岸物流中心或园区，国际物流业发展取得初步成效。二是农村服务业发展方面，作为全国重要的商品粮基地和农业大省，黑龙江省以建立完善农业生产服务体系为重点，围绕农业产前、产中、产后服务，构建和完善以生产销售服务、科技服务、信息服务、物流服务和金融服务为主体的农村社会化服务体系，以满足农民需求与提高生活质量和水平为目标，不断加大对农村水、电、路等基础设施建设的投资，乡村农业观光、生态旅游、家庭旅馆等多种农村服务业业态实现落地生根，集商品零售、文化娱乐、医疗卫生、计划生育、养老托幼、体育健身等于一体的生活性服务业体系得以建立并不断完善。

4. 内蒙古自治区：四大服务业领域齐头并进

内蒙古自治区以加快构建适应全区经济社会发展的服务业体系为目标，以生产性服务业、生活性服务业、互联网产业和金融业四大领域为重点，不断加强服务业集聚区建设，全区服务业呈现发展提速、比重提高、水平提升的整体态势。一是生产性服务业方面，全区紧紧围绕"五大基地"建设，顺应制造业与服务业融合发展大趋势，不断推动生产性服务业向专业化和价值链高端延伸，制造业实现了由生产型向生产服务型的转变，现代物流、科技服务、信息技术服务、检验检测认证服务、融资租赁、电子商务等行业得到迅速发展；二是生活性服务业方面，全区以满足人民群众消费升级需求为导向，把握消费个性化、多样化特征，传统服务业态有效巩固，新型服务领域不断扩展，生活性服务业便利化、精细化、品质化发展特征日益彰显，旅游、商贸流通、房地产业、文化产业、体育产业、居民和家庭服务等产业重要性日益突出；三是信息服务业方面，全区依托云计算数据中心区位和规模优势，顺应"互联网+"发展大趋势，不断拓展互联网与经济社会各领域融合的广度和深度，云计算、大数据、物联网等产业得到加快发展；四是金融服务业方面，全区以做大金融产业规模、加强金融服务创新、提升金融服务实体经济能力为目标，初步构建起门类齐全、服务高效、安全稳定、适应经济社会发展多层次需求的金融服务体系。

二、区域性重要节点城市

1. 沈阳市

近年来，沈阳市以"超前谋划、统筹发展、集约发展、高端带动"为原则，围绕区域经济发展特点，不断深入强化政府引导，重点发展现代金融服务、现代物流服务和旅游会展等行业门类，初步形成三大现代服务业优势产业集群。一是金融产业集群，该集群以沈河区、和平区等为重点发展区域，铁西区、浑南区、皇姑区等为协同发展区域，重点发展产业金融、科技金融；二是现代物流产业集群，该集群以于洪区、浑南区、铁西区、苏家屯区等为重点发展区域，依托沈阳国际物流港、沈阳铁路综合货场、东北农产品冷链物流中心等重大项目，物流基础设施建设不断完善，区域配套功能逐步丰富，集国内外中转、采购、配送、进出口等于一体的综合型国际物流基地初步建成；三是旅游产业集群，该集群以国家级旅游业改革创新先行区试点建设为统领，深入贯彻全域旅游发展理念，全市旅游业"一核三区三道五廊"的空间格局初步明确。

2. 大连市

大连地处东北亚经济圈的中心，东与韩国、日本隔海相望，南与山东半岛隔海呼应，背依东北地区，既是我国北方重要的对外贸易港和东北地区最大的货物转运枢纽，也是东北腹地与国际市场连接的主要通道和航运服务中心。依托国务院关于东北老工业基地振兴战略和辽宁沿海经济带发展战略，大连依托"国家战略、北方门户、核心地位、龙头作用"发展定位，以建设"三个中心、一个集聚区"（国际航运中心、国际物流中心、区域性金融中心和现代产业集聚区）为发展目标，以"一核一轴两翼"总体布局为引导，以大连金融服务区等16个重点服务业集聚区（产业经济区）为载体，初步构建起全市服务业发展的空间格局（见表5-3）。

表5-3　大连市重点服务业集聚区概况

序号	集聚区名称	发展导向
1	大连金融服务区	重点发展金融、商务、会展、贸易等现代服务业
2	新机场空港商务集聚区	重点发展空港物流、商务、旅游以及临空产业
3	小窑湾国际商务区	重点发展港航物流、航运服务、金融、商贸商务等服务业
4	大连旅顺南路软件产业带	重点吸引软件和服务外包业、文化创意等服务业
5	大连生态科技创新城	重点发展科技研发、文化创意、工业设计、现代金融等服务业
6	星海湾金融商务区	重点发展期货、金融、保险、权益类交易等服务业
7	梭鱼湾先进制造总部集聚区	重点吸引船舶制造、石化装备、核电装备等企业总部
8	大连保税物流园区	重点发展保税物流、口岸物流、国际贸易等服务业
9	普兰店综合性服务业集聚区	重点发展商务商贸、国际会展、文化创意等服务业
10	凌水湾总部经济区	重点发展高新技术、金融服务外包、总部经济等产业
11	一二九街国际商务集聚区	重点发展商务商贸、会计、法律、融资、评估等服务业
12	香炉礁国际商贸物流集聚区	重点发展商贸、商务、物流等服务业
13	大连金渤海岸经济区	重点发展商务商贸、会议会展、休闲度假、文化娱乐等服务业
14	大连海洋信息产业经济区	重点发展导航、监测等产业
15	大连香洲田园城旅游文化产业区	重点发展旅游休闲、文化娱乐、健康养生等产业
16	大连瓦房店轴都新城生产性服务业集聚区	重点发展商贸、金融、研发、文化等服务业

3. 长春市

改革开放以来，特别是进入 21 世纪后，长春市连续出台了一系列加快发展服务的政策措施，依托净月国家服务业综合改革试点区、东北亚区域性金融服务中心等重点载体，全市服务业发展的"一核五区多组团"空间格局逐渐清晰。"一核"即城市"金核"，地处三环以内（不含开发区），由朝阳、宽城、南关、二道、绿园部分区域构成，主要发展金融、文化、总部经济等高端服务业业态和以商贸、餐饮为主的传统服务业。"五区"即五大服务业重点集聚区域，包括：①净月国家服务业综合改革试点区，重点发展总部经济、现代商务、生态休闲、信息服务、科研教育、影视传媒、服务外包和文化创意产业；②南部新城东北亚区域性金融服务中心，集中发展总部经济，与净月西区共同构建起集金融、文化、行政办公、商务总部、现代商贸于一体的城市 CBD 核心区；③莲花山生态旅游度假区，重点发展生态旅游、休闲养老、高端地产、商贸会展等现代服务业；④空港现代服务业创新示范区，重点发展国际商（事）务交流、国际会展、文化创意、临空临港服务等现代服务业；⑤西客站现代服务业集中区，初步形成西站现代商贸区、商务办公区、站前特色文化区、西城休闲游乐体验区等多个功能分区协调发展的局面。"多组团"即若干现代服务业组团，主要发展类型为现代物流、信息技术和科技服务、文化创意、旅游会展。

4. 吉林市

近些年，吉林市将服务业置于优先发展战略位置，相继出台了《关于加快服务业发展的若干意见》等文件，并致力于推动生产性服务业与生活性服务业融合发展，全市服务业呈现出一片繁荣景象。全市旅游产业以松花湖景区、北大壶冬奥村、朱雀山植物园等一批特色旅游资源开发项目为依托，以吉林市旅游集散中心等服务设施为载体，雾凇冰雪节、开江鱼美食节、吉林国际马拉松等旅游品牌价值和社会知名度不断提升，全市旅游市场和旅游产业不断壮大。全市信息服务业以云计算和软件外包产业为主导，截至 2016 年底大全软件外包服务基地已有20 余家软件企业入驻，高新北区创新科技城也有 30 余家信息软件类企业入驻，全市规模以上软件和信息技术企业已达到 17 家①。全市健康服务发展迅速，同康医院、华润综合医疗中心、祥康养老中心等一批健康养老项目加速落地，医养结

---

① 吉林省县域网（http://www.jlxy.gov.cn/news.aspx? id=168512）。

合、"互联网+"养老等健康养老服务新模式、新业态应用范围不断扩张，全市初步构建起以医疗卫生、养生养老、体育健身等健康服务产业为主体的康养服务产业体系。全市现代物流业稳步发展，安中、博宇、东北亚等专业物流园区趋于壮大，长吉图物流园、一网全城电商物流园等一批新物流园区正加紧建设或已开始运营，保税物流中心业务量稳步提升，口岸平台作用逐步显现，电子商务与物流快递协同发展试点工作也取得丰硕成果。全市现代商贸业基础设施进一步完善，昌邑万达商业广场、河南街商圈升级改造等重点项目加快推进，全市商业网点布局更加优化。

5. 哈尔滨市

从市区范围来看，哈尔滨市以四环为界，两侧布局的服务业发展导向和业态各不相同。其中，四环以内重点发展楼宇经济、创意产业、金融、休闲旅游、文化教育、城市物流等现代服务业，以及少部分都市型工业；四环外重点发展优势产业、战略性新兴产业和物流产业。从全市范围来看，哈尔滨市正初步形成"北跃、南拓、中兴、强县"的服务业发展格局。其中，"北跃"即城市北侧依托松北科技新城和利民开发区，重点打造新技术研发产业集群、新一代信息技术产业集群、新材料产业集群、新能源装备产业集群、大健康产业集群，积极发展金融商务、文化旅游、商贸物流业；"南拓"即城市南缘依托哈南工业新城，重点打造装备制造业集群、食品产业集群、电子信息产业集群、新材料产业集群、民用航空产业集群，积极发展商贸物流业；"中兴"即城市中部重点发展高技术服务、金融、物流、商务服务等生产性服务业，并优化提升都市旅游、文化、商贸等生活性服务业；"强县"即全市各县重点发展绿色食品产业和旅游业，培育发展特色产业，打造享誉全国的绿色食品产业集群。

6. 齐齐哈尔市

近年来，齐齐哈尔市通过发展旅游、体育、康养医疗等服务业培育地区经济发展新动能，全市经济结构得到调整，产业逐步实现转型升级。全市旅游产业深挖北纬47°景观产品优势，"一心两带"布局建设初步完成，五大产业链条工程得以完善，已基本融入"4+1联盟区域"、"哈尔滨一小时经济圈"和"东北旅游推广联盟"整体板块。全市体育产业充分运用冰雪体育运动黄金发展期，依托冰雪体育运动赛事平台，积极培育和引进国内外冰雪体育运动装备、器材制造企业，冰雪器材制造和场馆建设市场逐步兴旺，冰雪体育（运动）产业快速发展。全市现代中药产业大力吸引国内中药生产龙头企业进驻，并带动了全市中药材种植及加工、中成药生产、仓储、物流、交易市场等全产业链配套发展，服务业产业链条不断延展。依托生态环境、绿色有机食品、养老装备制造等比较优势，全市养老产业以"立足本地，辐射周边，面向全国的生态养老城"为目标，一批重大养老项目加快推进，集绿色有机食品、中医养生康健、旅游休闲购物、老年服务业态化于一体的养老产业发展格局初步形成，"鹤寿养生地、生态养老城"的养老品牌价值和知名度大幅提升。

7. 通辽市

通辽市位于内蒙古自治区东部，是内蒙古自治区东部和东北地区西部最大的交通枢纽城市，被自治区政府定位为省域副中心城市。近年来，通辽市服务业态发展势头强劲，现代物流业加速崛起，旅游业朝着规范化方向发展，服务业正逐步发展成为加快地区经济转型发展的"助推器"，为优化地区经济结构、增强城市综合竞争力、扩大就业、提高人民生活水平和生活质量等方面做出了重大贡献。全市旅游业充分整合了全市草原、沙漠、森林、湖泊、湿地等多类型地貌，深度挖掘乌力格尔、安代、赛马、博克、版画等多元民族文化，围绕蒙古服饰、蒙古音乐、蒙古建筑及民俗风情等民族要素全力打造富含蒙古族风情的特色旅游产品；全市商贸服务以老城区长春欧亚、五洲国际、万达广场和新城区日升日美、万力城、金都王府井六大商业集聚区为载体，商贸服物业发展水平稳步提升。全市物流服务业正加速形成"大进大出、优进优出"大物流格局，通—满—欧跨境货运班列正加速实现常态化运行。全市金融服务业以蒙东金融合作示范区为载体，地方性商业银行和民营银行协同发展，金融租赁、融资租赁等新业态不断更新。全市电子商务以建成覆盖城乡的电子商务公共服务网络为目标，各级电子商务产业园综合服务功能逐步完善，国家级电子商务进农村示范县项目建设进程不断加快。全市健康养老服务业依托一批医养结合型养老机构、居家和社区养老服务中心等产业化项目，政府公共服务和社会化服务实现结合、市场化运作。此外，健身休闲、竞赛表演等体育产业，科技咨询、会展服务、教育培训、家政服务等新兴服务业正在全市蓬勃兴起。

三、服务业功能区空间载体

服务业功能区是按照现代城市发展理念统一规划设计，依托交通枢纽和信息网络，以商务楼宇为载体，将相关的专业服务配套设施合理有效地集中，在一定区域内形成空间布局合理、功能配套完善、交通组织科学、建筑形态新颖、生态环境协调，充分体现以人为本的具有较强现代服务产业集群功能的区域。服务业功能区包括集聚区、经济区、产业新城、开发区等多种形式，其中集聚区已发展成为最主要的服务业功能区空间载体形式。

目前，东北三省城镇化水平不断提高，经济结构逐步优化调整，各地区服务业集聚区认定和建设工作有序推进。2015 年吉林省现代服务业集聚区共有 206 个，其中已建成现代服务业集聚区 56 个；辽宁省评审认定了 60 个省级服务业集聚区，并继续推进 100 个服务业集聚区建设。从集聚区类型来看，辽宁省以商贸流通、现代物流、信息软件、金融服务、文化服务、旅游休闲、商务服务、科技服务八大领域和行业业态为特色构建起现代服务业集聚区集群；吉林省 2013 年首批认定的 17 个省级现代服务业集聚区中，包括物流园区 5 个、软件及外包基地 4 个、文化创意产业园 4 个、大型专业市场 3 个、休闲旅游服务区 1 个；黑龙江省服务业集聚区涵盖金融保险、商旅文化、科技创新及复合型等多种类型（赵奚，2018）。

1. 沈阳金廊现代服务业集聚区

沈阳金廊现代服务业集聚区即沈阳市"中央都市走廊"，定位为沈阳市中央都市走廊，拟打造成为建筑标志化、环境生态化、道路景观化的现代服务业产业聚集区，国际大都市的形象展示区和东北中心城市的核心控制区，使其成为沈阳充满活力的生命中轴和创造新世纪辉煌的黄金走廊，是沈阳城市发展战略中的重要组成部分。集聚区地处沈阳市 CBD 核心地段，依次贯穿并串联起沈阳市纵向中轴线，包括道义南大街—黄河北大街—北陵大街—青年北大街（原北京街）—青年大街—青年南大街（原浑河大街），全长 25.3 千米，范围包括沈北、于洪、皇姑、和平、沈河、浑南六大市辖区。从空间结构与功能分区来看，集聚区分为辽宁省行政文化中心、城市政治经济中心和国际金融文化产业中心三大板块，其中，主要的现代服务业业态聚集在国际金融文化产业中心板块。目前，集聚区已建成为汇集金融、商务、商贸、会展、科技、文化、体育等多种现代服务业业态为一体的服务业集聚区，2015 年集聚区营业收入超过千亿元。

2. 沈阳国际软件园

沈阳国际软件园位于沈阳市浑南新城核心区，是东北乃至全国以工业软件为特色的软件产业集群密集园区，也是目前沈阳最大的开放性软件园区。园区先后被授予"2014年中国骨干软件园区十强"（第六名）、"中国首批智慧园区（九家）试点单位"、"国家火炬计划软件产业基地"、"国家863软件专业孵化器沈阳（浑南）示范基地"、"国家电子商务示范基地"、"中国软件和信息服务领军产业园区"、"工业软件研发与服务领军园区"、"2014年中国软件园区最佳产业环境奖"等荣誉资质，已发展成为东北亚地区颇具产业规模和影响力的软件与信息服务中心，同时也是沈阳经济区工业软件产业、电子商务产业、文化创意产业集群化发展的重要基地。园区产业以工业软件研发、云计算、物联网、电子商务、文化创意、移动位置服务、现代服务外包等为主导，主要业务涵盖工业、互联网、交通、能源、电信、电力、社保、金融、医疗等30多个领域。截至2017年第四季度，沈阳国际软件园已入驻企业819家，其中，世界500强企业40家，中国软件百强企业14家，上市公司及子公司69家，包括EMC、飞利浦、DELL、京东研究院、施耐德、西门子、LG CNS、NTTDATA、SK、腾讯·大辽网、亚信科技、上海贝尔、辽宁铁塔公司、沈阳铁塔公司等国内外知名软件企业及研发中心均已入驻①。

3. 哈尔滨科技创新城

哈尔滨科技创新城被誉为"中国北方智谷"，由哈尔滨高新区于2009年开始规划建设，总规划面积130平方千米，集聚区空间布局为"两园、三体系、五产业"。其中，"两园"包括科技创新园和科技产业园，科技创新园规划面积20平方千米，科技产业园规划面积110平方千米；"三体系"是指科技创新园内划分为技术研发、项目孵化、成果转化及为科技创新配套综合服务等区域，重点构建高新技术研发、高新技术孵化、高新技术市场三个体系；"五产业"是科技产业园重点发展的产业集群及业态，包括现代电子信息产业集群、生物医药产业集群、光机电一体化产业集群、新型材料产业集群、先进能源环保产业集群。经过7年多的发展建设，哈尔滨科技创新城已集聚起美国通用电气哈尔滨创新中心、中国科学院育成中心、黑龙江省工研院等200余家国内外研发创新机构，其中国家级机构占入驻总量的45.5%，同时，引进项目501个，亿元以上项目115个，一批新兴产业项目投产达效，成为新的增长点。目前，科技创新城"二期"正在谋划启动建设，规划用地面积643.6万平方米，重点建设航天工程园、碧海科技

① 沈阳国际软件园官网（http://www.sisp-china.com/more.aspx? lid=13&iid=58）。

园、电子信息园、软件技术创新园四个主体功能园区，打造中央商务区、综合服务区、产业孵化区、生态住宅区四个配套服务区。随着 2015 年哈尔滨新区正式批复，科技创新城将迎来更大的发展机遇①。

4. 大连中山金融服务区

2011 年 4 月，辽宁省政府在中山区设立了全省唯一一个省级金融服务区——中山金融服务区。随着新兴金融服务项目的不断扩展，为更好地发挥金融核心区作用，中山区在"十二五"期间以实施高端现代服务业发展战略为目标，通过打造立体经济园区，建立专业大厦，增强产业聚集度和辐射力，以总部金融、航运金融、互联网金融、私募投资基金及各类新兴金融业态为主导加速东港金融服务区建设，民生银行、中信银行、吉林银行、哈尔滨银行等金融机构相继入驻。截至 2015 年末，中山金融服务区共聚集金融和融资及中介服务类机构 200 余家，包括全市 57% 的银行机构和 73% 的保险机构，是东北地区金融机构种类最齐全、密度最大、开放度最高的金融集聚区②。其中，东港商务区已有日本欧力士金融总部、德意志银行亚洲区总部、建设银行、民生银行、吉林银行、鞍钢金融大厦等 8 个重点金融项目，中山金融服务区的功能和发展空间得到有效拓展。"十三五"期间，随着中山区金融产业服务链条的不断拓展完整和功能逐步完善，中山区作为大连区域性金融中心核心功能区的地位将更加巩固，实力进一步增强。

5. 沈阳国际物流港经济区

沈阳国际物流港位于沈阳经济区核心区域、沈阜城际连接带的龙头地带，规划总用地 35.4 平方千米，是辽宁省和沈阳市重点建设的物流产业园区。物流港以"立足沈阳、服务东北、辐射东北亚的商品仓储配送、分拨结算物流集散中心"为发展定位，创新公路、铁路、海运三位一体的多式联运服务模式，着力打造融合物流、商贸、信息和电子商务于一体的现代综合服务型物流园区。2016年，园区通过国家首批示范物流园区评审，成为东北地区唯一入选的全国 29 家国家示范园区。

园区确定了"三大分区"的功能布局，包括：①国际物流港务区，规划面积

① 《黑龙江日报》（https://heilongjiang.dbw.cn/system/2017/10/14/057808084.shtml）。
② 大连市人民政府：《大连区域性金融中心建设规划（2016–2020 年）》。

26.3 平方千米,重点建设铁路集装箱中心站、散货物流园、国际物流企业区、陆港物流园、综合保税区、港务区管理中心和配套生活区;②现代商贸集聚区,规划面积 17.6 平方千米,主要包括企业总部、大型商贸市场、产品加工、商贸配送、商住配套等功能;③城市服务功能区,规划面积 16.8 平方千米,重点发展酒店会展、商业金融服务、电子商务、商住地产、文化体育等服务性行业,是地区商务中心和服务中心。在三大功能区的基础上,园区进一步确定了"一核二廊六轴"的功能架构。其中,"一核"即行政商务核心区,"二廊"即国道 304 十里商贸走廊和新蔡公路两大"物流产业走廊","六轴"即以中央景观湖为核心形成六条星型放射景观轴。

6. 中国(大连)跨境电子商务综合试验区

2016 年 1 月,大连等 12 个城市获批设立跨境电子商务综合试验区。作为东北地区首家跨境电商综合试验区,也是东北最大的跨境电商产业园,中国(大连)跨境电子商务综合试验区将着力发挥大连区位、产业、贸易、港口等优势,面向大连及周边区域促消费、稳出口、调结构的重大需求,紧抓"一带一路"发展契机,加速构建跨境电子商务产业生态体系,以跨境电子商务 B2C 为突破口、B2B 出口为重点,在跨境电子商务的监管模式、技术标准、业务流程和信息化建设等方面先行先试,通过制度创新、管理创新、服务创新,探索一批可复制、可推广的经验,实现大连跨境电子商务率先发展和突破,形成引领东北、辐射东北亚、面向全球的跨境电子商务发展格局。截至 2016 年,中国(大连)跨境电子商务综合试验区已吸引 1100 多家企业入驻。

从空间布局来看,中国(大连)跨境电子商务综合试验区将依托各先导区、区市县,打造区域性跨境电子商务产业园区,总体布局为"一带两翼,全域发展"。其中,"一带"是指以从南向北的旅顺口区、市内四区、金普新区、普兰店区作为跨境电子商务综合产业带,布局跨境电商综合产业发展,在金普新区打造核心功能区。"两翼"是指以庄河市、花园口为东翼,形成新材料、农产品、海产品跨境电子商务产业园;以瓦房店市、长兴岛经济开发区为西翼,布局石化、木材等大宗商品和轴承等装备制造业跨境电子商务产业园。全域发展是指通过"一带两翼"的布局,带动和支撑周边区域乃至整个跨境电子商务综合试验区。园区将重点建设大窑湾保税港园区、双 D 港园区、高新区园区、长兴岛园区、花园口园区、普湾园区、中山园区、西岗园区、沙河口园区、甘井子园区、旅顺口园区、瓦房店园区、庄河园区 13 个园区，并形成各具特色又相互协同的发展局面①。

第四节　服务业发展态势

一、环境与政策叠加优势

1. "一带一路"倡议

"一带一路"指"丝绸之路经济带"和"21 世纪海上丝绸之路"，是中国为推动经济全球化深入发展而提出的国际区域经济合作新模式，其核心目标是促进经济要素有序自由流动、资源高效配置和市场深度融合，推动开展更大范围、更高水平、更深层次的区域合作，共同打造开放、包容、均衡、普惠的区域经济合作架构。2015 年 3 月 28 日，国家发展改革委、外交部、商务部联合发布了《推动共建丝绸之路经济带和 21 世纪海上丝绸之路的愿景与行动》（以下简称《行动》），对"一带一路"建设的时代背景、共建原则、框架思路、合作重点、合作机制等做出了顶层设计，并谋划了东北地区融入"一带一路"建设发展的路径。《行动》明确指出：要发挥内蒙古联通俄蒙的区位优势，完善黑龙江对俄铁路通道和区域铁路网，以及黑龙江、吉林、辽宁与俄远东地区陆海联运合作，推进构建北京—莫斯科欧亚高速运输走廊，建设向北开放的重要窗口。同时，针对重要节点性城市，《行动》还提出要加强上海、天津、宁波—舟山、广州、深圳、湛江、汕头、青岛、烟台、大连、福州、厦门、泉州、海口、三亚等沿海城市港口建设。为更好推动地区加快融入"一带一路"发展，东北地区"三省一区"应当积极响应国家总体安排与部署，充分发挥自身优势与地区特色，不断优化地区服务业发展空间布局，推动地区服务业实现区域协调发展。

对于东北地区"三省一区"而言，其在"一带一路"中的发展定位和导向各不相同。辽宁省需要通过积极建设中蒙俄经济走廊、"辽满欧"物流大通道和锦州港—乔巴山出海铁路"三大通道"，推进国家级、省级境外经贸合作区等服务业

---

① 辽宁省人民政府：《中国（大连）跨境电子商务综合试验区实施方案》。

发展平台建设，大力推动对外贸易发展，以在沿线国家投资办厂的模式带动辽宁省相关产品出口，大力发展服务业外包，把工程承包与建设运营结合，加快地区对外贸易合作与发展步伐。吉林省需要将发展重心放在推动地区口岸经济发展方面，依托位于延边州的珲春市和图们市等边境口岸城市，加强珲春—俄罗斯—日本、珲春—俄罗斯—韩国、中俄珲春—马哈林诺铁路等通道建设，并协同推进连通蒙古国、图们—朝鲜清津港等陆海运航线的开发工作，引导口岸经济发展成为吉林经济振兴发展的新支柱产业，有力地提升吉林省在东北地区乃至东北亚经济版图中的地位。黑龙江省将以建设"一核四带一环一外"产业发展空间格局为目标，一方面围绕哈（满）俄欧通道、哈（绥）俄日韩陆海联运通道、哈连日韩陆海联运通道、哈尔滨陆港空一体口岸建设、绥芬河铁路口岸改造、同江铁路口岸开放和黑瞎子岛公路口岸设立等重点项目，进一步完善口岸交通、仓储配送、电子信息等基础设施；另一方面加快推进金融服务平台建设，建设以对外金融为重点的现代服务业产业体系，开展国内外结算、境内外融资、代理进出口保险、跨境投资并购咨询等多种类型的现代金融服务业，将哈尔滨打造成为面向俄罗斯、辐射东三省、联结东北亚的区域性金融服务中心。内蒙古将结合已出台的《内蒙古自治区创新同俄罗斯、蒙古国合作机制实施方案》、《建设向北开放桥头堡和沿边经济带产业发展规划》以及《深化同俄蒙经贸合作和人文交往的意见》等文件，通过深化推进政策落实，不断提高内蒙古同俄罗斯、蒙古国的合作水平，积极拓展合作领域，加快将蒙东地区打造成为中蒙俄经济走廊的重要支点、能源资源战略合作的重要枢纽和人文交流的重要平台的步伐。

2. 中蒙俄经济走廊建设

中蒙俄经济走廊是"一带一路"倡议的重要组成部分和关键联通通道。国家发展和改革委员会确定的中蒙俄经济走廊分为两条线路：一条是从华北京津冀地区到呼和浩特，再到蒙古和俄罗斯；另一条东北地区从大连、沈阳、长春、哈尔滨到满洲里和俄罗斯赤塔。两条走廊互动互补形成一个新的开放开发经济带，统称为中蒙俄经济走廊。建设中蒙俄经济走廊的关键，是把丝绸之路经济带同俄罗斯跨欧亚大铁路、蒙古国草原之路倡议进行对接，加强铁路、公路等互联互通基础设施建设，推进通关和运输便利化，构建统一的区域经济共同体。表5-4所示为中蒙俄经济走廊重点项目。

表 5-4　中蒙俄经济走廊重点项目

项目名称	项目概况	项目定位
中蒙二连浩特—扎门乌德跨境经济合作区	位于中蒙国界两侧的毗邻接壤区域，紧邻二连浩特—扎门乌德边境口岸，规划总占地面积 18 平方千米，中蒙双方各 9 平方千米	通过"两国一区、境内关外、封闭运行"模式，打造集国际贸易、物流仓储、进出口加工、电子商务、旅游娱乐及金融服务等功能于一体的综合开放平台
满洲里综合保税区	规划建设面积 1.44 平方千米，地处满洲里市公路口岸、铁路口岸和航空口岸三大口岸的中心交会处，地理位置极为优越，总投资 4.6 亿元	以现代物流、保税仓储、国际贸易和保税加工四大产业为重点，打造内蒙古自治区乃至全国重要的生产服务基地、国际物流集散地、大宗商品交易地、制造业加工出口基地和国际展览展示中心
策克口岸跨境铁路	项目于 2016 年 5 月 26 日正式开工建设，是中国实施"一带一路"倡议后通往境外的第一条标准轨距铁路	与国内的京新铁路、临策铁路、嘉策铁路及拟建的额酒铁路相连，成为中俄蒙经济走廊的西翼和第四条欧亚大陆桥，打造中国第一大陆路口岸和蒙古国最大口岸
中蒙"两山"铁路	连接中国内蒙古阿尔山市至蒙古国东方省乔巴山市	形成珲春—长春—乌兰浩特—阿尔山—乔巴山市—俄罗斯赤塔，最后与俄罗斯远东铁路相连的一条新欧亚大陆路桥
莫斯科—喀山高铁项目	"俄罗斯（莫斯科）—中国（北京）"欧亚高速运输走廊的重要组成部分，全长 770 千米，穿越俄罗斯的 7 个地区	经过叶卡捷琳堡、哈萨克斯坦首都阿斯塔纳至中国境内的乌鲁木齐，并最终融入中国"八纵八横"高速铁路网络
乌力吉公路口岸建设项目	位于阿左旗乌力吉苏木西北地区，处于中蒙交接的中心节点	打造联通中国、蒙古国、俄罗斯最便捷的陆路大通道，也是三大欧亚大陆桥和"一带一路"的重要枢纽节点和实现"北开南联""西进东出"的重要枢纽

3. 新一轮东北振兴战略

2016 年 11 月发布的《东北振兴"十三五"规划》提出：积极发展生产性服务业。大力发展现代物流业，完善物流信息平台和标准化体系。加快建立多层次的资本市场，鼓励发展直接融资，推动上交所、深交所在东北地区设立办事处。提升大连商品交易所国际化水平和服务功能，建设全球重要的期货交易中心。积极发展工业设计和创意、工程咨询、知识产权、售后服务、检验检测认证、人力资源服务等现代生产性服务业。推进软件外包产业向高端化发展，建设面向东北亚、辐射全球的软件基地。积极发展会展业，依托中心城市，建设东北亚会展发展新高地。开展以生产性服务业为重点的国家服务业综合改革试点。提升生活性服务业品质。顺应群众期盼，以改革创新增加生活性服务业有效供给，培育旅游、文化、体育、健康、养老等新消费增长点。强化旅游基础设施建设,大力发展生态、工业、边境、文化和滨海旅游,推动全域旅游发展,打造国际知名旅游目的地。建立健全健康养老服务体系,打造"候鸟式"休闲康养基地,推进沈阳、长春、哈尔滨、齐齐哈尔等地开展康养服务业综合改革试点。支持符合条件的城市申报国家历史文化名城,加强传统村落和民居的保护。加快发展现代文化产业,积极发展网络视听、移动多媒体等新兴产业,推动影视制作等传统产业转型升级,推进文化业态创新,扩大和引导文化消费。积极发展体育产业,大力发展冰雪产业。鼓励发展温泉疗养、康体保健、中医理疗等健康养生产业。

二、总体趋势与主要特征

1. 服务业发展新理念与新模式

从服务业行业发展趋势来看,服务业发展的新理念和新模式必将异军突起。一是业态创新发展。东北地区全面深化改革已经并将持续催生产业发展创新业态模式的诞生,货运公司向物流公司的升级、代理记账公司向综合新财务公司的转变、一般性人力资源信息公司向人才猎头公司的进化都体现了这一种趋势。二是"互联网+"融合发展。依靠信息技术的进步,生产性服务业行业,如现代金融、科技研发、文化体育等纷纷实现与物联网、大数据、云计算、人工智能等的融合发展,扩展原有服务框架,高效整合内外资源,提升服务的信息化含量和经济附加值。三是外包定制发展。生产性服务业行业将服务触角延伸到制造企业研发设计外包、信息管理外包、人力资源培训外包、产品销售外包等,根据制造企业的需要提供各种定制化服务,推动与实体经济间的深度融合发展。四是园区配套发展。园区经济发展模式从工业领域延展到服务业领域,经济技术开发区、高新技术产业开发区等将实现蓬勃发展,城市商圈、楼宇经济等也将成为服务业发展的重要空间载体。五是区域专门化发展。该模式以发展某一类服务业为主进行规划、设计和建设,如以港口为中心的港物流园,以机场为中心的空港物流园、金融商务区、企业总部基地等,具有高度的产业专门化和空间固定化特征。

2. 服务业企业的"四化"转变

伴随传统服务业与新兴服务业融合发展步伐的不断加快,信息技术的发展也不断推动着服务业企业的快速成长,其在产业经济活动过程中的角色将经历从产业发展的从属者向产业资源的整合者转变,服务业企业发展的模式复合化、平台综合化、支撑数据化、手段金融化转变态势将逐步加快。一是从单一的服务业业务结构向多元业务模式的转变。信息技术，特别是大数据、云计算、物联网等新技术的发展和普及正对企业的运营模式、组织结构、资源配置方式带来诸多变革，传统单一的服务业务领域和服务模式将遭受巨大的冲击，尤其是实体零售、银行服务等传统服务业模式先后经历了电子商务、互联网金融等的"洗礼"，传统服务业业态与新兴服务业业态将不断走向联动、融合、多元的发展道路，新零售、智能物流、"金融+科技"等新兴业态和模式将不断涌现。二是从提供产品向提供服务的综合化平台转变。服务业企业的平台化发展将依赖于其对物流、信息流、资金流、商流、业务流等资源要素的整合、传递和服务等多功能的实现，进而构建起一个完善的、成长潜能强大的、多方群体有效互动的平台生态圈，以实现一站式、一体化服务。三是从传统的资费服务到数据深度挖掘的转变。互联网技术的进步使各种信息数据实现了互联互通，开展信息背后数据价值的挖掘，将有助于深入分析和利用分散于产业链条各节点的潜力和机遇，探寻隐藏信息背后所蕴含的潜在经济和市场需求，对信息的收集、处理和深度挖掘将推动服务业发展的进一步繁荣。四是金融将成为企业借力发展的重要手段。随着现代金融服务的兴起和产融结合的广泛应用，一批多元化投资企业不断涌现，服务业企业运用金融手段服务于实体的趋势日渐明显。企业是产业链条中的重要环节，不断优化资金流的利用效率是企业的义务和目标，伴随着"互联网+金融""供应链+金融""生态+金融""产业+金融"等模式的出现，金融服务的现实需求得到充分发挥，金融工具将成为新兴服务业模式发展的重要手段。

3. 区域格局演化的集聚和扩散效应

从总体上看，下一阶段东北地区服务业发展的空间格局演变仍将遵循"集聚为主，有限扩散"的主基调。"集聚效应"仍将是东北地区下一阶段服务业经济地域运动的首要形式，其将主要发生在以"一纵三横"为主体的发达地区。其中，"一纵"是哈尔滨—大连发展轴，包括大连、营口、沈阳、四平、长春、哈尔滨等城市。"三横"分别是辽宁南部沿海发展轴，包括大连、营口、盘锦、锦州、葫芦岛等城市；长吉图发展轴，包括长春、吉林、通化、延边等城市；哈大齐牡发展轴，包括哈尔滨、大庆、齐齐哈尔、牡丹江等城市。现阶段，"一纵三横"地区是东北服务业发展水平较高的地区，地区服务业发展基础较好，政策优势明显，对于地区发展要素流动和政策指向具有明显的引导作用，集聚能力强，是未来服务业集聚发展的主要地区和空间载体。而在部分地理空间邻近上述地区，而又具备一定发展基础的地区，如松原、四平、通辽等，有望通过积极建设服务业转移平台，积极承接"一纵三横"乃至京津冀地区的服务业转移浪潮，发挥好地区对于服务业转移、扩散的承接和吸引功能，推动地区与"一纵三横"地区实现协同、联动发展。此外，随着国际和周边发展形势的改善、国家宏观战略的深入推进，部分沿边、沿海地区和城市区位优势有望得到强化提升，使地区服务业发展实现异军突起成为可能。

三、战略导向与实施路径

1. 产业融合发展

推动服务业与其他产业融合发展要以产业升级需求为导向，着力提高生产性服务业的专业化发展能力，构建与制造业、农业交叉融合的产业协同发展体系，培育产业融合发展的新模式、新业态、新产业，促进产业网络化、智能化、协同化、服务化发展。一是要紧扣产业价值链的核心环节，支持服务企业利用信息、创意、营销渠道等优势，向制造环节拓展业务范围；二是要推动生产性服务业细分行业的要素优化配置和服务系统集成，有效发挥平台型、枢纽型服务企业的作用，带动小微企业发展；三是要鼓励有条件的制造企业进行柔性化改造，逐步向设计咨询、设备制造和采购、施工安装、维护管理等一体化服务总集成总承包商转型；四是要培育多元化农村产业融合主体，增强生产性服务业对推进农业供给侧结构性改革、发展现代农业的支撑能力。

2. 创新驱动发展

加快服务业创新发展，以服务创新促进经济创新转型。一是加大政策扶持力度。东北地区服务业发展整体较为滞后，政府要逐步加大资金支持力度，对于现代新兴服务业、创新型企业和主体功能区进行重点扶持。加大财政在生产性服务和公共服务领域的投入，鼓励和发展重点行业、重点区域和重点项目，引导社会资金向服务业投入，重点推进金融服务业、研发设计服务业、第三方物流业、信息服务业、节能环保服务业、检验检测认证服务业、电子商务服务业、人力资源服务业的发展。二是加快发展生活性服务业。推进生活性服务业向精细和高品质转变，积极发展文化创意、家庭服务、商贸流通、医疗服务、养老健康等服务业。三是培育壮大新兴服务业。依托现代高新技术，积极培育"互联网+"服务新业态，着力培育新兴服务业态向高附加值方向发展。四是加快传统服务业改造。利用现代化的新技术、新业态和新服务方式改造传统服务业，催生服务业新产业、新业态、新技术、新模式。五是加大金融政策扶持力度。创新金融服务衍生品，鼓励金融机构对服务业尤其是中小企业提供快速畅通的融资渠道。

3. 开放合作发展

东北地区推动服务业开放合作发展，要实施更加积极主动的开放战略，全面提升开放层次和水平，不断拓展发展领域和空间。一是扩大向东北亚区域及发达国家开放合作，加强东北振兴与俄远东开发的衔接，启动中俄远东开发合作机制，推动在能源、矿产资源、制造业等领域实施一批重大合作项目，按照国务院批复方案加快筹备中俄地区合作发展（投资）基金，支持哈尔滨打造对俄合作中心城市。发挥地缘和人文优势，务实推进对韩国、蒙古国、日本、朝鲜合作，支持大连设立中日韩循环经济示范基地。扩大面向发达国家合作，建立中德政府间老工业基地振兴交流合作机制，推动中德两国在沈阳共建高端装备制造业园区。提升中新吉林食品区合作层次。二是打造一批重大开放合作平台，支持大连金普新区建设成为我国面向东北亚区域开放合作的战略高地，根据需要将省、市经济管理权限下放至新区。研究设立绥芬河（东宁）、延吉（长白）、丹东重点开发开放试验区，支持满洲里、二连浩特重点开发开放试验区和中国图们江区域（珲春）国际合作示范区建设，在具备条件的地区建设综合保税区和跨境经济合作区。加强重点边境城市建设，增强对周边地区的辐射力和吸引力。支持铁岭等地建设保税物流中心，促进东北腹地与沿海产业优势互补、良性互动。三是完善对外开放政策。给予东北地区符合条件的企业原油进口及使用资质，赋予黑龙江农垦粮食自营进出口权。增加从周边国家进口石油、粮食等权益产品配额，鼓励在边境地区开展进口资源深加工。完善边境小额贸易专项转移支付资金政策。优先支持东北地区项目申请使用国际金融组织和外国政府优惠贷款。推动哈尔滨、长春机场等对部分国家和地区实行 72 小时过境免办签证政策。加快建设大连东北亚国际航运中心。四是加强区域经济合作。推动东北地区与环渤海、京津冀地区统筹规划，融合发展。完善东北四省区区域合作与协同发展机制，探索部门与地方协同推进合作的有效渠道，健全推进落实措施，深化多领域务实合作。大力推进东北地区内部次区域合作，编制相关发展规划，推动东北地区东部经济带，以及东北三省西部与内蒙古东部一体化发展。

4. 区域协调发展

区域协调发展战略既是党的十九大报告中提出的国家重大战略之一，也是推动东北地区服务业发展的根本要求和必然路径。实现东北地区服务业协调发展要找准两个基准面：一是推动东北地区实现与东部、中部以及西部地区的"四大板块"协调发展。东北地区，特别是靠近京津冀地区的辽宁省，要紧紧抓住京津冀协同发展和疏解北京非首都功能的重要机遇，通过加快服务业产业转移平台建设，加大招商引资投入力度，不断完善地区招商引资扶持政策，吸引具有全国影响力的重点服务业企业、园区向东北地区实施转移，提升东北地区服务业发展的规模和质量，提升服务业产业发展的品牌知名度和区域影响力。二是要不断推动东北地区内部"三省一区"以及各省区之间实现区域协调发展。首先，东北地区服务业发展要以沈阳、大连、长春、吉林、哈尔滨、大庆、通辽、赤峰等区域中心城市为依托，通过区域中心城市的服务业总量规模和经济效益优势，夯实地区服务业发展基础，并推动服务业向营口、盘锦、鞍山、四平、通化、齐齐哈尔、呼伦贝尔等地区性城市延伸，使地区服务业重点工程、重大项目、基础设施等发展要素实现较高水平的地域覆盖，同时注重各级县、镇和重点村的服务业特色化和差异化发展；其次，要推动打造一批具有较好行业带动能力、集聚效应和示范作用的服务业集聚示范区，覆盖国家级、省级、市级等各级体系，通过园区拉动产业发展，走产城融合的集约、节约化发展道路；最后，区域协调发展需要依靠区域之间的交流与合作，通过区域协作组织、服务业行业协会等合理、有效配置地区发展资源，提升地区服务业协调化、一体化发展水平。

参考文献

[1] 曲晓范. 近代东北城市的历史变迁 [M]. 长春：东北师范大学出版社，2001.

[2] 宋玉祥，陈群元. 20 世纪以来东北城市的发展及其历史作用 [J]. 地理研究，2005（1）：89-97.

[3] 陈玉梅，张奎燕，金潮. 改革开放前东北地区城镇体系的形成及特点 [J]. 当代中国史研究，2006（5）：116.

[4] 刘涛. 典型工业化国家服务业发展的阶段特征与结构演变 [J]. 现代产业经济，2013（8）：63-73.

[5] 李维尊. 发展科技服务业促进东北地区创新能力提升研究 [D]. 吉林大学硕士学位论文，2017.

［6］赵英霞.促进东北地区物流业转型升级的对策［J］.哈尔滨商业大学学报（社会科学版），2015（1）：60-67.

［7］代海涛.吉林省旅游产业发展现状及对策分析［J］.商业经济，2015（1）：71-72，117.

［8］赵东霞，赵彪，周成.东北地区生产性服务业集聚的空间差异研究［J］.生产力研究，2015（7）：69-74，161.

［9］国家发展和改革委员会.推动共建丝绸之路经济带和21世纪海上丝绸之路的愿景与行动［EB/OL］.http://www.mofcom.gov.cn/article/resume/n/201504/20150400929655.shtml.

［10］国务院.国务院关于印发服务业发展"十二五"规划的通知［EB/OL］.http://www.gov.cn/zwgk/2012-12/12/content_2288778.htm.

［11］国务院.国务院关于近期支持东北振兴若干重大政策举措的意见［EB/OL］.http://www.gov.cn/zhengce/content/2014-08/19/content_8996.htm.

［12］国务院.中共中央国务院关于全面振兴东北地区等老工业基地的意见［EB/OL］.http://www.gov.cn/zhengce/2016-04/26/content_5068242.htm.

［13］国家发展和改革委员会.国家发展改革委关于印发东北振兴"十三五"规划的通知［EB/OL］.http://www.ndrc.gov.cn/zcfb/zcfbghwb/201612/t20161219_830406.html.

［14］孙敬之，吴传均，李振泉等.东北地区经济地理［M］.北京：科学出版社，1959.

［15］金凤君等.东北地区振兴与可持续发展战略研究［M］.北京：商务印书馆，2006.

［16］金凤君等.东北地区发展的重大问题研究［M］.北京：商务印书馆，2012.

［17］孙浩进，董正杰.东北老工业基地服务业发展的战略思考[J].中国市场，2016（52）：84-89.

［18］关伟，曹佳宾，许淑婷.东北三省服务业发展空间极化的演变及驱动因子分析［J］.地理科学，2015，35（6）：733-741.

［19］陈英姿.东北地区现代服务业的空间分布及区域融合研究［J］.吉林大学社会科学学报，2012，52（2）：150-156.

［20］赵昊.东北三省现代服务业集聚区发展研究［J］.合作经济与科技，2018（3）：15-17.

［21］高子贺.中国东北地区现代服务业的发展与整合［D］.吉林大学硕士学位论文，2012.

第三篇

第六章　城镇化过程与城市发展

东北地区是我国城市化水平较高的地区之一，在全国城镇化进程中占据着重要地位。近现代独特的区域开发和工业化过程塑造了东北地区特色突出的城市经济、社会、文化和景观特征，以及地域特色突出的城镇化机制、途径和模式。经过上百年的发展和演化，东北地区形成了以哈大铁路沿线为轴线，以辽中南城市群、吉中城市群、哈大齐城市群为核心的区域城镇体系。东北地区城镇化发展存在质量不高、动力不足、城市群经济实力弱、老工业城市转型困难、乡村城镇化落后等诸多问题和挑战，未来发展必须探索出符合区情的内涵式、质量型的新型城镇化道路。

第一节　区域城镇化过程与格局演化

一、中华人民共和国成立前的城镇化进程

1. 城市化起步

早在战国时期东北地区就出现了城镇，主要分布在辽西地区。清朝入主中原以后，因本区为"龙兴之地"封禁长达 200 余年。与关内地区相比，古代东北地区城镇发展十分落后，城镇化兴起与快速发展主要是在近现代（邓伟等，2004）。19 世纪下半叶至 20 世纪初，清王朝已呈现出明显的衰败之势。鸦片战争后，帝国主义工商业开始侵入中国，刺激了民族资本主义的发展。根据中英《天津条约》，1861 年营口正式开埠通商，成为东北地区首个对外通商口岸。从此，资本

主义工商业开始大举进入东北地区，标志着城市化机制的转变。甲午战争之后，沙俄趁机攫取了中东铁路的修建权，1903 年中东铁路（满洲里—哈尔滨—绥芬河，哈尔滨—大连）的通车在客观上促进了东北地区经济发展和城镇化进程，也确立了整个东北地区城市空间分布骨架，引导沿线城市经济向具有近代和现代意义的产业方向发展，对东北现代城镇化兴起具有全局性的重要意义。在中东铁路通车的同年，在东北地区由民族资本修建的第一条铁路（山海关—沈阳）开通，对沿途城市化和遏制帝国主义侵略都起到了积极作用。在 1875~1907 年，东北地区总人口由 550 万人增长到 1677 万人，城镇由 10 多个发展为 75 个，城镇人口由 30 万人增长到 150 万~180 万人，城镇人口占比由 5.45% 提高到 10% 左右。

2. 资本主义工商业城市化

20 世纪初至 20 世纪 30 年代初，东北城市化是在殖民地半殖民地的社会背景下进行的，城市化动力来自两个方面：一方面是满铁附属地的形成和扩大，另一方面是清末东北"新政"和民国初期民族资本主义的发展。1905 年日俄战争后，日本攫取中东铁路长春—大连段及其附属地带的经营管理权，建立了具有殖民地性质的"满铁附属地"，引入先进工业技术带动了城市人口增长和建设用地扩大，客观上促进了城市发展建设。与此同时，垂亡的清政府为抵制帝国主义进一步侵略而在东北实施"新政"，对东北城市尤其是大城市中心区改造建设和边贸城市发展起到了促进作用。其中，商埠地开发建设改善了城市基础设施，提高了中国人自己管理城市的水平，同时使距铁路沿线较远地区得到了发展，在宏观尺度上平衡了地区城市布局，推进了区域城镇化水平的提高，也成为民族工商业的增长点。到 1931 年，东北地区总人口 2990 万人，城镇已有 120 多个，城镇人口 320 万~350 万人，占地区总人口的 11.5%。

3. 殖民地城市化

"九·一八事变"以后，日本占领东北全区，出于对东北地区长期殖民统治的目的，大肆修建铁路，并对东北地区城市开始全面的规划建设。这期间，城市建设重点放在长春、沈阳、哈尔滨和吉林 4 个大城市。特别是伪国都"新京"的大规模建设，把长春建设成一个近现代化水平较高的城市。同时，沈阳、哈尔滨和吉林市的规划建设也使城市功能分区和城市基础设施水平有了大幅度的提高。此外，处在重要战略位置的口岸城市也得到了发展。到 1942 年，东北地区总人口达到 4550 万人，城镇已发展到 300 多个，其中规划较大的城镇 100 多个，51 个城市得到规划建设，城镇人口达到 1085 万人，占地区总人口的 23.8%。

日本战败投降后，苏联红军单方面把许多本应属于中国人民的城市发展的重要资产作为"战利品"劫掠回国，从而使城市工业生产陷入停滞。此后东北地区进入了国共两党的战争状态。20 世纪 40 年代末是东北地区城镇化遭到严重破坏并倒退的阶段。

二、中华人民共和国成立后的城镇化

1. 改革开放前的城市化

中华人民共和国成立以后，国家推行重工业优先发展战略，由于东北地区工业基础雄厚，成为主要建设基地之一。在"一五"时期，国家重点建设的 156 个项目中有 56 项布局在东北地区，这些项目从根本上固化了东北地区城市的重化工业职能，塑造了东北地区城市化特征。从"一五"时期到 20 世纪 70 年代末，在高度计划经济的条件下，城市重化工业得到了持续的加强，城市规模迅速扩大，城市数量增加，城市化水平迅速提高，但同时也造成了城市职能单一，结构雷同，形成了 40 个左右的资源型城市，轻工业和商贸服务业发展落后，城乡经济联系薄弱，城乡差距扩大，生态环境问题突出等问题。历史地看，这一阶段城镇化的驱动力主要有资源禀赋、历史基础、地缘政治、国家需求和城镇化方针五个因素（邓伟等，2004）。到 1987 年，东北地区拥有 30 个城市，地区非农业人口比重达到 32.67%。

2. 改革开放后的城镇化

改革开放以后，东北地区城市化总体上取得了快速发展，但是与国内其他地区相比，由于本区计划经济最彻底，国有经济比重最大，在由计划经济向社会主义市场经济转型的过程中，城市化速度相对较慢。1978~2000 年，东北地区城镇化率年增长率为 0.69%，不但大幅度落后于东南沿海发达省市年均增速 1.5%~2.5%的水平，还落后于全国平均水平（邓伟等，2004）。另外，东北地区城市化质量不高，城市服务业发展落后，城市功能不健全，乡村城镇化严重落后，呈现出典型的城乡二元结构的特征（张平宇，2013）。但东北地区总体上的城镇化水平仍领先于全国平均水平，到 2003 年东北地区城市化率达到 44.8%，共有城市 101 个，其中非农业人口超过 100 万的特大城市有 8 个（王士君等，2006）。

2003 年国家提出振兴东北地区等老工业基地战略以来，东北地区在资源型城市转型、城市老工业区改造、棚户区改造、塌陷区治理等方面取得了显著成效，体现了东北地区老工业基地城镇化向深度推进，正在从传统城镇化转向新型城镇化。东北三省城镇化速度略有提高，城镇化率呈现平稳的增长态势，2010年东北三省城镇人口比重达 57.68%。与 2000 年相比，城市规模结构发生变化，50 万~100 万人口大城市数量增加了 5 个。2015 年东北地区城镇人口比重达 61.5%，比全国平均水平（56.1%）高约 5 个百分点，共有城市 99 个。

三、城镇体系形成与格局演化

1. 铁路修建确立了城市分布的骨架

1840 年鸦片战争以前，东北地区城镇规模较小、地区结构简单，多为封闭式城堡，街道呈棋盘式和十字街道，城市呈稀疏点状分布。这些城镇有的发展中断，成为古城遗迹，有的发展缓慢，成为今天城市的雏形。

19 世纪中期以后，帝国主义入侵和外国资本大量输入对东北地区区域开发产生了深刻影响。1870~1943 年，中国政府投资、中外合资和日伪政府在东北地区修筑了大量铁路。至 1943 年，东北地区铁路总长度达 11270 千米，铁路网骨架基本形成。铁路的修建加速了人口向铁路沿线的集结过程，大量城市沿铁路交通线出现，如海拉尔、满洲里、哈尔滨、牡丹江、绥芬河、佳木斯、绥化、北安、白城、通辽、四平、长春、延吉、图们、梅河口、通化、瓦房店、大连、锦州、赤峰等。铁路的修建对今天东北地区城市体系的空间分布格局有着直接的影响，是城市地域组成格局的基础，对城镇化进程和格局演进有全局性的重要意义。此外，在一些资源富集区也出现了新城市，如伊春、鸡西、双鸭山、鹤岗等（金凤君等，2006）。

2. 计划经济塑造了城市布局的基本格局

中华人民共和国成立初期，国家推行重工业优先发展战略，20 世纪 50 年代国家重点建设的 156 个项目中东北地区有 21 个城市获得项目布局，其中辽宁省 8 个城市、黑龙江省 8 个城市、吉林省 5 个城市。20 世纪 60 年代后，国家又先后投资兴建了多个项目，形成了以鞍钢为中心，包括本溪、通化和富拉尔基等的钢工业基地；以沈阳、锦西等为中心的有色金属采掘和冶炼中心，辽宁抚顺、本溪、黑龙江鹤岗、鸡西、七台河等煤炭基地的建设；以大庆油田为主力，包括辽河油田和吉林油田的全国重要原油生产基地；以沈阳为中心的较为完整的加工制造业地域体系。这种大规模的工业建设不仅带动了原有城市的发展，也促进了新城市的形成，如沈阳、大连、抚顺、鞍山、长春、哈尔滨均跃居为特大城市，本溪、锦州、阜新、吉林、齐齐哈尔等也由小城市发展成为大城市。

跟随国家的投资，各省随后相继建设了与重点工程相配套的项目，进一步强化了国家投资的工业行业布局。中央政府和地方政府的双重作用，使大企业特别是少数几个骨干企业在城市经济中占有极端重要的地位，对所在城市的职能起着决定性作用。目前，绝大多数城市的支柱产业与国家当时投资项目的行业有着很高的一致性（金凤君等，2006）。

3. 改革开放进一步促进了城市体系的发展

1978 年改革开放以来，东北地区城市的现代化水平不断提高，人口规模迅速增加，城市范围不断扩展。随着对外开放进程的加快，沿边地区一批口岸城镇迅速成长，商贸经济十分活跃，如绥芬河、满洲里、黑河、珲春等城市得到迅速发展。具有风景名胜旅游资源的地区，建设起一批以疗养、观光为主要职能的旅游城市，丰富了区域城市类型，如五大连池、阿尔山、兴城等。2002 年东北三省共有城市 90 个，其中 50 万人以上的大城市和特大城市共有 57 个，中小城市 33 个。主要城市都沿交通线分布，使东北地区的城市形成了以哈尔滨、长春、沈阳、大连等城市为核心，沿哈大线呈串珠状分布的空间形态（金凤君等，2006）。

自 2003 年国家实施振兴东北等老工业基地战略以来，东北老工业基地在资源型城市转型、城市老工业区改造、棚户区改造、塌陷区治理等方面取得了显著成效，体现了东北老工业基地城镇化向深度推进，正在从传统城镇化转向新型城镇化，并向网络化方向发展。2015 年东北地区地级及以上城市 37 个，其中超大城市 4 个，特大城市 5 个，大城市 21 个。形成了以哈尔滨为中心的哈大齐城市群、以长春为中心的吉林中部城市群、以沈阳为中心的辽中城市群和以大连为中心的沿海城市带，即 "三圈一带"主导着东北地区城镇化的空间格局。2009 年以来，国务院相继批准了《辽宁沿海经济带发展规划》《中国图们江区域合作开发规划纲要》《沈阳经济区新型工业化综合配套改革试验总体方案》，把主要城市群变成国家区域战略的重点对象给予支持，加快促进了这些地区的城镇化进程，城市群地区的一体化发展趋势得到加强，形成了网络化、层级式的产业与城镇分布格局（张平宇，2013）。

第二节　城镇体系等级规模结构

一、城镇体系总体特征

1. 弱"金字塔"形等级规模结构

2015 年东北地区共有设市城市 99 个，按照市辖区人口规模的大小，其中 200 万人口城市 4 个，占全区城市总数的 4%；100 万~200 万人口城市 6 个，占全区城市总数 6%；50 万~100 万人口城市 19 个，占全区城市总数 19%；20 万~50 万人口城市 32 个，占全区城市总数 32%；小城市 38 个，占全区城市总数 39%（见表 6-1）。东北地区 5 个类别城市数目符合城市体系等级规模分布中城市规模越大对应级别城市数目越少的规律。其中，大中城市的数量占城市总量的 29%，体现出大中城市数量多、小城镇数量少的特点，而且小城镇质量差、效益低，是城镇体系的薄弱环节。

表 6-1　2015 年东北地区城市体系等级规模构成

规模分类 （市辖区人口/万人）	个数	占城市数（%）	城市名称
>200	4	4	沈阳（530）、大连（305）、长春（436）、哈尔滨（549）
100~200	6	6	鞍山（150）、抚顺（141）、吉林（182）、齐齐哈尔（137）、大庆（134）、赤峰（126）
50~100	19	19	葫芦岛（94）、本溪（93）、锦州（97）、营口（93）、绥化（84）、牡丹江（88）、鸡西（83）、佳木斯（78）、伊春（77）、阜新（76）、丹东（78）、通辽（85）、辽阳（87）、鹤岗（65）、四平（58）、盘锦（65）、白山（57）、松原（57）、朝阳（61）
20~50	32	32	辽源（47）、通化（44）、铁岭（44）、延吉、白城（50）、公主岭、七台河（50）、肇东、铁力、尚志、五常、海林、呼伦贝尔（37）、瓦房店、敦化、北安、梅河口、安达、海城、桦甸、乌兰浩特、普兰店、北票、舒兰、磐石、讷河、庄河、榆树、海伦、牙克石、扎兰屯、扶余

续表

规模分类 （市辖区人口/万人）	个数	占城市数（%）	城市名称
<20	38	39	黑河（20）、五大连池、穆棱、调兵山、蛟河、满洲里、凤城、大石桥、开原、洮南、根河、双辽、珲春、虎林、富锦、宁安、兴城、大安、凌源、和龙、新民、东港、盖州、集安、临江、龙井、灯塔、图们、凌海、北镇、密山、双鸭山（19）、同江、绥芬河、额尔古纳、阿尔山、德惠、霍林河

注：括号内的数字为市辖区人口（万人）。

资料来源：《2016中国城市统计年鉴》。

2. 城市规模与空间结构基本合理

东北地区作为一个完整的自然地理单元和经济区域，目前已经形成的城市等级规模结构和空间分布状态基本上是合理的。从等级规模结构看，沈阳、大连、长春和哈尔滨四城市辖区人口规模达1820万人，占东北地区城镇人口的近30%，大城市、中等城市和小城镇都有一定数量，人口分布均衡，中间位序城市发育较多，规模结构分布也比较合理。从趋势发展看，东北地区的城市规模分布向合理方向发展，符合位序—规模分布法则，逐渐接近理想状态，首位城市沈阳、超大城市哈尔滨、大连和长春的城市发展规模仍有继续发展的空间。但是，作为一个整体区域，东北地区的首位城市规模偏小，核心城市的区域带动力和影响力偏弱。从空间分布看，也是基本合理的，分布格局符合东北地区的自然地理特征和经济区的空间结构格局。哈尔滨—大连铁路沿线地区是城市密集分布的区域，人口仍呈现出集聚趋势。2010年以来，沈阳、长春、哈尔滨、大连等大城市以及沿边商贸城市等保持较强的人口净迁入优势，城镇化集聚趋势仍表现比较明显（见图6-1）。

二、城市体系职能结构

1. 行政中心城市

（1）省会城市——一级行政中心。省会城市是各省（自治区）的行政管理中心，大部分省会城市都具有上千年的悠久发展历史，历史上省会城市也多为各种行政管理中心。省会城市由于其行政职能产生的强大辐射力和向心力，形成与其行政职能相一致的经济职能，大部分省会城市都是省域内最大的综合性产业城市和省域文化中心。省会城市集政治、经济、文化为一体的特征，体现了中国城市

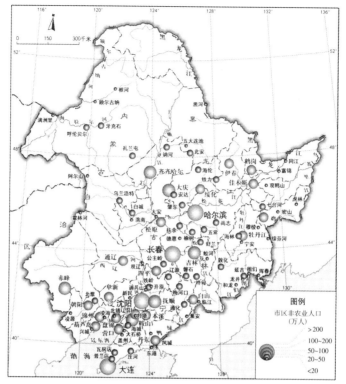

图 6-1　东北地区城市分布

资料来源：根据《2016 中国城市统计年鉴》绘制。

政治、经济、文化高度集中的规律。省会城市作为省域行政中心，其行政职能等级是相同的，但是不同省会城市由于自然环境、发展历史、社会文化背景的差异，其经济职能类型与职能规模有较大差异。其中一些省会城市已发展成为区域经济中心，是区域经济发展的核心城市和全国重要的工业基地。东北地区沈阳、哈尔滨和长春为省会城市，大连为计划单列城市。

（2）地区级行政中心城市及地级市——二级行政中心。地区级行政中心城市是省会城市以下的次级行政管理中心城市，同时也是省域内次级行政管理中心城市、次级经济与文化中心。东北地区共有 37 个地级市，大部分都是行政区划的延续，而且城市职能并不单一，多为综合性城市，与周围地区有密切的传统联系，有相对较大的人口和经济规模，综合服务职能较强。

（3）县级市——三级行政中心。县级市是县域政治、经济、文化中心，是中国城乡经济的结合点，是农副产品集散中心、初级加工中心，是国家对农业地区执行具体行政领导的中心，长期以来农业服务是县城的主要职能。目前东北地区已有县级市 62 个，县城 101 个。

2. 交通城市

按照不同类型交通方式，结合东北地区的特殊情况，可将整个地区的交通中心分为铁路枢纽城市、港口城市、航空交通中心城市、综合枢纽城市和口岸城市。多数的交通枢纽都是具有全国、大区、省区和地区意义的综合性中心城市，同时也兼有若干种交通职能，成为综合性运输的枢纽。

（1）铁路枢纽城市。铁路枢纽城市既是铁路运量的集中地和列车交接站，又是组织铁路运输生产的中心环节。这些城市与其他地区的铁路网相结合，共同形成了比较完整的新型交通中心体系，不仅在本地区的经济、社会和文化联系上起了很好的沟通作用，也在与区外的联系上起到积极的促进作用。由于东北地区铁路网比较密集，铁路枢纽城市有 15 个左右。

（2）港口枢纽城市。港口城市是东北地区面向全国和对外开放的窗口，因此港口城市在交通中心城市体系中具有不同的职能和地位，尤其在东北地区，其意义重大。东北地区的港口城市全部集中在辽宁省范围内，其中大连是本区最大也是全国很有影响力的港口，是东北地区的重要枢纽港，而营口、丹东、锦州、盘锦和葫芦岛等市也是相当重要的港口交通中心。

（3）航空交通中心城市。航空交通中心城市是城市综合运输体系的重要组成部分，在长距离和国际客运方面具有重要作用。东北地区的四个中心城市，即沈阳、大连、长春和哈尔滨是东北地区相当重要的航空交通中心城市。

（4）综合性交通枢纽城市。综合分析，东北地区具备枢纽特征的城市中，各种运输方式兼备的城市有大连、吉林；水陆空运交通方式兼备的城市有齐齐哈尔、佳木斯、丹东；陆空运输方式兼备的城市有沈阳、长春、牡丹江、延吉、通辽、赤峰；水陆运输方式兼备的城市有营口。

（5）口岸城市。口岸是国家对外开放的前沿，是城市体系职能结合的重要组成部分。东北地区在改革开放前就已经对外开放了很多城市，而 1986 年以来，我国恢复和扩大开放了边境口岸，东北地区的一些边陲小镇变成了新兴城市。东北地区按出入境运输方式，可将口岸分为水运口岸、空运口岸和陆运口岸，其中水运口岸为东北地区的主要出入境方式（见表 6-2）。

表 6-2　东北地区对外开放一类口岸的发展

年份	水运口岸	空运口岸	陆运口岸	
			铁路	公路
1978 年以前	大连、黑河	沈阳、哈尔滨	满洲里、丹东、图们、集安、绥芬河	临江、南平（和龙）、开山屯（龙井）
1980 年增加	营口	—	—	—
1984 年增加	—	大连	—	—
1988 年增加	—	—	—	珲春
1989 年增加	锦州、哈尔滨、佳木斯、漠河	—	—	—
1990 年增加	大安	—	—	—
1990 年后增加	盘锦、丹东	长春、海拉尔、佳木斯、齐齐哈尔、牡丹江	珲春	逊克、抚远、密山、漠河、绥芬河

注：根据口岸资料整理。

3. 工业城市

（1）重工业城市。重工业城市包括：①能源（煤炭）工业城市。在煤炭资源开采、利用的基础上形成和发展起来了一批能源工业城市。从工业部门结构看，这类城市职能可分为三种类型：单纯型煤炭城市，如调兵山、北票、鹤岗、七台河、霍林河等；以煤炭开采为中心的多职能复合型城市，如抚顺；煤炭开采逐渐衰落，其他职能替而代之的变异型城市，如阜新等。②石油、化工城市，代表性的城市有大庆、吉林市和盘锦等。③冶金、建材城市，代表性城市有鞍山、本溪、凌源、通化等。④机械、电子工业城市，沈阳、长春、哈尔滨属之。东北地区的机械工业不仅规模大，而且数量最多、分布最为密集，例如：电力设备行业的哈尔滨电站设备集群、东北输变电设备集团；重型矿山机械行业的一重、沈重、沈矿、大重和大起等；石化通用机械行业的沈阳鼓风机、沈阳气体压缩机、沈阳水泵、沈阳高中压阀门及大连冷冻机等厂；机床行业的沈阳机床股份公司、齐齐哈尔机床集团、哈尔滨工具集团等；机械基础件行业的哈尔滨轴承、瓦房店轴承公司；汽车行业的一汽集团；此外，还有一大批具有相当规模、有优势特色产品的企业。

（2）轻工业城市。东北地区是我国传统的老工业基地，无论是国家政策上还是自身资源禀赋方面都偏向于重型工业，轻工业发展相对较慢，并且形成的轻工业产业体系也并不完善。因此，东北的城市多数轻工业特色不突出。但仍有相当一批中小城市在当地农牧资源加工利用基础上发展成某一轻加工行业为主导的、专业化程度较高的城市，主要包括食品工业城市、造纸工业城市和森林工业城市。

4. 旅游城市

旅游业作为一个新兴的行业，是从 1978 年以后才迅速发展起来的，而东北地区的旅游业发展的稍微晚一些，冰雪旅游、沼泽湿地旅游、工业旅游、火山地貌旅游、滨海旅游及关东文化旅游等是东北地区的旅游特色。根据各城市旅游中心性强度，东北地区地级及以上城市可划分为三类，即区域一级旅游城市、区域二级旅游城市、区域三级旅游城市。

东北地区一级旅游城市集中于沈阳、长春、大连、哈尔滨四个城市，是东北地区四大旅游经济增长极和一级旅游中心地所在地，承担旅游接待服务、交通中转、客流集散等多重功能，是区域重要的旅游经济集聚与扩散核心，旅游开发基础条件得天独厚，旅游接待人次与旅游总收入两项指标在东北地区占绝对优势；大连为东北地区对外开放的龙头与窗口地域，是国家首批沿海对外开放城市，城市国际知名度与影响力较高，旅游客源市场辐射空间广阔，旅游开发条件优越，同时，作为沿海港口开放城市，对外交流频繁，城市经济发达。

东北地区二级旅游城市以本溪、鞍山、丹东、吉林、辽阳、抚顺、延吉、赤峰、齐齐哈尔、大庆、白山等为代表，具有推动区域旅游市场共享、基础设施与旅游品牌共建等作用。除此之外，东北地区还有 20 多个具有发展旅游潜力的城市，如阿尔山、五大连池、葫芦岛、朝阳、满洲里、同江、阜新等，旅游产业仍处于培育上升期，可以发展具有东北地区地方特色的森林旅游、生态旅游、工业旅游、民族文化旅游等。

表 6-3 所示为东北三省城市基本职能类型。

表 6-3 东北三省城市基本职能类型

地域主导作用	城市基本职能类型		城市
行政职能为主的综合性城市	行政中心城市	区域性中心城市	沈阳、长春、哈尔滨
		地方性中心城市	34 个地级市
交通职能为主的综合性城市	综合交通枢纽城市	综合枢纽城市	大连、吉林
		水陆枢纽城市	大连、营口
		陆空枢纽城市	沈阳、长春、牡丹江、延吉、图们

续表

地域主导作用	城市基本职能类型		城市
交通职能为主的综合性城市	部门交通性城市	铁路枢纽城市	沈阳、锦州、大连、本溪、四平、丹东、哈尔滨、齐齐哈尔、牡丹江、佳木斯、长春、吉林、赤峰、通辽
		港口城市	大连、营口、丹东、锦州、葫芦岛
	口岸城市	水运口岸城市	大连、黑河、营口、锦州、哈尔滨、佳木斯、漠河、大安
		空运口岸城市	沈阳、大连、哈尔滨
		陆运口岸城市	满洲里、丹东、图们、集安、绥芬河、临江、和龙、开山屯、珲春
工业职能为主城市	重型工业城市	煤炭工业城市	抚顺、阜新、铁法、北票、鸡西、鹤岗、双鸭山、七台河、赤峰
		石油工业城市	抚顺、葫芦岛、大庆、松原
		冶金工业城市	鞍山、本溪、抚顺、葫芦岛、通化、凌源
		化学工业城市	吉林、大连、沈阳、哈尔滨
		建材工业城市	本溪、鞍山、抚顺、通化、凌源
		机械工业城市	长春、哈尔滨、沈阳、朝阳、瓦房店
	轻型工业城市	食品工业城市	延吉、绥芬河
		森林工业城市	浑江、敦化、伊春
		造纸工业城市	佳木斯、图们
流通职能为主城市	贸易中心城市	贸易中心城市	—
	旅游城市		大连、沈阳、哈尔滨、长春、五大连池、兴城、吉林、集安

资料来源：王士君（2014）。

第三节　城市群形成与结构功能

近代以来，东北地区凭借资源优势，社会、经济、文化都得到了快速发展，工业化和城镇化水平更是显著提高，城市发展的经济实力、城市数量、城市规模以及城市集聚力等方面均随之提升，形成数个城市群。在良性政策的带动下，城市体系和城市群之间不断优化整合，空间结构趋于合理发展（王士君，2014）。

目前，东北地区沿着哈（尔滨）大（连）经济带分布着三个城市群。其中，辽中南城市群由沈阳、铁岭、鞍山、抚顺、本溪、辽阳、大连、丹东、营口和盘锦10个地级市及其所辖市县组成；吉中城市群在地域上涵盖了长春、吉林、四平、辽源和松原五个地级市以及通化市的梅河口市、辉南县和柳河县；哈大齐城市群由哈尔滨、大庆、齐齐哈尔及其所辖行政地域，以及绥化所辖的肇东、安达构成。

一、城市群形成的基础

1. 城市群形成的历史基础

东北地区的城镇化大约始于19世纪60年代（李振泉，1988），为掠夺农林矿产资源，俄日殖民者相继兴建了一些农副产品生产基地和矿业采掘基地，以及冶金、机械、建材、电力、轻纺等现代工业基地；同时，进行了铁路、港口等交通设施建设，初步奠定了东北地区城市分布的现代格局。中华人民共和国成立后，大规模的工业化建设有力地推动了东北地区城镇化进程，促进了区域城镇体系的形成（金凤君，2006）。"一五"时期，国家的重点投资建设推动了哈尔滨、沈阳、长春、大连等城市进一步扩大，鞍山、大庆、抚顺、齐齐哈尔、本溪等工矿业城市崛起，形成了冶金、机械、石油、化工、电力等工业城市，以重化工业为特征的城市职能体系逐步形成，沿哈尔滨至大连铁路线，以特大城市为核心，形成了哈大齐、吉中、辽中南城市组团，具备了城市群雏形（宋玉祥，2005）。改革开放以来，东北地区城镇化进程稳步发展，城市现代化水平不断提高，人口规模迅速增加，城市范围不断扩展。20世纪90年代以来，随着交通运输网络的完善尤其是高速公路的大规模建设以及高速铁路的修建，一些大城市逐渐在空间上连成一片。这一时期各类开发区的大规模建设，成为城市扩张的主要动力。目前，基本形成了以沈阳、大连、长春、哈尔滨等城市为核心的辽中南城市群、吉中城市群、哈大齐城市群，是东北地区城镇化的核心地域。

2. 城市群形成的地理基础

（1）良好的资源环境条件。东北地区自然条件优越，环境承载能力较强，各类资源匹配较合理且空间组合较好，尤其矿产资源是东北地区大规模工业化建设的基础。比如，以沈阳为中心的辽宁中部地区，铁、煤及辅助原料的储量、分布、埋藏、组合条件，为以钢铁工业为主体的现代工业的发展提供了优越条件，成为我国重要的工业集聚区和城市密集区。吉林中部的石油、天然气、煤炭、油母页岩等主要矿产资源储量丰富，哈大齐地区的土地资源丰富，能源供应充足。丰富的矿产资源及其良好的地域组合，形成了具有区域特色的工矿业城市，塑造了东北地区城市体系的基本格局，也是三个城市群形成的根本条件（邓伟，2004）。

（2）较为完整的现代化工业体系。东北老工业基地较为完整的现代工业体系是城市群形成和发展的重要基础（张平宇，2008）。沈阳市的金属切削机床、环保机械和计算机整机，鞍山的钢铁和冶金，长春和吉林的载重汽车、轨道车辆和化工，哈尔滨的电力设备和船舰动力装备，齐齐哈尔的重型机械设备和大型机床，大连实德水轮机、冷冻机、冶金工业设备、微电子等工业产品均形成较大的产业规模。辽中南、吉中、哈大齐等工业集聚区的形成为城市群的发展提供了重要的经济基础。

（3）较发达的综合交通体系。东北地区目前已形成哈（尔滨）—大（连）较为发达的交通走廊，沈阳、长春、哈尔滨和大连成为重要交通枢纽。沈阳是东北地区的陆路及航空枢纽，沿京沈、沈丹、沈吉、沈承、沈大 5 条铁路和公路干线，组成向四周放射的十分发达的综合交通运输网络。吉中城市群的哈大、长白、长图、沈吉、四梅五大铁路干线，长平、长余、长营、长吉四条高速公路等形成了以长春为中心的综合交通运输网。哈大齐地区陆空交通较发达，是沟通东北地区、欧洲和太平洋之间里程最短的"大陆桥"枢纽（姚士谋，2007）。辽宁沿海经济带的建设，推动了沿海与腹地良性互动。哈大高铁的开通缩短了辽宁沿海与东北腹地的距离，2012 年 12 月 1 日，世界上第一条地处高寒地区的高铁线路——哈大高铁纵贯东北三省，921 千米的高铁，将东北三省主要城市连为一线。哈尔滨至大连也由原来的 9 个小时，缩短至夏季 3 个多小时，冬季也只需 5 小时 40 分钟。丹大、丹通等东部地区铁路建设为东北东部和北黄海的开发创造条件，建成 1400 多千米长的滨海公路，拉近城市和海的距离。不仅如此，以大连港、营口港为龙头，丹东港、锦州港、葫芦岛港为两翼，加上盘锦荣兴港投入运营，绥中港、海洋红港等港口开工建设，沿海港口群实力不断壮大，使辽宁沿海布满了对外开放的平台。目前已形成以港口为门户，铁路为动脉，公路为骨架，民用航空、管道运输、海上运输相配套的综合立体交叉运输网。

二、城市群结构与特征

1. "三群"的主体框架和基本格局

作为城镇化发展到一定阶段的产物，东北地区的城市群逐渐趋于显性化，目前基本形成了"三群"的主体框架和基本格局，即辽中南城市群、哈大齐城市群和吉林中部城市群（王士君，2014）。

从城市群发展规模来看，辽中南城市群的人口和经济规模在三个城市群中是最高的。从城市群人口数量和经济总量占所在省份比重看，吉中城市群是最高的。2013年，三个城市群人口和经济规模占东北地区的比重分别为58.3%、80.8%。从城市群产业结构来看，三个城市群均呈现"二三一"结构，第三产业发展相对滞后，重化工业的主导地位突出，占比均超过70%（见表6-4）。

表6-4 2013年三个城市群主要发展指标对比

	面积		人口		GDP		重工业占工业增加值比（%）	产业结构比（%）
	数值(km²)	比重(%)	数值(万人)	比重(%)	数值(亿元)	比重(%)		
辽中南	6.6	44.6	3121.6	73.7	26049.5	87.5	75.9	6.7 : 53.6 : 39.7
吉林中部	9.1	48.9	2046.8	74.4	11657.9	89.8	71.8	10.9 : 50.8 : 38.3
哈大齐	12.0	26.6	1975.0	51.5	11322.7	78.7	77.2	10.9 : 51.4 : 37.7
合计	27.8	—	7143.4	—	49030.1	—	—	—

注：比重数值为占所在省份比重。

（1）辽中南城市群。区内有重要的冶金工业城市鞍山和本溪，能源化工城市抚顺和盘锦，港口城市大连、营口和丹东，综合性城市沈阳等，城市群原材料生产职能明显，城市规模等级结构较合理（见表6-5），主要城市产业结构除了大连和丹东呈现"三二一"结构，其余城市均呈现以工业为主的"二三一"结构（见表6-6）。辽中南城市群在空间结构上又分成辽中、辽东南两部分，形成了以沈阳为中心的辽中放射状城市群和沿沈大交通走廊发展的、以大连为中心的辽东南带状城市群。

表 6-5　2013 年辽中南城市群城市规模分布

规模等级（万人）	城市等级	城市数量		人口（万人）	城市名称
		个数	百分比（%）		
500~1000	特大	1	4.55	524.6	沈阳市
300~500	大Ⅰ	1	4.55	301.2	大连市
100~300	大Ⅱ	2	9.10	294.6	鞍山市、抚顺市
50~100	中等	5	22.72	415.8	本溪市、丹东市、营口市、辽阳市、盘锦市
20~50	小Ⅰ	5	22.72	163.9	铁岭市区、瓦房店、普兰店、庄河、海城
<20	小Ⅱ	8	36.36	112.6	新民市、东港、凤城、盖州、大石桥、灯塔、调兵山、开原

注：县数据未统计，市区为总人口，县级市为非农人口。

表 6-6　2013 年辽中南城市群主要城市发展指标

市区	市区人口（万人）	GDP（亿元）	一产增加值（亿元）	二产增加值（亿元）	三产增加值（亿元）	产业结构比
沈阳	524.6	5820.50	86.14	2916.07	2818.28	1.48：50.10：48.42
大连	301.2	4909.52	98.19	2228.43	2583.39	2：45.39：52.62
鞍山	151.4	1273.40	9.55	665.10	598.75	0.75：52.23：47.02
抚顺	143.2	981.74	24.94	585.31	371.49	2.54：59.62：37.84
本溪	93.6	843.45	15.44	520.75	307.27	1.83：61.74：36.43
丹东	78.5	338.37	10.19	152.54	175.62	3.01：45.08：51.90
营口	91.8	863.51	27.20	472.43	363.88	3.15：54.71：42.14
辽阳	87.8	563.58	15.05	308.62	239.92	2.67：54.76：42.57
盘锦	64.1	832.85	3.66	595.07	234.03	0.44：71.45：28.10
铁岭	43.9	264.04	8.03	167.95	88.06	3.04：63.61：33.35

（2）吉林中部城市群。城市群内工业发达，是中国重要的汽车工业基地；交通运输方便，科技力量雄厚，是中国重要的光学和应用化学的研究中心。其中，以省道101、长吉公路南线、长吉高速公路、长图铁路、龙嘉国际机场为主体结构的城市交通走廊所连接的长春、吉林两大核心城市，在空间结构上打造了城市群双子座的结构模式。城市规模等级结构不完善，其中小Ⅰ型城市数量较少（见表6-7）。主要城市产业结构均呈现以工业为主的"二三一"结构（见表6-8）。

表 6-7 2013 年吉中城市群城市规模分布

规模等级 （万人）	城市等级	城市数量		人口 （万人）	城市名称
		个数	百分比（%）		
300~500	大Ⅰ	1	6.25	363.8	长春市
100~300	大Ⅱ	1	6.25	181.8	吉林市
50~100	中等	3	18.75	170.24	四平市、松原市、公主岭
20~50	小Ⅰ	1	6.25	47.4	辽源市
<20	小Ⅱ	10	62.5	164.38	梅河口、九台、榆树、德惠、蛟河、 桦甸、舒兰、磐石、双辽、扶余

注：县数据未统计（除了柳河县和辉南县），市区为总人口，县级市为非农人口。

表 6-8 2013 年吉中城市群主要城市发展指标

市区	市区人口 （万人）	GDP （亿元）	一产增加值 （亿元）	二产增加值 （亿元）	三产增加值 （亿元）	产业结构比
长春	363.8	3569.30	30.70	2109.82	1428.79	0.86：59.11：40.03
吉林	181.8	1476.35	49.46	738.03	688.72	3.35：49.99：46.65
四平	58.9	268.69	9.19	180.66	78.83	3.42：67.24：29.34
辽源	47.4	400.03	4.84	235.54	159.61	1.21：58.88：39.90
松原	56.8	547.86	16.49	377.20	154.17	3.01：68.85：28.14

（3）哈大齐城市群。该城市群以我国重要的机电工业城市哈尔滨为核心，以滨洲铁路为纽带，连通中国最大的石油城市大庆、重要的机械工业城市齐齐哈尔和新兴的中小城市绥化、安达、肇东。群内城市分布相对密集。群内工业基础雄厚，是中国重型机械制造中心和石油基地，其中机电工业发展水平居全国前列；交通便利，是北方重要交通枢纽；科技力量雄厚，是重要的科技信息中心。哈大齐城市群在空间上沿以铁路为主线的交通干线推进和演化，继而奠定其现状格局，并形成农业—矿产资源—加工工业的功能类型结构系统（陈才，2004）。城市规模等级结构不完善，缺少中等城市（见表 6-9）。主要城市产业结构中，齐齐哈尔和大庆产业结构中工业所占比重过大，同时工业结构重型化特征明显（见表 6-10）。

表6-9 2013年哈大齐城市群城市规模分布

规模等级（万人）	城市等级	城市数量		人口（万人）	城市名称
		个数	百分比（%）		
300~500	大Ⅰ	1	11.11	473.6	哈尔滨市
100~300	大Ⅱ	2	22.22	274.8	齐齐哈尔市、大庆市
50~100	中等	0	0	0	无
20~50	小Ⅰ	3	33.33	75.23	肇东、尚志、五常
<20	小Ⅱ	3	33.33	48.71	安达、双城、讷河

注：县数据未统计，市区为总人口，县级市为非农人口。

表6-10 2013年哈大齐城市群主要城市（市区）主要发展指标

市区	市区人口（万人）	GDP（亿元）	一产增加值（亿元）	二产增加值（亿元）	三产增加值（亿元）	产业结构比
哈尔滨	473.6	3236.32	121.04	1206.50	1909.11	3.74∶37.28∶58.99
齐齐哈尔	138.4	621.81	23.50	279.81	318.49	3.78∶45∶51.22
大庆	136.4	3619.45	40.90	2976.28	602.28	1.13∶82.23∶16.64

2. 空间分化与重组趋势

（1）辽中南城市群。全国主体功能区划将辽中南地区定位成国家层面的优化进行工业化、城镇化开发的地区，强调发展辽宁沿海经济带，打造成我国沿海地区新的经济增长极，提升沈阳经济区整体竞争力，促进区域一体化。因此，辽中城市群和辽东南城市群的迅速发展可能会进一步促进辽中南城市群的分化趋势。沈阳市因其大区域中心地位以及省会城市的地位等进一步强化了其与周围城市的分工与协作。特别是沈阳经济区上升为国家战略区域以来，沈阳经济区的一体化进程正在推进。此外，营口港现在已经成为辽中城市群的近海出海口，未来辽中城市群也将持续为营口港提供源源不断的货源，不久的将来营口市将会迅速发展，成为辽中城市群不可分割的一部分。大连的门户位置和副省级地位进一步促进了大连对周围城市的引领，大连周围城市对大连的依附促使辽东南城市群的发展。尤其是随着辽宁沿海经济带上升至国家战略，沿海点线面的全面开发，大连中心城市的辐射功能将进一步加强。未来将形成以大连为龙头，以长兴岛、营口沿海、锦州湾、丹东和花园口"五点一线"为重点的产业集聚带。

（2）哈长城市群重组。目前，哈大齐城市群与吉中城市群总体而言开发强度相对较低，同时都存在着产业体系核心竞争力不强、城市间产业重复建设、产能过程和恶性竞争的问题，显然解决以上问题就要加强城市群内部各城市的分工协作和优势互补，进而增强城市群的整体竞争力。从现状和未来的发展趋势来看，位于全国"两横三纵"城镇化战略格局中京哈、京广通道纵轴北端的哈大齐城市群和吉中城市群，随着长春、哈尔滨经济实力的增强，以及两大城市群开发强度的提升，两个城市群在国家主体功能区规划的指导下和市场力量的驱使下将进行重组，并逐渐演变成具有双子座特性（哈尔滨和长春）的哈长城市群。

三、城市群的主要功能与发展方向

党中央、国务院决定实施东北地区等老工业基地振兴战略以来，东北地区经济社会发展取得显著成就。但目前也面临新的挑战，2013 年以来经济增速持续回落，部分行业生产经营困难，一些深层次体制机制和结构性矛盾凸显。因此，为巩固扩大东北地区振兴发展成果，东北地区特别是三大城市群应在《全国主体功能区规划》、《全国老工业基地调整改造规划》（2013~2022）、《国务院关于近期支持东北振兴若干重大政策举措的意见》（国发〔2014〕28 号）、《国家新型城镇化规划》（2014~2020）等规划和意见的指导下，通过明确功能定位和开发方向，依靠内生发展推动经济提质增效升级，进而破解发展难题。

1. 辽中南城市群

辽中南城市群是东北地区对外开放的重要门户和陆海交通走廊、全国先进装备制造业和新型原材料基地、重要的科技创新与技术研发基地，是辐射带动东北地区发展的龙头。未来应加快发展辽宁沿海经济带，统筹发展具有国际竞争力的临港产业，强化科技创新与技术研发功能，将其建设成为东北地区对外开放的重要平台、我国沿海地区新的经济增长极。增强沈阳经济区整体竞争力，促进区域一体化。加强城市间分工协作和功能互补，促进产业转型和空间重组，提升产业的整体竞争力，建设先进装备制造业、重要原材料和高新技术产业基地。把沈阳建设成为东北亚商贸物流服务中心，将大连建设成为东北亚国际航运中心和国际物流中心。努力将大连金普新区建设成为我国面向东北亚区域开放合作的战略高地、引领东北地区全面振兴的重要增长极、老工业基地转变发展方式的先导区、体制机制创新与自主创新的示范区、新型城镇化和城乡统筹的先行区。

2. 吉林中部城市群

吉林中部城市群是全国重要的交通运输设备制造、石化、生物、光电子和农产品加工基地，区域性高新技术产业基地，我国参与图们江区域国际合作开发的先导区，我国面向东北亚开放的重要门户，东北地区新的重要增长极。未来应强化长春科技创新和综合服务功能，建设全国重要的光电子、生物、医药、汽车、轨道客车、新材料、农产品加工基地和国际影视文化名城。推进长吉经济一体化，加快吉林省实施老工业基地振兴的新平台——长吉新区建设，建设吉林石化产业基地和宜居城市。增强要素集聚和辐射带动能力，建设先进制造业和科技创新基地。发挥粮食生产优势，加强特色农产品产业带建设，加快农业产业化经营和现代流通业发展，提高农业综合生产能力。

3. 哈大齐城市群

哈大齐城市群是全国重要的能源、石化、医药和重型装备制造基地，区域性的农产品加工和生物产业基地。未来应构建以哈尔滨为中心，以大庆、齐齐哈尔为重要支撑，以主要交通走廊为主轴的空间开发格局。哈大齐工业走廊要强化科技创新、综合服务功能，增强产业集聚能力和核心竞争力。将哈尔滨建设成为全国重要的装备制造业基地、东北亚地区重要的商贸中心和国际冰雪文化名城。将大庆建设成为全国重要的原油、石化基地和自然生态城市。将齐齐哈尔建设成为全国重型装备制造基地。积极发挥中小城市的产业配套和承载能力，重点培育阿城、双城、呼兰、肇东、安达等中小城市，形成人口和产业发展的新增长点，协调城乡全面发展。

第四节　特色城市的地理与经济改造

一、资源型城市转型发展

资源型城市一般指依托于矿产资源、森林资源等自然资源，并以资源的开采和初加工为支柱产业的具有专业性职能的城市。东北地区具有良好的矿产和森林资源禀赋，资源开采加工历史悠久，是我国资源型城市集中分布区之一。根据国务院对我国资源型城市的界定结果[1]，目前东北地区共有资源型城市 41 座，约占全国资源型城市总数的 15.6%，其中地级资源型城市 23 座，约占东北地区地级行政单元总数的 60%，县级资源型城市（包括县级市、县和市辖区）18 座，约占东北地区县级行政单元总数的 5.5%。从依托的资源类型来看，东北地区大致可分为煤炭类、冶金类、石油类、森工类等不同类型，以煤炭类和森工类资源型城市居多，其中煤炭类资源型城市约为 15 座，大部分位于辽宁省和黑龙江省，森工类资源型城市 11 座，集中分布于大、小兴安岭及长白山地区。资源型城市的发展加速了东北地区的城市化进程，为我国工业化和城市化发展提供了大量能源和原材料，同时也对东北地区的经济发展、社会就业做出了重要贡献。然而，经过长期高强度的资源开采，目前，东北地区部分资源型城市已进入资源枯竭期，同时近年来受资源品价格波动以及国家产业政策调整的直接影响，东北地区资源型城市主导产业衰退、经济发展新动能不足等问题较为突出，同时一些历史遗留问题尚未得到根本解决，推进资源型城市的转型与可持续发展已成为当前老工业基地全面振兴面临的重要任务。

1. 资源型城市发展演变过程

东北地区资源开采的历史较长，早在清代后期就已经对东北地区的森林、煤炭、金矿等资源进行了初步开发。民国时期和伪满时期，东北地区的森林、煤炭、钢铁等资源受到了日本侵略者的大肆掠夺。中华人民共和国成立后，为优先发展重工业，国家对东北地区的煤炭、石油、铁矿、木材等资源进行了大规模开发，极大地推动了资源型城市的快速发展。改革开放以来，伴随着国家经济体制改革的不断推进，资源型城市经济发展固有的脆弱性特征开始显现，特别是 20世纪 90 年代，东北地区资源型城市矿业企业破产关闭、职工下岗失业等经济社会问题进入大规模爆发期。进入 21 世纪以来，为解决资源型城市可持续发展面临的诸多问题，国家开始采取措施大力扶持资源型城市的可持续发展，资源型城市进入全面转型时期。总体来看，东北地区资源型城市大致经历了以下发展演变过程：

（1）形成发展阶段。19 世纪 60~90 年代，随着以兴办近代工矿业为主要内容

---

① 国务院，2013. 国务院关于印发全国资源型城市可持续发展规划（2013~2020 年）的通知. http：//www.gov.cn/zwgk/2013-12/03/content_2540070.htm.

的洋务运动的展开，东北地区近代矿业开始进入起步发展阶段，煤炭和贵金属资源开采得到了一定的发展，奉天的金洛马山煤矿、吉林的天宝山银矿和三姓金矿、黑龙江漠河金矿等逐渐成为 19 世纪末期我国重要的工矿区。1905 年，日俄战争之后，日本在东北地区建立南满洲铁路株式会社，开始对辽宁省的铁矿、煤炭资源大肆掠夺，随着资源的大规模开发，鞍山、本溪、弓长岭、抚顺、阜新等诸多原来以农业为主体的城镇逐渐转变为以资源开采为主的典型资源型城市，城市规模急剧扩大。以抚顺市为例，1930 年抚顺市煤矿职工总数已达 30 万人，是1907 年的 29 倍，煤炭产量是 1907 年的 34 倍（张文忠，2016）。这一时期形成的资源型城市矿业特色十分突出，但与现代资源型城市相比，这些城市尚处于起步发展阶段，总体水平都较为落后，城市发展相对较为缓慢。

（2）快速壮大阶段。中华人民共和国成立后全国开始大规模的工业化建设，在优先发展重工业的战略指引下，一大批资源型城市拔地而起。据统计，"一五"时期 156 个国家重点建设项目中有 53 个布局在资源型城市，占总投资额的近50%。东北地区由于工业发展基础好，更是成为国家重工业发展的重点区域。在国家重点投资建设下，阜新、抚顺、鞍山等原有的资源型城市进一步发展壮大。另外，随着资源勘探工作的深入推进，大庆等一批新兴资源型城市快速形成。东北地区资源型城市进入快速壮大阶段，不仅为国家工业化进程贡献了大量能源和原材料，同时也推进了东北地区的城市化进程。这一时期形成的资源型城市按照"先生产、后生活"的发展理念，普遍采用矿城一体化的城市管理体制，城市建设速度较快，这种独特的城市发展理念和管理模式在当时社会经济发展背景下起到了积极作用，但也为资源型城市后来的改革和转型增加了难度。

（3）衰落阶段。改革开放以来，随着国家经济建设重心逐渐转向沿海地区，同时国家工业化战略向轻型化方向调整，东北地区资源型城市的外部发展环境发生了明显变化。相比计划经济时期，东北地区资源型城市发展速度明显减缓，除了依托大型油田新建的少数资源型城市外，如松原和盘锦，该地区基本上已不再形成新的资源型城市，多数资源型城市体制性、结构性调整压力骤增。特别是20 世纪 90 年代，伴随着可采资源储量逐渐枯竭以及国企改革的深入推进，东北地区工矿企业开始出现大面积停产、破产和关闭，大量人员下岗失业，资源型城市发展表现出明显衰落特征。这一时期国家大力推进国有工矿企业的技术改造与体制改革，但这种停留在企业层面的改造措施难以推动资源型城市的转型振兴。

到 20 世纪末期，东北地区资源型城市的衰落局面未得到根本改变。

（4）转型发展阶段。进入 21 世纪后，国家对资源型城市转型与可持续发展的关注和支持力度显著提升，先后出台了《国务院关于促进资源型城市可持续发展的若干意见》《全国资源型城市可持续发展规划》等一系列专门针对资源型城市的政策措施与发展规划，并分批开展了资源枯竭型城市的认定与经济转型试点工作，通过财力性转移支付以及建立资源型城市可持续发展长效机制等一系列措施全力推进资源型城市转型发展。在相关政策的大力支持下，东北地区资源型城市通过接续替代产业培育、生态环境治理、民生改善等举措全面推进城市转型，城市可持续发展面临的突出问题得到有效缓解，社会经济发展状况有所改善。目前，该地区资源型城市接续替代产业发展方向基本明确，部分城市接替产业发展初具规模。例如，资源枯竭型城市白山市紧紧围绕绿色转型发展，以矿业（煤、铁）和林业为主导的支柱产业逐步向以矿产新材料、旅游、矿泉水、医药健康、现代服务为支撑的绿色产业体系转化，2016 年五大接续产业占 GDP 和地方级财政收入比重分别达到 61.5% 和 45.4%，城市经济结构调整取得显著成效。

2. 资源型城市现状问题

（1）经济转型进展差异显著，多数城市可持续发展问题仍较为突出。振兴战略实施以来，东北地区资源型城市经济发展虽摆脱了停滞不前甚至衰退的窘境，但整体来看，由于发展基础、资源环境条件以及转型战略的差异，东北地区资源型城市转型进展差异显著。根据《全国资源型城市可持续发展规划（2013~2020年)》对资源型城市的分类结果，目前东北地区仅鞍山市、盘锦市、葫芦岛市、通化市四座资源型城市基本摆脱了资源依赖，经济社会开始步入良性发展轨道。多数资源型城市转型进展缓慢，城市可持续发展问题仍较为突出。其中，阜新市、抚顺市、辽源市、白山市、伊春市、鹤岗市等 9 座地级资源型城市和阿尔山市、北票市、九台市、舒兰市、弓长岭区、南票区等 11 座县级资源型城市资源趋于枯竭、经济发展滞后、民生问题突出、生态环境压力大，属于衰退型资源型城市。总体来看，资源型城市转型仍是东北老工业基地振兴需要长期关注的焦点问题之一。

（2）经济发展新动能不足，城市经济总量普遍偏小。东北地区资源型城市长期以资源为依托的经济结构具有较强的刚性，城市经济发展模式上的"路径依赖"特征较明显，接续替代产业发展条件和环境不佳。东北振兴战略实施以来，该地区资源型城市虽然大力培育发展接续替代产业，但截至目前多数资源型城市接续替代产业尚未形成规模，人才、技术、资金的支撑保障能力不足，发展前景存在不确定性，城市社会经济发展的资源依赖度仍相对较高，产业结构的单一性和低端化特性仍较为明显。整体来看，东北地区资源型城市经济发展新动能不足，城市经济总量普遍偏小（见图6-2），特别是煤炭类、森工类资源型城市，受资源枯竭、天然林禁伐等因素影响，城市经济发展落后的局面始终未得到根本扭转。

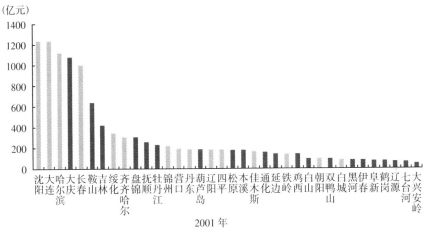

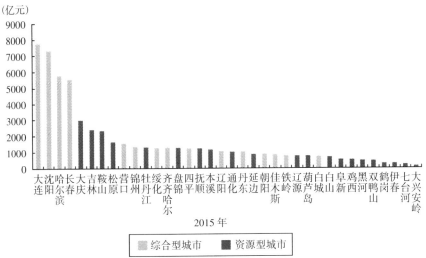

图6-2 2001年、2015年东北地区地级城市GDP规模分布

（3）产业与就业的协调转型问题凸显。东北振兴战略实施以来，产业结构调

整一直是资源型城市转型与可持续发展的首要和核心任务。为了推动城市产业结构的转型升级，地方政府一方面大力改造提升传统资源型产业，另一方面积极培育现代服务业、高新技术产业、先进装备制造业等技术、资本密集型行业，城市以资源、劳动密集型行业为主的产业结构不断优化升级。然而，随着城市产业结构调整的持续推进，城市经济发展的就业拉动能力大多呈减弱趋势。例如，黑龙江省资源型城市就业弹性系数整体水平较低，转型过程中大量下岗人员再就业困难，其中森工城市伊春市多数年份就业呈负增长态势（潘柠烨等，2011；曾蕾等，2012）；2011~2016年，白山市煤、林、铁传统行业就业人数减少13946人，而医药健康、矿产新材料、旅游和矿泉水等接续替代行业就业人数共计增长了6769人，尚不能完全吸纳三大传统产业衰退释放出的剩余劳动力[1]。目前，妥善处理产业转型与拉动就业的关系已成为东北地区资源型城市转型与可持续发展不可忽视的重要问题。

（4）历史遗留问题依然严重。受计划经济时期"重生产、轻生活"发展理念的影响，东北地区资源型城市在基础设施、民生、生态环境及管理体制等方面历史欠账较多，至今许多问题仍未得到根本解决，例如棚户区改造、采矿沉陷区治理、矿区环境整治、国有林区改革等，严重影响城市转型与可持续发展。以白山市为例，截至2016年，全市尚有1673.2万平方米棚户区有待改造；采煤沉陷区及采煤沉陷区外的煤矸石堆、废弃的工业广场及其建筑和废弃的小煤窑（矿坑）等总面积达75.84平方千米；国有林区林业局仍然承担着大量公共事业与社会服务职能，企业办社会负担较大[2]。

3. 资源型城市转型重点任务

（1）继续深化结构性、体制性调整，持续推进资源型城市转型。要进一步加大产业结构调整力度，对资源仍较丰富的城市，要合理、高效利用资源，尽早谋划和启动城市转型。对资源趋于或已经枯竭的城市，要因地制宜加快接续替代产业发展，促进产业结构优化升级与多元化发展，形成具有较强竞争力的接续替代产业体系。继续推进国有企业改革和政府职能转变，积极推行投资主体多元化，大力发展多种所有制经济，按照建立现代企业制度的要求，完善法人治理结构，建设服务型政府，营造有竞争力的投资、创业和发展环境。进一步加大对内对外

---

①② 数据源于白山市发改委。

开放的力度，积极吸引境外、域外的各类生产要素参与资源型城市转型。支持优势企业"走出去"到境外获取资源、与国内外知名企业进行战略重组。

（2）加强资源型城市可持续发展长效机制和法制建设。资源型城市转型和可持续发展涉及传统利益格局的深刻调整，迫切需要建立可持续发展长效机制，并通过立法加以规范。要加快资源开发补偿机制和衰退产业援助机制建设，进一步修改完善《资源型城市可持续发展准备金管理试行办法》，完善资源要素价格形成体系和改革资源税费体系，全面反映资源价值并在各利益主体之间合理分配，妥善解决资源型企业关闭破产引发的各种问题。尽快制定资源型城市可持续发展条例，进一步明确政府、企业和公民个人在促进资源型城市可持续发展方面的权利、义务和责任，规范各相关利益主体之间的关系。

（3）推动科技创新和人才培育，增强资源型城市发展的内生动力。资源型城市实现可持续发展的前提是实现区域优势的转换，即逐步由自然资本优势向其他生产性资本优势转换。当前，东北地区多数资源型城市对优势矿产资源以及体制内的援助支持仍具有较高的依赖性，加大人力资本、技术创新方面的投资，对于快速提升城市产业层次和产业竞争力，增强城市发展的内生动力都具有重要促进作用。要统筹推进党政、企业经营管理、专业技术、高技能、社会工作等各类人才队伍建设，提升整体素质和创新能力，满足资源型城市对人才的多元化需求。大力开展职业教育和在岗培训，加强职业教育和实训基地建设，提高生产一线人员科学素质和劳动技能。营造有利于人才培养和成长的环境，引导各类人才向资源型城市流动。

（4）把棚户区改造和促进就业、消除贫困结合起来，巩固和提升棚户区改造成果。继续做好资源型城市棚户区改造工作，适当加大中央财政专项补助资金对棚户区改造配套基础设施的投入，通过政府干预，有组织地扶助新区居民就业，增强新区居民的就业能力与就业机会，充分发挥中小企业、非公有制经济在吸纳就业中的作用，对老、弱、病、残及离退休职工等无力承担改造费用的特殊困难群体加大扶持力度，扩大对新区贫困居民的救助力度，把棚户区改造与廉租住房等建设有机结合，合理配建不同档次住房，避免贫困人口集中连片居住。

（5）提升城市功能，统筹协调推进城市转型。应不断深化和拓展城市转型内涵，从提升城市综合功能入手，统筹推动城市交通、电力、市政等基础设施改造，以及商贸、金融、医疗卫生和教育文化等基础设施建设，提升城市发展支撑能力和公共服务功能。加强城市环境保护和治理,抓紧组织治理深部采空区、特大型矿坑、矸石山等重大地质灾害隐患,推进工矿废弃地治理,加强工业遗产的保护和利用,不断改善区域生态环境,建设新型宜居城市。

二、老工业城市调整改造

老工业城市是东北地区城市体系的重要构成部分,集中了我国装备、冶金、石化等重工业领域的众多骨干企业,为推动我国工业化、改革开放和现代化建设做出过历史性重大贡献。然而,随着改革开放的不断深入,老工业城市的体制性、结构性矛盾日益显现,成为东北地区可持续发展问题最为突出的一类城市。振兴战略实施以来,老工业城市调整改造成为东北老工业基地振兴的工作重点,城市可持续发展面临的一些突出问题得到明显缓解,已逐渐成为推动东北老工业基地全面振兴和创新发展的重要力量。在新的历史条件下,继续推进老工业城市调整改造仍是未来老工业基地振兴的工作重点,应把经济结构转型升级和全面提升城市综合功能作为调整改造的主攻方向,推进以解决突出发展问题为导向的老工业城市调整改造向更为全面、系统的老工业城市新型城镇化转变。

1. 老工业城市发展演变过程

老工业城市是指依托"一五""二五"和"三线"建设时期国家重点工业项目形成的、工业企业较为集中的城市及城市特定区域。东北地区是我国老工业城市分布较为密集的区域之一,截至 2014 年 3 月,东北地区共有 27 座老工业城市、4 个城区老工业区被分别列入《全国老工业基地调整改造规划(2013~2022 年)》和全国城区老工业区搬迁改造试点(国家发改委,2013;国家发改委,2014)(见表 6-11),分别占全国总数的 23%、19%。老工业城市是推动东北地区工业

表 6-11 东北地区典型老工业城市一览

省份	老工业城市
辽宁省(15 个)	鞍山、抚顺、本溪、锦州、营口、阜新、辽阳、铁岭、朝阳、盘锦、葫芦岛、沈阳市大东区、大连市瓦房店市、大连市瓦房店市瓦房店老工业区*、铁岭市铁西老工业区*
吉林省(8 个)	吉林、四平、辽源、通化、白山、白城、长春市宽城区、吉林市哈达湾老工业区*
黑龙江省(7 个)	齐齐哈尔、牡丹江、佳木斯、大庆、鸡西、伊春、哈尔滨市香坊区*
蒙东地区(1 个)	赤峰

注:带 * 的为城区老工业区搬迁改造试点。

资料来源:根据《全国老工业基地调整改造规划(2013~2022 年)》和全国城区老工业区搬迁改造试点一览表整理。

化、城镇化发展的重要引擎，其兴衰对区域发展具有重要影响。中华人民共和国成立以来东北地区老工业城市形成发展大致可划分为以下几个阶段：

（1）快速成长期（1949~1965年）。得益于良好的资源、产业基础和有利的地缘政治优势，东北地区成为中华人民共和国成立后国家重点投资建设的重工业基地。国民经济恢复时期（1949~1952年），苏联向我国提供的42个援建项目中有30个设在东北三省，建设重点包括为战争服务的钢铁、煤炭、军事和交通运输业等领域（陈才等，2004）。"一五"时期（1953~1957年），苏联援建的156个项目在东北三省布局了56项，其中能源、电力、原材料工业主要布局在资源产地，形成了30多个资源型城市，机械和化工等项目多布局在工业基础较好的中心城市。除了项目和资金投入外，国家还通过群众运动、大会战等方法有计划组织迁入了大量技术人员、干部、工人及其家属以支持东北老工业基地建设。到1965年，上述项目大多建成投产。该阶段高强度的项目投资建设和大量人口迁入，推动了一大批工业城市得以快速发展，是东北地区老工业城市形成发展的决定性阶段。

（2）缓慢发展期（1966~1985年）。从20世纪60年代中期到改革开放初期，受国内外多方面不利因素的影响，东北地区新布局的工业项目有所减少，多数工业城市的骨干企业基本处在简单的扩大再生产状态。同时受"文化大革命"的影响，工业城市大量知青上山下乡，严重影响城市人口的快速增长。据统计，"文化大革命"十年间，东北地区城镇化水平由35.9%降至31.2%，1971~1977年，东北地区城镇化水平变化幅度不大，直到1985年，东北地区城镇化水平才大致恢复到1966年的水平（张国宝，2008）。相比上一阶段，受项目投资减少和城市人口流失的影响，老工业城市的城镇化进程明显放缓。

（3）衰退期（1986~2000年）。20世纪80年代中期开始，由于我国改革开放后经济建设中心向东南沿海转移、国内外经济发展环境的变化以及老工业城市自身的体制、结构、资金、技术等诸多方面的制约，东北地区老工业城市开始步入持续的衰退状态，突出表现在大量国有企业破产关闭、工业发展滞缓、国企职工大量下岗等方面。到20世纪90年代末期，老工业城市衰退引起的社会经济问题已经相当严重，成为"东北现象"的集中体现（李诚固等，1996），严重威胁老工业城市的持续发展。

（4）转型发展期（2001年至今）。尽管改革开放之初老工业城市的调整改造已经得到中央政府的关注，但总体来看，这一时期老工业城市调整改造的着力点实际上是老国有企业，以老工业城市为改造主体的系统的、全面的政策措施尚未出现。2001 年，阜新市被列为我国首个资源枯竭型城市经济转型试点，从此揭开了我国老工业城市转型发展的序幕。2003 年东北地区等老工业基地振兴战略实施以来，老工业城市转型发展成为东北振兴的核心任务之一。国家先后出台了一系列老工业城市调整改造的针对性指导意见。2013 年发布的《全国老工业基地调整改造规划（2013~2022 年）》指出，老工业城市的转型发展仍是新时期全国老工业基地调整改造的工作重点。

2. 老工业城市现状问题

（1）产业层次仍然比较低，经济转型的内生动力不足。产业转型是老工业城市调整改造的核心任务，目前东北地区多数老工业城市经济发展仍主要依赖于资源型、劳动密集型产业，污染重、高耗能等行业还占有相当比重。产业技术水平仍相对较低，产品附加值不高，城市经济发展的综合竞争力难以快速提升。同时，城市发展对国家的援助性政策、资金、项目投入具有较强的依赖性，老工业城市调整改造仍以自上而下的外力驱动为主，内生动力尚未完全形成。

（2）历史遗留问题尚未完全解决，体制机制改革有待进一步深化。老工业城市在计划经济发展过程中积累了大量历史遗留问题和体制机制障碍，目前，一些国企改革不到位，一些处于停产半停产状态的国企改革难以推进，企业办社会、厂办大集体、社保费拖欠等历史遗留问题尚未得到妥善解决（国家发改委，2013）；老工业城市企业在生产经营以及资源配置等方面仍不同程度地存在行政指令干预，市场配置资源的基础作用难以发挥；反映市场供求关系、资源稀缺程度和环境损害成本等的资源性产品价格形成机制尚未完全形成；资源开发企业在资源补偿、生态建设和环境整治、安全生产及职业病防治等方面的主体责任仍未落实到位（国务院，2013）。上述问题一定程度上抑制了老工业城市的发展活力和内在发展动力。

（3）环境整治任务繁重，城市综合功能仍有待提升。目前东北地区老工业城市环境污染与破坏问题仍较为突出，大量堆积的金属尾矿、煤矸石及深部采空区、大型矿坑等存在严重的安全隐患，威胁着城市人民的生命财产安全，影响城市整体环境改善。同时，多数历史形成的老工业区大多处于城市中心，生产区和生活区混杂交错，内部空间布局不合理，市政基础设施陈旧，制约了城市功能提升。矿区环境整治与城市综合功能提升仍是老工业城市调整改造的一项长期任务。

（4）老工业城市可持续发展的长效机制尚未建立。针对老工业城市调整改造的实际需求，目前国家主要通过财力性转移支付、出台优惠政策和投入重大项目等途径支持其调整改造，这些短期的援助措施确实对城市转型起到了显著的推动作用。然而，老工业城市调整改造是一项长期的系统工程，需要从机制、制度和法律上为老工业城市的可持续发展提供长期保障。目前关于老工业城市调整改造的长效机制仍在探索当中，迫切需要加快建立有利于老工业城市可持续发展的长效良性机制。

3. 老工业城市改造方向与重点

老工业城市调整改造是东北老工业基地振兴的工作重点，对于加快转变区域经济发展方式，推进新型工业化和新型城镇化都具有重大意义。针对当前老工业城市调整改造面临的突出矛盾和问题，应把经济结构转型升级和全面提升城市综合功能作为东北地区老工业城市调整改造的主攻方向，坚持深化改革和保障民生，不断增强老工业城市发展的内生动力，统筹推进老工业城市调整改造的各项重点任务，促进以解决突出发展问题为导向的老工业城市调整改造向更为全面、系统的老工业城市新型城镇化转变。

（1）深化改革开放，全面提升老工业城市产业综合竞争力。要切实解决历史遗留问题，坚持不懈地推进国有企业改革和政府职能转变，加快建立老工业城市调整改造的长效机制。支持优势企业"走出去"到境外获取资源、与国内外知名企业进行战略重组，提升对内对外开放的层次和水平，为调整改造提供强大动力。对于总体发展速度较快但发展方式比较粗放的老工业城市，要把转变发展方式放在更加突出的位置，逐步培育成为省域经济发展的重要增长极；发展滞缓或主导产业衰退比较明显的老工业城市，要加快体制机制创新，增强发展活力动力，尽快进入良性发展轨道。坚持走新型工业化道路，改造提升传统优势产业，大力培育发展战略性新兴产业，促进生产性服务业与工业融合发展，全面提升老工业基地产业综合竞争力。

（2）提升城市功能，建设新型宜居城市。应不断深化和拓展老工业城市改造的内涵，从提升城市综合功能入手，统筹老工业城市的城区老工业区改造和新区建设，优化城市内部空间布局，加强市政公共设施建设，完善城市功能，增强老工业城市的辐射带动作用。加强城市环境保护和治理，抓紧组织治理深部采空区、特大型矿坑、矸石山等重大地质灾害隐患，推进工矿废弃地治理，加强工业遗产的保护和利用，不断改善区域生态环境，建设新型宜居城市。

（3）推动科技创新和人才培育，增强老工业城市发展的内生动力。加大人力资本、技术创新方面的投入，推动教育、科技发展和人才队伍建设，依托重点企业、重大科研项目、重大工程、高等院校、科研院所等，引进和培养一批创新型人才，着力营造吸引和留住高素质人才的环境，满足老工业城市对人才的多元化需求。鼓励企业建立新产品研制开发的自主创新平台，支持企业与高等院校、科研院所联合建立技术研发基地，加快夯实调整改造的智力基础，逐步实现以科技进步和管理创新驱动可持续发展，增强老工业城市发展的内生动力。

（4）加强老工业城市更新改造的相关规律和基础理论研究。应基于国际城镇化和工业化发展进程，在剖析工业化与城镇化、土地与城市、用地区位与功能演进等关系的基础上，归纳总结后工业化时期城市发展的主要特征。从产业结构调整、城市功能结构转型、土地综合利用、城市社会空间和人口空间重构等方面，研究老工业城市更新改造的动力机制和内在关联，把握后工业化时期城市老工业区更新的实质（金凤君等，2012）。探索适合我国国情的老工业城市更新改造基础理论，为东北老工业城市更新改造实践科学依据。

三、边境城市

边境城市是按地域划分而来，指在沿边地区内靠近国境线的、具有一定规模并以非农业人口为主的一定地域内政治、经济和文化的中心（张丽君等，2002）。由于具有独特的资源优势和区位优势，边境城市已成为边境地区对外开放的经济发展中心（刘朝霞，2013）。改革开放以来，特别是自 20 世纪 90 年代初我国设立进一步扩大对外开放边境城市以来，沿边地区的开发开放在许多领域都取得了重大进展（吴昊等，2010）。在国家沿边开放和振兴东北老工业基地等战略的带动下，东北地区沿边对外开放取得了显著成效，与东北亚国家经贸关系日益密切，保障和支撑经济社会发展和对外开放的基础设施条件大幅改善，口岸功能不断完善，国际通道建设顺利进展。随着全面振兴东北地区等老工业基地战略的实施和国家深入推进"一带一路"建设，东北老工业基地以开放促发展促转型面临重要契机。

1. 边境城市发展演变过程

东北边境地区是指我国黑龙江省、吉林省、辽宁省和内蒙古东部"三市一盟"沿国界线与毗邻国家接壤的市（或州、盟）、县（或县级市、旗）级行政单元的集合（见表6-12）（朱媛媛等，2011），包括黑龙江省的鹤岗市、双鸭山市、鸡西市、伊春市、牡丹江市、佳木斯市、黑河市和大兴安岭地区，吉林省的通化市、白山市和延边州，辽宁省的丹东市和蒙东地区的呼伦贝尔市、兴安盟，与朝鲜、俄罗斯和蒙古国接壤，与日本和韩国隔海相望，是东北亚地区的中心和枢纽地带，是我国面向东北亚开放的重要门户。中华人民共和国成立以来东北地区边境城市形成发展大致可划分为以下几个阶段：

表6-12　东北边境城市构成

地区	市（地区、自治州、盟）	县（区、县级市、旗）
黑龙江省（18个）	鹤岗市	萝北县、绥滨县
	双鸭山市	饶河县
	鸡西市	虎林市、密山市、鸡东县
	伊春市	嘉荫县
	牡丹江市	穆棱市、绥芬河市、东宁县
	佳木斯市	同江市、抚远县
	黑河市	黑河市区、逊克县、孙吴县
	大兴安岭地区	呼玛县、塔河县、漠河县
吉林省（10个）	通化市	集安市
	白山市	临江市、抚松县、长白朝鲜族自治县
	延边朝鲜族自治州	图们市、龙井市、珲春市、和龙市、安图县、延吉市
辽宁省（3个）	丹东市	丹东市区、东港市、宽甸满族自治县
内蒙古自治区（7个）	呼伦贝尔市	满洲里市、额尔古纳市、陈巴尔虎旗、新巴尔虎左旗、新巴尔虎右旗
	兴安盟	阿尔山市、科尔沁右翼前旗

（1）起始阶段（1949~1991年）。这一阶段可以分为两个时期，贸易对象以苏联和朝鲜为主：①中华人民共和国成立后至1967年。中华人民共和国成立后，中国对外贸易实行国家垄断经营，相继与朝鲜、苏联等国建立外交关系，批准边境地区陆续开展边境贸易。到1967年，中苏边境贸易中断，边境贸易处于停滞

状态（王舒，2014）。②1978 年至沿边开放期，从 1978 年全国进行改革开放，边境口岸的开放和边贸的发展促进了边境口岸城市的形成与发展。

（2）发展阶段（1992~2000 年）。1992 年国务院、外经贸部等先后下发了一系列扩大沿边口岸开放的文件，1992 年，黑河、绥芬河、珲春、满洲里、二连浩特 5 个边境城市对外开放。边境城市大多地处偏远地区，交通基础条件较差。自沿边开放以来，边境口岸数量猛增。优惠的对外开放政策、双边贸易的需求使东北边境城市经济有了很大发展。边境城市"生产性功能"的缺失以及与内陆中心城市经济关联度不高，造成目前边境口岸对外贸易主要以边境小额贸易为主，合作层次较低，缺乏产业的有力支撑（王舒，2014）。

（3）深化阶段（2001 年至今）。2001 年中国正式加入世界贸易组织，对外贸易政策进行了重要改革。丹东、珲春、黑河、绥芬河、满洲里、二连浩特等沿边开放城市利用与东北亚一些国家和地区接壤的区位条件和现有发展基础，借助哈尔滨、长春、沈阳、大连、呼和浩特等中心城市的经济辐射作用，加强与周边国家和地区的经济技术合作（甘静，2016）。通过实施兴边富民行动"十一五"、"十二五"规划，边境城市综合经济实力明显增强，基础设施和基本公共服务体系不断健全，生产生活条件大幅改善，对外开放水平持续提高，民族团结和边防巩固效果突出。

2. 边境城市现状问题

（1）人口规模小，人口密度分布不均。我国边境的城市从行政建制上多数仍以小县城镇形式存在，地缘政治影响力长期大于地缘经济发展，使之成为地理区位和宏观经济的"双边缘"区（丛志颖等，2010）。东北地区边境城市规模普遍偏小，只有丹东、黑河属于地级市，66% 的边境城市人口在 20 万以下，只有延吉市、东港市和丹东市区人口在 50 万以上，而新巴尔虎左旗和新巴尔虎右旗人口仅为 4 万人。边境城市人口密度分布不均，最大的丹东为 829 人/平方千米，人口密度最小的为新巴尔虎右旗，人口密度仅为 2 人/平方千米（见图 6-3）。

（2）经济水平较低，产业结构不均衡。东北地区 37 个边境城市中只有满洲里市、陈巴尔虎旗、绥芬河市和新巴尔虎右旗 4 个边境城市的人均 GDP 较高，其余边境城市经济发展水平普遍比较低，其中有 24 个城市人均 GDP 在全国平均水平以下，占整个边境城市的 65%（见图 6-4）。东北边境城市产业结构协调性不高，59% 的边境城市的第一产业比重都在 30% 以下，其中绥芬河、满洲里、延吉、珲春、图们和丹东市的第一产业比重小于5%。东北地区边境城市第二产业比重在30%以下的占了54%，其中塔河、绥滨、呼玛、饶河、抚远和嘉荫县的第二产业比重均在10%以下。基于区位与自然条件等的相似性，边境城市产业结构模式存在共性特征，以第三产业为支柱产业的轻型化口岸经济特色明显（丛志颖等，2010）。73%的边境城市第三产业比重超过30%，其中阿尔山、满洲里和绥芬河市的第三产业比重都在60%以上（见图6-5）。

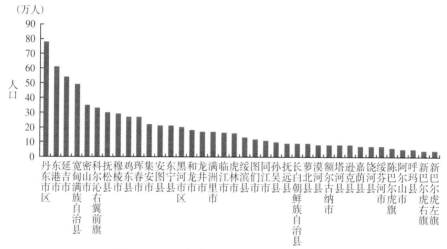

图6-3　2015年东北地区边境城市人口总数

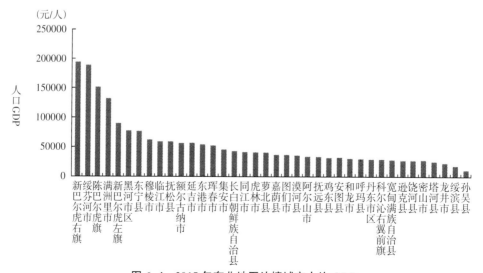

图6-4　2015年东北地区边境城市人均GDP

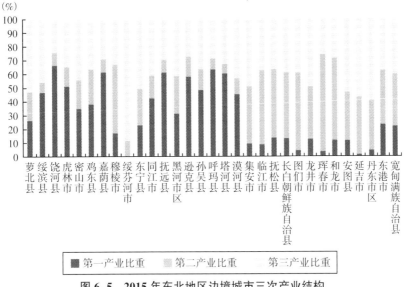

图 6-5　2015 年东北地区边境城市三次产业结构

（3）基础设施薄弱，投资环境不完善。东北地区边境城市基本建设欠账多，发展投入总体不足，基础设施相对落后，成为制约发展的"瓶颈"。由于自身基础薄弱，在观念、资金和技术等方面存在差异，边境城市的基础设施建设与沿海城市或内陆中心城市相比仍有较大差距（苏静，2015）。交通运输能力不足，干线运输负荷过重，支线存在多处断头铁路和单线铁路，高等级路数量较少，交通不便捷。各种不同的运输方式缺乏综合协调配合，综合型交通枢纽发展受到制约，综合通道能力需要加强（郝雪，2011）。边境陆地口岸普遍存在货检、旅检场地狭小，与日益增加的货物吞吐量及人员流动量严重不匹配。大多数地区边贸信息化水平较为滞后，报关、报检、核销效率以及金融服务水平较低，严重制约了通关效率的提升（阙澄宇等，2014）。

（4）沿边开放政策体系尚不完善，开放层次比较低。沿边地区对外开放的政策体系还不完善，开放领域还不宽、开放层次比较低、开放效益不高、对外开放带动区域经济社会又好又快发展的能力不强（张丽君等，2011）。我国的沿边开放政策主要以边境贸易政策为主，缺乏支持沿边地区企业"走出去"和"引进来"的有力政策及配套公共服务体系。边境贸易政策缺乏稳定性和连续性，对外合作政策体制不完善。目前的沿边开放政策优惠力度明显供给不足，并没有充分考虑这些地方作为边疆地区、民族地区和欠发达区域特殊性（阙澄宇等，2014）。

3.边境城市扩大发展的基本途径

边境地区新型工业化、信息化、城镇化、农业现代化发展水平较低，贫困问题依然突出，对外开放层次和水平亟待提升，面临的压力和挑战不容低估。随着我国"一带一路"建设加快推进，区域协调发展不断深化，脱贫攻坚全面展开，国家对边境地区全方位扶持力度不断加大，我国与周边国家关系的发展进入新阶段，加快推进边境城市经济社会发展面临难得的机遇。东北边境开放城市要真正发挥其"窗口"和"纽带"作用，还需要做很多工作。

（1）加速基础设施建设，改善投资环境。加强边境地区综合交通运输体系建设，推进沿边区际铁路交通网络、公路交通网络、航空网络和航运网络建设，提升口岸、沿边公路等级，加强经济中心、人口集聚区、口岸、港口等之间的交通联系，提升服务能力。加强边境地区水利能源、信息和边境口岸基础设施建设，提高口岸运行效率，提升通行能力和水平。同时，还应注意与之相配套的城市服务功能的建设，包括金融、服务、法律、政策等在内的软环境，增强吸引外资能力，加速边境城市的拓展延伸。

（2）优化城市产业结构，加快经济发展。依托口岸经济关联产业的带动，加快推进产业结构进一步调整，构建多元化特色优势产业体系，壮大边境城市的经济发展实力，积极参与国际、国内分工。立足绿色农业、特色农业发展基础，构建沿边现代农业产业体系和生产经营体系，增强第一产业的输出能力。充分利用有利时机，大力推进资源加工业、绿色食品加工业、物流业和旅游业快速发展，扩大东北边境口岸城市各类产品在国外市场的出口份额，实现边境城市经济的快速增长。

（3）发挥地缘经济优势，提升沿边开发开放水平。应充分发挥地缘优势，加快推动边境城市融入"一带一路"建设。积极推动沿边大开放，大力发展边境贸易，加快对外贸易转型升级，发挥好周边境外经贸合作区的带动作用，以对外贸易促进边境口岸城市经济社会的全面发展。加大沿边口岸开放力度，推进边境口岸对等设立和扩大开放。健全对外开放合作机制，加强边境地区开发开放平台建设，加大对边境经济合作区和跨境经济合作区的支持力度，进一步加大相关优惠政策对边境地区的倾斜力度。

四、农村城镇化

东北地区既是我国老工业基地，又是"保障国家粮食战略安全"的重要产粮基地，东北地区的经济、社会及环境发展都离不开农村城镇化（程遥，2013）。农村城镇化缓慢是东北地区城市化落后于我国沿海发达地区的主要表现（刘西锋等，2002）。县域经济的发展是农村城镇化的重要推动力，而东北地区多数县和县级市的经济发展水平比较落后，而且发展很不均衡，严重制约了农村城镇化进程（张平宇等，2004；王胜今等，2017）。因此，一方面，要发挥东北地区农业资源和生产技术的优势，加快农村土地承包流转制度改革，促进农业生产资本的规模化经营，加快农村劳动力向城镇转移；另一方面，要把握大城市产业升级时机，积极承接产业转移，构建城乡经济一体化产业体系，同时加快城镇投融资、户籍、就业、医疗、社保、住房、入学等方面的体制机制改革，为农村人口进城提供政策保障（张平宇，2013）。

1. 农村城镇化发展的优势条件

（1）农业资源基础丰富，为农村城镇化建设提供有利条件。东北地区农业生产的自然资源条件优越。东北地区拥有亚洲最大的黑土带，黑土土壤肥沃，有机质含量高，是肥力最高的土壤。同时，黑土区位于温带湿润季风气候区，东北地区绝大部分商品粮基地分布在黑土区内，除玉米、大豆、水稻等农作物在全国的重要生产带之外，也是我国甜菜、亚麻、向日葵等经济作物的主要产区。

东北地区拥有全国较高的农业机械化生产水平，2013年底农业机械化总动力达到12400万千瓦。单产达5913.92千克/公顷，比历史最高的2012年增加258.4千克/公顷。单产水平的增长以及种植结构的调整，对于东北地区粮食产量稳步增加和巩固东北地区作为全国重要商品粮基地的战略地位有重要影响（何秀丽等，2006）。2003~2013年东北地区粮食产量呈"稳步增加"趋势。粮食总产量由2003年的7088.63万吨增加到2013年的13976.05万吨，在2003年的基础上翻了一番，年均增长率7.02%，是全国粮食年均增长率的2.06倍。

（2）农产品加工业迅速发展，是推进农村城镇化的重要力量。大力发展农产品加工业，是推进农业产业化、农村城镇化、繁荣农村经济的关键环节和根本途径。农产品加工业作为农业和农村发展的先导，是调整产业结构的主要途径，具体表现在既可以吸纳农村剩余劳动力，缓解农产品销售难问题，促进优势农产品布局和优势农产品生产基地建设，同时又延长了农业产业链条，提高农产品综合利用、转化增值水平，此外，对于稳定粮食和畜产品市场及其价格、提高农业综合生产能力、调动农民的生产积极性方面也有重要作用。

东北地区作为全国重要的商品粮基地，具备发展农产品加工业的先天优势，粮食产量居全国前列，畜产品产量增长迅速，农产品加工的原料基础丰厚。2013年，东北三省规模以上农副食品加工业企业数 3430 个，占全国比重 14.86%，显著高于东北三省规模以上工业企业占全国 7.66% 的比重，虽然近几年农副食品加工业总体呈低迷走势，但仍是东北地区具有显著优势度的重要行业。目前，东北三省农副食品加工业企业资产、主营业务收入和利润总额占全国比重分别为16.05%、17.66% 和 17.4%，单位企业资产、主营业务收入和利润总额分别高出全国同期平均值 924.9 万元、4861.1 万元和 229.5 万元，企业平均经济效益水平高于全国。

2. 农村城镇化发展的现状及存在的问题

（1）城镇化进程较慢，农村城镇化水平较低。东北地区目前城镇化水平虽然仍高于全国城镇化平均水平，但自改革开放以来，发展进程较为缓慢，城镇化发展速度不仅低于珠三角、长三角以及京津冀等地区，而且低于全国平均水平（刘世薇，2014）。根据东北地区城镇化发展实际状况，建制镇镇区是农村城镇化的主要载体，建制镇镇区的发展状况很大程度上反映区域农村城镇化的发展水平。东北地区小城镇总人口达 4400.36 万人，镇区人口 1287.02 万人，小城镇镇区人口占小城镇总人口的 29.2%，略高于全国农村城镇化率（28.3%）。但相比东部地区，东北地区的农村城镇化水平普遍较低。

（2）数量多、规模小、布局散，城镇的聚集与辐射力较弱。东北地区小城镇大多是 20 世纪 80 年代后才开始建设的，已形成了东北地区农村城镇的骨架格局。2013 年东北三省共有 2298 个乡镇，其中建制镇 1482 个（辽宁省 622 个，吉林省 431 个，黑龙江省 429 个），建制镇占乡镇总数的 64.49%。从总体上看，虽然已形成了一批初具规模和经济实力的农村中心城镇，但更多的城镇规模偏小，且分散孤立，存在断层现象（张耀光等，1999）。城镇密度为 2.08 个/10^3 平方千米，建制镇人口密度为 3762 人/平方千米。截至 2013 年黑龙江省平均镇区人口规模只有 9952 人，在全国 31 个省份排第 16 位；吉林省平均镇区人口规模只有 8509 人，在全国 31 个省份排第 25 位；辽宁省平均镇区人口规模只有 7352

人，在全国31个省份排第26位。东北三省小城镇镇区人口规模普遍偏小，均低于全国1.24万人的平均水平。

（3）非农产业基础薄弱，城镇化的产业支撑不足。东北地区小城镇非农产业规模普遍较低，城镇化的产业支撑严重不足。东北地区第二、第三产业从业人员占总从业人员比重仅为44%，低于全国52.73%的平均水平；东部和中部地区第二、第三产业从业人员占总从业人员比重分别达到了66.41%和53.89%。东北地区城镇产业结构仍以单一农业为主，多数小城镇工业化基础薄弱，缺乏规模企业支撑。农村工业及第三产业发展十分缓慢，产业结构层次低下，缺乏具有活力的主导产业。大部分城镇都以初级资源加工业为产业主体，如农副产品加工业，而缺乏深层次的产业开发，资金密集型产业相对薄弱，使东北地区农村城镇化缺乏产业依托，难以吸纳富余农村劳动力及推动农村经济发展（谭雪兰，2004）。

（4）城镇基础设施有所改善，但总体水平依然较低。随着城镇经济发展，各小城镇通过自筹、引资、集资等多元化投资方式，加强了水、电、路、通信等基础设施建设。但总体上看，基础设施仍很薄弱，城镇的承载功能不强。道路交通、供排水、文体设备、卫生设施、物业服务等满足不了经济社会和人民生活水平日益提高的需要，极大地制约着小城镇的规模扩张和人口、产业集聚。东北三省建制镇供水普及率为75.78%，比全国平均水平低5.95%。燃气普及率为23.23%，仅为全国燃气普及率的50%。排水管道暗渠密度为2.70千米/平方千米，绿化覆盖率为7.13%，人均公园绿地面积为1.08平方米，均落后于全国平均水平。

3. 农村城镇化的推进对策

（1）依托农业现代化，推进农村城镇化进程。城镇化是以农业现代化为基础和动力，没有农业的现代化，就不可能有高质量的城镇化（王克忠等，2009）。东北地区是我国重要的商品粮基地，农业资源丰富，粮食商品率、人均占有量和调出量均居全国首位，具备推进农业现代化的需求和潜力。推进农业规模化、产业化和现代化进程，不仅是改变农业与农村落后面貌的根本出路，也是保障经济持续稳定发展和推进城镇化的重要条件。

（2）优先发展重点小城镇，提高中心镇建设对农村城镇化的带动作用。应把发展县城和条件好的建制镇作为小城镇发展的主要途径，逐步建立一个结构合理，层次和规模分布有序，可以担负所在区域经济"增长点"和"发展极"作用的小城镇体系，从而充分推进农村城镇化和城乡一体化进程。目前，东北地区重点镇主要分布在东北地区中部尤其是哈大沿线及其轴带附近小城镇、东部森工城镇以及中部大城市周边小城镇，要逐步发展成为产业配套服务型城镇和大城市的卫星城镇。在保持小城镇数量相对稳定的基础上，集中力量择优培育重点中心镇，加大力度予以政策扶持和资金上的重点倾斜，对城镇体系建设以及城乡协调发展有较大裨益。必须立足于小城镇的功能定位，以市场为导向，发挥比较优势，形成合理的产业布局和各具特色的城镇经济。改造镇中村、合并小型村、缩减自然村、拆除空心村和节约村庄占地总量，合理布置生产、生活、生态空间，合理布置教育、医疗、文化等服务设施，并与小城镇外部的基础设施、生态环境、交通道路、产业园区、水利设施相衔接，全面提升小城镇及农村发展质量。

（3）突出产业特色，提升农村城镇化的内生动力。按照"宜工则工、宜农则农、宜商则商"的要求，各级政府要根据其区位和资源条件，兴建若干大中型建设项目，培育主导产业，打造自己的城镇品牌，发挥重点镇拉动要素聚集和经济增长的作用。基于县域经济在推进城镇化进程中的重要地位，东北地区应高度重视和加快发展县域工业，调整农业和农村经济结构，以工业发展带动农业和服务业发展，依托各省市（县）农产品资源优势、矿产资源优势和口岸沿边优势，因地制宜地发展农产品精深加工、矿产资源精深加工和进口原料精深加工，促进资源优势转化为产业竞争优势，实现县域经济全面振兴，从而全面推进农村城镇化进程。

（4）健全城镇功能，逐步完善城镇体系。按照统筹规划、合理布局、完善功能、协调发展的城镇建设方针，注重城乡联动和产业协作，分层次建设大中小城市与农村城镇体系，加强城市基础设施建设，改善供水、供气、供热等生产和生活条件，增强人口集聚、生产要素吸纳和综合服务功能，发展乡镇工业、商贸服务、旅游及特色产业，形成一批具有产业依托的小城镇。将城市和农村的社会经济发展统一筹划，既发挥大城市对农村的辐射带动作用，又发挥小城镇对城市的促进作用，实现城乡良性互动发展。

（5）深化小城镇体制改革，完善相关政策。农村城镇化建设涉及社会经济的方方面面，影响城镇化的因素非常广泛，其中政策体制因素对当前城镇化进程影响重大。加快推进户籍、社保、教育、医疗改革等，提高"人"的城镇化水平。户籍改革方面，要削弱户籍制度的控制流动和执行分配依据的功能，逐步打破城乡分割的多种户口形式；社保方面，要制定针对进城务工农民的工伤保险政策、医疗和大病保障政策以及社会养老政策，建立进城农民生活保障体系；教育方面，保障农民工随迁子女平等享有公共教育资源的权利。总之，要确保农民在城镇化过程中不被边缘化，尽量享有和城镇居民平等的公共基础设施和政策制度支持，同时要不断提高农民自身文化素质。

第五节　新型城镇化方向与战略对策

一、新型城镇化发展环境与挑战

1. 新型城镇化发展环境

新型城镇化是在新的国际国内环境下，依据城镇化发展规律和趋势，客观审视传统城镇化发展面临问题、矛盾和瓶颈的基础上提出的可持续城镇化道路。新型城镇化是紧紧围绕全面提高城镇化质量，加快转变城镇化发展方式，以人的城镇化为核心，有序推进农业转移人口市民化；以城市群为主体形态，推动大中小城市和小城镇协调发展；以综合承载能力为支撑，提升城市可持续发展水平；以体制机制创新为保障，通过改革释放城镇化发展潜力，走以人为本、四化同步、优化布局、生态文明、文化传承的城镇化道路。

中华人民共和国成立后，随着工业和交通的发展，东北地区的城市得到了迅速发展，一度成为全国城市密度最大、城镇化水平最高的地区，虽然近些年东北地区城镇化速度较低，但区域城镇化水平仍旧较高，2013 年辽宁、吉林、黑龙江三个省份城镇化率分别为 66.45%、54.2% 和 57.4%，均高于全国的平均水平（53.73%）。东北地区生态环境类型多样，森林、湿地、草原、荒漠等生态系统类型都有分布，大小兴安岭森林生态系统、长白山森林生态系统为东北城镇化推进提供了良好的生态屏障，中部平原为城镇化提供了开阔的空间和粮食保障。2003年国家实施振兴东北等老工业基地战略后，区域城镇化水平稳步提高，城市群一体化发展趋势加强，大都市区城镇化呈现网络化发展，资源型城市转型和老工业区改造成效显著，基础设施建设加快，城市物质环境改善明显。较高的城镇化水平、良好的生态环境以及东北振兴战略的实施均为新型城镇化的推进提供了良好基础。

2. 新型城镇化发展的挑战

（1）区域城镇化动力不足。在经济新常态发展趋势下，2014年，黑龙江、辽宁、吉林三省地区生产总值增速分别为5.6%、5.8%、6.5%，位列全国倒数第二、三、四位，经济下行压力不断加大；另外，按照第六次全国人口普查数据，东北三省人口外流现象有所增强，人口外流加剧了老龄化进程，并且东北地区生育率低于全国平均水平。随着工业化与城镇化进入中后期，产业结构升级，现代服务业成为城镇化的主要动力，东北地区是我国工业化优先发展地区，长期以来工业发展以改造升级传统优势产业为主，路径依赖明显，新兴支柱产业培育不足，工业结构依然偏重，城镇化质量不高，城市服务业发展落后。2013年辽宁、吉林、黑龙江三个省份第三产业产值比重分别为38.6%、35.5%和41.4%，均低于全国平均水平（46.8%）。经济下滑、人口外流、第三产业发展较弱等诸多因素导致区域城镇化动力不足。

（2）城市群处在发育期，整体实力较弱。东北地区目前已经形成了以大连、沈阳、长春和哈尔滨为中心的三个城市群，但人口和经济规模都偏小，同时，城市群内城市间产业结构雷同，缺乏经济合作，城市同质化竞争明显，还远未形成一个有机整体，缺乏对外竞争力。其中，吉中城市群与哈大齐城市群可进一步整合为一个城市群，但受历史和现实体制的制约，城市群间联系不足，相当长时期内仍会维持现有格局。

（3）资源型城市经济转型任务艰巨。东北三省共有资源型城市21座（地级市），资源型城市所占面积超过1/2，是我国资源型城市分布最为密集的区域。尽管过去10年资源型城市转型取得了重要的阶段性成果，企业破产、下岗失业、社会保障、棚户区改造等紧迫问题得到显著改善，但资源型城市尚未全面步入可持续发展轨道，转型任务依然艰巨。目前多数资源型城市产业层次仍较低，接续和替代产业培育十分缓慢，经济转型的内生动力不足，较依赖国家的援助性政策、资金和项目。历史遗留的体制机制问题仍未彻底排除，城市更新改造和矿区环境整治任务仍十分繁重，可持续发展的长效机制尚未完全建立。

（4）乡村城镇化严重落后。相对于大城市的快速发展，东北地区县域经济发展缓慢，导致包括县城在内的城镇发展建设落后，城镇规模偏小，功能不健全，基础设施短缺，居民生活条件普遍较差。以省域城镇化水平较高的辽宁省为例，全省包括县城在内有 610 个建制镇，建成区内集聚人口只有 540 万人，总人口仅占全省人口的 12.8%。乡镇企业发展缓慢，乡镇企业多为国有大型企业配套，农村工业与城市工业间、农村工业内部产业和产品同构性突出，同时，大多数乡镇企业缺乏品牌，难以实现规模效应。

（5）城镇化的社会服务和管理水平低。东北老工业基地受计划经济体制影响深刻，对政府和单位的依赖思想重，城市经营管理理念落后，城市社会化服务和管理体制改革滞后，中小城市和小城镇的公共服务能力更加落后。城市物质环境改造较快，而软环境建设跟不上，新城、新区成片崛起，而生产和生活服务设施不配套，整个城市的运行效率偏低。

二、新型城镇化发展战略

1. 新型城镇化战略方向

（1）有序推进农业转移人口市民化。按照尊重意愿、自主选择，因地制宜、分步推进，存量优先、带动增量的原则，以农业转移人口为重点，统筹推进户籍制度改革和基本公共服务均等化。全面放开小城镇落户限制，放宽大中城市落户条件，逐步使符合条件的农业转移人口落户城镇；积极推进城镇常住人口的基本公共服务能力，逐步解决在城镇就业居住但未落户的农业转移人口享有城镇基本公共服务的问题。

（2）提高城市可持续发展能力。加快转变城市发展方式，优化城市空间结构，增强城市经济、基础设施、公共服务和资源环境对人口的承载能力，尤其应加快资源型城市转型，加快替代产业的培育，促进产业多元化发展，建立资源型城市转型的长效保障机制，提高城市可持续发展能力；促进城区老工业区搬迁改造，优化提升旧城功能，大力推进棚户区改造；加强市政公用设施和公共服务设施建设，增加基本公共服务供给，增强对人口集聚和服务的支撑能力。

（3）推动城乡发展一体化。坚持工业反哺农业、城市支持农村的方针，加大统筹城乡发展力度，增强农村发展活力，逐步缩小城乡差距，促进城镇化和新农村建设协调推进。加快农业现代化进程，提高农业综合生产能力、抗风险能力，保障国家粮食安全和农产品的有效供应；坚持遵循自然规律和城乡空间差异化发展原则，科学规划县域村镇体系，统筹安排农村基础设施建设和社会事业发展，建设农民幸福生活的美好家园。

（4）改革完善城镇化发展体制机制。加强制度顶层设计，尊重市场规律，统筹推进人口管理、土地管理、财税金融、城镇住房、行政管理、生态环境等重点领域和关键环节体制机制改革，形成有利于城镇化健康发展的制度环境。

2. 新型城镇化发展重点

（1）加快城市群整合发展与国际服务功能提升。科学规划设计以沈阳、大连、长春和哈尔滨为中心的三大城市群，依据新型城镇化的内涵与战略要求，统筹考虑城市群内部大中小城镇发展条件、优势和问题，规划城市群内部的城镇数量及规模等级、职能分工、空间布局，疏解中心城市人口和产业（王士君等，2011）。大连市要加快东北亚国际航运中心和国际物流中心建设，促进城市金融、商贸和文化产业的升级，带动辽宁沿海经济带乃至整个东北地区对外开放。沈阳市要与周边城市共同打造世界领先的现代装备制造业基地，提升其对东北地区金融、商贸、物流、交通、科技和文化产业的引领作用。长春市要与吉林、松原、四平、辽源进一步整合，加强东北亚地区经贸合作平台建设，完善国际交通、商贸、物流基础设施。哈尔滨市要打造成对俄经贸文化交流的综合平台，成为辐射远东地区最重要的区域中心城市。

（2）优化城镇化空间格局。继续优化目前已经形成的"三圈一带"为主的空间骨架（"三圈"指哈大齐城市群、吉林中部城市群和辽中城市群，"一带"指辽宁沿海经济带），壮大中小城市规模，发展一批发展基础较好的县域中心城镇，培育新的经济增长点，对空间破碎的资源型城市进行空间重组，资源枯竭的矿区小城镇要逐步实施人口转移与再布局。继续完善以交通为主的网络化基础设施，加快"三纵三横"对外交通大通道建设，引导与支撑区域空间开发格局重构，形成网络化开放体系。不断加强东西部及北部的生态保护和生态复本，为中部地区发展构筑生态安全屏障，提供永续利用的资源，做强中部、做强中心城市，逐步实现大中小城镇区域的协调发展，构建东北地区可持续城镇化的生态安全格局。

（3）加快资源型城市转型和城区老工业区改造。加快发展接续替代产业，提升资源型城市产业层次和市场竞争力，因地制宜加快发展具有独特优势和竞争力的农副产品加工、特色制造业、医药、生态旅游、新能源、商贸物流等接续替代产业，培育多元化现代产业体系。改善资源型城市对高端人才、资本、技术等经济要素的集聚和吸引能力，增强资源型城市发展的内生动力，努力破除资源型城市面临的体制机制障碍，提升城市基本公共服务支撑能力，改善生产生活环境。鞍山市、盘锦市、葫芦岛市和通化市等再生型资源城市应立足已经培育形成的替代产业，提高替代产业的技术创新水平和开发能力，提高替代产业的竞争力；阜新市、辽源市、白山市、伊春市、鹤岗市等资源枯竭型城市，应加速替代产业培育，找准发展方向；大庆市、松原市等资源相对丰富的城市，应在利用现有资源优势的同时，大力发展非资源型产业，实现城市的多元化发展。把城区老工业区调整改造作为解决城市内部二元结构、落实全国老工业基地调整改造规划的重要抓手，针对不同老工业区的实际情况，分类推进城区老工业区调整改造。

（4）创新乡村城镇化机制和管理。实现乡村城镇化建设需要以县城和中心城镇的发展为依托，以多元化产业发展为支撑，通过引导适度规模的人口和产业在城镇集聚，带动地区发展。推进乡村城镇化的过程中要坚持以人为本原则，促进城镇基本公共服务均等化，保障城镇常住人口能够平等地享有教育、医疗、社会保障等基本的公共服务，真正实现村民居民平等。加强进城农民的岗位学习和职业训练，提高转移劳动力的素质，使他们能够更好地适应城市就业需要，增强在城市的稳定感。创新小城镇管理制度：户籍管理方面，要彻底改变小城镇户口管理制度，放开县及县以下建制镇户口，形成有利于人口合理有序流动的管理体制；土地利用与管理方面，可采取集约利用土地，正确处理进城农民与承包地和宅基地的关系。

（5）加强生态环境保护，促进生态城市建设。目前东北地区城市发展存在土地浪费、资源过度开采、生态环境破坏等问题，应协调人口、资源和环境间关系，走集约型、可持续的新型城镇化道路。应加强城市环境综合治理，进行松、辽流域污染治理，加强城市内河水污染治理力度，实行清洁生产和循环经济。持续对大小兴安岭森林生态系统、长白山森林生态系统实施天保工程，进行森林生态建设；加强三江平原湿地生态系统保护，在保证国家粮食安全的前提下，扩大保护区面积，加大保护力度，切实改善湿地环境；加大对西部沙地的治理力度，应进行科学规划，制定保护、建设、利用的有效办法。

三、新型城镇化发展经济地理愿景

1. 农业转移人口市民化有序推进

东北地区城镇化水平和质量稳步提升，城镇化健康有序发展，到2025年，辽宁、吉林、黑龙江三个省份的常住人口城镇化率分别达到 75%、60% 和 65%，实现了农业转移人口和其他常住人口在城镇落户。建成区人口密度逐步提高，密度较高、功能混用和公交导向的集约紧凑型开发模式成为主导，人均城市建设用地严格控制在 100 平方米以内，绿色生产、绿色消费成为城市经济生活的主流，节能节水产品、再生利用产品和绿色建筑比例大幅提高。稳步推进义务教育、就业服务、基本养老、基本医疗卫生、保障性住房等城镇基本公共服务覆盖全部常住人口，基础设施和公共服务设施更加完善，消费环境更加便利，生态环境明显改善，空气质量逐步好转。

2. 城市产业支撑强化，可持续发展能力显著提高

制造业向效益提升、分工细化、协作紧密方向发展，高技术产业占比提高，到 2020 年研究与实验发展经费投入强度超过 2%，高新技术产业增加值比重超过 13%，东北老工业基地成为"中国制造 2025"的先行区。现代服务业对制造业升级起到支撑作用，到 2020 年服务业增加值比重超过 47%。产业集聚能力更强，依托哈大和沿海经济带一级轴线的发展优势，中部地区和辽宁沿海地区产业集聚水平更高。基本形成具有国际竞争力的装备制造业基地、国家新型原材料和能源保障基地、国家重要的商品粮和农牧业生产基地以及国家重要的技术研发与创新基地。产业结构优化效果显著，现代产业体系基本形成，产业支撑城镇化能力显著提高，实现老工业城市的可持续发展。

3. 城镇化布局和形态优化显著

城镇化格局更加优化，"三圈一带"城镇化格局内部联系逐步加强，逐步形成"两圈一轴"（"两圈"指哈长城市群与辽中南城市群，"一轴"指哈大铁路沿线）的城镇化格局，城市群集聚经济、人口能力明显增强。齐齐哈尔—赤峰、绥芬河—满洲里、珲春—阿尔山、丹东—霍林河、锦州—锡林浩特等二级经济轴带初步培育建成。城市规模结构更加完善，四个中心城市的人口集聚能力更强，到 2025 年，四个中心城市市区总人口所占比重由目前的 40% 增长到 45% 左右，辐射带动作用更加突出，中小城市数量增加，小城镇服务功能增强。基本形成包括三个层次的空间组织形态（大都市经济区、一般城市密集区域和边缘地区中心城市），城镇空间组织更加优化，城镇职能分工更加明确。

4. 城乡发展一体化水平显著提高

国家商品粮主产区地位得到稳固，农业发展方式发生明显转变，水稻生产稳

定发展，大豆亩产、品质和效益提高，非优势区玉米种植适当调减，成为国家重要的现代农业生产基地。农业产业链延伸发展，粮食生产、农产品加工和农业生产性服务业协调发展，农村第一、第二、第三产业融合发展。农村地区"硬件"建设明显加强，城乡基础设施差异减小，农村公共服务水平明显提高。水、电、路、气等基础设施城乡联网和共建共享完成；农村、垦区、林区及牧区硬化道路、安全饮水、集中供热、信息网络、邮政储蓄、农村校舍、文化体育设施建设完成。城镇公共服务向农村延伸，城乡居民基本养老保险制度和基本医疗保险制度实现并轨，城乡一体化水平显著提高。

参考文献

[1] 曾蕾，王雪梅，杜玲，杜德斌. 森林资源枯竭型城市就业弹性状况研究——基于黑龙江省伊春市的实证分析 [J]. 中国商界，2012 (10)：179–181.

[2] 陈才，佟宝全. 东北老工业基地的基本建成及其历史经验 [J]. 东北师大学报（哲学社会科学版），2004 (5)：43–50.

[3] 陈才. 东北老工业基地新型城镇化之路 [M]. 长春：东北师范大学出版社，2004.

[4] 陈耀. 新时期我国老工业基地的改造与振兴 [J]. 经济工作者学习资料，2000 (32)：11–28.

[5] 程遥. 东北三省农村城镇化发展的问题、潜力与路径[J]. 学习与探索，2013 (8)：118–121.

[6] 丛志颖，于天福. 东北东部边境口岸经济发展探析 [J]. 经济地理，2010，30 (12)：1937–1943.

[7] 邓伟，张平宇，张柏. 东北区域发展报告 [M]. 北京：科学出版社，2004.

[8] 董志凯. 从 20 世纪后半叶东北基建投资的特征看振兴老工业基地 [J]. 中共党史研究，2004 (5)：50–56.

[9] 甘静. 东北地区边境旅游地域系统研究 [D]. 东北师范大学博士学位论文，2016.

[10] 国家发改委. 全国老工业基地调整改造规划（2013–2022 年）[EB/OL]. http://www.gov.cn/gongbao/content/2013/content_2441018.htm.

[11] 国家发改委. 国家发展改革委关于做好城区老工业区搬迁改造试点工作的通知 [EB/OL]. http://www.sdpc.gov.cn/zcfb/zcfbtz/201406/t20140626_616499.html.

[12] 国务院. 国务院关于印发全国资源型城市可持续发展规划（2013~2020年）的通知 [EB/OL]. http://www.gov.cn/zwgk/2013–12/03/content_2540070.htm.

[13] 郝雪. 东北东部边境地区交通经济带发展实证研究 [D]. 辽宁师范大学硕士学位论

文，2011.

[14] 何秀丽，张平宇，刘文新. 东北地区粮食单产的时序变化及影响因素分析[J]. 农业现代化研究，2006，27（5）：360-363.

[15] 金凤君，陈明星，王姣娥. 东北地区发展的重大问题研究 [M]. 北京：商务印书馆，2012.

[16] 金凤君，张平宇，樊杰等. 东北地区振兴与可持续发展战略研究 [M]. 北京：商务印书馆，2006.

[17] 李诚固，李振泉. "东北现象"的特征及形成因[J]. 经济地理，1996，16（1）：34-38.

[18] 李振泉，石庆武. 东北经济区经济地理总论 [M]. 长春：东北师范大学出版社，1988.

[19] 梁振民. 新型城镇化背景下的东北地区城镇化质量评价研究 [D]. 东北师范大学博士学位论文，2014.

[20] 刘朝霞. 中越边境城市跨国整合发展理论探索——以中国东兴—越南芒街为例[J]. 广西财经学院学报，2013，26（4）：33-38.

[21] 刘世薇. 东北地区可持续城镇化潜力与途径研究 [D]. 中国科学院研究生院博士学位论文，2014.

[22] 刘文新，张平宇，马延吉. 东北地区生态环境态势及其可持续发展对策 [J]. 生态环境，2007，16（2）：709-713.

[23] 刘西锋，李诚固，谭雪兰. 东北地区城市化的特征与机制分析 [J]. 城市问题，2002（5）：17-20.

[24] 刘艳军，李诚固，孙迪. 东北地区城镇体系发展的基础设施响应 [J]. 规划师，2007，23（10）：67-69.

[25] 潘柠烨，李丹，钟锦洋. 黑龙江省资源型城市转型中的就业问题及原因探析 [J]. 商业经济，2011（12）：1-2.

[26] 阙澄宇，马斌. 加快东北三省沿边对外开放的制约因素与应对之策 [J]. 国际贸易，2014（6）：10-15.

[27] 宋艳，李勇. 老工业基地振兴背景下东北地区城镇化动力机制及策略 [J]. 经济地理，2014（1）：47-53.

[28] 宋玉祥，陈群元. 20世纪以来东北城市的发展及其历史作用[J]. 地理研究，2005，24（1）：89-97.

[29] 苏静. 中国东化东部边境经济合作研究 [D]. 延边大学硕士学位论文，2015.

[30] 谭雪兰. 长春市农村城镇化的动力机制与发展模式研究 [D]. 东北师范大学硕士学位论文，2004.

[31] 王克忠，周泽红，孙仲彝等. 论中国特色城镇化道路 [M]. 上海：复旦大学出版社，

2009.

[32] 王胜今，韩一丁.东北地区城镇化发展水平分析[J].人口学刊，2017，39(3)：44-51.

[33] 王士君，宋飏，冯章献等.东北地区城市群组的格局、过程及城市流强度[J].地理科学，2011，31（3）：287-294.

[34] 王士君，宋飏，姜丽丽等.中国东北地区城市地理[M].北京：科学出版社，2014.

[35] 王士君，宋飏.中国东北地区城市地理框架[J].地理学报，2006，61（6）：574-584.

[36] 王舒.口岸经济发展与边境城市扩张相互作用的研究——以丹东市为例[D].东北师范大学硕士学位论文，2014.

[37] 王先芝.东北地区城市空间组织研究[D].东北师范大学硕士学位论文，2006.

[38] 吴昊，闫涛.长吉图先导区：探索沿边地区开发开放的新模式[J].东北亚论坛，2010，19（2）：3-10.

[39] 姚士谋，陈振光等.中国城市群[M].合肥：中国科学技术大学出版社，2006.

[40] 杨友宝.东北地区旅游地域系统演化的空间效应研究[D].东北师范大学博士学位论文，2016.

[41] 张国宝.东北地区振兴规划研究：重大问题研究卷[M].北京：中国标准出版社，2008.

[42] 张国宝.东北地区振兴规划研究：综合规划研究卷[M].北京：中国标准出版社，2008.

[43] 张丽君，李澜.西部大开发背景下的西部边境城市发展[J].广西大学学报（哲学社会科学版），2002，24（2）：48-52.

[44] 张丽君，陶田田，郑颖超.中国沿边开放政策实施效果评价及思考[J].民族研究，2011（2）：10-20.

[45] 张平宇，马延吉，刘文新等.振兴东北老工业基地的新型城镇化战略[J].地理学报，2004，59（S1）：109-115.

[46] 张平宇.东北区域发展报告[M].北京：科学出版社，2008.

[47] 张平宇."振兴东北"以来区域城镇化进展、问题及对策[J].中国科学院院刊，2013，28（1）：39-45.

[48] 张文忠，余建辉，王岱，谌丽.中国资源型城市可持续发展研究[M].北京：科学出版社，2016.

[49] 张耀光，韩增林，杨荫凯等.辽宁港口地域组合形成、发展与可持续发展研究[J].经济地理，1999（5）：95-100.

[50] 朱媛媛，王士君，冯章献.中国东北边境地区中心地系统格局与形成机理研究[J].经济地理，2011，31（5）：724-729.

第七章　交通运输发展及其体系演化

由于较好的自然地理环境和历史背景，东北地区的交通建设相对较早，且形成了较为独立的交通运输体系，与关内地区的联系相对较弱。早期较好的交通基础设施建设为东北地区的社会经济发展、产业布局奠定了较好的基础。但随着高速交通的逐步兴起，东北地区从全国交通建设的先发地区逐渐成为较为落后的区域，对经济发展的支撑力略显不足。本章简要回顾了东北地区交通运输发展的过程及其特征，分析了其交通网络布局现状与空间格局，在此基础上，探究了东北客货流的空间分布规律、流向及其空间差异，并结合全国综合交通运输发展战略及东北实际，指出其发展前景。

第一节　交通运输发展过程及其特征

一、交通发展历程

东北地区既是全国第一个铁路网络建设相对较为完整的区域，也是全国第一条真正意义上的高速公路沈大高速的发源地，更是现代交通史上全国第一条客运专线秦皇岛—沈阳的诞生地。东北地区在全国现代交通发展历程上起步较早、成熟较早，对区域经济发展和城市建设起到了至关重要的作用。

1. 铁路建设

东北地区的铁路建设历史可以划分为三个阶段：

（1）中华人民共和国成立前（1949 年以前）。截至中华人民共和国成立前夕，中国铁路里程约 2.18 万千米，其中东北地区铁路网规模近 1 万千米①，约占全国铁路网总里程的 43%（张文尝等，2002），是中国第一个具有完善铁路网系统的综合地理区域。相比中国其他地区现代交通发展滞后的局面，近代东北地区铁路的网络化成就了中国铁路史上的"东北时代"（金凤君，2012）。近代史上，东北地区铁路发展先后经历了清政府（1893~1911 年）、中华民国（1912~1931 年）及日本殖民（1932~1945 年）三个历史时期（莫辉辉、王姣娥，2012）。从铁路建设情况分析，东北地区铁路经历了两个大的发展时期——1894~1911 年和 1920~1945 年，后一个时期以 1931 年日本占领东北和 1937 年第二次中日战争（中国抗日战争）全面爆发为界分为三个阶段②。第一个历史时期（1893~1911 年）修建铁路约 3954 千米，占近代东北铁路建设总里程（包括铁路复线改造、联络线、支线等建设里程）的 24.7%；第二个历史时期（1912~1931 年）建设铁路约 3598 千米，占建设总里程的 22.5%；第三个历史时期（1932~1945 年）建设了 8440 千米，约占建设总里程的 52.8%。截至 1945 年，东北地区已形成了较为完整的区域铁路网络。

（2）中华人民共和国成立后（1949~2003 年）。中华人民共和国成立后，东北地区的铁路建设进入了新时期（见图 7-1），为完善路网结构、促进铁路网的合

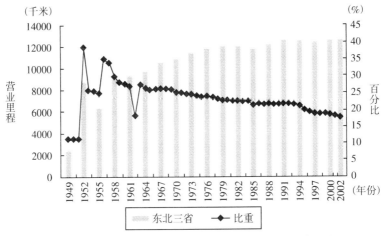

图 7-1　1949~2002 年东北三省铁路营业里程及其占全国比重

---

① 因战争导致拆毁的铁轨近 5000 千米。

② 中国抗日战争被日本学界称为日华战争，西方学界称为第二次中日战争（甲午战争为"第一次中日战争"）。

理布局,又建设了近 4000 千米的铁路新线,使铁路运输成为东北地区的主要运输方式,主要包括关内交通联系重要铁路线京通铁路(北京—通辽)、重要运煤通道通霍线(通辽—霍林郭勒)、沟通内蒙古与东北地区的重要交通线路集通线(集宁—通辽),集通线的建设加强了西北、华北和东北间的运输联系,为路网性干线。

(3)东北老工业基地振兴战略实施以来(2003 年至今)。自东北老工业基地振兴战略实施以来,东北地区的铁路建设速度加快,尤其是注重铁路技术的提升和改造。重点建设了伊敏至伊尔施铁路、赤(峰)大(板)白(音华)至锦州、巴彦乌拉至新邱铁路等蒙东煤炭外运通道,并建设了东北东部铁路通道,加强了东北三省与蒙东之间的运输联系。2003 年,秦沈客运专线进行电气化改造后正式开通运营,是当时中国国内技术最先进的铁路,全线设计时速达到 250 千米,是中国铁路步入高速化的起点,在中国高速铁路建设史上具有重要意义。此后,东北地区相继建设北京—沈阳、沈阳—丹东、吉林—珲春、哈尔滨—齐齐哈尔、赤峰—京沈客专连接线等快速铁路及区际铁路干线,建成了哈大、沈丹、丹大等客运专线。2015 年,东北三省铁路营业里程较振兴初期的 2003 年增加了 3841千米(见图 7-2)。

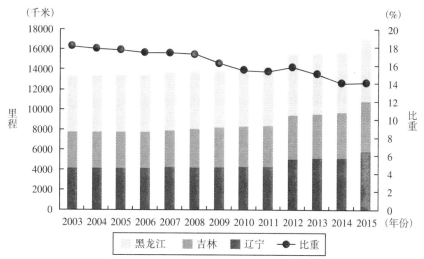

图 7-2 2003~2015 年东北地区铁路营业里程及其在全国总量中占比

2. 公路建设

中华人民共和国成立以来，东北地区公路建设较快发展，尤其是 21 世纪以来发展迅速，方便了城市间尤其铁路沿线城镇与非铁路沿线城镇的交通联系，但在全国公路里程的占比由 1949 年的 19.1% 下降到 2015 年的 8.3%（见图 7-3）。东北地区高速公路起步较早，1990 年沈大高速公路正式通车，这是中国大陆建设的第一条高速公路，但发展较慢。2000 年以后，东北地区高速公路建设取得了较快的发展，建成了绥芬河—牡丹江、通辽至沈阳、沈阳至吉林等高速公路。高速公路里程由 2000 年的 1707 千米增加到 2015 年的 11171 千米，所占全国比例在 6% 与 11% 间波动变化，2015 年占比 9%，与东北地区 GDP、人口在全国的占比基本一致（见图 7-4）。

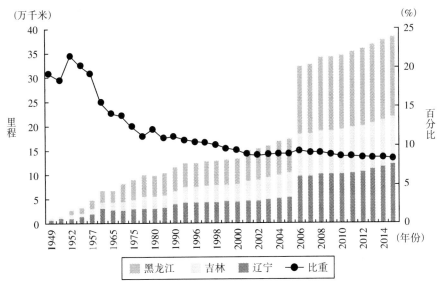

图 7-3 1949~2014 年东北三省公路里程及其在全国总量中占比变化

注：2006 年公路里程突然增加是因为公路统计中纳入了农村公路。

3. 水运建设

自 20 世纪 90 年代起，全国集装箱运输开始大规模发展。2000 年，东北地区生产用码头数量为 442 个，内河与沿海码头数量基本相当，分别为 204 个与 238 个。其后，码头数量持续增加，沿海码头数量增长尤为明显。2014 年东北地区生产用码头数量 563 个，内河与沿海码头数量分别为 172 个与 391 个（见图 7-5）。与此同时，东北地区水运货物运输量由 2000 年的 3925 万吨增加到 2014

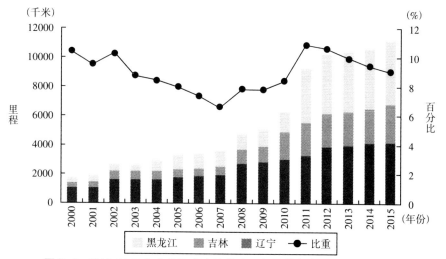

图7-4　2000~2015年东北三省高速公路里程及其在全国总量中占比变化

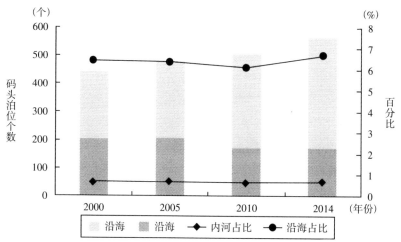

图7-5　2000~2014年东北地区生产用码头数量及在全国总量中占比

年的 15479 万吨，但在全国水运货运量中占比由 3.2% 下降到 2.6%。从不同水运类型分析，东北地区仅有远洋货运量在全国总量中占比呈现增加趋势，内河与沿海货运量占比均呈现下降趋势。具体而言，远洋货运量由 2000 年的 1306 万吨增加到 2014 年的 7507 万吨，在全国总量中占比由 5.7% 增加到 10%；沿海货运量由 1744 万吨增长到 6303 万吨，但在全国总量中占比由 5.7% 下降到 3.3%；内河货运量虽由 875 万吨增长到 1669 万吨，但在全国总量中占比由 1.3% 下降到 0.5%（见图 7-6）。从空间分布来看，东北地区的沿海港口主要集中在辽宁省。内河航运主要集中在鸭绿江、图们江、乌苏里江、松花江、黑龙江等边境河流上，拥有同江、黑河、抚远、嘉荫、饶河等内河港口。

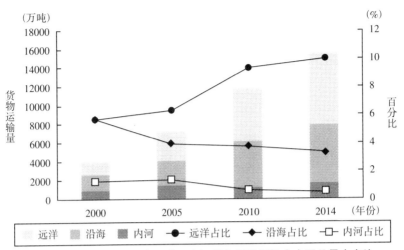

图 7-6　2000~2014 年东北地区水运货物运输量及在全国总量中占比

4. 机场建设

20 世纪 90 年代后，东北地区民航运输开始快速发展。机场数量由 1980 年的 5 个增加到 2015 年的 21 个，旅客吞吐量由 26.2 万人增加到 5488.3 万人，增加了 208 倍，东北地区航空旅客吞吐量在全国总量中占比呈现先增加后平稳的状态，2015 年占比达 6%（见图 7-7）。21 世纪以来，东北地区 4 个主要机场大连、

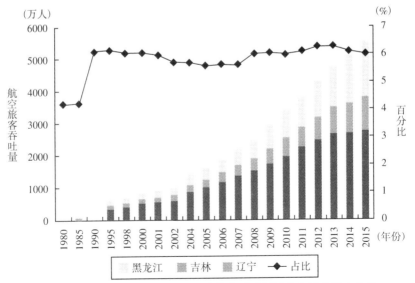

图 7-7　1980~2015 年东北地区航空旅客吞吐量及在全国总量中占比

沈阳、哈尔滨、长春的航空旅客吞吐量在全国机场体系中排名都呈现不同程度的下降。其中，大连周水子机场的排名由 2001 年的 12 名下降到 2015 年的 21 名，沈阳桃仙机场由 17 名下降到 24 名，哈尔滨太平机场由 21 名下降到 22 名，长春龙嘉机场由 28 名先下降到 33 名再回升到 29 名（见图 7-8）。

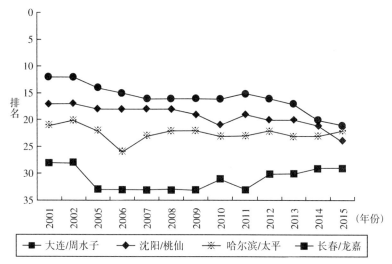

图 7-8 2000~2015 年东北主要机场旅客吞吐量在全国机场体系中排名

5. 交通运量

中华人民共和国成立以来，东北地区交通运量持续增长。1949 年，东北地区客运量为 600.6 万人，其中铁路、公路、水运客运量分别为 566.9 万人、33.6 万人与 0.1 万人。至 2015 年，东北地区客运量增长至 15.3 亿人次，其中铁路、公路、水运客运量分别增长至 3 亿人次、12.2 亿人次与 0.1 亿人次（见图 7-9）。20 世纪 90 年代以前，东北地区客流运输中铁路占据主导优势，之后公路逐渐取代铁路成为东北地区最主要的客流运输方式。铁路客运量在东北客运总量中占比由 1949 年的 94.4% 下降到 2015 年的 19.6%，而公路客运量占比由 5.6% 增加到 79.7%，水运客运量占比保持在 1% 以下（见图 7-10）。

总体而言，自然地理条件、资源分布状况和社会经济发展是东北地区交通网络发展演化的主要驱动力。一方面，由于东北地区形成了东部—北部、中部和西部三大生态地理区域，三大区域间的自然基础和环境承载能力存在显著差异（张国宝，2008）。其中，由东北平原构成的中部区域，属于中温带湿润和半湿润地

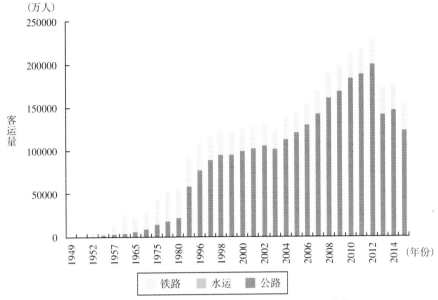

图 7-9　1949 年以来东北三省不同交通方式客运量变化

注：2013 年客运量公路客运量突然减少是因为该年开始交通专项调查，统计口径发生变化。

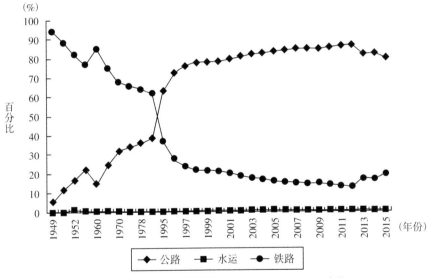

图 7-10　1949 年以来不同交通方式客运量占比变化

区，生态基础较好，环境承载力较强，目前的经济基础雄厚，发展潜力巨大，东
北地区的主要交通廊道哈尔滨—大连就分布在此区域中。另一方面，由于东北地
区自然地理单元完整，区内形成了较为完整的交通网络，并自成物流体系，与国

内其他地区联系较少，主要通过京沈、京通、沈山等铁路与关内联系。但由于这些线路建设年代较早、技术等级较低，直接限制了运能和运力的提高，也制约了东北与关内的联系。由于历史原因，东北地区经济发展在全国占有重要地位，而交通网络的建设也较全国其他区域早，是国内较早形成完整铁路网络的地区之一，也是国内高速公路（哈大）建设最早的地区之一。然而，由于体制和机制等方面的原因，自20世纪80年代东北地区就显现出经济衰退迹象，到20世纪90年代产生"东北现象"，出现了普遍的工业增长停滞和衰退。2003年，国家提出振兴东北地区等老工业基地战略，为东北地区发展提供了难得的机遇，但随着我国经济发展进入新常态，2012年以来东北经济发展开始下滑。相比20世纪80年代，随着东北地区经济发展总量在全国地位的下降，东北地区交通网络规模占全国比重整体呈下降趋势。近10年来，东北地区新建铁路增长率只有全国平均水平的一半，从而导致东北地区铁路里程占全国比重由2005年的17.75%下降到2015年的14.1%，铁路运输在全国的地位有所下降。

二、交通发展现状与特征

1. 交通网的规模与水平

经过长期的建设和发展，东北地区已经形成了以铁路、公路、海运为主，以沈阳、哈尔滨、长春和大连为中心，包括航空、内河和管道在内的较为完善的多种运输网络相互交错的综合运输体系。其中，东北三省的铁路营业里程占全国的比例由1995年的22%下降到2004年的17.9%，此后虽仍略有下降，但基本保持稳定。截至2015年，东北三省的铁路里程达到17060千米，占全国的14.1%。东北三省的公路由1995年的10.7%下降到2004年的8.9%，2006年由于公路统计中纳入了农村公路，其比例上升至9.3%，2015年占全国比例为8.32%。高速公路方面，其比例由1995年的23.8%下降到2004年的8.5%，2015年回升到9%（见图7-11）。总体而言，东北地区的交通网络中全国的地位逐渐下降，但最近几年有保持稳定的趋势，内河航道通航里程保持近7000千米的稳定水平。

2. 交通网的结构特征

（1）铁路。东北地区的铁路网布局已基本成熟。2015年东北三省的铁路营业里程达到1.71万千米，占全国总里程的14.1%，远高于其人口和经济规模占全国的比重（8%~9%）。目前，东北地区主要铁路干线包括哈大线、平齐—大郑线、

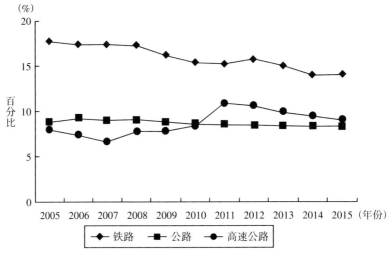

图 7-11 2005 年以来分交通方式线路里程在全国占比

通让线、沈吉—拉滨线、沈山—沈丹线、四梅—梅集线、长白—长图线、滨洲—滨绥线、齐北—滨北—哈佳—牡佳线、绥佳线等（见表 7-1）。高速铁路主要包括哈大客运专线、秦沈客运专线、哈齐客运专线、长吉客运专线、吉图珲客运专线、沈丹高铁等（见表 7-2）。东北地区的口岸铁路主要通往朝鲜、俄罗斯和蒙古国（见表 7-3）。其中，通往朝鲜的口岸铁路有五条：沈（阳）丹（东）线、长（春）图（们）线、牡（丹江）图（们）线、梅（河口）集（安）线及凤（凰城）上（长甸）线。通往俄罗斯的口岸铁路有六条：滨（哈尔滨）州（满洲里）线、滨（哈尔滨）绥（芬河）线、北（安）黑（河）线、图（们）珲（春）线、佳（木斯）抚（远）线、向（阳川）哈（鱼岛）线；通往蒙古国的口岸铁路有三条：白（城）阿（尔山）线、珠（斯花）嘎（达布奇南）线。

表 7-1 东北地区主要铁路干线

线路	经过的主要城市
哈大线	哈尔滨、松原、长春、四平、铁岭、沈阳、辽阳、鞍山、营口、大连
平齐—大郑线	四平、双辽、太平川、白城、齐齐哈尔、通辽
通让线	通辽、大安、大庆
沈吉—拉滨线	抚顺、梅河口、吉林、蛟河、舒兰、五常、双城、哈尔滨
沈山—沈丹线	沈阳、锦州、葫芦岛、秦皇岛、本溪、丹东
四梅—梅集线	四平、东辽、辽源、东丰、梅河口、通化、集安

续表

线路	经过的主要城市
长白—长图线	长春、松原、大安、白城、延边、吉林
滨洲—滨绥线	哈尔滨、绥化、大庆、齐齐哈尔、呼伦贝尔、满洲里、海林、牡丹江、绥芬河
齐北—滨北—哈佳—牡佳线	齐齐哈尔、北安、哈尔滨、绥化、海伦、佳木斯、牡丹江、海林
绥佳线	绥化、庆安、铁力、汤原、佳木斯

表 7-2　东北地区主要高铁线路

线路	开通时间	经过城市
秦沈客运专线	2003 年 10 月	秦皇岛、葫芦岛、锦州、盘锦、鞍山、沈阳
长吉城际	2011 年 1 月	长春、吉林
哈大客运专线	2012 年 12 月	哈尔滨、松原、长春、四平、铁岭、沈阳、辽阳、鞍山、营口、大连
哈齐客运专线	2015 年 8 月	哈尔滨、肇东、安达、大庆、泰康、齐齐哈尔
吉图珲客运专线	2015 年 9 月	吉林、蛟河、敦化、安图、延吉、图们、珲春
沈丹高铁	2015 年 9 月	沈阳、本溪、南芬、凤城、丹东

表 7-3　东北铁路口岸后方铁路主要技术标准情况

线路名称	单/双线	线路允许速度	行车闭塞法	机车类型
沈丹	双/单	90	半自动	内燃
长图	双/单	85	半自动	内燃
牡图	单	120	半自动	内燃
图珲	单	—	半自动	内燃
梅集	单	60	半自动	内燃
滨洲	双	160	自动	内燃
滨绥	双/单	80	半自动	内燃

（2）公路。目前，东北地区形成了以哈尔滨、长春、沈阳、大连为枢纽，高速公路、国省干道为骨架，县乡公路为网络，干支结合、纵横交错，沟通周边国家及省区，连接境内各城镇、江海港口、口岸等四通八达、通畅快捷的公路交通网络。2015 年，东北三省公路总里程为 38.09 万千米，占全国比重为 8.32%，与其经济和人口规模份额基本相符。从路网结构分析，2015 年东北三省等级公路33.29 万千米，占公路总里程的 87.4%。高速公路里程 1.1 万千米，占公路里程的

2.93%，占全国高速路网里程的 9.04%。经过东北地区的高速公路主要有哈大高速、大广高速、鹤大高速、绥满高速、珲乌高速和京沈高速等（见表 7-4）。近年来，虽然东北地区高速公路发展较快，但沟通大中城市以及核心城市与周围城镇的高速公路网络还不完善，对外通道较少，进关通道能力不足，核心城市的辐射能力有限，规模效益难以充分发挥。同时，由于东北各省（区）经济发展水平存在差异和投资重点不同，因此在省界地区容易出现道路等级不对等的情况，农村公路通达深度偏低。

表 7-4　东北地区主要高速公路

高速公路	经过主要城市
哈大高速公路	哈尔滨、长春、食品、铁岭、沈阳、辽阳、鞍山、营口、大连
大广高速公路	大庆、松原、双辽、通辽、赤峰、承德、北京
鹤大高速公路	鹤岗、佳木斯、鸡西、牡丹江、敦化、白山、通化、丹东、大连
绥满高速公路	绥芬河、牡丹江、哈尔滨、大庆、齐齐哈尔、呼伦贝尔、满洲里
珲乌高速公路	珲春、图们、延吉、敦化、吉林、长春、松原、白城、乌兰浩特
京沈高速公路	沈阳、锦州、葫芦岛、秦皇岛、北京

（3）机场。东北地区机场体系初具规模，但运输发展水平较低。与此同时，各机场功能定位不够明确，未能形成区域性支干结合的网络体系和航线网络中心。2015 年，东北地区共有民用通航机场 29 个（见表 7-5），占全国定期航班通航机场数量（206 个）的 14.1%，其中，4E 等级机场 5 个，4D 等级 1 个，4C 等级 21 个，3C 等级 2 个。旅客吞吐量共计 6014.7 万人次，在全国机场旅客吞吐量中占比 6.6%。按照机场的旅客吞吐量及其在全国机场体系中排名，可将东北地区的机场划分为三个等级（见图 7-12），其中第一等级的机场有 4 个，即大连周水子机场、哈尔滨太平机场、沈阳桃仙机场和长春龙嘉机场，这些机场的旅客吞吐量均在 800 万人以上，且在全国排名位于前 30 位；第二等级的机场有 7 个，即呼伦贝尔东山机场、延吉朝阳川机场、赤峰玉龙机场、通辽机场、牡丹江海浪机场、大庆萨尔图机场、白山长白山机场，这些机场的旅客吞吐量在 50 万~200 万人，在全国排名 50~100 位；第三等级的机场有 18 个，包含佳木斯东郊机场、锡林浩特机场、乌兰浩特机场等，旅客吞吐量少于 50 万人次，在全国排名第 102~184 位。

表 7-5　2015 年东北地区机场体系

省份	机场
黑龙江（11 个）	哈尔滨太平机场、齐齐哈尔三家子机场、佳木斯东郊机场、牡丹江海浪机场、黑河机场、漠河古莲机场、大庆萨尔图机场、鸡西兴凯湖机场、伊春林都机场、抚远东极机场、加格达奇机场
吉林（4 个）	长春龙嘉机场、延吉朝阳川机场、白山长白山机场、通化三源浦机场
辽宁（6 个）	沈阳桃仙机场、大连周水子机场、锦州湾机场、丹东浪头机场、鞍山腾鳌机场、朝阳机场
蒙东地区（8 个）	呼伦贝尔东山机场、赤峰玉龙机场、满洲里西郊机场、乌兰浩特义勒力特机场、锡林浩特机场、通辽机场、二连浩特赛乌素机场、阿尔山伊尔施机场

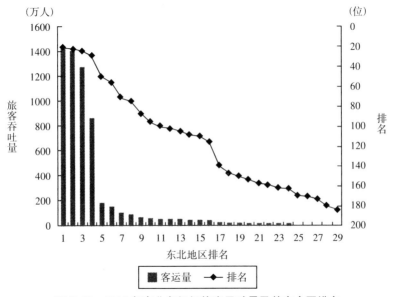

图 7-12　2015 年东北各机场旅客吞吐量及其在全国排名

（4）港口。受腹地重化工业影响，东北地区沿海港口的煤炭、石油、金属矿石、粮食和集装箱等占主导地位，成为腹地石化、钢铁等主导产业发展的重要依托。2015 年东北地区共有港口 36 个。货物吞吐量与旅客吞吐量分别为 10.7 亿吨与 1081.7 万人，占全国比重分别为 8.4% 与 5.8%。黑龙江省共有 17 个港口，其中，尔滨与佳木斯为全国内河主要港口，齐齐哈尔、肇源、漠河、黑河、嘉荫、萝北、饶河、牡丹江港为地区重要港口，其他 7 个为一般性港口，共完成货物吞吐量 1590.4 万吨，旅客吞吐量 316.3 万人次。吉林省共有港口 12 个，即松原港、大安港、吉林港、丰满港、无棵树港、扶余港、蛟河港、桦甸港、集安港、龙湖港、临江港、延边港，全省港口货物吞吐量 105.24 万吨，旅客吞吐量 193.98 万人次。辽宁省有港口 7 个，分别为丹东、大连、营口、葫芦岛、锦州、盘锦与绥中，完成货物吞吐量 10.5 亿吨，旅客吞吐量 571.39 万人次。

（5）管道。东北地区原油管道干线如表 7-6 所示，包括大庆—铁岭、铁岭—秦皇岛、铁岭—大连、铁岭—抚顺、盘锦—葫芦岛（锦西），除此以外还有大庆—抚顺、长春—吉林、大庆—哈尔滨、漠河—大庆等；成品油管道包括抚顺—营口、长春—吉林；天然气管道主要有长岭—长春—吉林、大庆—哈尔滨、哈尔滨—达连河等，基本形成了以铁岭为枢纽，连接大庆至抚顺、大庆至秦皇岛和大庆至大连的三条输油动脉，承担从油（气）田到炼油厂和石油（气）输送及外运的运输任务。

表 7-6　东北地区主要原油与天然气管道

类型	名称	起止城市
原油运输管道	庆铁线	大庆—铁岭、大庆—林源—铁岭
	庆抚线	大庆—抚顺
	铁秦线	铁岭—秦皇岛
	铁大线	铁岭—大连
	铁抚线	铁岭—抚顺
	盘锦线	盘锦—锦西
	长吉线	长春—吉林
	大哈线	大庆—哈尔滨
	漠大线	漠河—大庆
天然气运输管道	长长吉	长岭—长春—吉林
	大哈线	大庆—哈尔滨
	哈依线	哈尔滨—达连河
	四平输气管线	梨树县—四平市

（6）内河航道。东北地区内河航道通航里程共 6967 千米，占全国比重 5.5%。其中，级航道 6517 千米、等外航道 450 千米，在全国总量中分别占比 9.8% 与 0.7%。东北地区内河航道主要包含第一松花江三岔河至同江段及黑龙江干流航道。分省份而言（见表 7-7），黑龙江省内河航道里程最多，为 5098 千米，其次是吉林省与辽宁省，分别为 1456 千米与 413 千米。

表7-7 2015年东北地区内河航道里程

省份	航道里程（千米）	等级航道（千米）	等外航道（千米）
辽宁	413	413	0
吉林	1456	1381	75
黑龙江	5098	4723	375
合计	6967	6517	450

资料来源：2016年《中国港口年鉴》。

（7）交通枢纽。根据全国《十三五现代综合交通运输体系规划》、《中长期铁路网规划》及《全国民航运输机场布局规划》（见表7-8），哈尔滨、大连、沈阳与长春是东北地区主要的交通枢纽，在东北地区综合交通网络中发挥重要作用。其中，哈尔滨和大连为国际性综合交通枢纽，长春和沈阳为全国性综合交通枢纽；丹东、珲春、绥芬河和黑河为口岸枢纽；沈阳为综合铁路枢纽；哈尔滨为国际航空枢纽；大连、沈阳、长春为区域性航空枢纽。

表7-8 东北地区主要交通枢纽

类别	城市	规划来源
国际性综合交通枢纽	哈尔滨、大连	《"十三五"现代综合交通运输体系发展规划》（2017年2月）
全国性综合交通枢纽	长春、沈阳	
口岸枢纽	丹东、珲春、绥芬河、黑河	
综合铁路枢纽	沈阳	《中长期铁路网规划》（2016年7月）
国际航空枢纽	哈尔滨	《全国民用运输机场布局规划》（2017年2月）
区域性航空枢纽	大连、沈阳、长春	

三、交通建设对区域经济发展的作用

交通与经济的关联表现在：一方面，优越的交通条件会深刻影响经济的发展，快速便捷的交通服务和舒适的交通环境将加快区域经济的发展速度，提高客运流、物流、信息流的快速流通，并促进区域经济在交通节点处和沿交通线集聚，实现规模经济并逐步形成交通经济带，进而促进区域经济的发展，增强区域经济竞争力。另一方面，经济的提高会反作用于交通，随着经济发展和社会进步，会对区域的交通提出更高的要求以保障经济的正常运作，促进区域交通里程的增加、网络的完善以及形成多种交通组成的综合交通网络体系。在交通和经济的相互作用关系下，交通对于区域经济表现出三种情况：交通的建设和布局超前于地区经济的发展现状、交通的建设和布局同步于地区经济的发展现状要求、交通的建设和布局落后于地区经济的发展现状要求。通常情况下，交通的布局应与经济发展相适应或者适度超前。

1. 交通建设对经济及人口规模的影响

东北地区交通网络的布局基本上同区内人口分布和经济发展水平的梯度相一致，交通干线密集分布在以哈大经济带为中心的区域内，呈现明显的"点一轴"辐射发展模式。而东北地区的大部分工业集聚区也集中分布在"干"字形的主干通道上。哈大高铁/铁路、哈大高速、国道 102 和国道 202 组成了南北向纵轴，滨洲和滨绥铁路、10 高速、国道 301 组成的通道为北部横轴，沈山和沈丹铁路、国道 102 和国道 304 组成的通道为南部横轴，三大通道呈"干"字形贯通全区。

随着东北地区城镇化进一步发展，城镇人口规模不断扩大，人员流动和物资交流产生了大量的客货运输需求。因此，围绕核心城市建设城际快速交通网络以适应城市间、城郊间、城乡间人流、物流快速增长的需要。同时，东北地区有众多全国的商品粮基地、绿色农产品加工生产基地、精品畜牧业基地，这些基地对保障国家粮食安全意义重大，农村交通尤其是农牧产品生产基地的公路建设保证了东北地区农副产品的流通并提供了必要的支持。

2. 交通建设对产业布局的影响

东北地区产业布局对交通的依赖性较强，其交通与国民经济和社会发展的相互关系极为密切，交通运输体系布局与产业布局结合密切，对城镇体系布局影响大。在空间布局方面，东北的主要产业集聚区如辽中工业集聚区、哈大齐工业集聚区、吉林省中部和大连工业集聚区都分布在哈大交通纵轴上，而辽西工业集聚区、黑龙江东部工业集聚区、辽东工业集聚区、黑龙江西部工业集聚区和蒙东工业集聚区则分布在交通横轴上。以上这些工业区的产值约占东北地区工业总产值的 70%，并通过交通干线形成了密切的联系。

同时，由于东北地区资源分布和工业布局不平衡，辽宁和吉林的能源供应能力有限，缺口较大，黑龙江东部和蒙东地区的能源将成为其重要的能源供应地，其中交通运输成为东北区域内部资源调配的重要工具。随着东北地区资源的枯竭，东北地区东部通道以及蒙东与东北三省之间的区域运输通道的建设成为解决运输能力问题的关键环节。此外，东北资源的枯竭需要积极利用区外和国际资源，这需要加强对国际运输通道以及沿海港口的建设。

在产业结构方面，重工业一直是东北地区的支柱产业之一，其持续发展带来原材料与成品运输的快速增长，这对交通建设的速度和运力总量也提出了新的要求。如早期的钢铁、冶金、煤炭、机械、电力、石油、化工等工矿企业基本设置在铁路干线和沿海港口附近。而随着医药、轻工以及高新技术产业逐步得到重视并快速发展，高附加值、非资源性的货物逐步增加，对货物运输质量提出更高要求。因此，改善东北地区交通运输状况以协调产业之间相互制约的矛盾，调整产业结构，是提高区域经济发展水平的关键之一。

3. 交通建设对区域间交流与合作的影响

区域经济合作要求建立起高效的一体化交通体系。打破地区封锁和行政分割，建立统一市场，优化资源配置，消除产业雷同，促进生产要素合理流动，推进区域经济一体化，是东北地区经济发展的必然趋势。在市场的作用下，部分产业的集聚效应越来越强，产业的分工协作越来越紧密，生产要素和产品的流动日益频繁。交通一体化是区域经济一体化的前提和条件，交通资源的整合有利于实现东北地区各种运输方式之间以及单一运输方式内部在硬件与软件、时间和空间上的衔接。

东北地区地处东北亚经济圈和环渤海经济带，与俄罗斯、朝鲜、蒙古等国相邻。俄罗斯、蒙古国拥有丰富的铁矿、煤炭、石油以及森林等资源，对解决我国特别是东北地区资源和能源紧张局面具有重要意义。然而，能源和原材料的运输具有大进大出的特点，对交通的依赖程度高，交通状况直接制约着东北地区参与东北亚合作的程度，从而影响着东北地区的长远发展。俄罗斯、蒙古国的国际运输通道建设以及图们江地区交通走廊的建设，可以促进东北地区的对外经济发展。

东北亚经济圈内存在较大的经济水平和经济实力的差异，这决定了东北亚各国和各地区存在着经济的互补性和依存性，迫切需要建立东北亚航运中心来支撑国际运输。东北亚各国采取各种措施，通过发展港航业来促进其经济的全面发展。大连港地处东北亚中心位置，是东北地区联接两个市场、配置两种资源的结点，在韩国积极筹建济州岛自由港区、俄罗斯建立纳霍德卡自由经济区、日本在冲绳的那坝开辟自由港的背景下，大连港的发展面临较大挑战。将大连港建设成为东北亚重要国际航运中心，使其成为东北地区对外贸易窗口和东北亚国际转口

贸易、国际物流枢纽，有利于大连及东北地区深层次参与国际分工与合作，且是
我国航运强国建设的有力支撑。

第二节　交通网络布局与空间格局

一、交通网络的布局与空间差异

1. 交通网络空间格局

（1）铁路。东北的铁路网络以哈尔滨、长春、沈阳和大连为中心，辐射东北
三省和蒙东地区，并连接区际、区内大中城市和对外主要口岸。全区铁路主要集
中在以哈大线为中心的轴线及两翼地区，连接东北地区绝大部分大中城市、工农
业基地、口岸重镇等，并通过京沈、京通、京承、集通铁路与全国铁路网相连，
沟通了东北与关内各地的联系。东北三省铁路网密度为 2.15 千米/百平方千米，
高于全国平均水平的 1.26 千米/百平方千米，但仍低于东部和中部地区密度。从
东北区域内部分析，黑龙江的铁路网里程最多（0.62 万千米），但密度最小
（1.37 千米/百平方千米），低于东北三省铁路网密度（2.15 千米/百平方千米），辽
宁省铁路网密度最大（3.9 千米/百平方千米），吉林省其次（2.67 千米/百平方千
米）（见表 7-9）。

表 7-9　2015 年东北三省交通发展现状

类别	辽宁省	吉林省	黑龙江省	东北三省	东部	中部	西部	全国
铁路营业里程（万千米）	0.58	0.51	0.62	1.71	2.87	2.72	4.80	12.10
铁路密度（千米/百平方千米）	3.90	2.67	1.37	2.15	3.11	2.64	0.70	1.26
公路里程（万千米）	12.04	9.73	16.32	38.09	112.39	122.50	184.75	457.73
公路密度（千米/百平方千米）	81.33	51.48	35.89	48.10	121.78	119.17	27.06	47.83
高速公路里程（万千米）	0.42	0.26	0.43	1.12	3.57	3.25	4.41	12.35
高速公路密度（千米/百平方千米）	2.83	1.39	0.96	1.41	3.87	3.16	0.65	1.29

（2）公路。东北三省公路网密度为 48.10 千米/百平方千米，与全国平均水平

基本相当，但远低于东部和中部地区（见表 7-9、图 7-13）。其中，辽宁（81.33
千米/百平方千米）与吉林（51.48 千米/百平方千米）公路网密度高于全国平均水
平，黑龙江（35.89 千米/百平方千米）的公路网密度低于全国平均水平。东北地
区的高速公路主要形成了以哈大、大广、鹤大、绥满、珲乌等为轴，以哈尔滨、
长春及沈阳为辐射中心的树枝状布局，全区高速公路网络格局已基本形成。2015
年东北三省高速公路里程 1.12 万千米，占全国比重 9%，密度（1.41 千米/百平方
千米）略高于全国平均水平，但仍远远落后于东部和中部地区。具体分析发现，
辽宁省（2.83 千米/百平方千米）的高速公路网密度最高，吉林省（1.39 千米/百
平方千米）其次，均高于全国平均水平，而黑龙江（0.96 千米/百平方千米）密
度最低，低于全国平均水平。

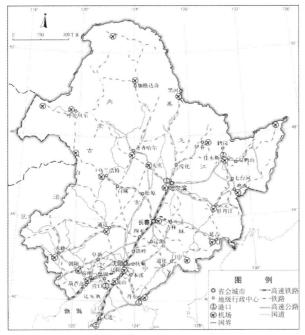

图 7-13　东北地区交通现状图

资料来源：作者自绘。

（3）水运。在水运方面，东北地区形成了沿海和内河两大系统。沿海以大连
港为主的港口群，包括大连、丹东、营口、锦州、葫芦岛和盘锦六大港口及其余
小型港口的沿海港口群。其中，大连港集装箱吞吐量 2015 年达到 944.9 万标准
箱，位居全国第 7 世界第 15，仅次于上海港、深圳港、宁波—舟山港、青岛港、

广州港和天津港；营口港集装箱吞吐量达到 592 万标准箱，位居全国第 9。在内河航运方面，内河港口包括哈尔滨、沙河子、佳木斯等，尽管泊位较多，但规模较小，运输能力有限。2015 年东北地区内河航运里程达到 0.7 万千米，其中辽宁省 0.04 万千米，黑龙江省 0.51 万千米，吉林省 0.15 万千米。

（4）航空。东北地区机场体系初具规模，形成了以沈阳、大连、哈尔滨和长春为干线机场，辐射周边重要城镇的航空网络，机场数量及旅客吞吐量在空间上分布不均衡，吞吐量集中分布于省会城市和计划单列市及旅游城市，其他地区则多为小型机场（见图 7-14）。在国内航线方面，沈阳、大连与哈尔滨的航线数量较多，分别为 65 条、65 条与 63 条，长春的国内航线数量较少，为 35 条。4 个城市均主要与上海、北京、深圳联系，除此之外，沈阳主要与广州、杭州、成都、昆明联系，大连主要与南京、杭州、成都、广州联系，哈尔滨主要与杭州、广州、青岛联系，长春主要与青岛、南京联系，这些城市之间的通航航班数量均在 4000 班次/年以上。在国际航线方面，沈阳、大连、哈尔滨均通航 13 条国际航线，长春通航 5 条国际航线。具体而言，沈阳与 6 个国家建立了航空联系，主

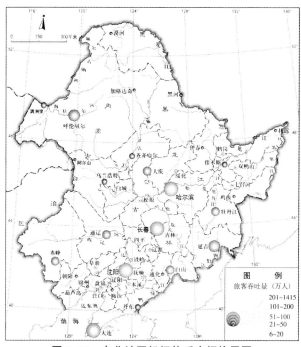

图 7-14　东北地区机场体系空间格局图

资料来源：作者根据《从统计看民航 2016》数据绘制。

要是韩国、日本、新加坡，其次是德国、加拿大与朝鲜，且主要与仁川、东京、新加坡建立联系，航班数量均在 800 班次/年以上；大连主要与日本、韩国、泰国联系，其次是新加坡和马来西亚，且主要与仁川、东京、大阪联系，航班数量均大于 1500 班次/年；长春主要与韩国联系，其次是日本与泰国，且主要与仁川（1376 班次/年）联系，其次是济州岛、名古屋等城市；哈尔滨主要与韩国联系，其次是日本和俄罗斯，且主要和仁川（1348 班次/年）联系，其次是新泻、大阪、伊尔库茨克等城市（见表 7-10）。

表 7-10 东北 4 个主要城市的国内外通航情况

城市	国内航线（条）	通航国家（个）	国际航线（条）
沈阳	65	6	13
大连	65	5	13
哈尔滨	63	3	13
长春	35	3	5

2. 交通网络布局的空间差异

东北地区交通基础设施分布不均衡，综合交通运输通道空间分布呈现明显的"中多东西少，南多北少"的格局，通道中道路等级和路网密度地域性差异大。其中，陆路交通网分布不均衡，大体呈由哈大线向两侧和由南向北逐渐递减的特征，基本上同区内人口分布和经济发展水平的梯度相一致，交通干线分布在以哈大经济带为中心的区域内，区域外的地区交通干线密度明显降低。

从东北三省分析，辽宁省的铁路、公路及高速公路网密度均远高于吉林和黑龙江，交通运输网络发展最为完善，其次是黑龙江省、吉林省。2015 年，辽宁省的铁路网密度为 3.9 千米/百平方千米，高于东部地区平均水平，接近京津冀都市圈，其次为吉林省 2.67 千米/百平方千米，与中部地区铁路网密度分布相当，而黑龙江省的铁路网密度为 1.37 千米/百平方千米，仅略高于全国平均水平。从公路网密度分析，虽然东北三省仍然呈现出由辽宁向吉林、黑龙江递减的趋势，但辽宁省的公路网密度为 81.33 千米/百平方千米，是吉林省的 1.58 倍、辽宁省的 2.27 倍；在高速公路网密度方面，东北三省的差距表现更甚，其中，黑龙江省的高速公路网密度是 2.83 千米/百平方千米，总体与中部地区平均水平相当，是吉林省的 2.03 倍、黑龙江省的 2.95 倍。

二、主要交通廊道的功能与作用

东北地区内部交通廊道可以概括为"三纵两横"型,其中的纵向通道包括主轴哈大交通廊道和辅轴东北东部和东北西部通道,横向通道则主要包括绥满通道和珲阿通道。此外,东北地区与关内地区联系的交通通道主要为京沈轴线。

(1)哈大通道。哈尔滨—大连是东北地区的交通主轴,由哈大客运专线、哈大铁路、哈大高速、京沈高速、大连港口等组成,是东北地区重要的客运通道和出海通道,沿线地区经济发达、人口密集,途经辽中南城市群、哈大齐城市带、吉中经济区等核心区域和哈尔滨、长春、沈阳、大连等省会城市及经济发达城市。该通道从哈尔滨向北可以延伸至黑河、逊克、孙吴三个国家一类口岸,是我国对俄的重要通道。

(2)东北东部通道。该通道是东北地区沿中俄及中朝边境重要通道,重点沟通丹东、大连出海口,是东北地区重要的出海通道。东部通道北面连接俄罗斯远东地区第一大城市哈巴罗夫斯克,途经抚远、牡丹江、图们、通化、丹东、大连等城市,是运输煤炭、建材、林木等重要资源的重要通道,这一交通通道的建设有助于区域内矿产、森林、土地等资源的开发利用。

(3)东北西部通道。该通道从齐齐哈尔往南,到达白城、通辽、阜新,抵达锦州和葫芦岛港口,是东北地区西部发展的重要出海通道,该通道包括通辽—锦州和齐齐哈尔铁路、大广高速公路及规划中的齐齐哈尔—通辽快速铁路。目前,该通道尚未完全贯通,一定程度上制约了东北西部地区的发展。

(4)绥满通道。绥芬河—满洲里是东北地区重要的横向通道,也是一条重要的国际通道,途经绥芬河、牡丹江、哈尔滨、大庆、呼伦贝尔、满洲里等城市,由哈齐客运专线、滨洲铁路、滨绥铁路、绥满高速公路等陆路交通组成,通道内拥有满洲里、绥芬河等重要的陆路口岸,主要运输木材资源及矿产资源等,是东北地区重要的对俄运输通道。

(5)珲阿通道。珲春—阿尔山为东北地区另一条重要的横向通道,由长吉城际、吉图珲客运专线、白阿铁路、长白铁路、长图铁路和珲乌高速等组成,途经珲春、图们、吉林、长春、白城、乌兰浩特、阿尔山等城市,是东北地区重要的对蒙、对俄国际通道,拥有图们、珲春等重点边境口岸。

(6)京沈通道。该通道是东北地区重要的进出关通道,途经沈阳、盘锦、锦州、葫芦岛、秦皇岛、北京等城市，由京沈铁路、沈丹铁路、沈山铁路、京秦铁路、秦沈客运专线以及京沈高速等组成，拥有沈阳、丹东、锦州等机场及锦州、盘锦、葫芦岛三大港口，是运输煤炭、石油、天然气的重要通道。

（7）京通通道。该通道是东北地区西部重要的进出关通道，由北向南依次途经通辽、赤峰、承德、北京等城市，京通通道往北与东北西部通道在通辽相衔接。该通道包括京通铁路、大广高速（北京—通辽段）及在建的北京—承德高铁，目前尚未规划完全贯通的高速铁路。

三、主要交通枢纽的功能与作用

东北地区的综合交通枢纽主要包括沈阳、大连、长春和哈尔滨四个城市。

（1）沈阳。沈阳是东北地区的综合交通枢纽、东北地区最大的铁路客货流中心和沟通关内外的重要铁路枢纽，辐射鞍山、抚顺、辽阳、本溪、营口和铁岭等大中城市。2015 年，沈阳铁路客运量 4427 万人次，旅客周转量 87.73 亿人千米；货运量 483 万吨，货物周转量 131.76 亿吨千米。与此同时，沈阳桃仙国际机场是国家中型枢纽机场，拥有通往韩国、日本、加拿大等的国际航线，连接国内70 个城市，2015 年拥有面向全国国内的 65 条航线（见图 7-15），完成旅客吞吐

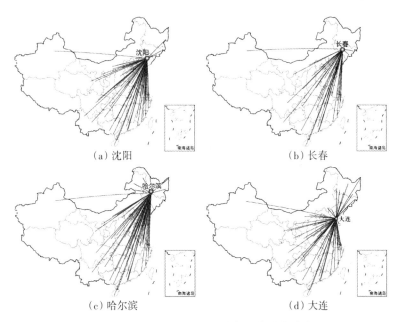

图 7-15　东北地区主要城市国内航线分布

量 1268 万人次，居东北地区第三位，货邮吞吐量 14.2 万吨。

（2）大连。大连是东北亚重要的国际航运中心、东北地区的海上门户城市、北方重要的贸易港口。大连港与世界上 160 多个国家和地区的 300 多个港口通航，承担了东北地区 70%以上的海运货物和 90%以上的外贸集装箱运输。随着"一带一路"倡议的实施，大连港陆续开通"辽满欧"和"连哈欧"国际过境班列，并与哈尔滨铁路局、沈阳铁路局共同签署战略合作框架协议，促进海铁联运，构建"东部陆海丝绸之路"。大连口岸每周集装箱班列运行达 50 余班，已建立起辐射东北三省及蒙东全境的内陆集疏运体系网络。2015 年，大连沿海港口集装箱吞吐量实现 944.9 万标准箱，其中内、外贸集装箱吞吐量分别为 434.5 万标准箱、510.4 万标准箱。2015 年，全年大连港海铁联运集装箱吞吐量实现 34.9 万标准箱，居全国沿海港口首位。在铁路、公路方面，形成了哈大铁路、沈大高速公路等陆路交通体系，沟通海港、空港发展成为完善的综合交通网络体系，建立东北地区矿产资源、石油、粮食等运输通道。2015 年，大连周水子机场开通韩国、日本、蒙古、俄罗斯、丹麦等国家的国际航线，通航 77 个国内城市，完成旅客吞吐量 1415.5 万人次，居东北首位，货邮吞吐量为 13.7 万吨，仅次于沈阳。

（3）哈尔滨。哈尔滨为东北地区铁路主枢纽中心，为哈大和绥满铁路的交会点，也是面向俄罗斯的北部交通枢纽城市。哈尔滨作为东北地区北部的重要城市，是对俄、对蒙的门户和交通枢纽，以公路、铁路联系口岸城市。哈尔滨是铁路木材、煤炭运输两大货流中心，同时运输石油、农副产品等，2015 年完成旅客运输总量 13158.1 万人次，货物运输总量 8784.7 万吨。哈尔滨太平机场开通韩国、日本、加拿大、美国等国际航线，成为连接国内主要干线城市及黑龙江省内支线城市的重要节点，连接 73 个国内城市。2015 年，哈尔滨太平国际机场进出港旅客 1405 万人次，增长 4.8%；航空货邮吞吐量 11.6 万吨，增长 9%。

（4）长春。长春为东北地区铁路次枢纽中心，为哈大、长白、长图铁路的交会点，连接哈尔滨和沈阳，是哈大线重要节点，沟通吉林省东西部。长春龙嘉机场属于地区性枢纽机场，辐射吉林省中小城市，开通韩国、日本、俄罗斯等国际航线，通航 37 个国内城市，2015 年完成旅客运输量 855.6 万人次，增长 15.3%，航空货邮运输量 7.78 万吨，增长 5.8%。

第三节 客货流分布与空间差异

一、客货运输的分布与空间差异

1. 总体特征

从空间分析，东北地区的客货运量主要集中在哈大和京沈交通经济带上。2015 年东北三省的铁路旅客总量约 2.98 亿人次，占全国比重为 11.83%；铁路旅客周转量为 1114.5 亿人千米；铁路货运量为 2.99 亿吨，占全国的 8.91%；铁路货运周转量为 1879.6 亿吨千米，占全国的 7.91%；公路客运量为 12.2 亿人次，占全国的 7.53%，公路旅客周转量为 720.5 亿人千米，占全国的 6.71%；公路货运量为 25.5 亿吨，占全国的 8.1%；公路货运周转量为 255048 亿吨千米，占全国的 8.34%（见表 7-11）。

表 7-11 2015 年东北地区各种交通运输量情况

	指标	辽宁	吉林	黑龙江	东北三省	全国	占全国比重（%）
铁路	客运量（万人）	12912	7158	9709	29779	251657	11.83
	旅客周转量（亿人千米）	604.7	252.2	257.6	1114.5	11960.6	9.32
	货运量（万吨）	16442	4432	9033	29907	335801	8.91
	货运周转量（亿吨千米）	898.1	373.5	608	1879.6	23754.3	7.91
公路	客运量（万人）	60269	29013	32632	121914	1619097	7.53
	旅客周转量（亿人千米）	313.1	177.8	229.6	720.5	10742.7	6.71
	货运量（万吨）	172140	38708	44200	255048	3150019	8.1
	货运周转量（亿吨千米）	2850.7	1051.2	929.3	4831.2	57955.7	8.34
水运	客运量（万人）	504	188	372	1064	27072	3.93
	旅客周转量（亿人千米）	6	0.3	0.4	6.7	73.1	9.17
	货运量（万吨）	13439	193	1245	14877	613567	2.42
	货运周转量（亿吨千米）	7963.2	0.6	8.1	7971.9	91772.5	8.69

从运输结构分析，东北三省的客运量和货运量均以公路为主，其中公路客运量是铁路的 4.1 倍，高于全国公路/铁路客运比；公路货运量是铁路的 8.5 倍，略低于全国平均比值。在客运量中，铁路完成旅客运输占总量的 19.64%，公路完成运输占总量的 80.36%。在货运量中，铁路完成货物运输占总量的 10.49%；公路完成货物运输占总量的 89.51%。从运输距离分析，东北三省的公路和铁路客运量的平均运距均低于全国平均水平。其中，公路客运平均距离为 59 千米，低于全国 7.3 千米；铁路客运平均运距 374.3 千米，低于全国 101 千米。在货运距离方面，东北铁路货运运距低于全国平均水平，但公路货运运距明显高于全国平均水平。其中，铁路货运距离 628.5 千米，低于全国平均水平 78.9 千米；公路货运距离 189.4 千米，高于全国平均水平 5.4 千米。从各省分析，仍以公路客货运量为主，其中辽宁省的水运货运量占比相对较大。

2. 大宗客货流的流向与意义

东北地区交通基础设施网络不断完善，形成了铁路与公路运输相辅相成的客货运输体系，有力地支撑了经济社会的发展。从线路而言，2010 年京哈线旅客发送量 7657 万人，旅客周转量 486.35 亿人千米。在全国铁路干线中，旅客发送量仅次于京沪线、京广线及陇海线。同年，京哈线的货物发送量为 1451 万吨，货物周转量为 553.92 亿吨千米；沈大线为 3142 万吨，货物周转量为 411.7 亿吨千米。从铁路站点分析（见表 7-12），2010 年东北地区的铁路旅客发送量主要集中在哈尔滨、沈阳、本溪，其旅客发送量分别为 2805 万人次、1433 万人次、1179 万人次；而货物发送量则主要集中在霍林河、营口鲅鱼圈、鞍山灵山、七台河、鸡西和双鸭山等站点，其货物发送量均超过 1000 万吨；除营口外，其余城市的主要货物发送为煤炭。

在沿海港口方面，2015 年大连港完成货物吞吐量 3.37 亿吨，集装箱吞吐量 930.1 万标准箱，其中海铁联运业务以全年 34.9 万标准箱的作业量居全国沿海港口首位；营口港则完成货物吞吐量 3.38 亿吨，位居全国第八，集装箱完成 592.2 万标准箱；丹东、锦州则分别完成港口吞吐量 1.5 亿吨、9192 万吨和集装箱吞吐量 182.9 万标准箱、81.9 万标准箱；盘锦、葫芦岛则分别完成港口吞吐量 3444 万吨、1847.3 万吨。总体上，东北地区的港口形成了以大连、营口为主要港口，丹东、锦州为地区重要港口，盘锦、葫芦岛等港口为补充的分层次港口布局体系，为东北老工业基础战略的实施提供了坚实的港口基础设施保障。

表 7-12　东北地区各主要铁路枢纽的旅客和货物发送量

车站名称	旅客发送量（万人次）		增长率（%）	车站名称	货物发送量（万吨）		增长率（%）
	2005 年	2010 年			2005 年	2010 年	
哈尔滨	1569	2805	78.8	峻德	733	496	-32.3
沈阳	1182	1433	21.2	鹤岗	1019	661	-35.1
鞍山	312	485	55.4	双鸭山	1181	1010	-14.5
本溪	724	1179	62.8	七台河	1474	1621	10.0
锦州	411	229	-44.3	恒山（牡丹江）	660	474	-28.2
吉林	449	465	3.6	鸡西	1036	1015	-2.0
				大青	1041	699	-32.9
				大官屯（抚顺）	755	571	-24.4
				鲅鱼圈（营口）	812	1864	129.6
				本溪	589	1076	82.7
				灵山（鞍山）	1136	1571	38.3
				霍林河	1453	4652	220.2

　　在航空客运方面，东北地区的旅客运输量主要集中在大连、沈阳、哈尔滨和长春 4 个机场（见表 7-13）。2015 年东北地区的航空旅客吞吐量为 6014.7 万人次，货邮吞吐量 509892 吨。其中，四大机场的旅客吞吐量为 4944.5 万人次，占东北地区总量的 82.2%；货邮吞吐量 473015.4 吨，占东北地区总量的 92.8%，其集中程度更高。除四大机场外，呼伦贝尔东山机场、延吉机场旅客吞吐量较多，均超过 100 万人，属于干线机场；赤峰、通辽、牡丹江、大庆、白山机场的旅客运输量在 50 万~100 万人，属于小型机场。

表 7-13　2015 年东北地区前 20 位机场航空客、货吞吐量

位序	机场	客运		货运	
		全国排序	旅客吞吐量（万人）	全国排序	货邮吞吐量（吨）
1	大连/周水子	21	1415.4	19	137048.1
2	哈尔滨/太平	22	1405.4	23	116103.8
3	沈阳/桃仙	24	1268.0	18	142069.6
4	长春/龙嘉	29	855.6	29	77793.9
5	呼伦贝尔/东山	50	183.6	55	7187.9
6	延吉/朝阳川	56	145.8	57	6731.7
7	赤峰/玉龙	71	98.7	83	2588.8

续表

位序	机场	客运		货运	
		全国排序	旅客吞吐量（万人）	全国排序	货邮吞吐量（吨）
8	通辽	75	87.0	74	3394.9
9	牡丹江/海浪	87	65.1	97	1501.5
10	大庆/萨尔图	96	53.2	92	1725.0
11	白山/长白山	100	50.4	165	81.3
12	佳木斯/东郊	102	49.9	110	1040.5
13	锡林浩特	105	48.5	87	2248.8
14	乌兰浩特/义勒力特	108	45.4	82	2688.0
15	满洲里/西郊	110	42.0	88	2234.4
16	齐齐哈尔/三家子	116	38.2	109	1063.5
17	丹东/浪头	140	21.9	98	1444.0
18	鸡西/兴凯湖	147	19.3	137	387.7
19	锦州/锦州湾	151	15.3	114	937.8
20	鞍山/腾鳌	154	14.5	174	30.4

资料来源：2015 年《全国机场生产统计公报》。

二、客运联系方向与意义

1. 航空联系

从东北地区航线以及航空流来分析（见表 7-14），2015 年东北地区区际旅客运输量较高的集中在大连、沈阳、哈尔滨、长春至北京、上海、青岛、杭州、南京等航线，多数为中短程；旅客运输量高于 100 万人的均为与上海、北京连通的航线。其中，航空客运联系最为密切的城市对为沈阳—上海、哈尔滨—北京、大连—上海、大连—北京，客运量分别为 200.3 万人次、185.2 万人次、182.0 万人次、180.9 万人次，在全国航线客运量中分别排名第 22、第 25 和第 28 与第 29。区内航空客流 5 万以上的航线主要集中在大连—哈尔滨、沈阳—哈尔滨、长春—大连、沈阳—延吉、大连—沈阳、长春—延吉等城市对之间。

2. 铁路联系

铁路客运在东北地区公共客运交通网络中占主导地位。客运联系密切的城市主要分布在哈尔滨—大连线和沈阳—山海关线，哈尔滨、长春、四平、铁岭、沈阳、辽阳、鞍山、大连、锦州和葫芦岛等城市相互间铁路客运联系密切。依据 2010 年铁路 OD 流数据（见图 7-16、表 7-15），共 1280 条铁路线路，客流量较

表 7-14 2015 年东北地区主要航线运输情况

位序	航线	旅客运输量（人）	位序	航线	旅客运输量（人）
1	上海—沈阳	2003196	11	大连—南京	579556
2	哈尔滨—北京	1851554	12	大连—杭州	559090
3	大连—上海	1820085	13	哈尔滨—深圳	523395
4	大连—北京	1809086	14	大连—青岛	519868
5	哈尔滨—上海	1632317	15	大连—天津	516639
6	长春—上海	1432649	16	广州—哈尔滨	510553
7	长春—北京	1318326	17	海拉尔—北京	496821
8	北京—沈阳	983864	18	杭州—沈阳	459767
9	哈尔滨—青岛	755475	19	长春—南京	451120
10	广州—沈阳	609678	20	哈尔滨—南京	419649

资料来源：2016 年《从统计看民航》。

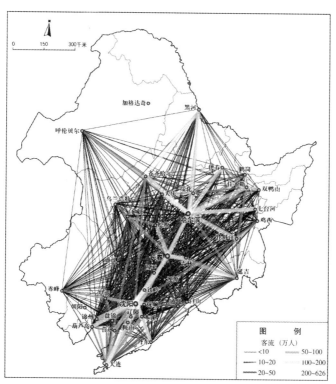

图 7-16 东北地区铁路旅客运输交流

注：因数据所限，仅能获取到 2010 年数据，表 7-11 同。

表 7–15　东北地区铁路客流量大于 200 万人线路

排序	线路	客流量（万人）
1	铁岭—沈阳	313.1
2	沈阳—铁岭	312.5
3	哈尔滨—大庆	295.0
4	四平—长春	289.9
5	大庆—哈尔滨	289.0
6	长春—四平	271.8
7	绥化—哈尔滨	265.9
8	哈尔滨—绥化	262.2
9	大连—沈阳	253.0
10	沈阳—大连	252.6
11	哈尔滨—齐齐哈尔	244.5
12	齐齐哈尔—哈尔滨	239.4
13	本溪—沈阳	238.4
14	沈阳—鞍山	219.6
15	沈阳—本溪	212.0

高的铁路线路主要集中在哈尔滨、长春、沈阳三个主要城市与其辐射的支线城市之间的连接，大庆、齐齐哈尔、四平、鞍山、本溪、铁岭等为重要辐射城市，资源型城市占主要地位，其中铁岭—沈阳与沈阳—铁岭线路客流量居前两位，分别为 313 万人及 312 万人。客流量超过 200 万人的线路有 15 条（1.17%），100 万~200 万的线路为 35 条（2.73%），50 万~100 万的线路为 32 条（2.5%），20 万~50 万的线路为 90 条（7.03%），10 万~20 万的线路为 92 条（7.19%），近 80% 的线路客流量小于 10 万人（2016）。

第四节　综合交通运输体系的发展方向

随着东北老工业基地的振兴，东北地区经济发展、产业结构调整、城镇化及区域经济的进一步扩大，交通网络对经济发展的支撑能力仍表现出不足。如随着大图们江地区和对俄开放格局的逐渐形成，东北地区对俄、对朝的交通基础设施联通问题逐渐成为制约合作的一个因素。当前，东北地区主要通道的运输能力明显不足，国际运输通道建设滞后，外贸口岸较少，出海通道不畅，境外港口通关效率低、通关能力有限，导致运输再度趋紧，对经济生产产生了一定制约。

一、综合交通运输的发展战略

1. 加强国际运输通道建设

在加强国际运输通道建设方面开辟出海通道，重视国际合作，尤其关注与俄罗斯的合作，开辟中俄国际铁路联运通道，南起大连，北到哈尔滨，通过满洲里出境连接西伯利亚铁路再往西直接到达莫斯科；发展绥芬河口岸，通过绥芬河接入西伯利亚大铁路，连接到俄罗斯远东地区的海参崴、东方港等港口；建设珲春—扎鲁比诺港的出海通道，同时连接东北铁路与俄罗斯远东铁路，增强铁路出海通道。

积极参与建设北极航线，由中国经俄罗斯北部到达欧洲，飞越北极上空以节省飞行时间。北极航线拥有丰富的自然资源，便利的北极航线成为大西洋及太平洋的新纽带。北极沿岸的港口地区将兴起新的物资转运中心，促进海上贸易中心的转移。

加强经俄罗斯和蒙古通往欧洲的交通运输通道建设，建设中蒙俄国际铁路陆海联运通道，该通道西起蒙古国乌兰巴托，经乔巴山与阿尔山相连，再向东经长春、珲春，连接俄罗斯的扎鲁比诺港。完善同江（萝北）口岸至比罗比詹国际道路客货运输线路及黑河口岸至布拉戈维申斯克国际道路客货运输线路；加强满洲里口岸建设，沟通满洲里口岸至赤塔及乌兰乌德国际道路客货运输线路。

2. 提升区域内部运输通道能力

依据东北区位，形成"三横三纵"综合交通运输大通道，建设区域内部城际轨道交通及高速公路网络，增强区内联系。建设东北地区西部通道及东部沿边通道，连通沈阳、哈尔滨等重要城市及其辐射区域，加强哈大线经济带建设；加强关内联系，以高速铁路沟通关内外城市，改变东北地区与华北联系仅依靠动车而无高铁的局面。扩大交通网络规模，完善布局，提高质量和运输能力，调整通道结构，提高运输效率，区内形成布局合理、结构清晰、功能完善、衔接顺畅的运输网络，进一步提高运输能力和服务水平。建设客流需求集中的综合交通运输通道，也需通过交通设施的适度超前发展引导区域产业布局调整，并带动运输需求，改善相对落后地区的交通可达性。

3. 加强跨区域交通网络的建设

依据国务院印发的《关于近期支持东北振兴若干重大政策举措的意见》（国发〔2014〕28号）规划建设综合交通网络。东北地区需主动融入、积极参与"一带一路"建设，加强与周边国家基础设施互联互通，努力将东北地区打造成为我国向北开放的重要窗口和东北亚地区合作的中心枢纽。

加快京沈高铁等快速铁路建设，加强关内外联系；建设东北地区东部和西部快速铁路通道、东北地区沿边铁路，进一步加大对重点口岸基础设施建设。推进大连新机场、沈阳机场、长春机场等干线机场扩建以及松原、绥芬河等支线机场前期工作，鼓励中外航空公司开辟至东北地区的国际航线，支持哈尔滨建设面向东北亚地区的航空枢纽。加快黑龙江等河流高等级航道建设，推进国际陆海联运、江海联运。进一步培育沈阳机场的区域枢纽机场地位，增强哈尔滨机场面向远东地区、东北亚地区的门户功能，提升长春机场和大连机场的辐射能力。新建抚远、绥芬河、霍林郭勒等支线机场。建设一批通用机场，与支干线形成有效连接。加强和完善东北地区主要枢纽机场功能，增加远程国际航线和班次，提升国际竞争力。支持沿边重点城市建设航空口岸，开通国际航线；支持支线机场之间开通航线或形成环线。在对等条件下加快边境区域航空运输网络建设，协调发展地方航空运输合作，增加现有航线航班，完善航班网络结构。

4. 根据需求合理规划交通建设

（1）在高铁建设背景下，东北地区应以提升铁路运输能力和服务水平为目标，以高速铁路建设和既有线提速改造为重点，构建高速铁路及高速公路主要骨架，进一步完善路网结构，提高路网通达深度，逐步形成以沈阳、哈尔滨枢纽为中心，通往区内口岸、粮食生产区、木材区的支线铁路为补充的客货运输网络，突出建设"两纵两横"高速铁路，逐步实现铁路客货的分线运输。

（2）东北经济发展下行，在东北振兴政策背景下，东北地区产业结构亟待调整。东北地区为国家重要的粮食生产区，需要完善的交通网络维护粮食安全问题。东北地区资源型城市较多，且经济发展薄弱，地方性交通基础设施建设成为重要议题，旨在向基层扩展基础设施，有助于扶贫政策的落实。

（3）加强东北地区港口与口岸地区建设，促进对外开放。形成适应江海联运、国际贸易和区域内部水路运输的高等级现代化航道体系；形成现代化的集装箱、原油、铁矿石、散粮运输及物流服务体系；配合大连国际航运中心建设，整合辽宁沿海港口资源，加快港口基础设施建设；加强界河主要开放港口——同江、富锦、黑河、抚远等外贸综合泊位以及江海联运泊位建设；完成吉林港等其他重点港口建设，逐步建成结构合理、功能完备、分工协作、便捷高效的现代化沿海港口群。完善便捷重点口岸基础设施，巩固和发展满洲里、绥芬河、二连浩特等口岸基础设施建设，完善通关服务功能，大幅提升人流通行和货物吞吐能力。支持口岸建设保税储运仓库和物流园区。加快电子口岸建设，实现口岸管理信息化、网络化。扩大和完善丹东、黑河、同江、抚远、珲春、图们等口岸综合服务功能，提高客货通行能力，重点发展边境贸易、国际物流和旅游业。支持口岸码头、货场等相关配套基础设施建设。培育和推动圈河、长白、阿尔山等口岸发展，完善通道功能，提高客货通行能力。

二、综合交通运输发展的经济地理图景

东北地区综合交通运输体系发展仍存在一定问题，不能满足区域一体化发展的要求。交通基础设施总量不足、结构不合理，网络密度、通达程度、高等级道路所占比重等多项指标相对滞后，区域间交通联系能力不足。在全国大力发展铁路线路的大背景下，特别是加快建设高速铁路网的趋势下，东北地区铁路里程占全国铁路里程的比例逐年下降，与关内地区的联系仅靠京沈、沈山线，高速铁路的通车时间以及密度也落后于关内发达地区。另外，东北地区各种运输方式不协调，铁路、公路运输是东北地区占绝对优势的运输方式，其他运输方式发展相对缓慢。铁路和公路客运量比重远超水运和民航，可见东北地区各运输方式之间的差距悬殊，民航和水运发展相对落后，特别是民航运输潜力巨大。航空运输枢纽城市地位不明确，沈阳、长春、哈尔滨、大连均承担着较为重要的航空运输任务，机场等级体系不明显。随着我国社会经济的不断发展，民航运输在综合运输网络体系中的地位将不断提升，东北地区在今后的交通运输体系结构中，应着重提升民航运输能力。在运输结构上，铁路及航空的轴辐结构有待完善，运输效率仍需提高，同时应注重不同交通方式的衔接，有效巩固和提升东北地区与其他区域合作的交通基础。

2016 年 12 月 20 日，国家发展改革委印发《东北振兴"十三五"规划》，强

调东北地区应加强交通基础设施建设，完善综合交通运输网络。强化区内及与毗邻省（区）、相邻国家基础设施互联互通，构建内联外通基础设施网络，提高基础设施对东北老工业基地振兴的先导作用和保障能力。其中，在铁路方面，哈尔滨—北京高铁正在建设中，东北地区东部高速铁路也纳入规划，东北地区的高速铁路网骨架将在未来 5 年内完成。辽中南、哈长城市群的城际铁路建设也在积极有序推进中。在公路方面，将加快国家高速公路网建设及扩容改造，积极推进国省干线公路建设。强化省区间干线公路互联互通，打通东北地区与其他省之间的交通"瓶颈"，升级改造拥堵路段，提升道路技术等级，加大对高寒地区和交通末端干线公路建设支持力度，提高公路网络化水平和畅通能力。加强林区（场）道路建设。在机场建设方面，将有序推进枢纽机场和干线机场的改建、扩建和迁建，在条件适宜地区新建一批支线机场。鼓励航空公司完善东北地区航线网络。优化通用机场布局，大力发展通用航空产业。增强沈阳、长春、大连机场区域枢纽功能，加快建设哈尔滨国际航空枢纽。在水运方面，将整合辽宁沿海港口资源，提高港口运营效率，大力发展国际陆海联运。推动松花江航电枢纽建设，加快黑龙江、松花江等高等级航道和哈尔滨港、佳木斯港等内河港口建设，积极推进尼尔基库区航道建设和大连港大窑湾港区深水航道建设。

未来，随着《东北振兴"十三五"规划》的推进，东北地区的综合交通运输网络将不断完善，其在现代高速交通网络中的地位将得到一定的提升，并为保障东北地区全面实现振兴战略目标提供基础。

参考文献

［1］金凤君，陈明星，王姣娥. 东北地区发展的重大问题研究［M］. 北京：商务印书馆，2012.

［2］莫辉辉，王姣娥. 复杂交通网络——结构、过程与机理研究［M］. 北京：经济管理出版社，2012.

［3］张国宝. 东北地区振兴规划研究［M］. 北京：中国标准出版社，2008.

［4］张文尝，金凤君，樊杰等. 交通经济带［M］. 北京：科学出版社，2002.

［5］金凤君. 基础设施与经济社会空间组织［M］. 北京：科学出版社，2012.

［6］金士宣，徐文述. 中国铁路发展史（1876~1949）［M］. 北京：中国铁道出版社，1986.

［7］方举. 中国铁路史论稿（1881~2000）［M］. 北京：北京交通大学基础产业中心，2006.

第八章　能源开发与能源网络演化

在简要评价东北地区能源资源禀赋基础上，本章重点阐述了东北地区能源资源开发历程及其对区域经济发展的影响，分析了能源产消格局的特征及其演化、主要能源开发基地以及能源联系网络格局，并结合全国以及东北地区的经济发展形势与能源发展战略，勾勒出未来东北地区能源体系的发展远景。

第一节　能源资源禀赋与开发过程

一、能源资源禀赋

东北地区能源禀赋相对丰富，但分布极不均匀。经过多年开采，吉林和辽宁的煤炭与石油资源都处于枯竭状态，黑龙江的煤炭与石油产量也呈逐年递减态势，内蒙古东部地区煤炭资源蕴藏丰富。

1. 现有煤炭资源主要集中在蒙东黑东地区，辽宁和吉林煤炭资源近乎枯竭

2015 年东北地区煤炭资源储量 558.2 亿吨，主要分布在蒙东地区的呼伦贝尔、霍林河周边及赤峰平庄地区，以及黑龙江东部的三江穆棱区（见图 8-1）。

内蒙古东部盟（市）煤炭资源非常丰富，煤炭探明储量 460 亿吨，煤田大致分布在大兴安岭以西、中蒙边界以内、从呼伦贝尔到锡林郭勒的东北—西南向狭长地带，以褐煤为主。煤田规模大、埋藏浅，适于大规模和露天开采。煤炭变质程度低，含氢量高，具有比较好的活性，但同时具有高灰分、高水分、高挥发性、易于自燃的特点，煤炭热值较低，为 2700~4400 大卡，不适宜长距离运输，

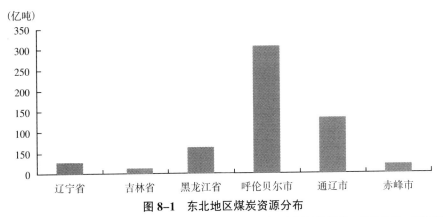

图 8-1　东北地区煤炭资源分布

资料来源：辽宁、吉林和黑龙江为基础储量数据，来源于中经网统计数据库；呼伦贝尔、通辽和赤峰为探明储量数据，来源于各盟（市）矿产资源规划。

比较适宜就近作为发电燃料。在呼伦贝尔境内有扎赉诺尔、宝日希勒、大雁、伊敏四大煤矿，探明储量为 435 亿吨，煤质以褐煤为主。中部二连含煤盆地群亦相对比较集中，有数百亿吨的煤炭资源，其中霍林河等煤田是目前国家重要电煤供应区。霍林河煤田位于锡林郭勒盟、兴安盟和通辽市交界处，储量为 131 亿吨，已经开采 30 多年[①]。

2. 油气资源相对丰富，但继续开发潜力有限

东北地区石油和天然气资源相对丰富，其中东北三省石油基础储量 7.5 亿吨，占到全国石油基础储量的 23.1%；天然气基础储量 2188 亿立方米，占全国天然气储量的 4.4%，主要分布在大庆油田、吉林油田和辽河油田。此外，在内蒙古东部地区发现少量油气田。

黑龙江石油天然气资源主要集中在松辽盆地北部的大庆油田，石油累计探明地质储量 60.99 亿吨，累计可采储量 26.12 亿吨；天然气累计查明地质储量 5080.38 亿立方米，可采储量 2473.22 亿立方米[②]。其中，大庆油田探明含油面积 4415.8 平方千米，原油储量 55.87 亿吨；探明含气面积 472.3 平方米，天然气含伴生气储量 574.43 多亿立方米[③]。吉林省石油天然气资源主要集中于松原市的吉

① 界面. 内蒙查明煤炭突破万亿吨，成中国煤炭新基地［EB/OL］. http：//www.chinanews.com/ny/2017/08-29/8317160.shtml. 2017-08-29.

② 黑龙江省国土资源厅. 黑龙江矿产资源概况［EB/OL］. http：//www.chinamining.org.cn/index.php? m=content&c=index&a=show&catid=110&id=5986. 2013-12-05.

③ 大庆百科. 大庆的自然资源［EB/OL］. http：//daqing.baike.com/article-30360.html，2011-06-06.

林油田，原油探明储量 16.38 亿吨，天然气探明储量 4910 亿立方米①。辽宁省石油天然气资源主要集中于辽河下游的辽河油田，全省石油累计探明地质储量为 23.7 亿吨，剩余技术可采储量 1.9 亿吨；同油田伴生的天然气累计查明地质储量 2126 亿立方米，其中剩余技术可采储量 209.4 亿立方米②。内蒙古东部盟（市）的油气资源主要分布在呼伦贝尔盆地。呼伦贝尔石油盆地位于呼伦贝尔市新巴尔虎右旗和新巴尔虎左旗境内，估计远景储量 6.5 亿吨，伴生天然气 2496.9 亿立方米③，但地质构造复杂，含油层破碎，不易开采。

3. 油页岩、风能等其他能源丰富

除煤炭和石油资源外，东北地区还蕴藏有较为丰富的油页岩、风能和水能资源。东北地区油页岩储量相对丰富，保有资源储量超过 1100 亿吨，占全国比重 65% 以上，是我国最大的分布区，主要分布在吉林省的松辽平原、桦甸盆地和罗子沟盆地及辽宁省的抚顺、朝阳地区等。其中，辽宁省现有探明资源储量的矿区 3 处，累计探明资源储量 45.05 亿吨，已建成矿区 1 处，动用资源储量 14.4 亿吨。吉林省油页岩保有资源储量达 1085 亿吨，占全国储量一半以上。其中，松辽平原储量占全省的 97%，含油率为 5.1%~5.7%；桦甸盆地储量占全省 2%，含油率一般为 8%~16%，最高可达 21%；罗子沟盆地储量占全省的 1%，含油率为 5%~6%④。尽管吉林油页岩资源优势明显，但整体含油率较低，因此仅桦甸盆地和延边地区有小部分的开发利用，整体处于勘查研究阶段。

东北地区的风能资源非常丰富，主要分布在黑龙江东部地区、吉林西部地区及内蒙古东部地区。其中，黑龙江省的风能技术可开发量约为 17.2 亿千瓦，吉林省风能技术开发量 6.4 亿千瓦，辽宁 6.1 亿千瓦，三省共约占到全国总量的 11.7%（张蔷，2008）。内蒙古东部地区的风能资源丰富，70 米高年平均风速达 8.9 米/秒，年可利用风能的小时数在 2800~3300 小时，风能总蕴藏量达 5 亿千瓦以上，其中可开发利用量超过 5000 万千瓦，目前具备百万级风电装机规模的风场 10 余处。

① 吉林省能源局.吉林省石油天然气发展"十三五"规划［R］.2017.

② 辽宁省国土资源厅.辽宁省矿产资源概况［EB/OL］.http://www.mlr.gov.cn/kczygl/kczydjtj/201306/t20130621_1230087.htm，2013-06-21.

③ 李宝昌.呼伦贝尔市及毗邻地区矿产资源概况［J］.西部资源，2005（1）：17-21.

④ 贾汝颖，薄桂秋.吉林省矿产资源概况［J］.中国地质，1987（9）：25-28.

东北地区常规水能资源较匮乏，可开发的水电站共有 500 余座，总装机容量约 1510 万千瓦，其中 1 万千瓦以上的水电站 140 座，装机容量 1420 万千瓦，年发电量 404 亿千瓦时，仅占全国的 2%。目前，常规水力资源开发利用率较高，达到 45%，剩余待开发的水力资源主要分布在黑龙江中俄界河和蒙东的嫩江流域，开发难度较大。其中，黑龙江的水力资源理论蕴藏量为 864.2 万千瓦，年可发电量 757.04 亿千瓦时，技术可开发量 832.8 万千瓦，经济可开发量 728.3 万千瓦，而目前仅开发 76.9 万千瓦，开发比重为 10.74%。蒙东的水力资源技术可开发量为 153 万千瓦，目前已开发 1.3 万千瓦，开发比重仅为 0.85%。吉林省的水力资源主要分布在东部长白山区，资源总量 326.5 万千瓦，理论可开发水电装机容量为 410 万千瓦，2004 年已有水电装机容量 370 万千瓦，占可开发容量的 90.13%。辽宁理论可开发的水电装机容量为 139 万千瓦，2004 年已有水电装机 109.2 万千瓦，占可开发容量的 78.56%（张国宝，2007）（见表 8-1）。

表 8-1　东北地区 10 兆瓦以上可开发水力资源开发现状

地区	电站座数	装机容量（MW）	年发电量（亿 kWh）	已开发容量（MW）	开发比重（%）
辽宁	15+3/2	1390	47.7	1092	78.56
吉林	35+16/2	4100	100.9	3700	90.13
黑龙江	41+12/2	7160	206.1	769	10.74
蒙东	18+7/2	1530	48.9	13	0.85
合计	116+24/2	14180	403.6	5574	39.29

除上述几种能源外，还有煤层气和地热资源。东北地区地热资源丰富，黑龙江五大连池、吉林长白山、辽宁兴城、蒙东兴安盟等地均有许多地热出露点，但大部分地热尚未利用。

二、东北地区能源资源的开发历程

东北地区的能源资源开发历史悠久。其中，煤炭资源与电力资源的开发已有百余年的历史，石油天然气资源的开发也有超过 50 年的历史。

1. 煤炭资源的开发

东北地区煤矿开采历史悠久，始于清朝末年的洋务运动，并在日本侵华时期受日本掠夺式开发而规模扩张。中华人民共和国成立后，东北地区作为重工业基地，国家 156 个重工业项目中，在煤炭领域，就部署了双鸭山洗煤厂、辽源中央立井、抚顺西露天矿、抚顺东露天矿、抚顺胜利矿、抚顺老虎台矿、抚顺龙凤矿、城子河九号立井（鸡西）、城子河洗煤厂、阜新海州露天矿、阜新平安立井、阜新新邱一号立井、通化湾沟立井、鹤岗兴安台十号立井、兴安台二号立井、鹤岗东山一号井、兴安台洗煤厂共 17 个项目，占到煤炭项目总数的 68%（董志凯等，2004）。到 1959 年，东北三省的煤炭产量从中华人民共和国成立初期的1251 万吨增加到 9312 万吨，在全国的煤炭产量一直保持在 25% 左右。之后，随着山西能源综合基地的开发以及两淮煤炭的开发，东北三省的煤炭产量虽然一直呈现增长趋势，但其在全国煤炭总产量中的比重却呈现逐步下降趋势。到 2010年，东北三省煤炭产量达 2.25 亿吨，但其在全国总产量中的比重只有 6.5%；2014年，煤炭产量回落到 1.52 亿吨，其在全国煤炭总产量中的比重仅为 3.9%（见图8-2）。

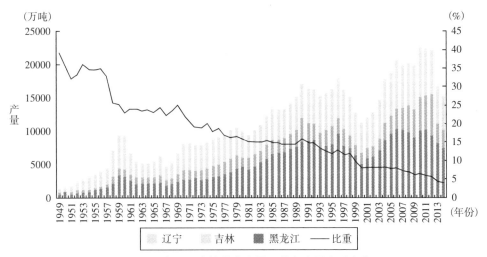

图 8-2 东北三省的煤炭产量及其占全国比重变化

资料来源：根据有关统计资料整理。

在东北地区内部，由于开发时序和开发条件的差异，1980 年之前，一直呈现辽宁省煤炭产量最高、黑龙江和吉林次之的格局。之后，随着辽宁煤炭资源的逐步枯竭和开发难度加大，黑龙江煤炭开发力度逐步加大，东北三省的产煤重心逐步向黑龙江东部的双鸭山、鸡西、鹤岗和七台河地区转移。1980 年，黑龙江取代辽宁成为东北地区重要的煤炭生产大省。2000 年之后，随着西部大开发战略的实施，蒙东地区的煤炭开发力度逐步加大。2009 年，蒙东地区的煤炭产量就超过了东北三省的煤炭产量。到 2014 年，蒙东四盟（市）原煤产量 1.69 亿吨，是东北三省原煤产量总和的 1.1 倍。蒙东地区成为东北三省煤炭的重要供应地区（见图 8-3）。

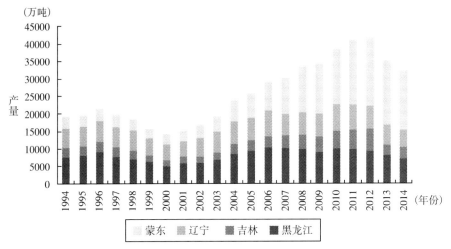

图 8-3　1994~2014 年东北地区煤炭产量变化

资料来源：根据有关统计资料整理。

2. 石油资源的开发

中华人民共和国成立以前，东北地区被认为没有石油资源，石油开发仅限于辽宁少量的页岩油和人造石油。1955 年，国家开始对东北松辽盆地进行地质勘探，并于 1959 年 9 月在黑龙江安达县找到了工业性油流，发现了世界级特大砂岩油田——大庆油田，从此东北地区的石油资源开发正式拉开序幕。此后，勘探向南延伸，在同一月内发现吉林西部的扶余油田（现吉林油田前身）。1965 年发现辽河油田。经过不断的勘探开发与油田建设，东北地区三大油田产量迅速提高：大庆油田产量于 1976 年达到 5000 万吨，并保持 27 年稳产，自 2003 年之后受开采难度和储量影响，开始实施战略性减产，产量逐渐下降至 4000 万吨以下；吉林油田产量 2003 年达到 500 万吨，并保持稳产至今；辽河油田产量在 20 世纪末达到 1500 万吨的高峰，之后逐渐下降，至今保持 1000 万吨。在 2002 年前，东北地区的石油产量一直占全国产量的 40% 以上，是我国最重要的石油生产基地。但此后随着各大油田的稳产和减产，东北三省占全国原油产量的比重不断下降。到 2014年，东北三省原油产量 5685.8 万吨，占到全国原油总产量的 26.89%（见图 8-4）。

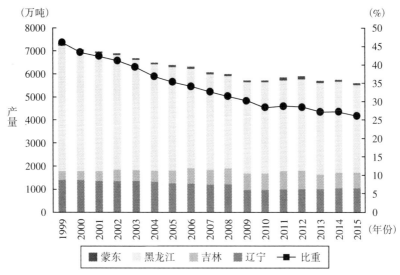

图 8-4　东北地区原油产量及其占全国的比重

资料来源：根据有关统计资料整理。

3. 电力的开发

东北地区早期的电力系统是日伪时期为满足战争需要修建的。该时期电力系统以水电为主、火电为辅，在东北中部、南部和东部分别以丰满水电厂、水丰水电厂、镜泊湖水电厂为中心形成输电网络。此时的东北电力系统不但能满足本区需求，还有向外区输出的余力。由于受到战争破坏，1949 年中华人民共和国成立时，东北地区的总装机容量降至仅 82.39 万千瓦，年发电量仅 17.29 亿千瓦时。20 世纪 50~60 年代，东北地区先后新建和扩建了阜新、吉林、丰满、抚顺、富拉尔基热电厂和辽宁火电厂等大型电厂，并新建和升级了多条输电线路，使整个东北电网形成了以 220 千伏输电线路为骨架的统一的跨省电网。20 世纪 70~80 年代，东北电力系统又新建了清河、富拉尔基第二电厂和朝阳、鞍山、新华、锦州、元宝山电厂及白山水电站等一批大中型火电厂和水电站，并开始建设大机组和 500 千伏的大电网输电线路，使东北电网发展成以 500 千伏线路为骨干、220千伏线路为主体的电力系统（李振泉、石庆武，1988）（见图 8-5）。

经过多年的再建设，截至 2014 年底，东北电网总装机容量为 11848.56 万千瓦，其中火电装机 8515.48 万千瓦，约占总装机的 71.87%；水电装机为 799.19 万千瓦，约占总装机的 6.75%；风电装机 2282.59 万千瓦，约占总装机的 19.26%。500 千伏网架已经覆盖东北地区的绝大部分电源基地和负荷中心（见图 8-6）。

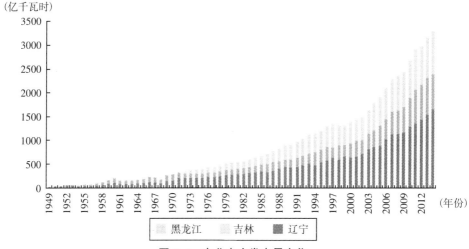

(亿千瓦时)

图8-5　东北电力发电量变化

资料来源：根据有关统计资料整理。

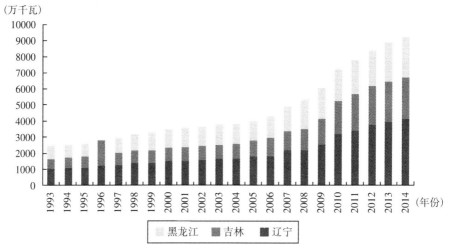

(万千瓦)

图8-6　东北电力装机的变化

资料来源：根据有关统计资料整理。

三、能源对区域经济发展的作用

1. 能源工业在地区工业中占据主体地位

由于地区资源禀赋和长期的历史积累，能源工业在东北地区工业体系中一直占据着主体地位。煤炭开采和洗选业，石油和天然气开采业，石油化工、炼焦及核燃料加工业，电力、热力的生产和供应业四项能源工业主营业务收入在地区工业主营业务收入中的比重都显著高于全国平均水平。尤其是黑龙江省，2014 年该省能源工业主营业务收入比重为 36.6%，是全国平均水平的 3 倍多。

2003 年，中共中央、国务院发布《关于实施东北地区等老工业基地振兴战略的若干意见》，东北经济迎来发展迅速的 5 年。2003~2008 年，东北三省能源产业主营业务收入的增长贡献了全部工业企业增长的 27.72%，远高于全国平均水平（18.88%）。其中，辽宁 20.01%，吉林 21.16%，黑龙江达到 54.7%。能源工业的增长对东北老工业基地的振兴起到了巨大的作用。

2. 能源工业衰落也导致了地区经济增速的下滑

东北地区产业结构相对单一，经济对能源工业、基础原材料工业的依赖性很强，能源工业的衰落对地区经济影响巨大。2008 年开始，一方面全球经济危机爆发，另一方面东北地区能源资源的日益枯竭，使能源的大量开发难以持续，开采成本上升，能源工业利润率下降，能源工业增长速度放缓。能源工业的衰落直接导致了地区经济增速的下滑。2009 年，东北地区能源工业负增长 1327.78 亿元，占到了全部工业负增长 7702.34 亿元的 17.24%。其中对能源工业最为依赖的黑龙江问题最为严峻，能源产业负增长 817.88 亿元，直接导致了工业整体主营业务收入负增长 482.62 亿元。2013~2014 年，东北三省能源产业全部负增长，成为东北经济断崖式下滑的重要原因之一[①]。

3. 能源资源的枯竭导致资源枯竭型城市出现

东北地区以能源资源开发为主导产业的城市产业结构一般相对单一。表 8-2 所示为东北地区主要的能源资源型城市。当能源资源日趋枯竭，资源开发成本日益上升，主导城市经济的资源产业日趋萎缩，而替代产业尚未形成时，这些城市就会成为资源枯竭型城市，经济逐步走向衰落。根据国家公布的资源枯竭型城市名单，东北地区资源枯竭型城市共计 20 个，占名单总数接近 1/3。其中，因能源资源枯竭而列入资源枯竭型城市的共计 12 个，包括油城盘锦和 11 个煤炭城市。能源资源的枯竭为这些城市带来了经济与社会上的诸多问题[②]：

首先，由于主导产业的衰落，资源枯竭型城市财政收入下降，财政收支存在巨大差额，地方财政非常困难。东北地区的资源开采企业多为国有大中型企业，

---

① 数据来自辽宁、吉林、黑龙江三省统计年鉴。
② 下文部分观点来自笔者在 2013~2016 年赴东北调研与当地政府座谈时记录。

经营期较长，多数企业均有沉重的历史包袱，如离退休人员过多、债务负担沉重等。这使国企改革举步维艰，在竞争市场上难以获得优势。

其次，伴随着大型矿山的破产，下岗失业人员越来越多，加之地方吸纳就业能力弱，失业矿工劳动技能单一，受教育基础薄弱，就业与再就业压力很大。居民生活困难，贫困人口增多，并呈现出贫困集聚和代际传递的特点，社会矛盾突出，由此导致的群体性上访、侵犯财产刑事犯罪事件时有发生，对社会稳定造成威胁。离退休人员与失业人员数量庞大，社会保障资金严重不足，社保资金入不敷出（张耀军等，2007）。

最后，矿产资源的开采对地表破坏严重，固体废弃物堆积占用大量土地，城市空气与水系统受到污染，这些对生态环境的破坏均需要资金投入予以解决。能源的枯竭使资金投入更加遥遥无期，生态环境保护的历史性欠账难以解决。

表8-2　东北地区主要的能源资源型城市

类型	城　　市
煤炭	呼伦贝尔，霍林郭勒，锡林浩特，鸡西、阜新、抚顺、辽源、白山、鹤岗、双鸭山、七台河、北票、南票、二道江区、九台、调兵山市
石油	吉林、大庆、盘锦、葫芦岛、通化
森林	延边、黑河、牡丹江、尚志、伊春、大兴安岭、阿尔山、舒兰、敦化、五大连池、汪清
能源加工城市	松原、赤峰、本溪、杨家杖子、鞍山、弓长岭区、凤城市、大石桥市、宽甸、义县

资料来源：根据《全国资源型城市可持续发展规划》整理，其中带下划线城市为资源枯竭型城市。

第二节　能源产消格局与空间演化

一、能源产消格局及其演变

1. 综合能源生产消费格局

立足地区的煤炭和石油资源，东北地区能源生产总量不断提高，从1978年的1.5亿吨标准煤逐步增长到1996年的2.3亿吨标准煤，之后，随着东北地区经济困境，部分能源企业因效益低下而降低产能，导致产量逐步下滑到2001年最低点（1.8亿吨标准煤），之后又逐步回升，到2011年时达到2.5亿吨，年均增幅

700万吨。之后，随着经济增速下降，能源生产总量逐步降低，到2015年达到1.86亿吨（见图8-7）。同时，能源消费总量也呈现同样的变化趋势，从1978年的1.03亿吨增加到1997年的2亿吨，之后小幅下滑到1999年的低点后又逐步提高，到2012年时达到4.41亿吨，之后逐步下降到2015年的4.18亿吨（见图8-8）。

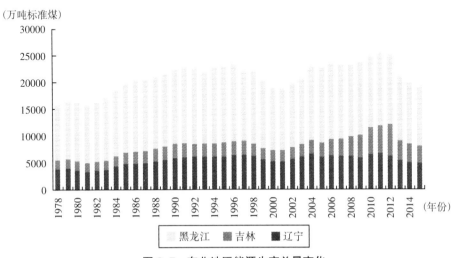

图8-7　东北地区能源生产总量变化

资料来源：根据有关统计资料整理。

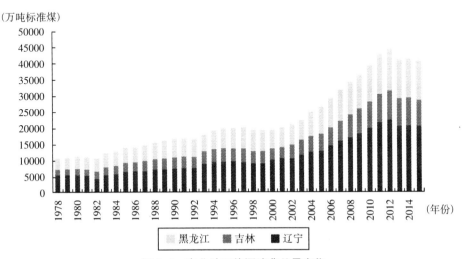

图8-8　东北地区能源消费总量变化

资料来源：根据有关统计资料整理。

2000 年之前，东北地区的能源生产总量均高于能源消费总量，使东北地区一直处于能源输出省份的地位。之后，随着辽宁和吉林煤炭资源的日益枯竭，以及 2003 年之后大庆油田逐步采取控产措施，东北三省的能源生产总量增长空间日益有限。2003 年之后，国家实施了促进东北等老工业基地振兴的政策，以及国家再次重工业化对东北地区基础原材料和重型装备制造产品的需求增长，东北地区经济增长迅速，并拉动了能源消费的增长，导致东北地区能源缺口逐步扩大。

而在东北地区，能源产消缺口主要集中在辽宁省和吉林省。其中，辽宁省为东北三省经济总量最大的省份，也是能源消费总量最大的省份，能源缺口从 1978 年的 1371 万吨逐步增大，2015 年达到 15450 万吨，几乎占到了当年该省能源消费总量的 75.5%。吉林省也属于能源缺口省份，且缺口面逐步增大，从 1978 年的不足 26 万吨增长到了 2015 年的 5012 万吨，占到当年该省能源消费总量的 62%。黑龙江则在东北三省中一直为能源盈余大省，为辽宁、吉林两省输送了大量的原煤和原油资源，在 2009 年之前黑龙江省的能源盈余量一直保持在 6000 万吨标准煤以上。但自 2008 年底国家为应对金融危机实施"四万亿"计划之后，黑龙江加大了本地能源的转化工作，能源盈余量逐步减小，到 2014 年则转为能源缺口省份。

2. 煤炭产消格局

辽宁省的煤炭开发历史相对较早，黑龙江的煤炭资源开发相对较晚，并在 156 项目布局时大规模开发了抚顺和阜新的煤炭资源，因此，1954 年时辽宁省煤炭产量占到了东北三省总量的 60%，而当年黑龙江的煤炭产量不足 1000 万吨，其在东北三省煤炭产量中的比重还不足 25%。之后，随着 156 项目布局的鸡西、鹤岗、双鸭山和七台河煤矿的逐步投产，黑龙江煤炭产量逐步提高，到 1979 年超过了辽宁省，成为东北地区煤炭生产大省。到 2012 年，黑龙江煤炭产量 9129 万吨，占到东北三省煤炭产量的 41.1%。

经过多年开发，辽宁省和吉林省煤炭资源渐趋枯竭，产量逐年降低，已经完全处于煤炭短缺状态。2015 年，辽宁省生产煤炭 4635.4 万吨，消费 17336 万吨，缺口 12700 万吨。吉林省生产煤炭 2634 万吨，消费 9805 万吨，缺口 7170 万吨。黑龙江省煤炭资源相对丰富，有七台河、鸡西、鹤岗等主要煤矿，但由于开发难度加大，以及主要煤矿已经进入限产阶段，产量逐步趋于稳定。2015 年黑龙江生产煤炭 6551 万吨，消费 13433 万吨，缺口 6881 万吨。2015 年东北三省的煤炭短缺量 26754 万吨, 相较于 2000 年, 东北三省的煤炭缺口面扩大了 18273 万吨。

3. 油气的产消格局

东北三省的油气生产主要来自大庆油田、吉林油田和松辽油田。经过多年开发, 东北地区的油气资源开发已经进入后期的减产阶段, 原油产量逐步降低。大庆油田在维持了 27 年 5000 万吨产量高峰后, 于 2003 年产量下降, 截至 2014 年产量保持在 4000 万吨; 辽河油田在经历了 20 世纪 90 年代中期 1500 万吨的产量高峰后, 截至 2014 年产量保持在约 1000 万吨; 吉林油田在 2012 年达到 800 万吨的产量高峰, 截至 2014 年产量约 660 万吨。由此, 东北三省原油产量从 1995 年的 7497 万吨逐步降低到 2007 年的 6000 万吨, 近几年来则一直保持在 5600 万吨水平。

原油消费方面, 随着 2003 年之后东北老工业基地振兴带动抚顺、大连等石化厂扩能, 以及大连长兴岛石化基地建设、东北原油加工能力的提高, 原油消费量也逐步增长, 从 2000 年的 6200 万吨逐步提高到 2012 年的近 1 亿吨。2003 年开始进入原油短缺状态, 且原油缺口不断扩大, 从 2003 年的 416 万吨逐步扩大到 2012 年的 4332.54 万吨, 之后缺口面逐步下降到 2015 年的 3972 万吨。

2015 年东北原油加工能力有 1.2 亿吨, 主要集中在辽宁省, 原油加工能力 8050 万吨, 占到东北三省原油加工能力的 67.2%。但是, 东北三省的原油生产又主要集中在黑龙江省, 由此造成辽宁省长期处于原油缺口状态, 且随着加工能力提高缺口面逐步扩大, 由 2000 年的 2500 万吨逐步扩大到 2012 年的 6000 万吨。黑龙江省只有大庆石化和大庆炼化, 原油加工能力 1600 万吨, 以及哈尔滨石化 500 万吨, 因此还有 1800 万吨原油要输送到辽宁省进行炼化。

4. 电力的产消格局

为了满足东北地区经济发展的电力需求, 东北地区的电力发电量不断增长, 从 2000 年的 1385.81 亿千瓦时增加到 2015 年的 3226.22 亿千瓦时。其中主要分布在辽宁省, 平均占到 49% 左右, 其次是黑龙江省, 发电量占到 27% 左右。而在电力消费方面, 随着地区经济增长, 电力消费总量也随之增长, 从 2000 年的 1516.8 亿千瓦时增加到 2015 年的 3505.33 亿千瓦时。且在空间布局上, 由于辽宁省的经济体量较大, 因此电力消费也主要集中在辽宁省, 且其在东北三省电力消费总量中的比重逐步提高, 从 2000 年的 50% 增加到了 2015 年的 57%。

从产消缺口看，东北三省电力生产总量一直小于消费量从而处于缺口状态，且缺口面逐步扩大，从 2000 年的 108 亿千瓦时逐步扩大到 2012 年高位时的 533 亿千瓦时，后又随着进入经济新常态时期，电力消费增速放缓从而缺口面下降到 279.11 亿千瓦时。其中，辽宁省既是东北的电力生产大省，也是电力消费大省，但随着输电技术的进步，电厂布局向煤炭资源富集的黑龙江和蒙东地区转移，因此辽宁省一直处于电力缺口状态，且缺口面从 2000 年的 150.95 亿千瓦时逐步增加到 2011 年高位时的 491.62 亿千瓦时，之后逐步下降到 2015 年的 357.59 亿千瓦时。黑龙江在"十一五"初期由于电力工业投资不足曾出现短期的电力缺口状态，但随着 2005 年之后黑东煤电基地开发，其扭亏为盈进入电力盈余状态。2007 年电力曾盈余 38.56 亿千瓦时，但由于黑龙江自身电力需求的增长，电力盈余面不断降低，2015 年仅有 25.98 亿千瓦时。吉林省一直处于电力盈余状态，且盈余面较大，2014 年电力盈余 103.7 亿千瓦时。因此，目前东北三省的电力生产消费呈现黑龙江和吉林向辽宁输电的格局。

二、能源开发基地与布局

1. 国家重要的煤电化综合能源基地

基于丰富的煤炭资源，东北地区的蒙东—黑东地区已经成为全国重要的煤炭生产基地。其中，蒙东煤炭基地包括呼伦贝尔的扎赉诺尔、宝日希勒、伊敏、大雁矿区，通辽的霍林河矿区，赤峰的平庄；黑东煤炭基地主要包括七台河、双鸭山、鸡西和鹤岗四个矿区。

呼伦贝尔煤电化基地主要以宝日希勒、伊敏、大雁、扎赉诺尔煤矿资源为依托，该地区煤炭资源丰富，探明储量为 306.7 亿吨，在内蒙古仅次于鄂尔多斯和锡林郭勒居于第三位，是东北三省煤炭探明储量的 1.8 倍。煤炭以褐煤为主，发热量在 2700~4200 大卡，不适宜长距离运输。该地区水资源相对丰富，多年平均径流量 272 亿立方米，占内蒙古自治区的 73% 以上。适合依托本地煤炭资源，以能源开发和建设坑口火电基地为主，就地把煤炭转换成电力，向东北老工业基地输电，并适当发展一定规模的煤化工。截至 2015 年，该基地有煤炭企业 22 户，生产煤矿 40 座，生产能力 1.07 亿吨。2012 年煤炭产量最高时达到 9312.37 万吨，2015 年下降到 8255 万吨。呼伦贝尔是东北电网的主要电源基地，2016 年全市列入统计的 6000 千瓦及以上火电装机量 706.1 万千瓦，主要有华能伊敏煤电、神华国华宝电、海拉尔电厂和京能电厂。呼伦贝尔水资源相对丰富，且煤质适合发展煤化工，目前已建成年产 20 万吨甲醇、10 万吨二甲醚和 117 万吨尿素的项目，并正在建设以伊敏煤化工基地为核心的褐煤精炼多联产、褐煤提质等煤化工项目。

霍林河—白音华—平庄煤电基地主要以霍林河、白音华、平庄和胜利煤田为依托。区内煤炭资源丰富，但受水资源限制，能源发展以建设大型煤炭基地为主，并结合水资源情况，适当发展路口电站，把煤炭转换成电力，主要服务市场是京津地区和东北地区。

通辽的霍林河和赤峰的平庄煤矿是内蒙古地区开发较早的煤矿。2012 年盛期时通辽和赤峰煤炭产量分别达到 6547 万吨和 3435 万吨，2015 年时分别降到了 5138 万吨和 2406 万吨。依托地区煤炭资源，建设了坑口电站群外送电力到东北电网。赤峰火电装机 436.5 万千瓦，主要有元宝山发电厂、京能赤峰煤矸石电厂、大板发电厂和京能能源发展有限公司；通辽市火电装机 347 万千瓦，有通辽发电厂和霍林河坑口电厂。而煤化工主要集中在赤峰的克什克腾循环经济工业园区，主要以大唐煤制天然气项目和博元煤焦油加氢为龙头，开展煤制气、煤焦油加氢、天然气化工和煤制化肥等产业加工。

黑龙江东部煤电煤化基地主要以鸡西、鹤岗、双鸭山、七台河四大煤矿为依托。长期以来，该地区是东北老工业基地工业炼焦用煤的主要供应地，主要发展以煤炭开采和外运为主，并发展了少量坑口电站，主要输送吉林、辽宁地区，是"北电南送"重要的电源支撑，同时依托地区煤炭资源，还发展了煤—焦—化、煤—电—钢等产业链。2008 年 3 月，《黑龙江东部煤电化基地规划》正式出台。根据规划，该基地的主要发展方向是"稳定煤炭产量，巩固煤电生产，调控焦炭产业，大力发展煤化工产业"。不同煤电化产业园发展重点不同（见表 8-3）。

表 8-3　黑龙江不同煤电化产业园发展重点

园区名称	发展重点
牡丹江煤化工产业园	重点发展电石、聚氯乙烯、草酸、醋酸乙烯、聚乙烯醇、炭黑等产品，形成上下游协调发展的产业链
佳木斯煤化工产业园	重点发展甲醇、尿素、油页岩生产粗柴油及煤化工下游产品
双鸭山煤化工产业园	重点建设甲醇、二甲醚产品精深加工等煤化工项目
七台河煤化工产业园	重点建设煤炭焦化基地，发展优质特种焦炭及煤焦油、焦炉气综合利用生产甲醇及精细化学品

续表

园区名称	发展重点
鹤岗煤化工产业园	重点建设煤炭气化生产合成氨及肥料、甲醇及其下游产品开发、煤层气开发和腐殖酸综合利用等煤化工项目
鸡西煤化工产业园	重点建设甲醇制烯烃、电石和聚氯乙烯树脂等煤化工项目

资料来源：http://www.hlj.stats.gov.cn/hydt/dbmdh/10245.htm。

其中，双鸭山煤矿主要依托双鸭山、集贤、宝清、双桦四大煤田，煤炭生产能力1858万吨，火电装机容量249万千瓦，其中国电双鸭山发电厂和大唐双鸭山热电厂是东北电网的主力电厂，神华宝清电厂正在建设之中。截至2015年，有煤化工生产能力280万吨/年。其中，焦炭及副产品250万吨/年、煤气甲醇16万吨/年、炭黑5万吨/年、液化天然气2亿立方米。七台河煤矿主要依托勃利煤田，主要生产炼焦煤和无烟煤，现有原煤生产能力2000万吨，火电装机190万千瓦。煤化工主要形成了焦炭产能1000万吨，甲醇产能40万吨，煤焦油加工能力60万吨，粗苯加工能力10万吨。鹤岗煤矿煤炭生产能力2038万吨，并形成了200万吨焦炭生产能力。鸡西煤矿主要以鸡西煤田为依托，2016年，全市共有矿井165处，核定煤炭生产能力2916万吨。2015年，全市原煤产量1738万吨，煤炭洗选能力5000余万吨。火电装机容量主力电厂有鸡西大唐电厂和鸡西第二热电厂等。

2. 石油化工基地

依托地区的大庆油田、吉林油田和和辽河油田，2014年东北三省原油产量5686.8万吨，占到全国原油产量的26.89%。而在原油加工方面，该地区拥有吉黑石化基地和辽中南石化基地，是我国东北地区重要的石油化工基地。其中，吉黑基地主要包括黑龙江省大庆、齐齐哈尔、牡丹江和吉林省松原、长春、吉林、延边7个地市，拥有15家炼厂，其中中石油6家，中海油2家，地方炼油厂7家。该基地炼厂成立时间较早，炼油能力不高，500万吨以上的炼厂5家，均为中石油炼厂；100万吨以下炼厂6家，均为地方炼厂。炼油能力3925万吨，乙烯产能205万吨，是中国发展较早的重要石化基地之一。辽中南石化基地主要包括辽宁省大连、沈阳、盘锦、锦州、葫芦岛、丹东、营口7个地市，拥有21家炼厂，其中中石油7家，地方炼油厂14家。该基地炼厂成立时间较早，2000年以来经过多次改扩建，炼油能力较强，500万吨以上的炼厂7家，均为中石油炼厂，其中 1000 万吨以上炼厂 3 家，2000 万吨以上炼厂 1 家；100 万吨以下炼厂 13 家，均为地方炼厂。炼油能力 6980 万吨，乙烯产能 120 万吨，是中国发展环渤海地区重要的现代石化基地之一（见表 8-4）。

表 8-4 东北地区主要炼厂原油加工能力与主要产品

	原油加工能力 （万吨）	乙烯生产能力 （万吨）	其他主要产品
大庆石化	1000	120	乙烯、合成氨、尿素、聚乙烯、聚丙烯、丙烯腈、丁辛醇、苯乙烯、ABS、顺丁橡胶、腈纶丝、燃料乙醇
大庆炼化	600	—	润滑油、石蜡、聚丙烯酰胺
哈尔滨石化	500	—	汽油、柴油、航空煤油、聚丙烯树脂、工业丙烯、丙烷、液化气、甲乙酮、MTBE、纯苯
吉林石化	1000	85	苯乙烯、ABS、燃料乙醇
抚顺石化	1000	100	汽油、航空煤油、润滑油基础油、石蜡、烷基苯、聚乙烯、聚丙烯、丁苯橡胶
辽阳石化	1000	20	汽油、柴油、航空煤油、聚乙烯、聚丙烯、芳烃及衍生物、环氧乙烷
大连石化	2050	—	汽油、煤油、柴油、润滑油、石蜡、苯类、聚丙烯、纤维等石化产品 200 多种
锦州石化	750	—	润滑油添加剂、汽油、煤油、柴油；120 万吨柴油加氢，汽油加氢
锦西石化	650	—	汽油、航空煤油、柴油、石油焦
大连西太平洋石化	1000	—	系列无铅汽油、轻质柴油、航煤、灯煤、石脑油、燃料油、液化气、聚丙烯、硫黄、沥青等
辽河石化	550	—	沥青 200 万吨

* 实际加工能力近 1000 万吨/年。

资料来源：《中国石油化工集团公司年鉴 2014》。

3. 国家重要的清洁能源生产基地

东北水电基地是国家十三大水电基地之一。2014 年东北三省水电装机容量为 767 万千瓦，占到全国水电装机总量的 2.5%。同时，东北地区位于我国重要的"三北"风能富集带，风电资源丰富。内蒙古的赤峰、通辽，吉林的洮南、洮北、通榆、双辽、长岭等和辽宁的阜新、昌图、康平等是国家规划的风电重点发展区。2015 年东北三省风电装机 1470 万千瓦，占到全国风电装机总量的 15.22%。

三、能源联系网络格局

1. 煤炭联系格局

随着辽宁和吉林煤炭资源的日益衰竭，目前东北地区煤炭的主要产地在蒙东地区和黑龙江东部地区，以及关内的"三西"地区。其中，蒙东地区主要提供电煤，黑龙江东部地区主要为辽宁和长吉地区提供焦煤和肥煤，从而形成了从黑龙江和蒙东煤炭基地向辽中南、长吉、哈尔滨等工业基地、钢铁基地和大城市地区输送的主体格局。

黑龙江东部煤炭基地是东北地区最重要的炼焦煤基地，主要从鸡西、七台河、鹤岗、双鸭山矿区向齐齐哈尔、鞍山、哈尔滨、沈阳、大连、牡丹江、长春、本溪和吉林等重要钢铁、装备制造基地输出主焦煤和肥煤。大部分煤炭主要通过铁路运输，主要输送通道为哈大线。蒙东地区是东北地区重要的电煤和化工煤基地，主要从呼伦贝尔的四个基地以及霍林河、元宝山向吉林、辽宁的电厂输送煤炭，主要是通过铁路输送。其中，呼伦贝尔市的扎赉诺尔煤矿、大雁煤矿、伊敏煤矿以及宝日希勒煤矿销往东北地区的煤炭主要通过滨洲线、平齐线、长春—白城—阿尔山—伊尔池—伊敏河铁路输送；霍林河煤矿的煤炭外运主要通过通霍线、集通线和大郑线完成；白音华、胜利和赤峰的煤炭外运主要通过赤大白铁路和赤锦铁路送到锦州港。

东北地区的煤炭联系格局呈现由黑龙江和内蒙古向吉林、辽宁输送煤炭的格局，而且随着吉林和辽宁煤炭的日益枯竭，以及内蒙古煤炭开发规模的加大，东北三省对内蒙古煤炭的依赖程度逐步提高。相较2001年，2013年内蒙古向黑龙江、吉林、辽宁铁路输送煤炭的规模几乎都增加了10倍，总和近1.5亿吨，占其当年铁路煤炭运出量的58.7%，而且取代黑龙江成为吉林、辽宁的主要煤炭输入省区，其中向辽宁输送煤炭7310万吨，占内蒙古向东北三省国铁煤炭运出量的45.89%。同时，随着黑龙江自身煤电化基地建设规模的加大，其煤炭外运量逐步减少。2013年黑龙江国铁煤炭运出量仅有2039万吨，比2001年降低了653万吨（见图8-9）。

2. 油气联系格局

目前，东北地区的原油大部分通过管道从产地输送到炼制基地进行加工，形成"北油南输"格局。境内原油管道输送干线主要有五条，即大庆—铁岭（复

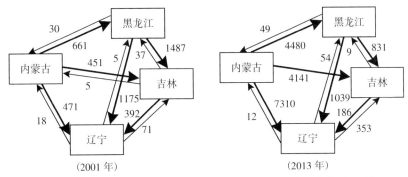

图 8-9　2001 年和 2013 年东北地区煤炭铁路交流格局变化（万吨）

资料来源：根据《中国能源统计年鉴》整理绘制。

线）、铁岭—秦皇岛、铁岭—大连、铁岭—抚顺、盘锦—葫芦岛（锦西），主要将大庆原油输送到大连、抚顺以及将辽河油田的原油输送到葫芦岛进行炼制。2010年，中俄原油管道投入运行，其起自俄罗斯的远东管道斯科沃罗季诺分输站，从中国漠河入境后到大庆，输油能力 1500 万吨。内蒙古东部地区的原油产量较低，其中海拉尔盆地的原油产量只有 30 万吨，主要是通过公路与铁路运输相结合，运到大庆炼油厂进行炼制。天然气管道主要有大庆南二压气站—窝里屯、大庆红岗压气站—窝里屯、兴隆台—盘锦、兴隆台—鞍山、兴隆台—新民等。东北地区管道形成了以铁岭为枢纽，连接大庆至抚顺、大庆至秦皇岛和大庆至大连的三条输油动脉，承担从油（气）田到炼油厂和石油（气）输及外运的运输任务。

比较 2001 年和 2013 年东北地区原油空间联系格局发现，东北地区的原油空间联系格局基本呈现由黑龙江向吉林、辽宁输送的特征。但是，受管道能力和炼厂能力限制，省际之间的原油输送规模变化不大。大庆油田产量减产 1100 万吨，但同时增加了中国进口俄罗斯原油 1933.75 万吨，由此保证了出省原油量增加了近 600 万吨。该增量只有少量输送给吉林石化，其余主体增量都输送给了辽宁在抚顺和大连的炼厂。并且，随着大连西太平洋石化和长兴岛石化基地的建设，辽宁原油进口规模增加了近 2000 万吨，已经超过了其从大庆的原油输入量（见图8-10）。

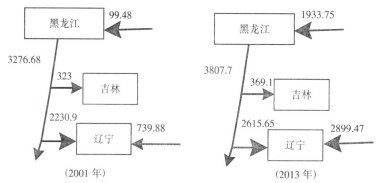

图 8-10　2001 年和 2013 年东北地区原油联系格局变化（万吨）
资料来源：根据《中国能源统计年鉴》整理绘制。

3. 电力联系格局

东北地区电力资源和电力负荷分布很不均衡，电力负荷集中在沿哈尔滨至大连及沈阳至山海关铁路沿线附近的大中城市，这些地区的负荷占全区总用电负荷的 60% 左右，是东北电网的主要受端。而电源基地主要分布在内蒙古东部和黑龙江东部。目前，东北电网的电力流向是"西电东送，北电南送"的格局。

现有输电通道主要有：黑龙江—吉林的双回 500 千伏线路通道；吉林—辽宁的三回 500 千伏线路通道；伊敏—大庆通道，其中伊敏电厂通过双回 500 千伏线路联网大庆；通辽—吉林通道，具体包括通辽—左中（179 千米）、通辽—长岭（117 千米）、通辽—巨丰（93 千米）、通辽—双辽（107 千米）；此外，还有赤峰—辽宁通道，由赤峰元宝山电厂通过双回 500 千伏线路与东北电网连接。

在省际电力联系格局上，2001 年东北电网主要呈现内蒙古向东北三省输电、黑龙江向吉林输电、吉林向辽宁输电的格局，且省际间的输电规模均没有超过 100 亿千瓦时。到 2013 年，蒙东向辽宁、吉林向辽宁的输电规模进一步加大，共输出电力 438.66 亿千瓦时。同年，黑龙江还从俄罗斯进口电力 134 亿千瓦时，在满足自身消费后，又分别向辽宁和吉林输出电力 60.5 亿千瓦时和 67.45 亿千瓦时；吉林则向辽宁输出了 254.89 亿千瓦时的电力。由此，当年辽宁从蒙东、黑龙江和吉林共输入电力 594.84 亿千瓦时，占其当年电力输入量的 96.6%（见图 8-11）。

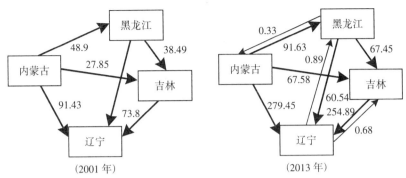

图 8-11 2001 年和 2013 年东北地区电力联系格局变化（亿千瓦时）

资料来源：《中国能源统计年鉴》《国家电网交易年报》。

第三节 综合能源体系的发展方向

一、能源发展的需求趋势分析

1. 东北经济发展趋势判断

2000 年以来，东北经济整体以 2008 年为界呈前期快速增长、后期明显跌落的状态。2000~2007 年，东三省整体 GDP 增速一路上升，由 2000 年的 8.73%上升至 2007 年的 14.3%。2008 年全球经济危机爆发，东三省经济出现震荡，经济增速出现小幅下滑；2010 年后，东北经济增速出现了严重的下滑，GDP 增速由 2010 年的 13.69%降至 2015 年的 4.55%，东北地区经济呈中低速增长态势。

在东北经济增速不断下滑的同时，中国经济进入了"三期叠加"的特定阶段，经济发展步入新常态。中国经济总体增速从高速增长向中高速增长转变，增长方式由强调速度的粗放式增长向强调质量与效率的集约式增长转变，经济结构向淘汰落后产能、优化产业结构的方向转变（国家行政学院经济学教研部，2016）。国内整体经济增速的下降，国内市场需求的不足，国际煤价、油价的持续走低，对东北地区能源、石化、装备、基础原材料等重点发展行业的发展产生不利影响，国内部分行业产能过剩的调整及投资增长的放缓也对东北地区经济的复苏形成阻碍。

从东北地区经济自身情况看，东北经济的振兴机遇与挑战并存。一方面，新一轮东北老工业基地的振兴方案，为东北地区推进产业结构调整、促进创新创业提供了政策、项目及资金支持；国家实施的"一带一路"倡议拓展了东北地区对外合作的新空间。另一方面，东北地区经济问题依然相当严重：市场化程度不高、竞争意识不强、国有企业活力不足、民营经济发展环境恶劣且发展不充分、科技与经济发展融合不够、体制性矛盾十分突出、政府部门行政能力差等（金凤君等，2017）。

综合来看，东北经济下行压力短期内不会改变。根据各省《国民经济和社会发展第十三个五年规划纲要》，辽宁、吉林、黑龙江、内蒙古分别定下了6.6%、6.5%、6%、7.5%的地区生产总值增长目标。"十三五时期"，东北三省总体平均经济增速3.73%左右，显著低于全国平均水平。

2. 能源消费趋势判断

2000年以来，中国总体能源消费弹性系数以2004年为界分为两个阶段，2004年以前呈总体上升态势，至2004年升至巅峰1.6，之后显著下降至2014年的0.3。东北三省的能源消费弹性系数大体与全国保持一致，也经历了2003年以前大体上升，在2003~2004年达到巅峰，并在2004年后趋于平稳逐步下降的过程。特别是在2011年后，这种下降趋势更加明显，东三省能源消费弹性系数均低于全国平均水平，甚至出现了弹性系数为负值的情况（见图8-12）。这是因为东北近年来能源基础原材料工业、高耗能工业出现明显衰落，造成能源消费增速

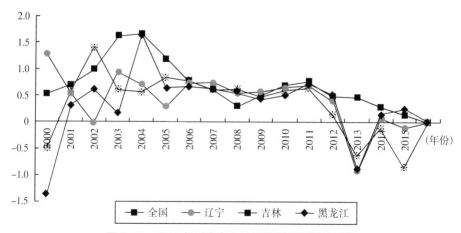

图8-12 2000年以来东北地区能源消费弹性系数

资料来源：《中国能源统计年鉴》。

显著下降的情况，形成了被动式的经济结构调整。

伴随着东北老工业基地的振兴，一方面，东北部分耗能较高的主导产业会有一定程度的复兴，对弹性系数产生正影响；另一方面，东北地区工业将进行主动的产业结构调整及落后产能的淘汰，这使能源消费弹性系数将持续走低。预计在"十三五"时期，东北地区能源消费弹性系数将在较低水平维持，保持在 0.4 附近。

预计在"十三五"时期，东北地区经济保持中低速增长态势，能源消费弹性系数大体保持不变。因此，东北地区能源消费年均增速将维持在 2.5% 左右，能源消费总量进入低速增长状态。在东北三省中，黑龙江省能源工业所占比重较大，辽宁省高耗能产业所占比重较大，而吉林省产业结构更倾向于汽车制造业与食品产品，因此，辽宁与黑龙江能源消费弹性系数要高于吉林，能源消费年均增速也略高于吉林。

二、综合能源体系的发展方向

1. 中国能源战略的发展方向判断

（1）中国能源消费将进入增速放缓阶段。随着中国经济规模的增长，能源生产与消费规模也逐步增大。2013 年一次能源消费总量 37.5 亿吨标准煤，是 1980 年的 6.2 倍，2000 年的 2.6 倍；其占全球能源消费总量比重也由 1980 年的 5.9% 提高到 2013 年的 22.4%，而同期占全球 GDP 的比重由 0.96% 提高到 8.6%。2011 年中国超越美国成为全球一次能源消费大国。在能源消费部门结构中，中国的能源消费主要集中在工业部门。2014 年，工业能源消费（含中间转换）占到了能源消费总量的 69.44%。其中，化学原料及化学制品制造业、石油加工炼焦及核燃料加工业、非金属矿物制品业、黑色金属冶炼及压延加工业、有色金属冶炼及压延加工业、电力热力生产是主要的六大高耗能行业，其总能耗占全国总能耗的比重超过 50%，占工业总能耗比重则接近 75%，其煤炭消耗则占全国煤炭总消耗量的 80% 以上。但是 2012 年后，这些行业在前期过渡投资下，已经呈现部分产品产能过剩的现象。2012 年以来，国家统计局统计的 6 万余户大中型企业产能综合利用率基本低于 80%，产能过剩从钢铁、有色金属、建材、化工、造船等传统行业向风电、光伏、碳纤维等新兴产业扩展，部分行业产能利用率不到 75%，但一些过剩行业投资增长仍然较快，新的中低端产能继续积累，进一步加剧了产能过剩矛盾①。由此，2012 年后在外需不旺、内需平平、供给过剩的驱动下，中国经济进入新常态，增速逐步放缓，并同步导致了能源消费增速的放缓。《中国2015 年国民经济和社会发展统计公报》显示，2015 年全国能源消费总量 43 亿吨标准煤，同比增长 0.9%，大幅度低于"十二五"期间 2.13% 的平均增速。

（2）中国的能源消费结构将逐步优化。受能源资源禀赋限制，中国的能源生产与消费呈现以煤为主的能源消费结构，化石能源的比重较高，由此导致我国能源消费的二氧化碳排放量较高。在全球碳减排以及国内大气污染防治的压力下，中共十八届五中全会提出要推动低碳循环发展，建设清洁低碳、安全高效的现代能源体系。由此，大力发展清洁能源，推动能源消费结构调整将成为未来中国能源发展的重要战略内容②。实际上，2012 年以来，随着中国能源消费增速的放缓，中国能源消费结构也在逐步优化，煤炭在能源消费总量中的比重已从 2011年的 70.2% 下降到 2015 年的 64%，且从 2014 年起煤炭消费总量开始进入负增长状态，而水电、风电、核电、天然气等清洁能源消费量总体保持高速增长。今后，中国还将加大能源消费结构调整力度，扩大清洁能源比重。根据国家《能源发展"十三五"规划》，到 2020 年，中国不仅要将能源消费总量控制在 50 亿吨标准煤以内，同时还将把非化石能源消费比重提高到 15% 以上，天然气消费比重力争达到 10%，煤炭消费比重降低到 58% 以下③。

2. 东北地区能源体系的建设重点

作为地区社会和经济发展的重要支撑，东北地区能源体系的建设重点首先就是要保障社会和经济发展的能源需求，稳定能源供应，同时蒙东煤炭基地还承担部分优化华北地区能源供给结构，建设华北、华东地区重要电源供应基地的重要任务；其次是优化能源供应和消费结构，降低能源消费的碳排放压力；最后则是要促进能源基础设施网络优化，提高全社会对能源获取的便利程度和利用效率。

---

① 中华人民共和国工业和信息化部. 2013 年中国工业通信业运行报告 [EB/OL]. http: //www.miit.gov.cn/n1146312/n1146904/n1648355/c3336253/content.html，2013-12-30.
② 中华人民共和国国务院新闻办公室. 中国的能源政策（2012）白皮书 [EB/OL]. http: //www.scio.gov.cn/zfbps/ndhf/2012/Document/1233790/1233790.htm，2012-10-24.
③ 国家发展与改革委员会. 能源发展"十三五"规划 [EB/OL]. http: //www.ndrc.gov.cn/zcfb/zcfbghwb/201701/W020170117350627940556.pdf，2016-12-31.

三、综合能源体系的发展远景

1. 煤炭生产主要集中在蒙东地区，东北三省的煤炭产能降低

随着中国经济进入新常态，煤炭价格不断低迷，煤炭市场严重供大于求。根据相关研究，目前中国的煤炭产能已经接近 57 亿吨，已经进入了供大于求的产能过剩阶段[①]。同时，随着中国能源消费结构的调整，煤炭消费规模还将有所降低。因此，2016 年国务院颁布《煤炭行业化解过剩产能实现脱困发展的意见》，提出了 3~5 年煤炭产能退出 5 亿吨，减量重组 5 亿吨的目标，由此促使中国煤炭开采行业进入优势资源整合和空间整合的大好时机。

目前，辽宁和吉林的部分煤矿已经进入资源枯竭阶段，黑龙江的部分煤炭经过多年开采，开采难度逐步加大，事故频发。由此，东北三省的煤炭总体进入了落后产能淘汰和逐步减产阶段。相对而言，蒙东地区尤其是胜利、白音华等煤矿由于开发较晚，正处于产能释放阶段。但是，相较于黑东地区煤炭以焦煤为主，蒙东地区煤炭多以褐煤为主，发热量低。周边的蒙古和俄罗斯地区煤炭热值较高。

因此，东北地区应该按照"严控增量、优化存量"的原则发展煤炭产业。引导煤炭资源枯竭企业、落后产能、劣质煤产能有序退出，总量上严控新增产能。鼓励大型煤炭企业对中小型煤矿进行兼并重组，壮大一批大型煤炭企业集团，进一步提高办矿标准，推动产业结构迈向中高端[②]。基本上，东北地区煤炭生产将进入产能控制和小幅度削减状态，东北三省在整个东北地区煤炭生产中的比重将逐步降低，蒙东五盟市在东北地区煤炭供应量中的比重将占到 65% 以上。

2. 蒙东地区将建设成为我国北方地区重要的煤电外送基地和煤化工基地

蒙东地区紧邻京津冀和东北老工业基地，并处于蒙古国煤炭出海的重要通道之上，随着东北三省煤炭资源的日益枯竭，以及京津冀防治大气污染的压力加大，该地区具备建设北方地区重要煤电外送基地的有利条件。因此，在此背景下，蒙东地区可以依托丰富的煤炭资源，着眼于面向华北、东北和华东等电力负荷市场，结合国家规划建设的锡林郭勒向京津冀、山东、江苏泰州地区的大气污染防治特高压电力外送通道，以及呼伦贝尔向辽宁的煤电外送通道，建设高参

① 中国产业信息网. 2016 年中国煤炭行业市场现状及发展趋势分析［EB/OL］. http://www.chyxx.com/industry/201603/399245.html，2016-03-25.
② 黑龙江省发展和改革委员会. 黑龙江省能源发展"十三五"规划［R］. 2017.

数、大容量、高效率、高度节水的坑口燃煤电站群，建成国家级大型煤电基地。

随着中国能源结构的调整，煤制燃料项目将成为中国清洁能源供应的重要补充。在煤炭资源丰富和水资源保障的内蒙古部分地区布局煤制气产业，是优化京津冀地区的能源消费结构的重要内容。因此，可以在现有煤制燃料示范项目的基础上，按照节水、环保、高效的原则，重点在水煤组合条件较好的地区，根据煤炭资源赋存、水资源和生态环境承载能力，按照项目前期工作和建设条件成熟程度，逐步推进煤制油、煤制气等煤制燃料产业高标准、高水平升级示范，如赤峰批了40亿立方米的大唐煤制气项目[1]。该项目主要集中在赤峰的克什克腾循环经济工业园区，主要以大唐煤制天然气项目和博元煤焦油加氢为龙头，开展煤制气、煤焦油加氢、天然气化工和煤制化肥等产业加工。此外，还可适度发展煤化工产业。面对经济下行压力较大的严峻形势，内蒙古自治区自2014年开始不断推行煤化工项目，试图以投资拉动地区经济发展。但从2014年批复的项目看，目前批复的煤化工项目主要集中在客水和本地水资源相对丰富的呼伦贝尔和鄂尔多斯地区。其中，在呼伦贝尔地区重点建设伊敏煤化工产业园，集中布局发展煤制烯烃多联产、煤制天然气多联产、煤间接液化多联产等现代煤化工产业。

3. 新能源产业将进一步发展

在生态环境约束和技术进步的推动下，风能、太阳能、生物质能、水能、地热能、海洋能、核能等可再生能源将得到大幅度发展。东北地区属于我国"三北"风能资源富集区，具备建设国家大型风电基地和光伏发电基地的优势，同时也是国家重要的粮食主产区，可以大力发展生物质能。

首先，风电产业规模将进一步加大。目前，东北地区整体用电负荷小于电力装机，限制了风电的上网规模。随着蒙东向华北、山东、华东特高压输电线路的建设，东北地区的风电消纳市场将进一步扩大，如此就可以基本解决当地风电的送出问题。根据输电线路的建设，预计锡林郭勒和呼伦贝尔的风电基地建设将进一步扩展。同时，随着风电清洁供暖技术的进步，服务于本地市场的小风电场也将逐步建设。

其次，因地制宜发展生物质能发电。东北地区是我国重要的玉米主产区，秸

① 内蒙古自治区人民政府. 内蒙古自治区能源发展"十三五"规划 [EB/OL]. http://www.nmg.gov.cn/fabu/ghjh1/fzgh/201709/t20170920_639645.html，2017-09-20.

秆资源丰富。应积极培育基于非粮原料的下一代生物能源产业，推动生物天然气示范区建设，因地制宜发展生物质热电联产。

最后，有序推进徐大堡、红沿河、庄河南尖、丹东大孤山核电工程的建设、前期论证等相关工作；推进抽水蓄能等调峰电源及背压式热电联产工程的建设。

4. 能源运输通道建设需要进一步完善

（1）煤炭运输通道。为便利蒙东地区的煤炭外运，以及建设蒙古国煤炭出海通道，适度进口蒙古国焦煤替换中国低热值褐煤，应完善蒙东与东北地区的煤炭运输通道建设。重点以国家干线铁路和公路为依托，建设深入资源富集地区的铁路支线和专用公路，做好铁路与公路线的衔接，并开辟新的铁路、公路出区跨海通道和运煤专线，为跨境资源合作建立通道，扩大地区煤炭输送能力，满足市场煤炭需求。不断完善铁路、公路运输网络，提升蒙东煤炭外运能力。重点推进赤峰—叶柏寿、北京—通辽、哈尔滨—满洲里的铁路电气化改造，集宁—二连浩特铁路扩能，巴音花—满都拉、海拉尔—黑山头等口岸铁路建设，加强铁路专用线、集装站的规划与建设。完善煤炭生产基地集疏运系统，提高重点煤电煤化项目能源运输保障能力[1]。此外，为加强对蒙古和俄罗斯的能源合作开发，可适时规划建设阿尔山—乔巴山国际铁路。

（2）电力输送通道建设。重点建设锡盟—华北、锡盟—山东、锡盟—江苏泰州的特高压通道，呼伦贝尔—辽宁的特高压输电通道，还可根据华北、华东地区电力消费需求，适时规划建设通辽（扎鲁特）至山东、赤峰至华北、呼伦贝尔（兴安）至山东、锡林郭勒至南昌等输电通道，加大蒙东电力外送能力。同时，完善东北电网 500 千伏主干网架建设与电网省间联络线建设，继续优化 220 千伏电网结构，促进各级电压等级协调发展。强化城市电网建设，推进新一轮农村电网改造升级工程。推进分布式能源网络、新能源微电网建设。提高电网智能化水平，提升能源利用率。加快蒙东地区到东三省及华北地区的电力通道建设。

（3）油气输送通道。重点推进中俄原油管道二线工程、阿穆尔—黑河输油管道、中俄东线天然气管道、蒙东至华北地区的油气管道建设，筹划建设蒙古国塔木察格宝鲁油田—额布都格石油输送管、俄罗斯符拉迪沃斯托克（海参崴）—吉

---

① 内蒙古自治区人民政府. 内蒙古自治区能源发展 "十三五" 规划 [EB/OL]. http://www.nmg.gov.cn/fabu/ghjh1/fzgh/201709/t20170920_639645.html，2017-09-20.

林春花的天然气进口管道。

5. 要积极拓展跨境能源合作

以沿边口岸为依托，建设面向俄罗斯、蒙古的能源开发加工基地。充分发挥口岸过货通关、加工制造、商贸流通三大功能；以及面向俄罗斯、蒙古的资源深加工产业体系，促进对俄罗斯、蒙古的能源和矿产资源的综合开发利用。在布局上，要重点建设满洲里、绥芬河、黑河、二连浩特等基地。

以大连、大庆炼化基地为依托，以满足地区油气资源加工和民用为目标，建设面向俄罗斯、中东的石油和储备基地，提高地区油气资源保障能力。一方面，利用俄罗斯油气资源管道，保障大庆、吉林石化基地的炼油需求；另一方面，在保证国家能源安全的合理范围内，加大辽河石化、吉林石化、大连石化、锦州石化、锦西石化海上进口原油加工能力，积极推进国家石油储备基地、液化天然气接收站等大型油气项目建设。

参考文献

[1] 崔民选，王军生，陈义和. 中国能源发展报告2016 [M]. 北京：社会科学文献出版社，2017.

[2] 邓伟，张平宇. 中国东北地区发展报告 (2008) [M]. 北京：科学出版社，2004.

[3] 董志凯，吴江. 新中国工业的奠基石——156项建设研究 [M]. 广州：广东经济出版社，2004.

[4] 国家行政学院经济学教研部. 中国经济新常态 [M]. 北京：人民出版社，2016.

[5] 金凤君，王姣娥，杨宇等. 东北地区创新发展的突破路径与对策研究 [J]. 地理科学，2016，36 (9)：1285-1292.

[6] 金凤君等. 东北地区振兴与可持续发展战略研究 [M]. 北京：商务印书馆，2006.

[7] 李文彦. 中国工业地理 [M]. 北京：科学出版社，1990.

[8] 李振泉，石庆武. 东北经济区经济地理总论 [M]. 吉林：东北师范大学出版社，1988.

[9] 张国宝. 东北地区振兴规划研究：重大问题研究 [M]. 北京：中国标准出版社，2008.

[10] 张蔷. 东北地区风能资源开发与风电产业发展 [J]. 资源科学，2008，30 (6)：896-894.

[11] 张耀军，陈虹，张正峰. 资源型城市人口生存与发展问题分析及对策选择 [J]. 人口学刊，2007 (4)：9-14.

第九章 生态环境保护与生态经济区建设

加强生态环境保护，增强生态服务功能是实现东北地区经济社会可持续发展的重要保障。基于东北地区生态系统空间格局、生态系统服务功能分异与区域经济发展的内在联系，坚持生态优先、绿色发展原则，依据全国生态功能区划和东北地区相关规划，将东北地区划分为 9 个一级生态经济区、24 个二级生态经济区，综合研究确定不同生态经济区的管理和发展方向，以期为构建东北地区生态安全格局、促进绿色发展与生态文明建设提供科学依据。

第一节 生态功能及其战略地位

一、生态功能的战略地位

1. 生态系统空间格局

东北地区是我国一个相对比较完整而独立的自然地理单元，山环水绕，自然资源丰富，生态系统类型多样。大兴安岭、小兴安岭、长白山以及南部的千山山脉主要为森林生态系统；东北部的三江平原和中部的松嫩平原、辽河平原主要为农田生态系统；西部的呼伦贝尔大草原、科尔沁大草原主要为草地生态系统；在三江平原、大小兴安岭、长白山地区、松嫩平原和辽河三角洲分布着不同类型的湿地生态系统；在中部平原地区分布着城镇生态系统，主要包括辽中南城镇群、吉中城镇群和哈大齐城镇群；此外，东北西部地区土地沙漠化、盐碱化和草原退化明显，区域生态系统脆弱。

2. 生态系统服务功能的战略地位

东北地区每种类型生态系统的服务功能都有其重要价值和战略地位。其中，森林生态系统、草地生态系统所形成的东北森林带和北方防沙带是中国东北、华北的生态安全屏障，是我国"两屏三带"生态安全格局的重要组成部分，具有水源涵养、防风固沙、生物多样性保护等生态调节功能，具有极为重要的生态价值。这两个生态系统一旦遭到破坏，将严重危及中国北方的生态平衡和生态安全，对农业生产和生活环境都会产生严重的影响。东北地区拥有宝贵的黑土农田生态系统，土壤肥力高，草地生态系统具有优质高产的各种草甸草原及草甸类草地，是我国重要的粮食生产基地和草地畜牧业基地，对我国的粮食安全具有突出的战略意义。湿地生态系统的防洪蓄水功能是东北粮食生产的重要保障，同时在生物多样性保护、气候调节和净化环境等方面具有重要的生态调节功能和价值，该地区多样的湿地类型在国内、国际湿地生态学研究中具有独特的价值。此外，城镇生态系统为满足东北地区人民的生产生活提供了重要的人居保障。

二、重要生态资源的战略作用

1. 森林资源

东北地区森林资源丰富，居全国三大林区之首，素有"林海"之称。据第八次全国森林资源连续清查统计数据，东北地区森林面积 5771 万公顷，森林覆盖率达 46%，主要分布在大小兴安岭、长白山、千山等山地。森林类型多样，从地带性上包括了中国五大类森林中的三大类，其中寒温带针叶林、温带针叶阔叶混交林仅分布在东北地区，具有代表性。东北地区是我国极为重要的碳储库和碳纳库，是我国天然林资源分布最集中的地方，其活立木总蓄积量、森林蓄积量和用材林蓄积量均居全国第一位，是全国最大的木材生产基地，其木材产量占全国木材总产量的 1/3。东北林区也是满族、蒙古族、朝鲜族、鄂温克族、鄂伦春族等少数民族聚居区，林区的可持续发展对繁荣边疆和少数民族地区经济、保障社会稳定发挥着巨大作用。东北地区的森林还是松花江、嫩江等水系的发源地，又是松嫩平原、松辽平原、三江平原粮食基地和呼伦贝尔草原牧业基地的天然屏障，在维持生态平衡和改善生态环境方面有着举足轻重的作用，具体表现在以下三个方面（邓伟等，2004；金凤君等，2006；张平宇，2008）：

第一，水源涵养和径流调节作用。大兴安岭是嫩江、额尔古纳河、绰尔河、阿伦河、诺敏河、甘河、得尔布河等诸多河流的发源地，大兴安岭森林的水源涵养和径流调节功能，对保卫松嫩平原的粮仓和东四盟的牧场、草地起着关键性的作用。长白山是松花江干流、图们江、鸭绿江的发源地，长白山森林的水源涵养和径流调节功能，是东北平原商品粮生产基地的安全卫士。小兴安岭虽然位于东北地区最北部，但其南部地区所形成的径流直接进入松花江和嫩江，调节着两江的水文，保障着北部的松嫩平原和东部的三江平原的农业生产。

　　第二，生物多样性保护作用。大小兴安岭和长白山三大林区是中国独存的寒温带针叶林和温带针阔叶混交林，野生动植物种类丰富，特有物种数量多，生物多样性丰富，是我国生物多样性保护的重要区域。

　　第三，防风固沙作用。"三北"防护林工程主要分布在东北西部，是我国最早的防护林带，与东北地区的天然林一同对保护东北平原免受或减轻风沙侵害、对松辽平原的生产生活起着关键性的作用，是维护我国东北、华北地区农牧业稳产高产的天然屏障。

　　2. 草地资源

　　东北地区草地资源分布在黑龙江、吉林和辽宁三省的西部和内蒙古东部的赤峰市、通辽市、兴安盟和呼伦贝尔市，地处我国温带草地带的东北部，其中东北三省草地面积386万公顷（据全国第二次土地调查数据），内蒙古东四盟草地面积2033万公顷，（据内蒙古自治区政府办公厅发布的《2012年内蒙古自治区草原监测报告》）。东北地区天然草地根据气候条件、地理位置、地形地貌、土壤植被等自然特点，可分为三大连片草地，即科尔沁草地（通辽市、赤峰市、辽宁西北部）、松嫩草地（吉林西部、黑龙江西部、内蒙古兴安盟）和呼伦贝尔草地（呼伦贝尔市）。东北地区草地是我国北方防沙带的重要组成部分，在维持生态系统平衡和提供畜牧产品方面有着重要的作用，具体如下（邓伟等，2004；金凤君等，2006；孙鸿烈，2011）：

　　第一，防风固沙功能。草地植被通过根系固定表层土壤，能改善土壤结构，减少土壤裸露面积，提高土壤抗风蚀的能力，具有预防草原地区土地沙化的功能；同时，草原植被还可以通过阻截等方式降低风速，削弱大风携带沙子的能力，减少来自我国北部邻国蒙古戈壁的风沙，具有降低沙尘暴危害的能力与作用，是我国东北、华北地区的安全屏障。此外，草地对调节地表径流、防止水力侵蚀、土壤有机碳积累、畜禽粪便降解、维持生物多样性等都有着重要的生态调节功能和生态价值。

第二，畜牧产品提供功能。东北地区草原集中连片、广袤千里、地势平坦，具有优质高产的各种草甸草原及草甸类草地，为畜牧业的发展提供了优越的自然条件，是我国草地畜牧业发展的重要基地。草地类型中以温性草原类和低地草甸类面积最大，均为地带性植被，是东北地区草地的主要类型，也是各种牲畜的优良放牧场和割草场；其他草地类型都是非地带性的隐域植被，或者是原始植被破坏后形成的次生植被，它们的生产能力不及地带性草地类型，但在东北由于季节和利用方式的不同也具有重要价值。东北地区草地饲用植物资源丰富，呼伦贝尔草地有794种、松嫩草地有430种、通辽市有438种。按中国畜牧业区域分布，辽宁、吉林、黑龙江三省西部位于我国农牧交错带上，属于半农半牧区，这一地区兼有农区和牧区的某些特点，既有一定的天然草场，又有相当数量的耕地，既放牧牛、羊等牲畜，又饲养猪、禽等；内蒙古东部天然草场面积大，以放牧绵羊、山羊、牛、马和骆驼为主。

3. 湿地资源

东北地区湿地资源非常丰富，具有面积大、类型全、分布广、区位重要、生物多样性和稀有性并存的特点。其中，东三省湿地面积为754万公顷（据《中国统计年鉴》2014年数据），内蒙古东四盟湿地保护区面积为166万公顷（据环保部发布的《内蒙古自治区自然保护区名录（截至2012年底）》）。主要类型包括沼泽湿地、湖泊湿地、河流湿地、海岸湿地和人工湿地五大类。三江平原是我国最大的平原沼泽区，大小兴安岭以森林沼泽、草甸沼泽为主，泥炭资源丰富；湖泊湿地有五大连池、查干湖、镜泊湖、兴凯湖、长白山火山口湖等；辽河三角洲有集中分布的世界第二大苇田——盘锦苇田；东北地区最大的人工湖——松花湖及其周围是最重要的人工湿地。包括黑龙江扎龙、吉林向海在内的6处湿地被列入《湿地公约》国际重要湿地名录，占全国总数的近1/3。东北地区湿地的生态服务功能主要包括以下两点（刘兴土等，2004；刘兴土，2007；吕宪国，2008）：

第一，防洪蓄水功能。东北地区众多湿地以其自身的庞大容积、深厚疏松的底层土壤（沉积物）蓄存洪水，从而起到分洪削峰、调节水位、缓解堤坝压力的重要作用，对于调节洪水、消减洪灾起着关键作用。其中，三江平原沼泽湿地土壤的最大蓄水量达 46.97×10^8 立方米，大小兴安岭和长白山区沼泽土壤蓄水量达

139.63×10^8 立方米。同时，湿地汛期蓄存的洪水，汛后又缓慢排出多余水量，可以调节河川径流，有利于保持流域水量平衡，为东北平原区的农业生产提供了重要保障。

第二，生物多样性保护功能。东北地区湿地野生动物资源丰富，湿地陆生脊椎动物有 284 种，其中鸟类最多，为 240 种，国家一级重点保护鸟类有丹顶鹤、白鹤、黑鹤、白头鹤等，是"东北亚候鸟迁徙的咽喉""丹顶鹤繁殖的最南线"；两栖类 14 种，占湿地野生动物总数的 6.8%，爬行类和兽类较少，分别占湿地野生动物总数的 4.7% 和 4.2%；水生脊椎动物鱼类共有 274 种，占鱼类总数的 85.4%。东北地区湿地野生植物资源丰富，有维管束 474 种，主要植物类型有芦苇群落、苔草类草本沼泽群落、碱蓬盐化湿地群落、水莎草湿地群落、香蒲群落等植物类型，其中有芦苇面积 34.94 万公顷，是我国乃至世界分布面积最大的地区。

4. 耕地资源

东北地区耕地资源主要分布在辽河平原、松嫩平原和三江平原地区，全区耕地面积 3315 万公顷（据全国第二次土地调查数据），耕地土壤肥力较高，是世界三大黑土区之一。土壤以黑土、草甸土、黑钙土、白浆土等黑土型土壤类型为主体，此外还有部分沼泽土、少量低位暗棕壤。东北地区是全国人均粮食及粮食商品率最高地区，每年可提供商品粮占全国 30% 以上。其粮食生产能力及可持续性首先依赖于丰富优质的耕地资源。东北地区的耕地资源主要具有以下两个特点（金凤君等，2012；农业部，2014；国土资源部，2015）：

第一，肥力较高的优质耕地较多。据农业部 2014 年公布的《关于全国耕地质量等级情况的公报》，东北地区具有较高基础地力的一至三质量等级的耕地面积为 1.44 亿亩，占东北总耕地面积的 43%，占全国同质量等级耕地（4.98 亿亩）的 29%。优质耕地面积在全国九大农业区中排名第一，主要分布在松嫩平原、三江平原农业区，以黑土、草甸土为主，土壤中没有明显的障碍因素。黑土耕地面积 815.65 万公顷，占全区耕地普查面积的 37.9%，是我国肥力最高的耕地，主要分布在松嫩平原，是世界四大片黑土之一。黑土区素有"谷物粮仓"之称，东北地区绝大部分商品粮基地分布在黑土区内，同时又是我国甜菜、亚麻、向日葵、大豆等经济作物的主要产区。

第二，未受污染的耕地较多。据国土资源部 2015 年发布的《中国耕地地球化学调查报告》，东北地区未受重金属污染耕地有 2.46 亿亩，占全国无重金属污染耕地的 19%，在全国九个农业区中排名第一，主要分布在松嫩平原和辽河平原。优良的农业生产环境保障了农产品源头质量安全。

三、生态环境保护的方向

1. 持续实施流域水污染防治

不断改善松花江、辽河等流域水质，进一步深化流域治污模式。加强重要湖泊的生态环境保护，对汇入重点湖库的河流实行主要污染物排放控制。强化跨国界河流保护，加强对黑龙江、乌苏里江、绥芬河、图们江等跨国界水体的污染治理和管控，逐步改善界江界河水质。优先保障饮用水水源安全，开展饮用水水源地规范化建设，加强水源地保护区整治和上游流域农业面源污染防治。加强农村饮用水水源保护和水质检测，开展定期监测和调查评估，依法清理保护区内违法建筑和排污口。整治城市黑臭水体，全面开展市级及以上城市建成区黑臭水体排查，制订整治方案。推进地下水环境保护，定期调查评估集中式地下水型饮用水水源补给区等区域环境状况。全面推进工业企业水污染物达标排放，全面落实"水十条"任务措施和目标要求。加强城镇污水基础设施建设，优先加强城镇排水配套管网建设。

2. 着力推进大气污染协同治理

实行分区分类管理，制定分区域、有差别的大气质量目标。强化燃煤污染治理，实施煤炭消费总量控制制度，研究制订煤炭消费总量控制和煤质种类结构控制方案，优化煤炭消耗种类结构。推进大气工业污染源全面达标排放，以火电、热电、钢铁、建材、有色金属、石墨、煤化工、石油化工等行业为重点，推进行业企业达标排放改造，从产业链的各个环节控制污染，确保稳定达标排放。加强机动车环保管理，加强油品质量监督检查，淘汰"黄标车"和老旧车，严管车辆尾气排放。严防城乡面源污染，提高街道两侧硬化率、绿化率，减少街路裸露地面，建设工程施工现场设置全封闭围挡墙，控制扬尘污染。加强重点区域和重点时段秸秆禁烧管理，建立秸秆收集、处置投入机制。

3. 切实加强东北黑土环境保护

以影响农产品质量和人居环境安全的突出土壤污染问题为重点，制订土壤污染治理与修复规划。根据耕地土壤污染程度、环境风险及其影响范围，确定治理与修复的重点区域。实施农用地分类管理，以耕地为重点，保障农产品质量安全。加强建设用地分类管控，对石化、焦化、制药、电镀等工矿企业用地适时开展土壤环境状况评估。强化未污染土壤保护，科学有序地开发利用未利用地，防止造成土壤污染。加强对矿山、油田等矿产资源开采活动影响区域内未利用地的环境监管。加强对排放重点污染物建设项目的污染风险管控，防范建设用地新增污染。

4. 不断深化生态建设与修复

强化重点生态功能区保护，确定重点生态功能区边界，强化大小兴安岭森林生态功能区、长白山生态功能区和三江平原湿地生态功能区保护建设。加强自然保护区建设与管理，推进国家级自然保护区规范化建设，加大中俄跨界自然保护区建设力度。加强保护重要生态系统，全面停止天然林商业性采伐，继续实行封山育林，巩固退耕还林成果；加强湿地生态系统保护与恢复，遏制天然湿地生态系统退化趋势；加快转变草原经济发展方式，进一步加大草原生态保护和退化草原的治理力度；继续推进黑土区侵蚀沟治理，遏制侵蚀沟蔓延扩大。

5. 扎实开展农村环境治理

继续推进农村环境综合整治，继续实施农村清洁工程，开展河道清淤疏浚。严格治理畜禽养殖污染，进一步提高规模化养殖比例，统一建立污染治理设施。以规模化畜禽养殖场污染防治为重点，推进畜禽养殖全过程综合治理、各类治污设施建设或升级改造、改进养殖方式和提高规模化养殖场（小区）管理水平，实施污染减排。加强农业面源污染防治，实施减化肥、减农药、减除草剂，推广以测土配方施肥技术为核心的多种科学施肥模式。全面推进亿亩生态高产标准农田建设，优先在各级湿地自然保护区现有农田中开展绿色有机农业种植推广示范。

6. 全面强化环境风险防范

加强流域治污综合管控，开发应对水污染事件的预警技术，建立流域环境风险综合管控机制，提高水源地综合风险防控能力。强化危险废物和化学品环境管理，深入推进危险废物污染防治工作，开展危险废物产生源调查和危险废物规范化管理工作。严格辐射环境安全监管，健全辐射环境质量监测和突发性辐射环境污染事故应急响应体系，全面提升辐射事故应急处置和辐射污染防治预警水平。推动重金属污染综合防控，严格重金属项目准入，进一步优化区域重金属环境质量监测点位，加大对产生重金属污染企业的治理和淘汰力度。完善生活垃圾处理系统，加快城镇生活垃圾处理设施建设，鼓励区域共建共享垃圾焚烧处理设施，加强垃圾渗滤液、焚烧飞灰处理处置，强化填埋场甲烷利用和恶臭处理。夯实环境风险管控基础，建立重点污染源自动监控报警响应及重点环境风险源动态监控技术平台，加快环境应急能力标准化建设，健全生态环境应急网络，提高环境突发污染事故应急响应和处置能力。

第二节　生态经济区划分与管理

一、生态经济区划分

1. 划分方法与依据

以生态经济区划、生态功能区划和主体功能区划的理论与方法为指导，以全国生态功能区划（中国科学院生态环境研究中心，2015；环境保护部、中国科学院，2015）、中国生态功能区划数据库（中国科学院生态环境研究中心，2015）、各省区主体功能区规划（黑龙江省政府，2012；吉林省政府，2013；辽宁省政府，2014；内蒙古自治区，2012）和有关生态规划（黑龙江省政府，2002；吉林省政府，2015）为主要参考依据，结合各地区经济发展情况，综合研究不同地域单元的主体生态功能和生态经济发展方向，对东北地区生态经济区进行了划分，为区域生态分区管理、经济分区管治和构建东北地区生态安全格局、促进绿色发展与生态文明建设提供科学依据。

2. 生态经济区划分

东北地区生态经济区包括 9 个一级生态经济区、24 个二级生态经济区，具体生态经济区划方案见表 9-1 和图 9-1。

表 9-1　东北地区生态经济区划分

一级生态经济区	二级生态经济区
大兴安岭北部生态经济区	大兴安岭山地落叶松林生态经济区
小兴安岭生态经济区	小兴安岭北部阔叶混交林与农业生态经济区
	小兴安岭南部山地阔叶—红松林生态经济区

续表

一级生态经济区	二级生态经济区
三江平原生态经济区	三江平原东北部湿地与农业生态经济区
	完达山山地针阔混交林与湿地生态经济区
	兴凯平原农业与湿地生态经济区
长白山—千山生态经济区	长白山山地针阔混交林生态经济区
	张广才岭山地针阔混交林与农业生态经济区
	牡丹江宁安盆地城镇生态经济区
	吉—辽中部低山丘陵农林生态经济区
	千山山地落叶阔叶林生态经济区
东北平原东部生态经济区	松嫩平原东部农田生态经济区
	哈尔滨—长春城镇与农业生态经济区
	辽河平原农业生态经济区
	辽河下游城镇与农业生态经济区
	辽西低山丘陵农林生态经济区
	辽河下游河口湿地与农业生态经济区
东北平原西部生态经济区	松嫩平原西部草甸草原与农业生态经济区
	二松平原农业生态经济区
	西辽河上游温性草原—农业生态经济区
大兴安岭中南部生态经济区	大兴安岭中部落叶松—落叶阔林生态经济区
	大兴安岭南部森林草原生态经济区
内蒙古高原东部生态经济区	呼伦贝尔典型草原生态
辽东丘陵生态经济区	辽东半岛丘陵落叶阔叶林生态经济区

二、生态经济分区管理方向

1. 大兴安岭北部生态经济区

大兴安岭北部生态经济区位于我国的最北端，东接小兴安岭，西邻呼伦贝尔草原，南濒松嫩平原，北部与俄罗斯接壤，位于黑龙江和内蒙古的最北部，面积14.5万平方千米。该区是中国重点国有林和天然林主要分布区之一，也是中国寒温带针叶林区和寒温带生物基因库，是黑龙江、松花江、嫩江等水系及其主要支流的重要源头和水源涵养区，包括一个二级生态经济区，即大兴安岭北部山地落叶松林生态经济区。

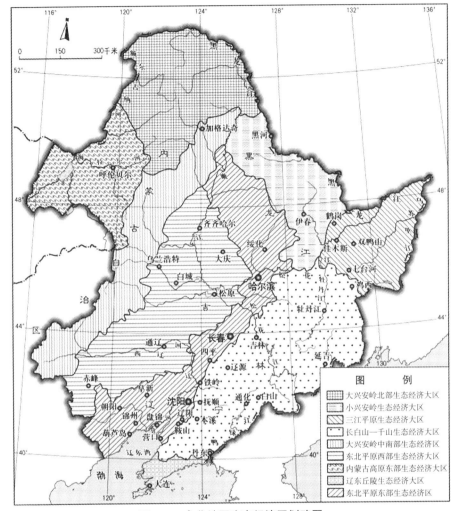

图 9-1 东北地区生态经济区划略图

其位于黑龙江和内蒙古的最北部,包括黑龙江塔河县、漠河县、呼玛县、新林区、呼中区和内蒙古额尔古纳市、鄂伦春自治旗、牙克石市的部分地区,面积14.5万平方千米。

该区森林资源明显减少,森林覆盖率降低,森林质量下降,水源涵养、土壤保持等森林生态功能减退;珍稀物种数量减少,生物多样性受到影响;土壤冻融侵蚀普遍分布,山体风化加剧,易出现水土流失;呼玛河下游湿地保护工作起步晚;沙金矿开采严重破坏林内生态环境及源头水质,崩塌、滑坡等地质灾害时有发生。

该区域应加强天然林的保护，改善森林生态环境，促进被毁坏森林恢复，保持涵养水源功能，减少土壤侵蚀，加大对界江沿岸水土保持林管护力度；开展生态林业建设，调整林业结构，科学发展林特产品，提高产品的科技含量，适度发展农业。

2. 小兴安岭生态经济区

小兴安岭生态经济区东北部与俄罗斯接壤，西北部为大兴安岭，西部、南部接松嫩平原，东南部为三江平原，位于黑龙江省北部，面积 9.97 万平方千米。该区域森林覆盖率高，是我国温带针阔混交林植被类型的重要分布区，是黑龙江、松花江等水系及其主要支流的重要源头和水源涵养区，包括以下两个二级生态经济区：

（1）小兴安岭北部阔叶混交林与农业生态经济区，位于小兴安岭山地针阔混交林生态区的北部，包括黑龙江省黑河市、孙吴县、逊克县、嘉荫县、嫩江县北部和五大连池市北部的一小部分，面积 5.74 万平方千米。

该区可采林木及林下动、植物资源减少，森林生态系统自身的稳定性降低，森林生态系统功能减弱；低山丘陵区水土流失问题突出，造成下游江河和水库淤积；黑龙江界江塌岸严重，造成大量的水土流失；矿山开采造成地质地貌景观和一些地质遗迹严重破坏，矿区周围时有小型崩塌、滑坡发生。

该区域应加强天然林保护，促进森林生态系统与森林资源的恢复，保持水源涵养功能；以林荒地发展人工林，扩大经济林的种植面积，加强林业产品科技含量；加大界江国土生态安全保护，适度发展生态农业；加大对界江沿岸水土保持林管护力度；保护地质遗迹和地貌景观；开展生态林业和生态农业建设，适当发展旅游业。

（2）小兴安岭南部山地阔叶—红松林生态经济区，位于小兴安岭山地针阔混交林生态区的南部，包括黑龙江省伊春市和铁力市东南段的山地、汤原县西北部、鹤岗市北部、萝北县北部、木兰县和通河县，面积 4.23 万平方千米。

该区天然林面积明显减少，生物多样性不断降低；水能资源开发利用力度不够；人为生产活动，尤其是丘陵地区农业活动频繁，森林逐渐为农田所代替，水土流失较重，陡坡开垦等行为加重了区域生态压力并引起生态系统退化。

该区域要加强天然林的保护，保持水源涵养功能，增加城市环境保护基础设施建设，科学发展工业和农业。同时，应加强森林生态系统保护，在陡坡地上实行退耕还林，增加造林种类与数量，保持水源涵养功能；开展生态农业建设，发展绿色食品种植业。

3. 三江平原生态经济区

三江平原生态经济区北、东、南三面与俄罗斯接壤，其中北部、东部分别以黑龙江、乌苏里江为界与俄罗斯隔河相望，位于黑龙江省东部，面积8.9万平方千米。该区域天然水域和原始湿地面积大，水生和湿地生态系统类型多样，在蓄洪防洪、抗旱、调节局部地区气候、维护生物多样性、控制土壤侵蚀等方面具有重要作用，包括以下3个二级生态经济区：

（1）三江平原东北部湿地与农业生态经济区，位于黑龙江、松花江和乌苏里江汇合处附近的低平原、黑龙江省境内，包括黑龙江省同江市、抚远县、汤原县东南部、鹤岗市南部、萝北县南部、绥滨县、桦川县、富锦县、佳木斯市，面积3.3万平方千米。

该区局部土地风蚀和水蚀呈扩大趋势，土壤有机质含量下降，农业垦殖系数高，水土流失较重；界江堤岸塌岸加重，保护工作进展缓慢；湿地面积急剧减少，生态调节功能退化，生物种群数量减少；鹤岗矿区煤炭开采对生态环境造成影响；工业"三废"排放量大，局部地区水污染和大气污染严重。

该区域要加强湿地保护，减少人为活动对湿地造成的破坏，恢复湿地的生态功能，保护其生物多样性；在界江沿岸造防护林，减少国土流失；加大对采空塌陷区的生态恢复与治理；调节农村产业结构，发展绿色食品和有机食品，开展生态农业建设；进行产业结构调整，增加高科技、无污染项目的投入，改善区域环境。

（2）完达山山地针阔混交林与湿地生态经济区，位于三江平原农业与湿地生态区中部、黑龙江省境内，包括黑龙江省饶河县、宝清县、集贤县、友谊县、双鸭山市、桦南县、依兰县、七台河市、勃利县、鸡东县，面积3.94万平方千米。

该区生态系统较为脆弱，涵养能力下降，雨季易发生洪涝灾害；湿地面积减少，调蓄洪水能力大为减弱，湖泊等重要物种的生境受到威胁；农田防护林少，缓坡地局部土壤有水蚀现象，水土流失较严重；部分草场有盐渍化现象；矿山开采导致生态环境极为脆弱，矿山复垦率低，生态恢复措施未跟上，水土流失、尾矿堆放问题均较突出，引发严重的次生生态环境问题，采矿废物污染水体和湿地；产业结构不合理，物能消耗高，产生较大的环境压力。

该区域要加强天然林和沼泽湿地保护与恢复，发展生态林业；加强保护耕地，减少农用化学品的施用量，大力发展生态农业；调整产业结构，加大对开采迹地的恢复工作和矿山的复垦力度，禁止野蛮开采的情况出现，加大对城市环境基础设施建设的投入。

（3）兴凯平原农业与湿地生态经济区，位于完达山地南部的穆棱—兴凯低平原、黑龙江省境内，包括黑龙江省虎林市、密山市，面积1.67万平方千米。

该区湿地面积减少，泡沼蓄水容量减小，生态功能衰退，洼地易发生内涝灾害；湖泊水体有潜在富营养化的趋势；界江国土流失严重；农业经营单一。

该区域要加大对湿地、界江国土的保护力度，改善湿地的生态环境，加强保护区建设，以减少人为因素对其的影响，改善周围湿地质量；调整区域的经济结构，科学发展生态农业和旅游业。

4. 长白山—千山生态经济区

长白山—千山生态经济区东部、南部与俄罗斯和朝鲜接壤，东北部为三江平原，北部接小兴安岭山地针阔混交林生态区，西部为东北平原东部农业生态区，位于黑龙江省东南部、吉林省中东部和辽宁省东部，面积23.34万平方千米。该区域拥有温带完整的山地垂直生态系统，是鸭绿江、松花江和图们江等水系及其主要支流的重要源头和水源涵养区，是大量珍稀物种资源的生物基因库，包括以下5个二级生态经济区：

（1）长白山山地针阔混交林生态经济区，位于黑龙江省东南部和吉林省东部的长白山山地，包括黑龙江省林口县、鸡西市、穆棱市、东宁县、绥芬河市，吉林省汪清县、珲春市、图们市、延吉市、郭化市、安图县、和龙市、龙井市、白山市、抚松县、长白县、蛟河市、桦甸市、靖宇县、柳河县、临江市、集安市、通化市、江源区、通化县，面积9.3万平方千米。

该区天然林面积逐渐减少，低山丘陵森林覆盖率低，森林质量下降，部分地区林相单一，水源涵养功能降低，易发生水土流失，局部土壤侵蚀较重；野生动物生境切割破碎，物种减少，有大面积的生物多样性高度敏感地区；坡耕地较多，水土流失较重，土地生产力低；局部矿产资源开发对土地资源产生破坏，矿区污染物产生与排放量大，造成环境污染；局部水质污染严重；局部存在地质灾害、气象灾害、低温冷害、洪涝、城市酸雨。

该区域要加强森林植被的保护，扩大森林面积，加强林相恢复，提高水源涵养及保持水土的能力，调整林业结构，适当发展林药业和自然景观旅游业；加强生物多样性与生态环境保护，加强自然景观保护和东北虎自然保护区的建设，保护鱼类资源，严禁滥捕乱捞、非法捕捞；合理开发矿产资源，建立无污染矿产资源开发区，开展矿产品深加工技术的研发，对已破坏矿区进行植被恢复；合理开发水资源，控制水环境污染，开发图们江生态旅游，保护松花湖、兴凯湖水域生态系统，发挥调蓄洪水的功能，把水资源的梯级开发、鸭绿江生态旅游和高句丽文化遗产有机结合；发展绿色食品、生态林果农业生产，调整林果农业的种植结构，加强生态农业、生态林业、特产业和观光农业建设；以城市环境综合治理为重点，加强城市基础设施建设，发展国际边境旅游城市，减少污染物排放。

（2）张广才岭山地针阔混交林与农业生态经济区。该区位于黑龙江省东南部，长白山脉北部的张广才岭地区，包括黑龙江省延寿县、方正县、海林市、尚志市、宾县东南部、阿城市东南部、五常市东南部，面积3.33万平方千米。

该区森林植被大量减少、森林覆盖率低，森林破坏较重、结构单一、森林质量下降，森林生态功能减弱，水源涵养能力降低，生物多样性减少；该区坡耕地较多，易发生水土流失，农用化学品的使用对河流水质产生破坏；该区地形较为复杂，局部水土流失现象比较突出，部分地区在雨季易形成水患涝灾。

应加大森林资源保护，封山育林、退耕还林、退耕还湿，加大植树造林力度，加强植被的恢复与保护，开发科技含量高的林产品；加强对水体的保护，减轻对水体的污染，逐步改善水生态环境；科学发展生态农业、生态林业，合理发展生态旅游业。

（3）牡丹江宁安盆地城镇生态经济区。该区位于黑龙江省东南部、张广才岭和老爷岭之间的牡丹江河谷盆地，包括黑龙江省牡丹江市、宁安市，面积0.93万平方千米。

该区城镇、工矿企业分布集中，人口压力大；污染问题突出，污染物产生与排放负荷高；地下水污染影响城市发展；湖泊出现富营养化，汇水区存在水土流失现象，湖岸崩岸现象严重；旅游生态恢复措施跟不上。

应进行产业结构调整，大力发展城市环境基础设施建设和生态工业和农业建设；加强天然林的保护，加强对镜泊湖的生态保护，加大对其上游企业的监督力度，科学发展旅游业。

（4）吉—辽中部低山丘陵农林生态经济区。该区位于吉林省中部吉林哈达岭、张广才岭支脉老爷岭及其辽东山地西麓，包括吉林省双阳区、九台市、吉林市、蛟河市、舒兰县、桦甸市、永吉县、磐石县、辽源市、东辽县、东丰县、梅河口市、辉南县、柳河县、四平市、伊通县，辽宁省西丰县、清河区、开原市、昌图县、铁岭市、抚顺市、本溪市、辽阳县、鞍山市郊区、海城市、大石桥市，以及沈阳市、灯塔市、盖州市的部分地区，面积6.32万平方千米。

该区水质污染严重，尤其是农业面源污染严重；石化工业生产废气污染环境严重；水土流失与土地退化并重，土壤侵蚀、黑土退化，生产力低；森林结构不合理，防护林比例低，防护功能下降，植被破坏、林地退化，局部水土流失，景观破碎化、生物多样性低；蚕场质量下降，退化面积较大，使水土流失加剧；矿山开采造成地面沉降，废弃矿场土地和植被受到破坏，水土流失严重，矿区污染严重；农用化学品用量较多，使用不够合理，面源污染加剧；部分地区工业污染较重，尤其钢铁、冶金污染严重。

该区应加强森林管理，提高森林质量，优化退蚕还林，禁止超坡耕种，15度以上的坡地必须退耕还林，调整森林结构，增加和抚育防护林，合理放牧，严禁牲畜破坏森林和植被，控制水土流失，加强基本农田保护；加强流域和库区的综合整治，提高保水、补水能力，合理利用水资源，保护水生态环境与景观多样性；整顿矿产开发和乡企项目，清理非法占地，整合土地资源；整治废弃矿场，恢复土地植被，进行煤矿废弃地的恢复与重建；以矿山、石化、冶金污染为整治重点，全面治理工业污染，严格执行污水排放标准，大力降低水体污染负荷；郊区农业要逐步减少化学品施用量，不断控制面源污染，坚决杜绝污灌；抓好周边城市环境的整治，全面恢复城市的生态环境，进行生态城市建设；调整农林业结构和树种结构，按比例发展牲畜饲养业，杜绝不合理放牧，发展生态林业、生态农业、观光农业与特色农业，及与民族风情结合的生态旅游业。

（5）千山山地落叶阔叶林生态经济区。该区位于辽东山地龙岗山南段、千山山脉北段及长白山南端余脉，包括辽宁清原县、新宾县、桓仁县、凤城市、宽甸县、本溪县、岫岩县、抚顺县东部，以及盖州市、大石桥市的部分地区，面积3.46万平方千米。

该区森林质量降低，森林结构失调，防护功能减弱，水土流失加剧，自然保护区管护不利，区内资源受到威胁；土壤遭到侵蚀，退化蚕场面积大，夏季泥石流灾害多发；水库淤积加快，水文调蓄功能受到影响。

该区应调整森林结构，控制天然林减少，提高森林质量，加强防护林建设，禁止不合理的开发利用，实施还林工作，搞好水源涵养林和水土保持林建设，对乱石窖和汇水区实行封禁；以浑江流域为重点，搞好流域综合治理，提高流域环境质量，建设重点蓄水调水基地，加强库区环境整治；加大自然保护区管护力度，搞好封育，保护林木鸟类等多种生物；整治矿山开采秩序，取缔不合理开采；调整经济结构，合理布局耕种、采矿、放牧，科学发展农、林、牧、矿、中药材、山林特产及旅游业。

5. 东北平原东部生态经济区

东北平原东部生态经济区位于东北平原的东部，包括松嫩平原东部和辽河下游平原地区，包括内蒙古、黑龙江、吉林，面积 19.03 万平方千米。该区是全国重要的商品粮生产基地、绿色食品生产基地、畜牧业生产基地和农产品深加工区，也是重要的能源、石化、医药和装备制造基地，是东北地区对外开放的重要门户和陆海交通走廊，包括以下二级生态经济区：

（1）松嫩平原东部农田生态经济区。该区位于内蒙古的东北缘、黑龙江省中部、松嫩平原东部，包括内蒙古鄂伦春自治旗和莫力达瓦达斡尔族自治旗的部分地区，黑龙江嫩江县北部、讷河市、北安市、五大连池市、克山县、克东县、拜泉县、依安县、明水县、青冈县、兰西县，以及绥化市、望奎县、庆安县、绥棱县、海伦市、巴彦县、木兰县和铁力市的一部分，面积 7.26 万平方千米。

该区地表植被覆盖率低，地面径流滞蓄能力弱，部分地区在雨季水土流失较重，草原"三化"现象严重，土地生产力低；地质遗迹和森林生态环境破坏严重；五大连池湖泊沿岸水土流失严重，湖泊富营养化程度有增加趋势；局部地区沟蚀发展遍布，土壤侵蚀强烈，水土流失现象严重；降水季节分配不均，低洼地雨季易发生涝灾，旱季易形成旱灾。

该区应加强森林资源的保护，划定天然林保护区，营造农田防护林，实施退耕还林，建设基本农田，减少水土流失，加大生态农业建设；应提高水资源的利用率，积极恢复草地生态环境；加大保护区的基础设施建设，保护地质遗迹；改善湖泊水质。

（2）哈尔滨—长春城镇与农业生态经济区。该区位于松嫩平原的东南缘，包括黑龙江省、吉林省部分地区，包括黑龙江省哈尔滨市、双城市、五常市西北部、宾县东部、阿城西北部，吉林省扶余县、舒兰市、榆树市、九台市、长春市区、农安县、德惠市，面积 2.93 万平方千米。

该区人口密集，水资源短缺，城区地下水超采严重；污染物产生与排放量大，面源污染严重，水质污染严重，存在水源地污染现象；坡耕地较多，水土流失较重，黑土退化、地表形态景观破坏严重，土地生态环境受到不同程度污染；绿地覆盖率和自然保留地面积率低；城郊接合部缺少绿化带，未来面临着远郊荒漠化的危害。

该区要加强城镇区域环境的综合治理，严格控制地下水的开采程度，改善区域水体环境。要加强保护森林植被，控制风蚀、水蚀，加强沟谷林、水源地水土保持林、农田防护林、护岸林的建设；加强黑土地保护，加强黑土地水肥养分平衡控制，开展绿色商品粮基地建设；发展生态工业、生态农业、农区牧业、生态旅游业与生态城建设。

（3）辽河平原农业生态经济区。该区位于松辽分水岭以南地区的辽河流域中部，面积 2.53 万平方千米，包括吉林省四平市区、梨树县、公主岭市、双辽县、伊通县，辽宁省康平县、彰武县、黑山县、昌图县，以及开原市、法库县、铁岭县、铁岭市、新民市、北宁县部分地区。

该区受风沙影响，局部波状起伏台地、沟蚀土地、低丘坡地土壤侵蚀较重，土地沙化，水土流失严重，部分低地盐渍化较重；草场缩小，质量退化；卧龙湖湿地规模大幅缩小，河流中上游地区植被破坏，易涝成灾，两岸沙害不断扩大；面源污染严重，畜禽养殖污染严重。

该区要加强黑土资源保护，控制水土流失，强化"三北"防护林建设，林草结合，就地封沙；合理种植和放牧，保证林草用地，有序退耕还林还草，封育退化严重的草场；西部边缘地区植树种草、防风防沙、保护农田环境；搞好植树造林和田间工程建设，加强山前整治，合理栽培方式，治理盐渍化土地；利用草碳资源，改良低产土壤，提高土地肥力；在丘陵沟地，修筑梯田，合理种植、放牧，减轻土壤侵蚀；整修堤防，防洪治涝；调整农业结构，发展有机农业，建设绿色商品粮基地，农业与农村环境急需整治。

（4）辽河下游城镇与农业生态经济区。该区位于辽宁中部，包括沈阳市区全部和西部郊区、辽中区、台安县、辽阳市区及郊区全部，新民、灯塔、辽阳、海城市的部分地区，鞍山市区及郊区部分地区，面积 1.11 万平方千米。

该区水资源短缺，地下水位下降；局部地区为洪涝频发区，土壤盐渍化较重；土地裸露，土壤流失加剧；城区布局不合理，环境结构失调；市区和郊区无序开发和占用土地的势头没有得到遏制；农用化学品使用不合理，面源污染严重；工业"三废"排量居高不下，特别是冶金烟尘的空气污染尤为严重，矿区和厂区的环境质量较差，绿化面积小，废旧矿场缺乏整治力度。

该区应调整土地利用结构和生产结构，保护基本农田，确定优势种植区域，发展生态农业，严格控制农用化学品用量，发展绿色产业和绿色食品；搞好城市布局，有计划分步骤整治旧城区，有序发展和建设新城区，建造生态型大都市；调整结构，整合循环链条，发展节耗、高效、环境优化产业；治理矿区和厂区环境，恢复废旧矿场，增加绿化面积。

（5）辽西低山丘陵农林生态经济区。该区位于中部平原西部，科尔沁沙地南缘，东北西部农牧交错地带，包括阜新市区、阜新内蒙古自治县和彰武县的大部分，朝阳市区、凌源市、北票市、朝阳县、建平县、喀喇沁左翼蒙古自治县，北宁市、义县、黑山县西部和凌海市北部，面积3.45万平方千米。

该区主要生态问题是医巫闾山北部大范围的生境退化现象。该区应建设以医巫闾山和细河谷地为轴线的自然生态区，加强环城绿化带、路网绿化带、环水绿化带和荒山绿化建设；搞好细河综合治理、矸石山治理、矿区废弃地复垦和海州矿地质灾害整治；沿大凌河构建绿色生态走廊，加强喀左阎王鼻子水库地区的土壤保护、北票西北边缘的生物多样性保护和土壤保持；发展冶金及金属新材料、能源及新能源装备、建材机械装备、绿色优质农产品加工产业，加强生态农业和农产品加工业的发展，大力发展节水农业。

（6）辽河下游河口湿地与农业生态经济区。该区位于辽河平原最南端，是入海河口地区，包括辽宁省大洼、盘山县及盘锦市区郊区、营口市，大石桥市和凌海市的部分地区，以及葫芦岛市、锦州市区和凌海市，面积1.75万平方千米。

该区易受洪涝，自然湿地不断减少，水陆生态系统被阻，生态环境改变，生物多样性减少，物种受到威胁；地下水位高，土质黏重，排水不畅，是重点盐渍化地区。

该区应扩大生态示范区建设范围，加速生态市、生态县建设步伐；严格控制湿地占用和减少，恢复物种生境，保护物种多样性；调整农业投入机制，压缩化学用品数量，发展生态农业，走循环发展之路；加强该区南部滨海自然生态环境保护，发展渔业生态养殖和林果养殖，适度发展滨海旅游。

6. 东北平原西部生态经济区

东北平原西部生态经济区位于大兴安岭南段山地以东，包括内蒙古、黑龙江、吉林部分地区，面积 21.46 万平方千米。该区是草原和湿地生态系统、平原黑土地生态系统和森林生态系统的过渡带，是再造秀美草原、应对气候变化的重要区域。该区是连接东北四省区的接合部，在东北地区生态和经济发展中具有重要的战略地位，包括以下 3 个二级生态经济亚区：

（1）松嫩平原西部草甸草原与农业生态经济区。该亚区位于内蒙古呼伦贝尔市和兴安盟的东部边缘、黑龙江省西南部以及吉林省西北部三省交界的东北平原西部地区，包括内蒙古乌兰浩特市、突泉县和莫力达瓦达斡尔族自治旗、阿荣旗、扎兰屯市、扎赉特旗、科尔沁右翼前旗的部分地区，黑龙江省龙江县、甘南县、富裕县、林甸县、齐齐哈尔市、肇州县、肇东市、安达市、大庆市、肇源县、杜尔伯特蒙古自治县、泰来县，吉林省大安市、镇赉县、白城市区、洮南市、通榆县、长岭县以及双辽县西北部、前郭县北部，面积 10.77 万平方千米。

该区土壤风蚀、土地退化严重，生态环境较为脆弱，生物多样性下降；超载放牧、挖药、石油开采等人为活动，加剧了草原的退化、碱化和沙化；农田防护林体系不完善，风蚀沙化和水土流失现象严重，土壤肥力下降；部分泡沼萎缩，湿地面积减少，导致湿地在调控洪水等方面的生态功能削弱；水资源不足，地下水超采严重，地下漏斗呈增大趋势，地下水水质受到污染；局部地势低洼地区，易发生洪涝灾害，土壤盐渍化。

应加大防护林的种植力度，增加草场种植面积，不适合耕作的农田要逐步退耕还林还草，禁止盲目开荒，逐步恢复草原面积，防治土壤风蚀沙化和水土流失，控制土地沙漠化趋势，加强土壤沙化、碱化治理；加强基本农田保护，实施基本农田建设，对家畜实行圈养或轮牧，科学发展农区畜牧业、生态农牧业；合理利用地表水资源，防止地下水超采，加大对漏斗区的回注，防止漏斗区继续扩大；保护湿地和野生水禽，发展生态旅游业。

（2）二松平原农业生态经济区。该区位于吉林省北部，包括吉林省松原市区、前郭县、扶余县、长岭县东部、农安县西部、乾安县大部分、大安市东部，面积 1.46 万平方千米。

该区水资源不足、水环境污染严重；局部土壤沙化和碱化，局部高台地的风蚀严重；油田开采对土地的破坏和污染严重；气候灾害频发。

要加强油田废弃地的生态恢复、水田景观的保护、农业面源污染治理和城镇的生态经济定位；修建蓄存暴雨径流的小塘坝，发展无公害农产品；加强退化土地的生态恢复、碱化泡沼湿地的治理与利用、泥林景观的保护与生态农牧业的合理布局。

（3）西辽河上游温性草原—农业生态经济区。该区位于内蒙古东南部、大兴安岭东翼的西辽河上游平原地区，包括内蒙古科尔沁右翼中旗、阿鲁科尔沁旗、翁牛特旗、科尔沁左翼中旗、科尔沁左翼后旗、奈曼旗、库伦旗、敖汉旗、喀喇沁旗、宁城县和扎鲁特旗的部分地区，面积9.23万平方千米。

该区土地沙漠化极为严重，土壤风蚀沙化，土壤肥力下降，草原退化严重，生物多样性减少，水源涵养能力下降，水环境退化严重。

需以防风固沙为中心，以保护与恢复沙地植被为重点，大力实施封沙、封滩、育林、育草，恢复沙地植被，防止草原退化，在严重退化的区域实施禁牧措施，使草原发挥其防风固沙生态屏障的功能；要通过农田防护林的建设，加强基本农田的保护，实施旱地保护性耕作法，即免耕法、草田轮作、等高耕作等措施；农业生产要实现节水灌溉制度，做到用地养地相结合，防治土壤风蚀沙化和水土流失，对不适合耕作的农田要逐步退耕还林还草，发展农区畜牧业；在生态建设上应合理安排农牧林比例，做好水土保持工作，植树造林必须要考虑当地物种，增加生物多样性，维护生态系统平衡及其稳定。

7. 大兴安岭中南部生态经济区

大兴安岭中南部生态经济区位于内蒙古东部的大兴安岭中南段地区，面积14.13万平方千米。该区是中国重点国有林区和天然林主要分布区之一，也是中国寒温带针叶林区和寒温带生物基因库，是黑龙江、松花江、嫩江等水系及其主要支流的重要源头和水源涵养区，包括以下两个二级生态经济区：

（1）大兴安岭中部落叶松—落叶阔叶林生态经济区。该区位于内蒙古东北部，包括内蒙古鄂伦春自治旗、牙克石市、阿荣旗、扎兰屯市、莫力达瓦达斡尔族自治旗、鄂温克族自治旗的部分地区，面积7.88万平方千米。

该区森林砍伐和大面积次生林的形成，使天然植被遭到严重破坏，降低了原始林的水源涵养功能；土壤侵蚀极为敏感、生物多样性极敏感。

应保护森林资源及其涵养水源的功能；保护河流湿地，使其发挥调蓄供水的作用；划定天然林保护区，实施退耕还林还草工作，建设基本农田；发展林缘草地畜牧业，限制矿产资源开采。

（2）大兴安岭南部森林草原生态经济区。该区位于内蒙古东南部，内蒙古克什克腾旗和扎兰屯市、科尔沁右翼前旗、扎鲁特旗的部分地区，面积 6.25 万平方千米。

该区人为砍伐树木、放牧等扰动程度较大，森林受到多次破坏，成破碎状态；由于过度放牧，天然植被遭到严重破坏，草场退化和沙化，是土壤侵蚀高度敏感区、生物多样性敏感区。

应划定天然林、林缘草甸草原保护区，实施退耕还林还草工作，维护森林草原水源涵养生态功能，建设基本农田；建设生态功能保护区、自然保护区，禁止开垦林间草地。

8. 内蒙古高原东部生态经济区

内蒙古高原东部生态经济区位于内蒙古的东部，西北部与蒙古国、俄罗斯接壤，西与内蒙古高原中部相接，东与大兴安岭、燕山山地相连，包括内蒙古部分地区，面积 10.22 万平方千米。该区是防风固沙的重要区域，是东北地区乃至全国重要的生态屏障，包括以下 1 个二级生态经济区：

呼伦贝尔典型草原生态亚区。该区位于大兴安岭西麓和呼伦贝尔高原、内蒙古东部，面积 10.22 万平方千米，包括内蒙古海拉尔市、陈巴尔虎旗、新巴尔虎左旗、新巴尔虎右旗和额尔古纳市、牙克石市、科尔沁右翼前旗、鄂温克族自治旗的部分地区。

该区原始森林经历史上的多次采伐、农田开垦面积较大、过度放牧，导致严重的水土流失、土壤侵蚀、土地退化，草原退化、沙化，草场质量下降、草地生产力下降，部分地区退化严重，生物多样性极敏感。

要逐步实施退耕还林还草，发展农区畜牧业、林缘草地畜牧业（舍饲为主），开展森林生态重建要注重以当地物种为主，调整产业结构，发展森林生态经济；建立典型草原生态功能保护区和封育保护区工程，实施强制性保护措施，退耕还草，坚决贯彻以牧为主的方针；要建立沙地植被生态功能保护区和封育保护区工程，禁止开垦，建立合理的放牧制度，实施轮牧、限制放牧、休牧制度；积极推动农田防护林建设，建立基本农田保护区，实施水土保持和农田防风固沙工程，加强生态监管。

9. 辽东丘陵生态经济区

辽东丘陵生态经济区位于辽东半岛南端，黄、渤海沿岸，面积 1.52 万平方千米。辽东丘陵是我国三大丘陵之一，是我国柞蚕和暖温带水果生产基地，也是东北地区对外开放的重要门户和陆海交通走廊，包括以下 1 个二级生态经济区：

辽东半岛丘陵落叶阔叶林生态经济区。该亚区位于辽东半岛南端，黄、渤海沿岸，包括辽宁省丹东市区和郊区、东港市、庄河市、大连市区郊区、瓦房店市、普兰店市、盖州市小部分地区，面积 1.52 万平方千米。

该区森林生态功能较差，防护林比例小，蚕场退化面积大，次生林比例高，水土流失较重；人均水土资源较少，用水紧张，城市、工业及开发区占用土地较多，对生态环境的影响较大；为泥石流、大风、台风天气重点发生区。

要充分发挥本区依江面海、资源丰富的优势，分期实现生态示范区和环境模范城建设目标；调整森林结构，扩大水保林，强化海防林，提高防护功能；整治柞蚕场，搞好退化蚕场还林和恢复工作；加强流域综合治理，控制土壤侵蚀和河流淤积；注重古文化遗址和自然景观区的保护；加强城乡一体化发展，实现全区生态示范区和生态城市的建设目标；发展循环经济，建立绿色农业、生态城市和工业等循环经济体系。

第三节　推进功能提升的重点工程建设

一、生态保护与建设工程

生态保护与建设工程关系到东北地区乃至全国的生态安全，是恢复和保障水源涵养、生物多样性保护、防风固沙、调节气候等生态系统功能的必要工程，是东北粮食和畜牧产品生产的安全屏障，是筑牢东北地区生态安全体系的工程，主要包括以下四个方面：

1. 森林保护与建设重点工程

（1）天然林资源保护工程。以保护生态环境和生物多样性为宗旨，使经济及资源平衡服从于生态环境的改善，服从于水土保持、水源涵养需要，以保护东北地区现有天然林资源为目标，根据森林分类区划（禁伐区、限伐区和商品林经营区），调整森林资源经营方向，调减木材产量，加大森林资源管护力度，进一步发挥森林的生态屏障作用。强化森林资源和林政管理，杜绝超限额采伐。加强生态保护区管理，全面落实森林分类经营。大力推行个体承包，落实森林资源管护责任。在开展个体承包的过程中，把管护森林与林下资源开发利用有机地结合起来。在确保不破坏地表植被、不降低森林生态功能、不影响林木生长的前提下，允许森林管护承包者依法开发利用林下资源，调整森林工业向生态林、特产业转变，林业经济向林地经济转变，使以生产单一木材产品为主的粗放型林业向生产生态型产品与多资源林、特产品的可持续林业过渡，适度发展野生动植物养殖、野生浆果、菌类的采摘加工，以及在可行条件下的人工培植、森林药材的种植及加工；在有条件及市场需求量大的地区，也可开展一定的禽畜养殖，实现森林的生态效益和经济效益同步增长。

（2）生态公益林建设工程。加强三江平原农业生产基地保护体系建设。该区域的森林主要分布在黑龙江、松花江、牡丹江等江河流域两岸及其发源地和小兴安岭、张广才岭、长白山等山脉的核心地带。其经营目标是在强化现有天然林保护的同时，积极营造水源涵养林和水土保持林，以调节地表径流，固土保肥，涵养水源，防止泥石流和山洪暴发，减少自然灾害的发生，提高粮食产量。松嫩平原农田保护体系建设，主要是指松花江、嫩江冲积平原周围的生态公益林建设，以改善区域生态环境，减少水土流失，保护耕地，抵御水涝、干旱、盐碱、干热风等自然灾害，提高粮食产量。呼伦贝尔草原基地保护体系建设，主要功能是呼伦贝尔草原牧场的水源涵养和防风固沙。加强森林资源的保护与发展，提高林草植被覆盖率，保护草原，遏制土地沙化和荒漠化扩展，是提高和恢复土地生产力，保障该地区牧业稳产高产的一项重要措施。

2. 草原修复与保护重点工程

（1）退牧还草工程。在内蒙古东部等重点草原退化区继续推进退牧还草工程，加强"三化"草场综合治理，转变传统放牧方式，建设高产人工草地和饲草饲料基地，推行舍饲圈养。推广羊草抗盐碱移栽克隆恢复技术，快速恢复顶级羊草植被，实施分类治理。对于轻度盐碱化草地采用"一松四补"（松土、补肥、补水、补播、补栽）技术模式恢复禾—豆优质牧草植被；中度退化草地采用"以栽代播"模式恢复羊草植被；对于重度和极重度退化草地实施多段复合模式恢复羊草植被。推行豆科牧草种植，筛选和培育抗盐碱、丰产苜蓿品种，建立苜蓿种子生产田，配套建设苜蓿机械化耕作、播种、水肥管理，建设加工示范基地，形成产加销一体化的生产体系。

（2）"三化"草原治理工程。对草原盐碱化、沙化、退化现象较为严重的地区，加大防护林体系和防沙治沙等荒漠化治理工程建设，建立乔、灌、草网络化的生态公益林和生态经济型防护林体系，发挥森林等植被的防风固沙、保持水土的生态服务功能。改良、治理盐碱化、退化和石油污染草地，大力发展人工草地，恢复草原植被，提高草场生产力，恢复生物多样性。

（3）草原施肥工程。施加氮素肥料，维持草地生态系统养分平衡，缓解草场长期超载过牧压力，快速恢复退化植被，提高草地初级生产力。

（4）草原补水工程。利用河湖连通工程，在草场周边挖沟蓄水，排涝，降盐排碱，解决草场干旱缺水时期的应急调亏灌溉，促进草原快速恢复。

（5）草原封育工程。采取封禁、舍饲与种植优质牧草相结合，对重度盐碱地实施封原育草、全面退牧 3~5 年，在部分碱斑地种植耐盐碱牧草，对中度盐碱地实施季节性禁牧，严格核定载畜量、放牧强度、放牧频次和持续时间。

（6）草原轮牧工程。科学计算载畜量和养殖规模，合理确定家庭或企业牧场规模，实施家庭或企业承包责任制，强化农户或集体管理。加强牧区草地的管理与改造，半农半牧区实行粮草轮作制，增加饲料来源，农区推广作物秸秆青贮，提高秸秆饲料利用率。

3. 湿地保护与修复重点工程

（1）湿地保护区建设工程。新建、续建湿地自然保护区，申报晋升国家级湿地自然保护区、新建省级湿地自然保护区、新建湿地自然保护小区。同时，增设办公住房、保护站点、围栏、界碑、巡护道路等基础设施；修建防火、交通、通信、检测、宣教、科研等配套设施。

（2）湿地公园建设工程。新建国家级湿地公园。推动中心城镇〔市（州）、县（市、区）政府所在地〕的城镇湿地公园建设。建设办公用房、野生动物救助站、展示厅、主次干道、游步道、停车场等设施以及供电、供暖、供气、给排水等配套设施；对湿地公园的河流及湖泊进行整饰，完善旅游线路、服务系统等工程建设。

（3）湿地生态修复工程。在向海、扎龙、莫莫格等重要湿地，采取土地整理、引水、蓄水、退耕、植被恢复等措施，开展湿地生态修复工程。重点落实"引洮入向""分洪入向""引嫩入莫"等生态补水工程。

（4）珍稀水鸟栖息地修复工程。在莫莫格、向海、查干湖、波罗湖等珍稀水鸟的重要栖息地，兴建围堰蓄水、生态补水、生物围栏、巡护道路、观察站等设施，营造优质稳定的水鸟栖息环境，修复水鸟关键栖息地。重点建设丹顶鹤、白鹤、东方白鹳等珍稀水鸟的栖息、迁徙地，改善觅食环境，促进珍稀濒危水鸟种群数量稳步增长。

（5）湿地污染防控工程。在兴凯湖、查干湖、向海湖，采取土地整理、植被恢复、水质监测等措施，开展富营养化湖泊的生物治理示范工程。通过面源控制减少氮、磷的入湖排放量，减少旅游、船舶和养殖等对湖区的污染。开展生物治碱工程，复壮芦苇。

4. 耕地保护与修复重点工程

（1）退化黑土区综合治理工程。实施"三改一排"，改顺坡种植为机械起垄横向种植、改长坡种植为短坡种植、改自然漫流为筑沟导流，并在低洼易涝区修建条田化排水、截水排涝设施。开展"三建一还"，在城郊肥源集中区和规模化畜禽养殖场周边建有机肥工厂、在畜禽养殖集中区建设有机肥生产车间、在农村秸秆丰富和畜禽分散养殖区建设小型有机肥堆沤池（场），因地制宜开展秸秆粉碎深翻还田、秸秆免耕覆盖还田。同时，推广深松耕和水肥一体化技术，推行粮豆轮作、粮草（饲）轮作。加强水土流失综合治理，完善农田防护林体系，恢复草原植被，改良和培肥黑土地，防治面源污染。选择一批重点县（市）建设集中连片示范区，因地制宜实施"三改一排""三建一还"重点治理内容。

（2）污染耕地阻控修复工程。一是土壤重金属污染修复。在调查掌握东北地区重金属污染类型和程度的基础上，选择一批重点县（市）建设集中连片示范区，施用石灰和土壤调理剂调酸钝化重金属，开展秸秆还田或种植绿肥，因地制宜调整种植结构。连续实施 3 年后轮换。二是化肥农药减量控污。以控氮、减磷、稳钾、补锌、硼、铁、钼等微量元素肥料为施肥原则，结合深松整地和保护性耕作，加大秸秆还田力度，增施有机肥；适宜区域实行大豆、玉米合理轮作；在大豆、花生等作物推广根瘤菌；推广化肥机械深施技术，适时适量追肥；干旱地区玉米推广高效缓释肥料和水肥一体化技术，实现化肥零增长。重点推广玉米螟生物防治、生物农药预防稻瘟病等绿色防控措施，发展大型高效施药机械和飞机航化作业，实现农药零增长。选择一批重点县（市）建设集中连片示范区，调整化肥农药使用结构、改进施肥施药方式，建设有机肥厂（车间、堆沤池），推动有机肥（秸秆、绿肥）替代化肥，推广测土配方施肥、病虫害统防统治、绿色防控等技术。连续实施三年后轮换。

（3）土壤肥力保护提升工程。一是秸秆还田培肥。选择一批重点县（市、场）开展示范，配置大马力拖拉机及配套机具，支持开展秸秆还田（包括深翻和翻松旋轮耕）。连续实施 3 年后轮换。二是增施有机肥。选择一批重点县（市、场）建设种养结合示范区，建设畜禽粪污资源化利用基础设施，支持适度规模养殖场进行粪污处理；建设有机肥厂（车间、堆沤池），引导农民增施有机肥。三是种植绿肥。选择一批重点县（市、场）建设集中连片示范区，配套建设绿肥种子基地。四是深松整地保水保肥。选择一批重点县（市、场）实施深松整地。每三年开展一次（农业部，2015）。

二、环境治理与防治工程

环境治理与防治工程是改善环境质量、保障人民群众身心健康、提高人民群众幸福指数的重要工程，是保障人民群众饮水安全、呼吸安全，防范环境风险的绿色惠民工程，能够切实解决好影响群众健康的突出环境问题，主要包括以下四个方面：

1. 饮用水源地保护工程

按照划定的饮用水源地保护区，健全饮用水水环境监控制度，定期发布饮用水源地水质监测信息，开展重点水源地污染治理，建立饮用水源地污染应急预案。建立东北大型水源地监控预警风险防范管理体系，提升饮用水水源地预警能力和突发事件应急能力，预防饮用水水源污染，保障居民饮用水安全。哈尔滨、大庆、长春、吉林、辽宁、大连等城市要具备预测预报能力和应急快速反应能力。

2. 流域水污染防治工程

全面实施松花江、辽河流域污染防治，大力推广清洁生产，积极倡导水循环利用和污水资源化工程。沿大中城市建立污水处理厂，降低污染物排放量，同时做好省际间的污染防治工作，努力改善水质。大力开展生态保护，发展生态农业，控制化肥和农药使用量，科学种树，退耕还林、还草、还湿，控制水土流失，增强水源涵养能力，防治面源污染，严格执行有关环境保护的法律、法规，倡导节水农业；加强规模化畜禽养殖业污染控制，大力削减农业面源污染。强化工业污染防治，防范重大污染事故。

3. 区域大气污染防治工程

以燃煤电厂脱硫和汽车尾气达标排放为重点，以长—哈城市群、辽中城市群为重点地区，分解落实各城市污染总量，加强工业污染防治，开展城市人口密集区重污染企业搬迁改造。乡镇地区以秸秆综合利用工程为重点，从秸秆饲料化、肥料化、工业化、能源化和基料化及"收、储、运"体系建设等重点领域入手，推进秸秆多途径、多层次利用，防范秸秆露天焚烧对空气质量的影响。

4. 工业废弃地恢复与治理工程

对东北主要老工业区中的关停搬迁工业企业原址场地进行环境调查，确定土壤环境中的主要污染物、来源和污染程度。根据不同工业废弃地土壤污染的不同类型和不同程度，采取工程措施、生物措施和废弃物综合利用相结合的方式，治理水土流失，治理土壤污染，实施采矿沉陷区地质灾害修复工程和矿山环境保护工程。

三、绿色发展工程

绿色发展与改造工程是实现经济发展和生态环境保护协同推进，促进经济绿色转型，使社会经济发展与环境保护协调、人与自然和谐发展的重要工程，主要包括以下三个方面：

1. 高值高效生态农业重点工程

（1）千亿斤粮食产能工程。大力加强水利建设，加快提升农业机械化水平，全面推动农业科技进步，进行中低产田改造，搞好耕地保护，提高粮食仓储和运输能力，全力推进农业产业化建设，建设国家粮食安全战略基地。集中连片开发利用后备土地资源，加大改造盐碱中低产田力度，大力实施改土增粮工程，加快高标准农田建设，广泛应用现代化节水灌溉技术，将东北地区大面积的中低产田改造成为优质、高产、高效的节水灌溉农田。大力开展抗盐碱作物品种选育和推广，积极发展耐碱、耐旱、节水、优质、生态、安全绿色种植业。

（2）精品畜禽产品生产基地建设。依托东北地区草原的丰富饲草和饲料资源，引进和改良优质畜牧良种，大规模建设草地生态畜牧业。重点发展精品生猪、肉牛、奶牛、肉羊、肉禽五大系列产品，加大奶牛、肉牛、肉羊标准化规模养殖场（小区）建设项目，对畜禽养殖优势区域的规模养殖场（小区）基础设施进行标准化建设，重点抓好畜禽圈舍标准饲养与环境控制等生产设施建设。加快推进牧草业发展，建设羊草草原自然保护区，恢复羊草草原，建设人工和半人工优质草地工程。加快推进农作物秸秆资源化利用进程，配套启动作物秸秆饲料资源高效利用工程，增强秸秆处理饲用能力，推进草原牧区生产方式转变，提升畜禽养殖规模与标准化管理水平，保障畜产品安全供给，建成国家重要的精品畜禽产品生产基地。

（3）绿色特色农产品生产基地建设。大力发展特色农业，引导特色农产品向无公害、绿色、有机方向发展。重点抓好优质油料（向日葵、花生、蓖麻、芝麻等）、优质杂粮（谷子、荞麦、燕麦等）、优质杂豆（绿豆、红小豆等）、优质薯类、优质蔬菜、优质瓜果、优质烤烟和优质中药材等特产基地建设。

2. 绿色新型工业基地重点工程

（1）打造绿色农产品加工业基地。依托粮食、畜禽资源优势和农产品加工业基础，突出绿色生态品牌，打造产值千亿级的农产品加工产业。重点拉长粮食、畜禽加工产业链，积极发展特色产品加工。不断提高农产品加工园区的承载能力，支持本地加工型企业做大做强，积极引进新的龙头企业，打造种植、养殖加工、运输、销售全产业链，鼓励引导产品向终端方向发展，增强农产品加工业竞争力。重点发展玉米、稻米、畜禽、大豆、油脂、乳制品加工产业链。

（2）打造生物质产业基地。规划能源植物种植示范区和生物质产业开发示范区，培育绿色生态能源产业，建立生态建设与生物质产业互相促进、互为支撑的生态经济新模式，以生物质产业经济效益促进生态建设可持续治理，促进农村城镇化和农村劳动力就地就业，实现生态治理与能源生产"双赢"和生态治理与社会发展"双赢"。依托现有企业建设生物化工园区，加快生物技术研发与产业化，布局建设生物质工业项目。把生物质产业打造成千亿级产业，形成战略性新兴产业新高地。

（3）打造北药生产基地。发挥东北地区的比较优势，采用高新技术，增强医药生物产业竞争力。实现中药现代化，重点发展中药粉针、中药注射液、滋补保健品、中药材生产种植等。建设中药材种植或养殖示范基地、抗生素原料药及其粉针生产基地、生物技术药物生产基地、化学原料药和药物制剂基地。

3. 东北特色生态旅游重点工程

（1）构建以长白山为龙头的东北第一旅游目的地。突出"生态、冰雪、避暑养生、休闲度假"等旅游品牌影响力，实施旅游融合发展工程，强化旅游业与城乡、农工、文教、体育等相互融合，扶持建设具有东北旅游特色的新型城镇，鼓励发展休闲农业与乡村旅游项目，开发一批文化旅游精品项目，实施与滑雪、登山、徒步、狩猎等体育结合的旅游项目。实施旅游业态创新工程，以旅游新需求为引导，开发以休闲度假、消夏避暑、冰雪体验、康体养生为核心的复合旅游项目，打造精品旅游线路，培育建设有国际或区域影响力的旅游景区。实施旅游商品开发工程，开发具有东北特色的旅游商品项目，引进和建设大型购物体验区、世界名品店和特色服务消费项目，扶持建设旅游购物中心、旅游商品街，完善延伸旅游产业链条。加快建设旅游基础设施项目，打造旅游快速交通网络体系，推进公共服务设施和配套设施建设，加快旅游服务信息体系建设步伐，建立智慧旅游系统。

（2）构建东北特色生态旅游区。形成以冰雪、森林、湿地、草原、地质遗迹等生态旅游为主导，边境旅游、北方城市风光旅游、少数民族文化风情旅游和科普宣教旅游等共同发展的格局。发展以回归自然、认识自然、热爱自然、游乐健身、陶冶情操为主要内容的生态旅游产业。加强和完善旅游基础设施建设，不断完善服务功能，增强接待能力，优化服务质量，提高旅游产业的整体水平，拉动相关产业发展。大力发展滑雪旅游，重点开发建设滑雪旅游度假区、林海雪原旅游区等；大力发展火山地貌、温冷泉疗养旅游，开发建设温泉度假园；适度发展森林生态旅游，重点开发森林旅游区；适度发展湖泊观光旅游，重点开发建设项目有兴凯湖、镜泊湖风景区、松花湖等。适度开发湿地生态旅游，重点开发项目有扎龙、向海、莫莫格等自然保护区。

参考文献

[1] 邓伟，张平宇，张柏.东北区域发展报告 [M].北京：科学出版社，2004.

[2] 国土资源部. 中国耕地球化学调查报告. 2015 [EB/OL]. http：//www.ngac.cn/GTInfoShow.aspx？InfoID=5146&ModuleID=73&PageID=1.

[3] 黑龙江国土资源厅，黑龙江统计局，黑龙江第二次土地调查领导小组办公室. 关于黑龙江省第二次土地调查主要数据成果的公报 [R].黑龙江国土资源，2014（7）：27.

［4］黑龙江省政府.黑龙江省生态省建设规划纲要. 2002 ［EB/OL］. http：//www.lawxp.com/wl/statuteInfo/ Provision.aspx? iid=9782630.

［5］黑龙江省政府. 黑龙江省主体功能区规划 ［EB/OL］. http：//www.hlj.gov.cn/wjfg/system/2012/05/18/010353529.shtml.

［6］环境保护部，中国科学院. 全国生态功能区划（修编版）［EB/OL］. http：//www.zhb.gov.cn/gkml/hbb/bgg/201511/t20151126_317777.htm.

［7］环境保护部.内蒙古自治区自然保护区名录（截止 2012 年底）. 2013［EB/OL］. http：//www.zhb.gov.cn/stbh/zrbhq/ qgzrbhqml/201605/t20160522_342707.shtml.

［8］吉林省国土资源厅，吉林省统计局，吉林省第二次土地调查领导小组办公室.关于吉林省第二次土地调查主要数据成果的公报 ［EB/OL］. http：//www.mlr.gov.cn/tdzt/tdgl/decdc/dccg/gscg/201406/t20140611_1320227.htm.

［9］吉林省政府. 吉林省主体功能区规划 ［EB/OL］. http：//govinfo.nlc.gov.cn/jlsfz/zfgb/615743a/201312/t20131217_4477644.htm? classid=355.

［10］吉林省政府.吉林省西部生态经济区总体规划 ［EB/OL］. http：//zb.jl.gov.cn/test2014zb_39290/201407/201407JZF/201405/t20140509_1661144.html.

［11］金凤君，张平宇，樊杰等. 东北地区振兴与可持续发展战略研究 ［M］.北京：商务印书馆，2006.

［12］金凤君，王娇娥，陈明星.东北地区发展的重大问题研究 ［M］.北京：商务印书馆，2012.

［13］辽宁省政府.辽宁省主体功能区规划 ［EB/OL］. http：//www.ln.gov.cn/zfxx/zfwj/szfwj/zfwj2011_103250/201406/ 20140605_1345695.html.

［14］刘兴土，吕宪国.东北山区湿地的保育与合理利用对策 ［J］.湿地科学，2004，2（4）241-247.

［15］刘兴土.三江平原沼泽湿地的蓄水与调洪功能 ［J］.湿地科学，2007，5（1）：64-68.

［16］吕宪国，刘晓辉.中国湿地研究进展——献给中国科学院东北地理与农业生态研究所建所 50 周年 ［J］.地理科学，2008，28（3）：301-308.

［17］内蒙古自治区政府办公厅. 2012 年内蒙古自治区草原监测报告 ［EB/OL］. http：//www.nmg.gov.cn/fabu/tjxx/tjsj/201506/t20150616_457887.html.

［18］内蒙古国土资源厅.关于内蒙古自治区第二次土地调查主要数据成果的公报 ［EB/OL］. http：//www.mlr.gov.cn/tdzt/tdgl/decdc/dccg/gscg/201410/t20141029_1333659.htm.

［19］内蒙古自治区.内蒙古自治区主体功能区规划 ［EB/OL］. http：//www.nmgfgw.gov.cn/xxgk/zxzx/qqfgwdt/201208/t20120810_77045.html.

［20］农业部.关于全国耕地质量等级情况的公报 ［EB/OL］. http：//www.moa.gov.cn/govpublic/ZZYGLS/201412/ t20141217_4297895.htm.

　　[21]　农业部. 耕地质量保护与提升行动方案 [EB/OL]. http：//www.moa.gov.cn/zwllm/tzgg/tz/201511/ t20151103_4887432. Htm.

　　[22]　孙鸿烈. 中国生态问题与对策 [M]. 北京：科学出版社，2011.

　　[23]　张平宇. 东北区域发展报告 (2008) [M]. 北京：科学出版社，2008.

　　[24]　张晟南. 辽宁公布二次土地调查成果 [EB/OL]. 中国国土资源报，http：//www.gtzyb.com/yaowen/20140415_62016.shtml.

　　[25]　中国科学院生态环境研究中心. 中国生态功能区划数据库 [EB/OL]. http：//www.e-cosystem.csdb.cn/ecoass/index.jsp.

第四篇

第十章　经济地理蓝图与愿景

　　未来东北地区经济地理图景的构建，必须以生态文明建设和可持续发展为前提，以开放发展、创新发展和转型发展为动力，以新型城镇化为引领。基于东北发展的基础和环境，本章粗略勾画了东北地区未来的经济地理格局、开放发展方向与新增长空间构建、创新发展与新动能营造、新型城镇化与发展载体支撑的趋势与方向。

第一节　生态文明建设与经济地理格局

一、生态地理基础与区域发展

1. 人与自然协调发展

　　建设实力强大的东北经济区并实现可持续发展，需要良好的生态与环境的支撑。东北地区作为一个完整的自然地理单元，其南北跨越寒温带、中温带和暖温带三个温度带，东西分为湿润、半湿润和半干旱三个干湿地区，自东而西排列着山地丘陵、平原、高原山地三个地貌类型，气温、水分、地貌三大自然要素经过不同地质年代的交互作用，使东北地区内部形成了不同的生态地理系统，各自发挥着相应的功能和作用，并存在各自的脆弱性。在生态文明建设的理念下，充分利用不同生态地理的特点和功能，合理调控人类的活动，是东北地区经济社会可持续发展的前提条件，也是构建合理经济地理格局的基础（金凤君，2006）。

　　从人与自然协调发展角度以及自然承载经济社会发展的能力方面衡量，进一步集成生态区划的类型与地域范围，以及形成的经济基础，东北地区经济社会长期发展与布局应按照三大区域分区安排，即东部—北部区域、中部区域和西部区域。由大兴安岭北段、小兴安岭、三江平原、长白山地构成的东北东部与北部区域，属于湿润区域，温度是区域环境变化的主要限制因素，自然生态系统以森林生态系统为主，部分为湿地生态系统，具有重要的生态屏障作用，但承载经济社会发展的能力有限。由山前平原、松嫩平原、辽河平原及沿海平原构成的东北地区中部区域，属于中温带湿润和半湿润森林草原生态区域，生态基础良好，环境承载力强，气温和水分条件比较适合农业生产，也是人类社会经济活动的主要分布区域，已经形成比较好的发展基础。东北地区的西部即大兴安岭中南部属于温带半湿润、半干旱草原生态区域，是东北地区主要河流的发源地，生态环境比较脆弱，支撑经济社会发展的能力有限，但资源相对丰富。

东北地区经过上百年开发，其社会经济活动的地理分布格局与三大生态地理区域资源环境基础基本吻合，总体上保持了较好的协调发展关系。但局部区域的人类活动与自然环境间的矛盾已经比较尖锐。中部区域突出问题是区域开发效率不高，经济发展模式比较粗放，资源开发、经济发展和城市建设引起的水环境污染、大气污染、固体废弃物污染、生态破坏问题突出，以及农业发展引起的面源污染和土地退化问题；东部—北部区域主要是天然林资源长期过度开采引起的生态环境恶化，林区资源、经济、人口、社会发展间的不协调，以及资源型城市资源枯竭与生态问题；西部区域突出的问题是开发模式不合理导致的草原退化和水土流失等一系列生态问题，并存在资源环境超载等矛盾。

从推动区域生态文明建设看，东北地区未来的经济地理格局塑造和优化应与三大区域的资源环境承载相适应，按照区域的生态特点、问题、基础和发展潜力，采取"集中发展中部、保护性发展两翼"的战略，实施不同的经济发展途径与模式，促进人与自然的长期协调可持续发展（见图10-1）。

2. 经济发展的资源环境压力

东北地区的中部区域是核心发展区域，行政范围包括沈阳、大连、鞍山、抚顺、营口、辽阳、盘锦、本溪、铁岭、锦州、葫芦岛、四平、长春、吉林、辽源、松原、白城、哈尔滨、大庆、齐齐哈尔、绥化市的平原区域，分布着辽中南城市群和哈长城市群，也是我国重要的人口、产业和城市集聚区，在实现全面小康目标的过程中，这一区域将承载2/3以上人口和经济社会活动的总量，发展的

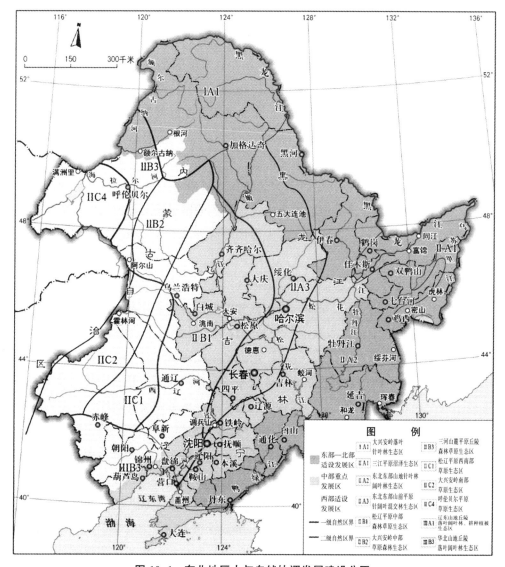

图 10-1 东北地区人与自然协调发展建设分区

资料来源：根据金凤君等著《东北地区振兴与可持续发展战略研究》69 页图绘制。

任务仍然比较繁重，由此产生的生态环境压力是比较大的。未雨绸缪协调城市、工业、农业生产与生态环境间的关系是非常重要的。应通过区域创新发展、优化提升产业结构、城市空间重组、区域与城市环境综合治理、发展现代农业等措施，构建可持续的协调的人居环境系统，引领东北地区发展。

北部—东部区域行政范围包括大兴安岭、黑河、伊春、佳木斯、鹤岗、鸡西、七台河、牡丹江、延边、通化市以及海拉尔、丹东、大连、吉林市的山区；西部行政范围包括通辽、赤峰、兴安盟、阜新、朝阳等地。北部—东部、西部两个生态地理区域环境承载有限，是中部核心区域的生态屏障，历史上的森林资源、矿产资源和农业资源的不合理开发已经导致人与自然的尖锐矛盾。未来的发展应控制开发强度，调整不合理的经济社会活动，加强保护和治理，为长久的可持续发展进行生态储备和发展空间储备。

3. 实施差异化发展途径

（1）中心区域：改变高强度资源消耗的粗放发展模式，通过优化空间结构和经济结构，形成集约、高效利用国土空间和资源的发展格局，促进可持续发展愿景的实现。一是应依托辽中城市群、大连都市区、辽宁沿海经济带、哈大齐城市群和吉林中部城市群，打破行政界限，建立区域协调机制，遵循集约、高效利用国土空间和资源的原则，合理布局城镇、人口和经济活动，优化区域开发格局，提高区域发展的质量，壮大规模，扩大其辐射力、带动力和竞争力。二是应持续调整产业结构，发展循环经济，转变经济增长方式。三是应持续加强老工业基地城市调整改造和资源型城市转型发展，增强城市发展活力。老工业基地城市调整改造和资源型城市转型发展是东北地区发展面临的两大繁重任务，其问题解决的好坏，事关东北地区全局的健康发展。四是应加强农业的可持续能力建设。构建符合新时期粮食安全需求的商品粮基地，通过一系列"藏粮于地、藏粮于技"等重大工程，巩固国家商品粮生产核心区地位，调控生产规模，提高效率；加强农业环境治理、农地整理、农田生态修复的科技支撑，提高大农业的可持续发展能力；推进粮食主产区玉米、水稻、大豆生产全程机械化系统工程研究及成套设备研发；合理调整农业发展规模，加大黑土区的保护力度，建立合理的农业开发模式，形成生态建设与农业可持续发展相结合的合理格局。五是应统筹规划与实施松辽流域污染综合治理，多途径改善流域和城市的生态环境。

（2）东部—北部区域：加强保护，控制资源与农业开发规模。第一，需要持续对大小兴安岭森林生态系统、长白山森林生态系统、三江平原湿地生态系统进行保育，并结合保护工程的实施，发展生态经济产业体系。第二，调整三江平原区域开发政策，扩大保护区范围，加大保护力度，切实改善湿地环境。探索农垦与畜牧业结合的发展模式，营造绿色农业与生态环境良性发展的态势。第三，加强资源型城市转型发展，提高其可持续发展能力。将优化资源型产业体系、创新城市发展环境和能力、培育新兴产业集群作为资源型城市可持续发展的基本战略，确定合理的资源开发量，提高资源的利用效率，发展相关产业，完善配套产业，培育新兴产业。

（3）西部区域：强化恢复性治理，改变开发模式。①加强草地的管理。持续对呼伦贝尔草原、科尔沁沙漠化、浑善达克沙漠化进行治理，调整畜草关系，强调人工草场和饲料基地的建设，防止草原进一步沙化，完善防护林，适当退耕还草。在有条件的区域，利用国家轮作休耕的政策，依据条件差异将耕地分别退还成人工草地或天然草地。②加大对辽河流域水土流失进行治理的力度。持续实施退耕还林、"三北"防护林建设、水土流失治理等工程，加强这一区域的生态环境建设。③改善大农业生产体系和经营体系，在有条件的地区建立以畜产品为最终产品导向的"种植业—养殖业—加工业"联动发展模式，推动大农业产业结构调整。④严格调控煤炭、有色金属的矿产资源的开发布局、规模和模式，预防生态环境破坏。⑤鼓励发展环境友好型和资源节约型产业，适度承载产业转移。

二、开发格局优化与发展

结合中共十九大新时代的发展理念和全面振兴东北地区老工业基地战略落实，考虑人口、资源、环境、发展（PRED）间的协调关系，根据主体功能定位，东北地区未来发展理想地理图景应以哈尔滨（含齐齐哈尔和大庆）—大连（哈大轴线）和东北沿海（沿海轴线）为一级发展轴线，"两纵四横"发展轴为二级轴线（东边道沿线、齐齐哈尔—赤峰、绥芬河—满洲里、珲春—阿尔山、丹东—霍林河、锦州—赤峰），松辽—松嫩—三江平原为现代农业发展区，东部森林生态功能和西部草原生态功能为重要生态带，逐步形成"两轴（哈大和沿海）一区（现代农业）两带（生态带）"的空间发展格局（张国宝，2008）（见图10-2）。

1. 哈尔滨—大连与辽宁沿海轴线

集中发展哈大和沿海地带符合经济发展的基本趋势，有利于集约与高效利用国土空间和资源，也是应对经济全球化的客观要求。到目前为止，这一区域已经具备运输能力巨大的哈大复线铁路和高速铁路，拥有大连、营口等重要关口，内外联系便捷；分布20多个城市、10多个国家级开发区和3个国家级新区；GDP占全国的7%，人口占全国的3%。结合东北地区所处的区位与基础，哈大轴线在全国的定位应该是：沿海经济带和关内经济核心地带——京广开发轴的延伸，辽

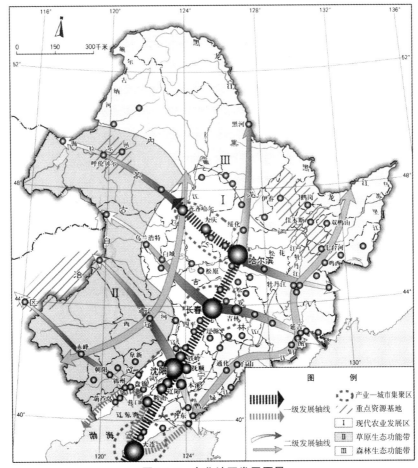

图 10-2　东北地区发展愿景

资料来源：根据张国宝等著《东北地区振兴规划研究–综合卷》119 页图绘制。

宁中南部都市经济区辐射带动的主要区域，东北地区经济发展的主干骨架和率先实现现代化的区域，东北亚经济合作的走廊。未来应以城市群为载体，通过确立有限的"重点开发区域"和"优化开发区域"，以"点—轴"开发为主导模式，带动东北地区快速发展。

（1）努力打造沿海经济带，创造对外开放新优势。优化结构，构建新型的产业体系，重点打造先进装备制造业、高新技术产业、轻纺工业、现代服务业以及与之配套的生产性服务业等产业；建立区域统筹协调机制，统筹区域产业发展，合理引导石化、冶金、造船、重型装备等产业在沿海地区布局；充分利用成熟的城市基础设施资源，优化重点园区的建设，注重与老城区发展的融合，提高自主创新能力。在沿海地带有条件的地区建设劳动密集型产业转移基地，积极创造条件提升大连的服务业地位，形成东北地区最重要的服务业发展中心。

（2）优化大连都市区、辽中城市群、吉中城市群、哈大齐发展带四区域空间结构、产业结构、社会组织与管理结构，促进其创新发展，提高发展质量。上述四区域是带动东北地区经济增长和提高其参与国际竞争力的核心地区。①应吸取国外的一些经验教训，注重改善城市与城市、城市与区域发展之间的协调关系，统筹规划各层次城市的空间结构，合理引导产业的垂直分工与水平分工。统一规划建设区域内大型公共服务设施，逐步实现区域交通一体化和其他公共设施的共享。建立合理的投资管理机制和共同发展的基金制度，引导区域内部协同发展。②应确定合理的空间发展结构和资源的合理配置措施，引导产业的空间重组和结构调整，推动区域经济发展，促进经济发展与环境之间的协调。③应把沈阳、大连、长春、哈尔滨等建设成为体现东北特色和优势的知识创新基地和知识源头，构建以哈—大为主轴的区域创新体系。④建立具有国际意义的装备制造业产业带。⑤建立有利于都市区发展的管理机制。⑥以国家批准的各类开发区为重点开发区域，结合城市内部结构的调整，统一规划，分步实施，有序滚动发展，促进产业的发展和结构的升级，着力提升城市竞争力。

（3）打造沈阳作为国家中心城市。国家中心城市是指在经济、政治、文化、社会等领域具有全国性重要影响并能代表本国参与国际竞争的主要城市，是一个国家综合实力最强、集聚辐射和带动能力最大的城市代表。目前，全国已经确立北京、天津、上海、广州、重庆、成都、郑州等城市为国家中心城市。东北地区有条件起这一作用的城市有沈阳、大连、长春和哈尔滨，综合各种条件评价，沈阳的优势突出一些。未来促进东北地区适应新的发展形势和环境，应进一步突出沈阳的功能和作用，将其打造成为国家中心城市。

2. 二级轴线的发展与建设

（1）丹东—同江轴线：未来应成为以旅游和特色产业为主的发展带。以丹东为龙头、东边道为轴线，通化、白山、延吉、牡丹江、鸡西、佳木斯、鹤岗等沿线重点城市为中心，确立沿边发展新优势。这一轴线在东北区域协调发展和面向东北亚开放合作中具有重要战略地位，但是由于自然基础、历史条件和区域发展条件等各方面原因，发展基础薄弱。实现东北内部区域协调发展，必须要培育新的经济增长区域，东部轴线具有成为东北地区新经济增长区域的潜力。未来的图

东北经济地理

景包括：资源型城市转型发展；沿边地区主要城市形成对俄对朝合作的枢纽；生态功能区和生态屏障作用进一步加强；重要的粮食和商品粮基地建设得到巩固；快捷畅通的立体交通网络形成；边境更加稳定，国防安全更加巩固。

（2）齐齐哈尔—赤峰轴线：生态经济发展带，包括齐齐哈尔、白城、兴安盟、通辽、赤峰等城市。这条轴线是东北地区西部的重要轴线，沿线以及相邻区域资源丰富，比较优势突出，但发展必须与生态环境相协调。未来发展的重点可能是：第一，依托农牧业、能源和有色金属资源，发展农副产品加工业、有色金属开采与加工业、能源开发与深加工产业，以及旅游业，形成服务于东北地区振兴的能源供应基地、农产品加工产业带、有色金属加工业基地。第二，白城、乌兰浩特、通辽、赤峰等城市的中心地位进一步加强。第三，生态环境建设和生态经济发展特色更加突出。

（3）满洲里—哈尔滨—绥芬河轴线：对外合作经济带。未来可能形成以哈大齐为核心、绥芬河和满洲里为重要节点的对俄合作基地。根据发展趋势，未来绥芬河和满洲里的边境口岸城市地位会进一步提升，形成贸易、产品加工基地。海拉尔、牡丹江等城市将进一步发展，区域中心地位得到凸显。

（4）珲春—长春—白城—阿尔山轴线：内外协作发展带。未来的作用是以城市为重点开发特色资源，促进对外合作，服务吉中经济区，逐步形成发展轴线。①图们江地区开发是这一轴线发展的契机，有条件形成东北亚国际区域经济合作热点，成为我国东北内陆腹地通过日本海走向国际的窗口和桥梁。②随着连接蒙古的铁路的建设，对蒙古合作有可能加强。③农业和旅游等产业将进一步发展。

（5）丹东—沈阳—通辽—霍林河轴线：辽中经济区（城市群）的辐射发展带。第一，此轴线有比较大的发展潜力，丹东有条件成为辽中乃至东北地区对朝合作的基地，旅游业和加工工业将是新的增长点。第二，通辽与辽中的经济联系加强，成为能源供应基地、农产品加工基地和建材基地。

（6）锦州—朝阳—赤峰（—锡林郭勒）轴线：辽西海陆联动发展带。锦州湾港口将成为辽西和蒙东对外联系的窗口，受京津冀的辐射，旅游和劳动密集型工业会有一定发展。

3. 松辽、松嫩和三江平原的农业基地建设

松辽、松嫩和三江平原将成为我国最主要的粮食供应基地。未来三大作用将进一步加强：①粮食安全生产基地。东北地区现有大型商品粮基地县110个，形

成了稳定的粮食生产能力，未来的地位还将进一步加强。②绿色农业产业化和基地建设。东北地区有条件塑造成我国及东北亚地区的绿色生态产业基地，创东北地区绿色农产品品牌是未来努力方向。③优质畜牧产品加工基地。东北地区发展畜牧业的资源组合优势突出，是建立全国优质畜牧业基地的理想区域。中部农区的秸秆资源和玉米、大豆等饲料粮生产优势，是规模化畜牧业发展的重要保障。农区种草也具有较高的比较效益，通过优化农业种植结构发展草业畜牧有足够空间，重点建设"舍施养殖"小区或基地（邓伟，2008；张平宇，2013）。东北西部天然草地以草甸草原为主体，自然条件优于国内其他地区，利用草场改良和发展人工草地的条件，可以大力发展畜牧业。

第二节　对外开放与经济增长空间

一、对外开放的战略前景

1."一带一路"的契机

东北地区具有良好的对外开放条件，是我国通往俄罗斯远东地区、朝鲜、韩国、蒙古东部的必经陆路通道，北极航线的开发将极大地提升东北地区在全球航运中的开放格局。东北地区的区位优势在未来区域合作中具有转化为经济优势的潜力，也将会对各类生产要素流动形成"磁吸"效应。2015 年 3 月 28 日，中国政府正式发布了《推动共建丝绸之路经济带和 21 世纪海上丝绸之路的愿景与行动》（简称《愿景与行动》）。从内容上看，虽然东北亚地区由于地区矛盾等因素尚未被全部纳入"一带一路"框架，但无论从"一带一路"构想的目标来看，还是从东北亚的实际情况来看，都存在将东北亚地区纳入"一带一路"重点合作区域的必要性和可行性。从全球视野看，东北地区凭借其独特的区位特点、产业特征，无疑将被视为中国向北开放合作的门户。东北地区经过多年的工业积淀和改革开放前期的特殊政策扶持，累积的雄厚工业基础也是其发展的有利条件。凭靠"一带一路"提供的时机，东北地区在提升完善原有工业结构和技艺的基础上，还具有向南、向西发展合作贸易的巨大潜力。

2. "经略周边"的国家安全战略目标

中共十八大以来，国家更加重视周边外交，希冀全面发展与周边国家的外交关系。2013 年 10 月，中央召开中华人民共和国成立以来首次周边外交座谈会，确定了新时期周边外交工作的战略目标、基本方针、总体布局，东北地区是我国周边外交的重要内容和"经略周边"的重要载体。从政治与安全利益方面看，东北亚地区的任何重大国际问题都直接关系着我国的战略利益和核心利益，朝核问题、日美同盟的强化以及日本在东南亚、南亚等地区的外交活动等，都深刻影响着我国周边形势和周边外交的成效。从经济方面看，东北亚是全球范围内经济发展潜力最大、增长速度最快的地区之一，是与北美、西欧并列的世界三大核心经济区，日本、韩国、俄罗斯、朝鲜、蒙古五个东北亚国家的第一大贸易伙伴均为中国，深化区域合作符合东北亚地区各国经济利益。根据中国海关统计，中国与东北亚国家的贸易额约占对外贸易总额的 16.5%，其中日本、韩国分别为中国的第二、第三大贸易伙伴国。因此，作为"经略周边"的重要载体，东北地区在我国未来战略格局中将具有持续而深刻的影响。

3. 东北亚日趋紧密的区域战略合作契合点

东北亚各国陆续提出了区域合作战略。韩国"欧亚倡议"构想的重点内容包括建立"丝绸之路快速通道"，即建设贯通朝鲜半岛、中国、蒙古、俄罗斯、中亚，直至欧洲的物流、能源通道网络；推动欧亚大陆经济合作，以此带动朝鲜门户开放和推进"朝鲜半岛信任进程"。积极参与大图们倡议（GTI）框架下的韩、中、俄、蒙多边合作。2015 年 10 月在中国、日本、韩国三国领导人会议期间，中韩双方签署了《关于在丝绸之路经济带和 21 世纪海上丝绸之路建设以及欧亚倡议方面开展合作的谅解备忘录》（下文简称《谅解备忘录》），共同承诺推进在政策沟通、设施联通、投资贸易畅通、资金融通、人员交流等领域开展合作，努力实现两大倡议的有机对接。蒙古国的"草原之路"计划、俄罗斯的"向东看"战略，都表现出蒙俄加快推动东北亚区域合作的强烈愿望。日本政府尽管对参与和推动东北亚区域合作不甚积极，但日本海沿岸各地方自治体对于参与环日本海经济圈经济合作的态度非常积极。在制度性合作方面，中韩自由贸易协定已经正式生效。中日韩自由贸易协定谈判各方取得的共识越来越多，有利于加快谈判进程的因素正在不断增多，这些都为东北进一步对外开放创造了积极有利的国际环境。

4. 东北亚资源与产业高度互补

东北亚地区是世界上区域间发展优势互补、工业升级潜力明显的地区。各类要素资源存在明显梯度是东北亚地区要素资源空间分异的突出特征，东北地区在东北亚地区一些重要要素资源梯度分析的格局中大致居于中间层次，与其他相对处于较高和较低梯度层次的国家都有较强的互补性，构成了东北亚各国开展区域经济合作的基础（见表 10-1）。东北地区农业资源、各类自然资源和劳动力相对丰富，但资金相对缺乏，且技术层次较低；而日本和韩国农业资源及能源、工业原料资源匮乏，但已积淀雄厚的资本和技术实力，具有拓展东北亚国际市场的巨大需求及引领该区域工业基地高级化发展的形势；俄罗斯远东地区和蒙古，尤其是中蒙俄交界区域，要素积聚薄弱，工业技术落后，但能矿资源丰富，与我国东北地区形成鲜明的互补关系和最邻近的产业梯度差异。自 20 世纪 80 年代以来，各国加强国际合作的愿望和形式都在发展，为东北地区借助两种资源和两个市场、实现全面振兴提供了十分广阔的空间。作为我国面向东北亚开放的重要门户和核心区域，其具有整合东北亚地区间经贸合作关系的优越区位条件。

表 10-1　东北亚各国/地区资源要素特点

国家/地区	优势	劣势
日本	资金充足，科技先进，大量先进设备待输出	能矿资源严重短缺，农业资源不足，劳动力短缺
韩国	资金过剩，工业技术先进，大量先进设备待输出	缺少能源资源，农业资源、劳动力相对不足
俄罗斯远东	能源资源极为丰富	劳动力和资金缺乏，工业技术和设备落后
中国东北	农业资源丰富，劳动力充足，矿产资源相对丰富	资金相对短缺，缺乏先进技术和设备，某些矿产日渐枯竭
朝鲜	矿产资源丰富，劳动力充足	资金匮乏，农业资源不足，技术和设备落后
蒙古	矿产资源丰富	缺乏资金、技术、设备、劳动力

二、对外开放存在问题

1. 对外贸易规模与结构

尽管东北三省对外贸易规模持续扩大，但在全国出口比重呈现连续下降的趋势。2003 年国家实施振兴东北老工业基地计划以来，东北三省进出口总额由 380.62 亿美元增长至 2014 年的 1792.38 亿美元，年均增速达到 15.13%，外贸程度日益提高。然而，东北三省的外贸总额在全国的比重却呈现逐年下降的趋势，2014 年东北三省进出口总额仅占全国的 4.2%，外贸依存度（19.02%）仅为全国外贸依存度平均值（38.4%）的一半，出口占全国的比重也不断下降。导致这些问题的原因主要在于：产业结构单一，产业支撑乏力，地方创新不足；市场机制缺乏灵活性，竞争力弱；周边国家开放环境欠佳、政策稳定性差，且与周边国家互联互通不畅、开放合作平台亟须加强。上述不利因素在经济全球化环境下对东北外贸的影响更为明显。产业结构和经济所有制结构决定了对外贸易的商品结构。东北三省作为我国的老工业基地，形成了以能源、原材料和装备制造为主的重工业产业结构，钢铁、机械、汽车、石油化工等是东北的支柱产业。因此，机械、交通设备、纺织和矿产品等成为其对外贸易的主要商品类型。同时，由于传统计划经济的影响，其国有经济比重偏高，经济活力和创新活力相对低下，也造成了外贸商品附加值低、高技术产品比重小的特点。

2. 对外投资的结构与质量

资源、原材料型对外直接投资比重较大，境外投资企业有 40% 左右集中在林业、种植业和采矿业。东北三省对外直接投资发展是基于自身产业的上游延伸，这与东北三省资源丰富、农业和重工业比重在全国范围内相对较高的产业结构有关。从资产储备角度分析，提高这类投资的质量和效益，降低投资运营风险和成本是未来对外投资需要考虑的重要方面。从产业结构调整的角度，降低该类对外直接投资数量，减少同业恶性竞争，加强国内企业的联合投资，提升直接投资的成功率和收益率，是未来投资的主要趋势。东北三省有 60% 以上的境外投资企业在东道国会从事销售、贸易服务、市场服务等相关业务，对外直接投资还处于发展的初期阶段，对外投资企业在东道国还未建立完善的销售网络，境外直接投资区位选择以市场为导向，并受贸易影响明显。例如，随着金融危机后俄罗斯减少了原木出口并提高了木材出口关税，促使东北三省加强了对俄罗斯林业的直接投资。同时，政府引导型对外直接投资特征显著。国有经济在东北三省比重较大，对整体对外直接投资具有明显促进作用。尤其是东北三省政府推动建立了一系列的境外经济合作区和跨境经济合作区，但是这些园区的经济竞争力和投资效率普遍偏低。

3. 对外开放的平台建设

各类对外开放平台在推动东北地区经济增长中发挥了重要作用，但其产生的效果并不十分尽如人意。在新的历史起点上，对外开放合作平台要想在更大范围、更广领域和更高层次上继续推动东北地区外向型经济的发展，依然面临诸多的问题和困难。从体制机制方面来看，以行政力量为主配置资源、市场化程度低、本位思想严重是阻碍东北地区对外开放平台发挥示范和引领效应的重要原因。地方政府受制于考核制度影响下的竞争压力，导致各种类型的功能区名目繁多，重复建设问题突出，各平台难以形成合力共同推动东北地区对外开放程度的提高。从开放合作平台建设条件来看，边境口岸基础设施落后，与周边国家互联互通不畅，成为阻碍东北地区对外开放平台发挥作用的重要因素。东北地区口岸基础设施建设投入不足，与蒙古、俄罗斯、朝鲜等周边国家的运输通道单一且安全性较差，货物外运之后的车皮返程空载率高，无法满足季节性货物如粮食和木材的运输需求。从开放合作平台建设内容来看，目前东北地区多数对外开放平台仍然以附加值偏低的能源原材料产品和劳动密集型产品贸易和加工为主，部分口岸的"过货化"贸易现象明显。以制造业为主的工业是区域对外开放平台建设的主要内容，现代服务业尤其是生产性服务业则面临规模小、分布散、能力弱和模式旧等问题。企业数量少且规模小，产业功能不清晰、特色不突出制约着东北地区对外开放格局的提升。

4. 体制机制

东北地区对外开放尚存在体制障碍，中华人民共和国成立后东北地区之所以能够在很短的时间内发展成为重要的工业基地，主要得益于传统的计划经济体制。然而，随着我国经济体制改革的不断深入，东北地区的经济增长日益失去制度性优势，并需要承受比其他地区更多的改革与体制转型成本，制约了东北地区体制改革的进程。东北地区制度成本仍然较高，投资环境与东南沿海地区相比有明显的差距，一些部门服务意识尚未完全到位，对外开放的有关部门配套服务、信息服务还有待进一步完善。东北地区在社会保障制度、公共管理制度等方面还不够健全，不能充分支持东北地区的体制改革和外资利用的发展。在我国渐进式改革的过程中，对外开放采取从沿海向内地逐渐推进的方式，对外开放时间和空间上的差距导致对外开放方面的体制性落差。东北地区对外开放时间、深度、广度等各方面均滞后于东南沿海地区，东北振兴以来，外商投资、外贸进出口都增长很快，但与东南沿海地区相比差距显著，在外资参与国有企业改造、公用事业和基础设施建设等领域，利用外资没有较大的突破。同时，东北地区大中型国有企业较多，很多国有企业不仅各种社会包袱与历史负担沉重，并且企业技术落后，内部组织结构、经营管理方式都无法有效地适应新形势下外向型经济发展的要求。

三、未来东北地区对外开放的新增长空间

1. 中国（辽宁）自由贸易试验区

新的历史发展机遇对东北地区开放型经济的发展也提出了新的要求，要求东北地区主动对接国际贸易投资新规则，实施更加积极的开放战略，构建对外开放新体制。中国（辽宁）自由贸易试验区，是中国中央政府设立的第三批七个自由贸易试验区的其中之一，是未来东北地区积极适应全球一体化的新模式，融入全球生产网络全新的增长空间。自贸区的建设，以制度创新为核心，加快市场取向体制机制改革，积极推动结构调整，将成为提升东北老工业基地发展整体竞争力和对外开放水平的新引擎。尤其是自贸区将推动形成与国际投资贸易通行规则相衔接的制度创新体系，营造法治化、国际化、便利化的营商环境，巩固提升对人才、资本等要素的吸引力，打造一批高端产业集聚、投资贸易便利、金融服务完善、监管高效便捷、法治环境规范的高水平、高标准自由贸易园区，这些改革措施，将引领东北地区转变经济发展方式、提高经济发展质量和水平。

自贸区的建设，将能够充分释放辽宁作为全国重要的老工业基地和欧亚大陆桥东部重要节点的区位、交通、产业及人文等综合优势，在推进国家自主创新示范区、全面创新改革试验区、大连金普新区、国家级经济技术开发区、国家级高新技术产业开发区与自由贸易试验区的互动发展方面，能够形成政策的合力，不断扩大和丰富东北亚区域合作内涵，全面融入中蒙俄经济走廊建设，巩固和加强对日、对韩合作，在更大范围、更宽领域参与国际竞争。自贸区的建设，将有助于东北地区深化与"一带一路"沿线国家及日本、韩国、朝鲜等国的国际产能和装备制造合作，完善国际产能合作金融支持体系，促进由装备产品输出为主向技术输出、资本输出、产品输出、服务输出和标准输出并举转变，加大优势产业"走出去"拓展国际市场的步伐，提升优势产品在"一带一路"沿线国家及日本、韩国、朝鲜等国的市场占有率，同时也有助于推动日本、韩国、俄罗斯等国先进制造业、战略性新兴产业、现代服务业等产业在自贸区内集聚发展，探索与东北亚各国在文化、教育、体育、卫生、娱乐等专业服务领域开展投资合作，形成东

北对外开放的全新动能。

2. 区域中心城市国际合作空间

哈尔滨、大连、沈阳和长春市作为东北地区的中心城市一直都是经济发展的重要引擎,在全球生产网络中比其他东北城市具有更广阔的国际合作前景和更强劲的发展动力。未来应进一步聚焦到中心城市最具国际合作张力的优势领域,率先在对外开放与合作关键领域实现突破。

哈尔滨处于中俄合作的最前沿,最有可能在中央政府的支持下成为与俄罗斯在政治、经济、文化、安全等诸多方面全面合作的开放中心,建设成为中国向北开放的门户城市和国家对俄合作中心城市。应抓住俄罗斯战略东进的战略契机,全面强化中俄政治合作平台,建立中俄国家间和区域间等不同高层次的常态化、机制化的高峰合作论坛。以建设对俄合作国家中心城市为目标,推动中俄的经贸合作平台、咨询交流平台、科技合作平台、金融合作平台和旅游、教育、文化、医疗等全方位、深层次的实质性合作平台建设,多层次、全方位提升哈尔滨对俄和东北亚国际合作的功能与战略意义。大连市主要瞄准东北亚国际航运中心的定位,提升在东北亚港口中的影响力,并以国际航运为核心纽带,提升辽宁沿海经济带的外向型发展水平,带动整个东北亚地区和相关腹地经济协同发展,提升东北老工业基地的开放水平,发展成为东北亚重要的商贸中心、物流中心、结算中心和航运服务中心。

沈阳和长春未来对外开放的潜力空间,主要在于科技创新和先进制造业的国际产能合作,依托中德装备制造园、中新产业园等中外合作园区的建设,形成国际化的产业配置,推动对欧美等发达国家(地区)相关合作机制和平台建设,吸引国际知名科研机构与沈阳和长春的高校、科研院所、企业合作共建联合研发机构,开展核心技术攻关,打造一批开放型、高水平的产业技术创新合作平台和重点实验室,形成一批具有国际竞争力的跨国企业。同时,推进高附加值产业的发展,并在中东欧、东南亚、美洲和非洲布局配套产业链。鼓励有实力企业采取参股、收购等多种方式参与境外并购,融入跨国公司全球生产、采购和销售体系,形成深层次的全球对开外放新格局。

3. 边境经济带与边境经济合作区

俄罗斯的战略东移和远东地区的发展、朝鲜对外开放战略的推进,将极大推动边境经济带和边境经济合作区等新经济空间的发展,形成东北区域经济发展的新增长极。尤其是，东部经济带与俄朝两国接壤、与日韩两国隔海相望，市场潜力巨大，有可能形成沿海促沿边、沿边强沿海的开放合作新格局。边境经济带的发展在推动贸易结构转型升级、完善边贸政策等方面具备开发开放试验的巨大潜力，能够推动小额货物贸易向综合性多元化贸易和离岸贸易转变，以及跨境电子商务等新业态和新模式的快速成长。依托边境经济合作区的发展，能够有效扩大具有比较优势的粮食、棉花、果蔬等产品出口，促进高技术、高附加值和劳动密集型产品出口，加强大型成套装备、软件和信息服务、先进技术等高附加值产品和服务的出口，提升东北对外开放的层次。

同时，边境经济合作区的发展可以增强开放型经济内生动力，形成一批对外开放平台（综合保税区、跨境经济合作区、边境经济合作区、互市贸易区、综合保税区和重点开发开放试验区等），能够有效吸引东北地区联合相关国家在国家级新区成立各种类型的产业合作园（中小企业合作园、科技园、创新创业园），推进国际产能和装备制造合作，强化东北地区已有的制造业优势。边境经济合作区的发展还将进一步提升边境城市基础设施建设，增强对周边地区的辐射力和吸引力，提升边境城市综合竞争力，形成东北富有活力的新经济空间。

专栏 10-1

未来边境经济带的核心城市及其功能

丹东、图们、珲春、绥芬河、黑河、满洲里和二连浩特等东北地区主要口岸基本反映了东北各省区甚至全国对朝鲜、俄罗斯、蒙古边境贸易的发展态势，将成为未来东北边境地区发展的新增长空间。重点边境城市的发展优势和发展方向如下：

——丹东：充分发挥沿边、沿海、沿江的区位优势和东北东部地区出海通道的作用，未来主要发展方向为提升城市综合功能，建设商品生产、商贸物流和出口加工基地，发展边境旅游，全面深化对朝国际合作。

——珲春：加强中国图们江区域（珲春）国际合作示范区建设，建设成为集出口加工、境外资源开发、生产服务、国际物流、跨国旅游等于一体的经济功能区。

——绥芬河—东宁：加快建设重点开发开放试验区，推进与周边国家基础设施互联互通，深化投资贸易合作，建设成为中俄战略合作及东北亚开放合作的重要平台。

——黑河：推动建设中俄黑河—布拉戈维申斯克"双子城"，发展旅游业和物流业，促进文化教育交流与合作，提升口岸功能，建设成为东北北部沿边生态宜居城市和中俄友好示范城市。

——满洲里：加快建设满洲里重点开发开放试验区，完善口岸功能，扩大与俄商贸物流合作，利用境外资源发展加工产业，发展商务休闲旅游，建设成为欧亚大陆桥的重要枢纽。

——二连浩特：加快建设二连浩特重点开发开放试验区，巩固对蒙古国合作中的桥梁和平台作用，拓展口岸综合贸易，建设成为北方重要的国际贸易和物流、进出口加工基地与跨境旅游基地。

4. "海外东北"经济新空间

据不完全统计，截至 2017 年东北三省在俄罗斯境内建设了 21 个产业合作园区（其中国家级园区 2 个），主要集中在远东地区和莫斯科、圣彼得堡；在蒙古国建立了 1 个合作园区。合作区立足于"出口抓加工、进口抓落地"，不仅拉动了就业，增加了税收，而且发挥了中俄两国政策的叠加效应，把境外园区打造成连接两种资源、两个市场的黄金平台，建成集生产、商贸和物流为一体的现代化国际经贸合作区，真正成为中国优势产业在俄罗斯重要的产、供、销集群中心，成为"海外东北"的战略新空间。

从总体来看，目前东北海外园区缺乏具有战略性、系统性的规划，政策支持还不够明晰。海外园区建设在社会经济环境、制度安排、基础设施条件和信用体系等方面存在不同程度的缺陷，缺乏为企业提供东道国制度、政策和风俗习惯等相关信息的服务机构，境外企业的信息渠道不畅，加大了企业的投资风险，也阻碍了境外园区招商的顺利进行。由于缺少针对东道国投资、制度和政策等环境变化的预警体系，企业容易遭受损失。但可以预见的是，海外园区的建设，能够充分释放东北的优势资源，拓展海外市场，更深层次地参与国际资源和国际市场的开发，"海外东北"将成为东北新一轮振兴和全面对外开放的强有力的支撑。

5. "冰上丝绸之路"的未来战略空间

全球气候变暖导致北冰洋冰面大幅度缩减，北极航道通航期延长，商业化运营成为可能，这使作为欧洲、北美和亚洲地理中心的北极地区在航道、资源能源、军事安全等领域的潜在战略价值上日益凸显。中国是北极事务的重要利益攸关方，中国在地缘上是"近北极国家"，是陆上最接近北极圈的国家之一，而东北地区是中国最接近北极的地区。穿越北极圈，连接北美、东亚和西欧三大经济中心的海运航道和北极地区丰富的资源，将成为东北地区在世界政治、经济和贸易中的未来战略空间。

东北地区与北极域内外国家、政府间国际组织和非国家实体等众多北极利益攸关方在气候变化、科研、环保、航道、资源、人文等领域进行全方位的合作具有明显优势。东北亚国家之间的北极事务合作涉及环境、能源、交通、投资、信息等领域，这些领域大多已存在于东北亚区域合作之中。因此，应尽可能在现有东北亚区域合作的相关领域中增加北极议题，以加强各国对北极问题的交流与对话。东北地区应将北极事务作为重要议题纳入东北亚区域双边与多边合作议程之内，充分利用东北亚区域合作前期形成的基础和取得的成果，在更广的框架下、更宽的领域内、更高的层次上加强北极问题交流与磋商，寻求合作与共赢。在操作层面可采取多种方式，从不同层次、不同角度和不同渠道，创造性地推进区域北极事务合作，谋划东北地区未来在世界具有影响力的新战略空间。

第一，以单一领域合作带动多领域合作。可采取先易后难的原则，优先选择具有广泛共识的低政治领域开展合作，而后过渡到其他领域。当前，北极环境合作无疑是各国较为关心、合作障碍也较小的领域，而且，东北亚区域在环境合作方面已具备相对较好的前期基础。除环境保护之外，科学研究也是可行度较高的领域。东北地区可率先在环保和科研领域探索与东北亚国家建立合作机制，而后推广至投资、能源、航道等领域。

第二，以双边和三边合作带动区域性合作。当前在整个东北亚区域范围内形成合作机制较为困难，可尝试首先根据利益诉求建立双边或三边合作，而后推广至覆盖整个区域的多边合作。中国、日本、韩国三国均重视与俄罗斯开展合作，而三国中以中国与俄罗斯关系最为密切，可优先推动中俄建立北极合作关系，为日韩对俄双边合作提供示范。中国、日本、韩国三国同属近北极国家、北极利益攸关国、北极理事会正式观察员国，探寻竞争性合作因素，开展三边合作也具有可行性。在双边和三边合作基础上，即可加快区域多边合作。

第三，以企业、民间组织与政府力量共同推进合作。企业和民间组织通过自下而上的力量也能够对区域合作发挥积极影响。在中俄北极能源合作过程中，大型能源企业发挥了重要作用。因此，应鼓励和支持本国企业与外国企业在关键领域开展联合投资、技术合作等商业性活动，吸引民间组织和社团参与投融资合作，利用企业、民间组织与政府的合力，推动合作取得进展。

第三节　转型创新与经济增长新动能

一、转型与创新的客观需求

1. 变革创新的新趋势

新一代信息技术与制造业深度融合，正在引发影响深远的产业变革，形成新的生产方式、产业形态、商业模式和经济增长点。技术革命正在推动三维（3D）打印、移动互联网、云计算、大数据、生物工程、新能源、新材料等领域取得新突破。基于信息物理系统的智能装备、智能工厂等智能制造正在引领制造方式变革；网络众包、协同设计、大规模个性化定制、精准供应链管理、全生命周期管理、电子商务等正在重塑产业价值链体系；可穿戴智能产品、智能家电、智能汽车等智能终端产品不断拓展制造业新领域。上述变化为我国制造业转型升级、创新发展提供了重大机遇和挑战。机遇是随着新型工业化、信息化、城镇化、农业现代化同步推进，超大规模内需潜力不断释放，为我国经济发展提供了广阔空间；各行业新需求、人民群众新的消费需求、社会管理和公共服务新的民生需求、国防建设新的安全需求，都为经济增长提供了动力；全面深化改革和进一步扩大开放，将不断激发制造业发展活力和创造力，促进制造业转型升级。总体来看，我国经济的创新发展具有非常广阔的前景。挑战方面是全球产业竞争格局正在发生重大调整，国际金融危机发生后，发达国家纷纷实施"再工业化"战略，重塑制造业竞争新优势，加速推进新一轮全球贸易投资新格局，竞争将进一步加剧；另外，我国经济发展进入新常态，资源和环境约束不断强化，劳动力等生产要素成本不断上升，投资和出口增速明显放缓，主要依靠资源要素投入、规模扩张的粗放发展模式难以为继。

随着知识经济时代的到来，国家和企业的竞争均出现了一些新特点、新变化。从宏观角度看，无论是老牌的资本主义发达国家、新兴工业化国家，还是发展中国家，都在寻求以新科技为支撑的国家竞争优势；从微观角度看，地区之间的竞争更多地体现在区域内知识创新和科技运用能力的竞争。我国在中共十八大中首次提出实施创新驱动发展战略，中共十九大进一步强化，先后出台了《中共中央国务院关于深化体制机制改革加快实施创新驱动发展战略的若干意见》《中国制造 2025》《关于发展众创空间推进大众创新创业的指导意见》和《关于新形势下加快知识产权强国建设的若干建议》等文件，并在《中共中央制定国民经济和社会发展第十三个五年规划的建议》中明确提出促进科技与经济深度融合，而科技的发展最直接地表现为科技产出（知识产权资源）的增加。因此，随着知识经济和经济全球化深入发展，创新驱动日益成为国家发展的战略性资源和国际竞争力的核心要素（樊杰，2016）。

2. 东北地区发展改革需求

（1）发展机制变革。发展机制变革一直是东北地区发展的焦点。虽然 2003 年起实施的东北地区等老工业基地振兴战略取得了巨大成就，但体制机制、经济发展模式、社会文化氛围等越来越不适应发展形势，导致其现状与我国全面迎接全球化、快速市场化转型的总体趋势存在巨大的差距。未来只有通过机制创新推动科技创新、产业创新、企业创新、市场创新、产品创新、业态创新、管理创新，提升区域创新能力，真正成为引领发展的动力，才能破解发展过程中的一系列障碍，实现经济社会可持续健康发展。

（2）发展业态变革。东北地区未来的发展既是对既有基础和产业的调整与改造，又是谋划新产业、新业态加快成长与壮大的过程。实施东北地区老工业基地振兴战略以来，多以激发既有优势为主要着力点，通过产业结构调整、空间结构优化和组织结构改良激发产业发展活力，提升了竞争力。但适应新环境的体制机制改革滞后，新兴产业激励机制乏力，产业的创新与结构升级不够，经济发展仅是传统优势产业量的扩张和技术的升级，没能实现产业结构质的提升和经济增长方式质的改变，深层次的根本矛盾没有得到解决。未来东北地区的发展，需在继续强化原有优势基础上，更加侧重新型工业化的规划设计和政策引领，以打造新的经济增长点和动力源为重点，大力发展新兴产业和开展产业创新、区域创新，精准谋划新动能、新技术、新产业、新业态，破除路径依赖的发展模式，推动经济增长方式转变，实现可持续发展。

（3）发展模式变革。东北地区应在生产方式、产业组织、商业模式方面创新，围绕生产投资、共同开发、协作配套、销售售后等开展产业发展模式和端产品价值链再造，努力推动制造业与服务业的协同发展，打通相互促进的环节，促进重点企业和行业由生产型制造向服务型制造转变，并努力营造其他服务业的发展环境和动力，通过企业合作或区域合作构造有效益的产业链条，实现产业耦合共生发展。区域上也应打破"一城、一地"单独设计发展模式的思路，以开放、系统、网络的视角统筹自身的发展，按照共享、效益的理念确定自身的定位，以便应对共同的市场，促进区域共赢发展，破除行政区域的限制，引导资源的合理配置，促进工业化、城市化和信息化深度融合。所以，创新产业发展模式和区域发展模式是东北实现全面振兴的关键（金凤君，2016）。

二、发展转型与创新面临的问题

1. 产业发展的创新能力不足

目前东北整体处于工业化中后期阶段，投资和创新驱动应是产业发展的核心驱动力。虽然拥有较好的科教资源，但创新能力不足导致产业发展整体受限，整体处于中等水平，创新产出与其创新空间地位和创新投入水平并不对等。2015年东北三省 R&D 投入全时当量占全国的 5.08%，远低于其人口和 GDP 的比重（8%）。另外，东北企业创新主体地位未得到充分发挥，尤其是规模以上工业企业和高技术企业。近年来，东北三省的专利申请量和授权量、技术市场成交金额占全国比重继续呈下降趋势，2015 年仅分别占全国的 3.5% 和 3.3%，远低于其 GDP、人口及规模在全国的占比水平，并在近 5 年一直处于下滑趋势。创新能力不足直接导致东北高技术产业在全国地位的持续下降（2015 年占全国 3.1%），对经济的拉动效果不明显。从工业内部结构分析，东北的重工业、国有经济和大型企业的比重仍然高于全国平均水平。"一业独大"、"一企独大"的局面尚未得到明显改观，产业发展抵御风险能力偏弱。从服务业内部结构分析，东北金融业、文化创意产业、电子商务、快递业等生产性服务业和新兴业态发展严重滞后（金凤君，2012）。

2. 经济发展依靠投资拉动为主

东北地区的经济发展过渡依赖于投资，消费和出口对 GDP 的拉动率低于全国平均水平。2014 年固定资产投资额大幅下降导致其对 GDP 的拉动作用迅速下降。2014 年，全国最终消费支出对 GDP 的贡献率达到 51.6%，对其 GDP 的拉动率达到 3.8 个百分点；资本形成总额对 GDP 的贡献率达到 46.7%，拉动 GDP 增长 3.4 个百分点。由于受金融危机的影响，2009 年以来，出口对 GDP 的拉动作用一直为负（2010 年除外），2014 年出口对 GDP 的拉动为 0.1 个百分点。与此同时，东北地区的经济发展更加依赖于投资。以辽宁省为例，2013 年，其资本形成总额对 GDP 的贡献率达到 69.4%，高出全国平均水平 15 个百分点，拉动 GDP 增长 6 个百分点。2014 年，由于固定资产投资额的下降，辽宁省资本对 GDP 的贡献率下降至 38.3%，拉动 GDP 增长 2.2 个百分点，而消费对 GDP 的贡献率达到 47.4%，拉动 GDP 增长 2.8 个百分点（低于 2013 年 0.8 个百分点），净出口对 GDP 的贡献率由负转正，达到 14.3%，拉动 GDP 增长 0.8 个百分点。吉林省固定资产投资占到 GDP 总量的近 69%，黑龙江也高达 60% 左右。相较于长江三角洲和珠江三角洲地区，东北地区货物和服务净出口的拉动作用为负（高国力，2014）。

3. 传统产业竞争优势下降

东北装备制造业以交通运输设备、通用设备、专用设备等基础性装备制造业为主，但其效益指数却低于全国平均水平。而电气机械及器材制造和电子及通信设备制造等高附加值的新兴装备制造业在产业规模和生产效率上均不具有竞争力。如电气机械及器材制造业的生产效益低于长江三角洲、珠江三角洲、中部和成渝地区。2014 年较 2005~2010 年，全国工业发展中贡献率增长最快的行业为计算机、通信和其他电子设备制造业，达到 15.2%，而东北地区该行业的贡献率基本为零，较 2005~2010 年均值下降了 1.8 个百分点。东北地区能源基础原材料产业生产效益下降，产业链条短，缺乏下游加工产品。以石油化工行业为例，东北乙烯产能占全国约 1/4，但其下游化学纤维、化学农药产能均不足全国 1%，"油大化小"的局面一直没有改观。在农副食品加工业中，以初加工和粗加工为主，领军企业数量明显不足，农产品品牌效应不明显，从而受原材料和产品市场价格波动影响较大。

4. 高技术产业整体发展落后

近年来，东北地区的高技术产业发展取得了一系列成就，在一定程度上保持了东北经济的活力，但整体发展水平不高，在全国占比不高，存在问题包括：一是除医药制造业外，其余高技术产业在全国地位持续下降，2014 年占全国比重仅为 3.65%。二是整体实力有限。东北地区在科技人才投入强度、创新能力提升、科技成果转化等方面还有较大差距；高技术产业技术储备不足，创新体系活力不够，尚未成为高水平研发转化基地。三是发展活力不足。与我国其他地区相比，发展活力不足，尤其是新兴产业发展较慢也是东北地区高技术产业面临的突出问题。如在光电器件及激光、高端医疗器械等战略性新兴产业领域，东北地区虽具有雄厚的科研基础优势，但总体来看与东部沿海地区相比，发展速度略显缓慢。另外，东北地区高技术产业国企比重偏高，私营企业数量偏少，尤其是创新型中小企业偏少，导致高技术产业发展活力不足。四是高技术产业结构亟待优化。东北地区高技术产业同构同质问题突出，未能形成良好的产业分工协作体系。各级地方政府均将高技术产业及战略性新兴产业作为拉动经济发展的新引擎，都提出要大力发展新能源、新材料、高端装备制造、生物制药、电子信息、节能环保等战略性新兴产业，缺乏有效的沟通协调。五是出口份额比重不高，且近 10 年来一直处于下滑趋势。2014 年东北地区高技术产业产品的出口值仅为 418 亿元，仅占全国的 0.82%，比 2000 年低 4.5 个百分点，亦低于上年同期水平。

三、转型创新的未来方向

1. 创新载体与平台建设

（1）优化各类载体和平台。目前，国家设立的各种类型的开发区、示范区、创新区等，在东北地区均有布局，国家实验室、重点实验室、工程实验室、工程（技术）研究中心实体平台在东北地区也有布局，但发挥的作用还有待提升。应根据东北地区的区情和发展亟须解决的问题，优化上述载体和平台，选择合理的类型，细化其运行规则与机制，激发起活力和动力，在东北地区转型发展与创新发展中发挥更大的作用；另外，深入优化一系列政策平台。

（2）完善机制。建立符合市场经济规律的创新发展的体制机制和运行机制，营造有利于创新的制度环境；以实际需求为导向设计和建立平台功能，完善平台的服务体系建设，提升创新服务水平；发挥创新平台的辐射作用，提升平台的区域创新发展带动能力。以企业和行业的实际需求为主导，建立和完善研发、孵化、产业化、创新服务以及政策、法律、金融、咨询、投资等服务，逐步建立功能完善、运行高效的技术服务体系。以大连、沈阳、长春、哈尔滨四个中心城市创新平台为基点，建立分布于东北各个地区的研发网络、创新合作网络、技术转化网络和技术服务网络，提高各地区大学、科研机构和企业的创新合作水平，促进中心城市对中小城市的科技带动能力，推进区域整体产业技术创新能力提升。

2. 人才建设

深化稳定人才政策、激励人才政策、吸引人才政策和优化人才政策，以既有科研院所的知识、技术、人才和科技资源为核心，构建引领东北地区等健康发展的人才体系。一是用好东北地区的各类人才，夯实行稳致远的基础。东北的人才和科技重点服务于东北地区发展是一个值得研究的课题，用好本地人才，区域发展的内生动力、发展活力和竞争力再造才有保障。东北地区拥有全国 12.4% 和8.4% 的研发机构和研发人员，10.2% 和 11.2% 的高等学校和高级以上职称教师数量（2014 年）。尤其在部分产业领域人才和人力资源丰富，具有科技创新潜力和后发优势，是东北地区发展的人才基础和宝贵财富。应制定切实可行的政策，激励本地人才为地区发展献力的责任意识、创新热情和奉献精神，营造全社会服务发展的人才氛围，激发本地人才的活力与潜力。二是用好国家的各类人才政策，尤其是产业人才政策，深化研究各类政策在东北地区的适用性，细化实施机制，聚焦产业创新新型人才培养与引进，打造有实力的装备制造企业研发团队和新兴产业开发团队，为产业发展提供有力的人才支撑。三是研究东北地区居民返乡创业和参与地方发展的鼓励政策。用东北地区的文化改造东北社会、用东北地区的居民带入新的机制是东北地区未来发展值得探索的一个课题，也可能是东北地区发展的一个捷径。另外，东北地区的民营经济发展缓慢是突出问题，要破解这一问题，除了建立完善的机制、激发居住在本地的居民积极开拓创业外，还应研究居住在沿海发达地区或国外的东北地区居民返乡创业和参与地方发展的鼓励政策。

3. 产业链提质增效

（1）创新引领产业转型升级。创新产业发展模式，应加快推进产业内部融合发展。从抓龙头、铸链条、建集群出发，以打造国际竞争力的先进装备制造业基地、重大技术装备战略基地和重要技术创新与研发基地为目标推进东北地区装备制造智能化改造。一是整合资源，搭建智能制造网络系统平台，打造有实力的装备制造企业研发团队。二是组织实施东北装备制造业智能化改造重大技术攻关。推动信息化和工业化深度融合，瞄准高档数控机床、工业机器人及智能装备、燃气轮机、先进发动机、集成电路装备、卫星应用、光电子、生物医药等行业，推进制造业智能化改造；促进工业互联网、云计算、大数据在企业研发设计、生产制造、经营管理、销售服务领域的综合集成应用；研究流程制造、离散制造、敏捷制造、智能装备和产品、新业态新模式、智能化管理、智能化服务等关键技术；发展再制造产业，实施高端再制造、智能再制造、在役再制造。三是选择有条件的企业，推广先进制造方法、卓越绩效等先进生产管理模式。四是以企业为主体构建学习型和创新型的企业文化。到2025年前后，使高技术产业发展对经济发展的贡献率从目前的6.5%提高到20%以上。

（2）推动新兴产业集群建设。充分发挥特色资源优势，引导农产品精深加工，现代中药、高性能纤维及高端石墨深加工等特色产业集群发展。以信息化带动工业化，突出新型城镇化对工业化的引导作用，改造提升现有的制造业聚集区，推动产业集聚向产业集群转型升级（杨宇，2016；余振，2016）。

4. 开发区优化

（1）强化各类功能区改革示范区的功能。改革开放以来，东北地区的各类开发区在促进地区经济增长方面发挥了重要作用，也发挥了区域辐射带动作用，但改革的先行示范引领作用没有发挥出来。在全面振兴的过程中，应以国家级新区、国家级自主创新示范区等为载体，重点探索体制机制的模式与路径，形成引领带动作用，逐步推进整个东北地区的机制创新。另外，总结既有开发区和高新技术开发区的机制，总结模式，进一步优化完善，发挥先行示范引领作用。

（2）优化既有园区功能与效率。目前，东北地区既有的国家级开发区在优化东北产业结构、促进新兴产业发展方面虽然发挥了一定作用，但效果不明显。应通过政策的引导，使各类开发区在产业链和产业集群建设方面发挥更大作用，带动东北地区产业结构的优化升级。

（3）提高开发区的发展效率。集约利用土地，发展绿色化循环经济。使各类开发区成为自主创新能力强、资源利用效率高、绿色精益制造特色明显、信息化程度高、质量效益好的示范窗口。

（4）积极借鉴经验与模式。中小城市发展活力不足是东北地区振兴与发展的难点之一。大部分城市依托资源建立起来的产业体系由于受资源、市场和产业本身竞争能力下降等因素的影响，加之不利的区位制约，面临较大困难。因此，应借鉴东部与西部地区"对口"支援的理念，创新对内开放模式，以产业合作园区（或有条件的开发区）为平台，选择长江三角洲、珠江三角洲等地区发展状态好、经验丰富的城市，与东北有关城市结对子，在人才、管理、产业等方面合作，引进成熟的、可推广的经验模式，推动其创新发展，激发城市发展活力和潜力。

5. 大农业创新发展

（1）东北地区具有发展现代化大农业得天独厚的条件与优势，并在我国大农业发展中具有举足轻重的地位。2014 年东北地区粮食产量、牛肉产量、牛奶产量和森林产品产量分别占全国的 23%、25%、28% 和 36%，是名副其实的大农业基地，其中商品粮占全国的 40%，是维护我国粮食安全的"稳压器"。但是，在过去十多年粮食产量快速增长的同时，经济效益却没有快速增长，如 2015 年东北地区第一产业增加值仅占全国的 9.7%。低益农业是东北大农业发展的基本现状，应引起高度重视。而且黑土区还面临水土流失与土地退化的问题。

（2）提质增效应是未来东北地区农业创新发展的重点方向。应以提高效益为核心，改善大农业生产体系、经营体系，推进农业生产规模化、集约化、专业化、标准化。一是借鉴荷兰大农业发展模式与经验，在有条件的地区建立以畜产品为最终产品导向的种植业—养殖业—加工业联动发展模式，推动大农业产业结构调整。二是开展特色资源产业化开发增值技术研究，提高特色资源的产业化增值水平。三是鼓励发展专业大户、农民合作社、家庭农场、农业企业等新型经营主体，积极培育绿色生态农产品知名品牌，大力发展"互联网+"现代农业。四是以增值增效为引领，推进现代农业示范区建设。

（3）平台建设方面，以新的机制和模式，整合资源，建立东北地区农业可持续发展研究平台（网络），提升对东北地区现代农业科技进步的服务能力，加强国家农作物种质资源圃、国家育种创新基地种质资源保护、育种创新、国家农作物品种测试和国家制（繁）种基地建设；围绕农业主产区资源环境承载力与预警监测开展持续研究；建立稳定、合理的人才激励机制，鼓励高等院校、科研机构建立长期研究计划。

第四节　城镇化趋势与发展支撑

一、城镇化发展形势

1. 城镇化发展阶段与转型

城镇化是一个区域现代化的重要标志，也是可持续发展的重要支撑和载体。《国家新型城镇化规划（2014~2020 年）》明确提出，城镇化是现代化的必由之路，是保持经济持续健康发展的强大引擎，是加快产业结构转型升级的重要抓手，是解决农业、农村、农民问题的重要途径，是推动区域协调发展的有力支撑，是促进社会全面进步的必然要求。东北地区作为我国工业化和城镇化的先行区域，新时期其城镇化的上述功能和作用更加重要，面临"转型"发展的客观现实：①城镇化将进入缓慢发展期。目前，东北地区的城市化率已经达到 61%，人口的集聚态势将放缓，促进城镇化进程的区域开发格局将进入空间结构稳定阶段，人口的外流趋势将在一定时段内持续。所以，综合分析，东北地区的城镇化发展将进入缓慢发展时期。②工业化、城镇化和信息化之间的关系将逐步调整。信息化的主导作用逐步加强，引领城镇化和工业化发展的格局将逐步形成。一批城市的功能、定位和特色将逐步调整。③区域城市体系的格局进一步分异。在宏观格局逐步优化的大背景下，城市等级结构体系、职能结构体系将进一步调整，并形成一定的区域分异特色；未来一段时间内人口、产业的空间集聚是主导趋势，核心城市的集聚功能和辐射作用进一步增强，城市群结构进一步强化；以资源型产业为特色的中小城市，其活力和发展能力面临比较大的挑战，且转型发展压力加大。④老工业基地城市的更新改造压力巨大，任重道远。⑤农业现代化和城镇化协同发展成为地方城镇化发展的重点。

2. 城镇化面临的任务

未来东北地区的城镇化面临三大任务：一是城市改造。虽然这一任务一直持续进行，但未来一段时期内仍是重点，包括功能调整、布局优化和效率提升。具体的抓手除老旧城区改造、工业区改造与搬迁、棚户区改造、独立工矿区改造、城市基础设施改造等外，信息化改造、创新体系建设也是未来的主要任务。二是资源型城市转型升级。未来一段时间，其仍是地方发展面临的突出问题。由于东北地区城市化发展的阶段性和特殊性，资源型城市发展活力不足是突出问题。如何破解这一问题，任务艰巨。三是城市的民生改善。未来一段时间，消除城市二元结构，完善民生服务体系，提高民生服务质量是东北地区城镇化的新课题。上述问题的解决，是再造东北地区经济发展新支撑的关键。

3. 城镇化的未来目标

提升城市发展活力、优化城市发展质量和改善城市宜居环境是未来城市化发展三大目标。①以信息化、工业化和城镇化协调发展为主线，推动产业结构转型升级，经济发展方式转变，培育创新能力，增强城市发展活力。城镇化带来的创新要素集聚和知识传播扩散，有利于增强创新活力，驱动传统产业升级和新兴产业发展。根据东北地区的发展趋势，加快发展服务业是产业结构优化升级的主攻方向。城镇化过程中的人口集聚、生活方式的变革、生活水平的提高，都会扩大生活性服务需求；生产要素的优化配置、三次产业的联动、社会分工的细化，也会扩大生产性服务需求。②以经济、社会、文化和生态协同发展为主线，提升城市发展质量，形成可持续的城市形态、城市功能、经济体系和城市环境，具备有地域特色的城市品位和城市文明，拥有现代化的城市管治与服务水平。③改善城市基础设施，健全城市居住、公共服务和社区服务等功能，提升公共服务质量和宜居品质；以生态文明建设为契机，加强生态城市建设。

二、新型城镇化发展战略

1. 城镇化引导工业化

东北地区的未来发展应从工业化推动城市化向城市化引导工业化转变，促进城市化、工业化和信息化融合。资源的开发和工业的发展推动了东北地区城市的形成与发展，并决定了城市的特性和功能，使东北地区成为我国工业化和城市化的先行区域。在转变发展方式、信息化不断发展的大背景下，必须重新审视城市化与工业化的关系，应从营造需求和营造发展环境两个基本点出发，探索新型城市化的途径，以此引导东北地区工业化的发展和现代产业体系的建设。

2. 优化城镇发展格局

根据东北地区的具体情况，未来应以进一步完善城市网络和功能体系为主要努力方向。在辽宁沿海城市带、东部沿边城市发展轴、京沈城镇发展轴和齐齐哈尔—赤峰、绥芬河—满洲里、珲春—阿尔山、丹东—霍林河、锦州—锡林浩特城镇发展轴上选择发展条件好、发展潜力大的城市培育省域副中心城市，强化产业和功能集聚，构建"多点多极"的网络化城镇开发格局。同时，壮大县域经济，积极培育农副产品深加工、劳动密集型产业等特色产业发展，大力推进"一县一业"示范工程建设，探索承接产业转移新模式，优化县域产业园区布局。进一步优化城镇间的联系，促进功能和空间一体化，形成区域性集聚经济，优化区域城镇空间体系（王士君，2011）。

3. 分类健康发展

首先，要强化中心城市带动，推进都市区发展，包括：加强沈阳、大连等城市通过产业升级、服务升级、城市体制改革，实现城市发展升级，增强其辐射影响力；强化哈尔滨在东北地区北部的中心地位；提升吉中城市群的地位；培育齐齐哈尔—大庆、牡丹江—佳木斯，以及辽宁西部城市的工业地区。其次，促进对外开放，发展沿海和边境城市。发展大连、营口、丹东等港口城市，以及满洲里、绥芬河、二连浩特等边境城市。再次，扶持中小城市与小城镇，推进城市化进程。从区域经济发展整体上规划中小城市与小城镇空间布局结构，研究乡村城市化模式和途径，探索小城镇与大中城市的合作机制。积极促进小城市和小城镇的产业结构调整，完善城市各项功能。最后，在全区形成由特大城市—大城市—中等城市—小城市—小城镇组成的结构合理、层次分明、规模适度和功能齐全的可持续发展的城市体系。

4. 城乡统筹发展

东北地区城市规模结构以大中城市为主，小城市和建制镇发展不足，县域经济落后，严重地制约了农村人口的非农化进程，区域城市化呈现典型的"城乡二元结构"。东北地区的城市化应是在农村生产力提高，经济科技社会大发展，城市第二、第三产业特别是第三产业大发展，能提供充分就业岗位的基础上，使农民有序地转移到城市中来，达到以城带乡、以乡促城，实现城乡之间经济、社会、文化的相互交融和协调发展，使乡村也逐步达到与城市文明同样高的水平。这样，城乡二元结构就会随着城市化的进程逐渐缩小并最终得以消除。

实施城乡一体化的基础设施规划。进一步加大农村基础设施建设投入，加快城市基础设施向农村延伸，加快形成城乡系统配套、相互融合的基础设施，形成完善的道路、电力、天然气、供排水、能源、防灾减灾、农业基础设施等多方式、多层次、多功能的基础设施服务网络，努力提高农村市政基础建设水平，为城乡统筹发展提供硬件支持。

三、未来城镇化发展愿景

1. 特色城镇群

根据东北地区的城市化基础和发展动力，辽中地区、大连、吉中地区和黑龙江哈大齐地区有条件成为具有一定规模的特色城镇群，成为区域发展的载体和重要支撑。

（1）大连都市区。大连都市区在未来东北地区的发展中将继续承担起"窗口"的作用，具有发展外向型经济的突出优势，主体功能是我国参与国际化经济的重点地区，东北地区重要的门户和东北亚经济圈的重要组成部分，以及具有全国意义的新兴产业、城市发展的重点区域和人口的集聚区。未来发展可能情景是：依托大连东北亚航运中心的建设，门户城市的功能得到一定程度强化，成为服务东北地区乃至东北亚地区的综合服务中心；既有基础优势得到巩固，成为大型石化、先进设备制造、电子信息、新兴产业和生产性服务业的集聚区。结合全域城镇化策略的实施，人口和产业的集聚功能得到一定程度提升，城市化景观形态沿黄海一线进一步扩展。

（2）辽中城市群。从整个东北地区来看，该城市群的整体条件和综合优势突出，有条件发展成为具有世界影响力的城市群。未来可能的发展情景是：我国东北地区参与全球经济竞争的主体和基地，东北亚经济圈的重要组成部分，我国最重要的原材料加工、装备制造、石油精细化工、高端钢材以及高新技术产业发展基地，全国意义的城市发展集聚区。

（3）吉中城市群。该城市群是我国东北地区老工业基地振兴的核心之一，是吉林省经济发展的重点区域，未来将成为我国重要的汽车、轨道车辆制造及配件产业集聚区，高新技术产业发展基地，精细化工、高性能合成材料和特种材料基础好、前景广阔，有条件成为关键战略性新兴产业基地，农产品精加工具有较好的发展潜力，有条件建设成为我国重要的生态型绿色农产品加工基地。

（4）哈大齐地区。这一区域已经具备城市群的基础，是带动黑龙江发展的核心区域，也是推进东北亚合作的关键区域。哈大齐地区地处东北亚中心位置，位于中国、俄罗斯、韩国、日本等国的接合部，与东北亚周边国家毗邻，经济交往历史悠久，经济联系最为紧密，有便捷的陆路、水路和航空，具有地缘、人文、政策、技术和劳动力等多方面优势，双方经济结构互补性强，有条件发展成为东北亚地区经济技术合作基地。这一区域装备制造业、石化工业、农产品深加工、医药工业、高新技术产业和现代服务业发展前景广阔，有条件形成以高新技术产业为先导、以装备制造业为支撑、服务业全面发展的产业集聚区。

除上述四区域外，围绕锦州湾的锦州—葫芦岛地区未来也具有一定的成长潜力，成为带动辽西和蒙东地区的主要区域。

2. 边境城市发展

虽然东北亚区域合作存在诸多不确定性，但边境地区的合作发展仍具有一定的潜力。以图们江地区的珲春为核心，黑龙江沿边的黑河和绥芬河、内蒙古沿边的满洲里、中朝边界的丹东有条件成为经济发展的增长点。综合各方面条件，以丹东—新义州为核心的鸭绿江口地区有条件形成有影响力的"跨境城市"，在贸易、劳动密集型产业、旅游等方面有一定的发展潜力，成为环黄海产业带的新增长区域，造就东北地区发展的新亮点。

3. 城市转型升级

资源型城市转型升级和老工业基地城市改造是未来东北地区发展的难点，将是一个漫长艰巨的过程。从发展趋势看，资源型城市的立市产业，如以煤炭、石油、金属矿产、森林为主体资源的产业，无论是资源开发规模，还是产业体系，将呈逐步收缩的态势，地位下降，而以本地其他资源为依托的产业，如农产品加工、旅游业等将得到相应发展，形成新的品牌和特色。同时，部分非本地资源依托的新兴产业也将有一定程度发展。所以，未来资源型城市向综合化和新特色化转型将是重要方向，但多数资源型城市将向新特色化转型。老工业基地城市改造将出现更多的分异现象，有些将转化为新型的产业基地，有些仍保持传统，有些向综合化方向发展，有些将走向"去工业化"的路径等。

4. 城市收缩

城市收缩是指城市化地区人口由于人口流出、出生率低等因素导致的城市人口减少。中长期看，由于资源、产业、区位、市场等多因素的作用，东北地区未来会出现城市收缩的现象，在区域上可能以边境地区为主，在类型上以部分资源型城市和老工业基地为主。这一经济地理现象值得关注和深入研究。

参考文献

[1] 邓伟，张平宇.东北地区发展报告 [M].北京：科学出版社，2004.

[2] 邓伟，张平宇.东北地区发展报告 [M].北京：科学出版社，2008.

[3] 丁四保.跨世纪的东北经济 [M].长春：东北师范大学出版社，2002.

[4] 樊杰.东北现象再解析和东北振兴预判研究 [J].地理科学，2016，36（10）：1491-1500.

[5] 高国力，刘洋.当前东北地区经济下行特征及成因分析 [J].中国发展观察，2015（10）：77-79.

[6] 金凤君等.东北地区振兴与可持续发展战略研究 [M].北京：商务印书馆，2006.

[7] 金凤君等.东北地区发展的重大问题研究 [M].北京：商务印书馆，2012.

[8] 金凤君.东北地区创新发展的突破路径与对策研究 [J].地理科学，2016，36（9）：1285-1292.

[9] 李振泉，石庆武.东北经济区经济地理总论 [M].长春：东北师范大学出版社，1988.

[10] 刘江.中国地区经济发展战略 [M].北京：中国农业出版社，2003.

[11] 刘洋.东北地区产业结构演变的路径、模式与机理研究 [D].中国科学院地理科学与资源研究所，2006.

[12] 吴传钧.中国经济地理 [M].北京：科学出版社，1998.

[13] 王士君，宋飏，冯章献等.东北地区城市群组的格局、过程及城市流强度 [J].地理科学，2011，31（3）：287-294.

[14] 王士君，宋飏.中国东北地区城市地理基本框架[J].地理学报，2006，61（6）：574-584.

[15] 杨宇.东北地区资源型产业发展特征及对策建议[J].地理科学，2016，36（9）：1372-1381.

[16] 余振.全球价值链下区域分工地位与产业升级对策研究——以东北三省为例 [J].地理科学，2016，36（9）：1383-1389.

[17] 张国宝.东北地区振兴规划研究 [M].北京：中国标准出版社，2008.

[18] 张文尝.交通经济带 [M].北京：科学出版社，2001.

[19] 张平宇.新型工业化与东北老工业基地改造对策[J].经济地理，2004，24（6）：784-787.

[20] 张平宇，马延吉，刘文新等.振兴东北老工业基地的新型城镇化战略[J].地理学报，2004，59（S1）：109-115.

[21] 张平宇."振兴东北"以来区域城镇化进展、问题及对策[J].中国科学院院刊，2013，28（1）：39-45.

[22] 吴昊，闫涛.长吉图先导区：探索沿边地区开发开放的新模式 [J].东北亚论坛，2010，19（2）：3-10.

后　记

　　第一次接触东北地区是在 1984 年，是为编写《中国工业地理》收集资料。笔者虽为东北人，那时却对东北地区整体不甚了解，之后不断参加东北地区的研究项目，形成了对东北地区的区域概念，并被它的魅力所折服。进入 21 世纪后，笔者持续组织团队研究东北地区的问题，对这一区域的认识不断清晰，但都是问题导向性的，缺乏整体与系统的梳理与总结。

　　2013 年全国经济地理研究会策划编写《中国经济地理》丛书，鄙人斗胆申请编写《东北地区经济地理》，并获得应允，2014 年筹备，2015 年开始编写。笔者在学习了前辈编写的有关东北地区的著作后，觉得很难超越，如何反映新时期的特点也需要仔细斟酌。所以，笔者进行了仔细思考，构思编写的主线、主体和逻辑，经过合作者的共同努力，最终形成了目前的框架和内容。具体章节的承担者如下：第一章，杨宇、金凤君；第二章，金凤君、刘洋、陈琳琳；第三章，王姣娥、马丽、陈琳琳、金凤君；第四章，刘世薇、何秀丽、孙玉、张平宇；第五章，金凤君、姚作林；第六章，李鹤、刘文新、温鑫、李静、关皓明、张平宇；第七章，王姣娥、杜超、景悦；第八章，马丽、张博；第九章，温鑫、张平宇；第十章，金凤君、杨宇。文字处理和插图绘制由王志辉女士完成；地图编绘由钱金凯先生完成。全书由金凤君定稿。

　　本书不免存在疏漏和认识偏颇，敬请读者批评指正。

金凤君

2018 年 6 月于北京